高等教育"十三五"规划教材·通识类课程

法学通论

（第三版）

主编 ◎ 申凤梅

郑州大学出版社

图书在版编目(CIP)数据

法学通论/申凤梅主编. —郑州:郑州大学出版社,2019.8(2022.8 重印)
ISBN 978-7-5645-4368-6

Ⅰ.①法… Ⅱ.①申… Ⅲ.①法学-高等学校-教材
Ⅳ.①D90

中国版本图书馆 CIP 数据核字(2019)第 097447 号

郑州大学出版社出版发行
郑州市大学路 40 号　　　　　　　　邮政编码:450052
出版人:孙保营　　　　　　　　　　发行部电话:0371-66966070
全国新华书店经销
郑州豫兴印刷有限公司印制
开本:710 mm×1 010 mm　1/16
印张:21.5
字数:447 千字
版次:2019 年 8 月第 1 版　　　　　　印次:2022 年 8 月第 4 次印刷
书号:ISBN 978-7-5645-4368-6　　　　定价:39.00 元

本书如有印装质量问题,由本社负责调换

作者名单

主　编　申凤梅

副主编　孙来冰　牛犁耘

编　委　李　浩　董伟霞

　　　　韩炎红　聂申国

前言

高等教育不仅要为社会培养高级专业人才,更应该为社会输送高素质的合格公民。为使我们的大学生——"预备社会人",能够成长为真正合格的、造福社会的有用之才,毕业后顺利地融入社会,我们以普及普通公民日常所需的法律知识为宗旨,根据大学生身心特点,以人生成长经历所必用、必需、必知的法律知识为切入点,运用尽可能通俗但又不失专业的语言,剖析典型案例、社会热点、生活经验,呈现法律小知识和法律小故事,以想一想、议一议等方式提出生活中常见的问题和现象,对我国的基本法律体系及法律规定进行解读,以期培养大学生成为合格公民应当具备的基本法律素养。

因为这是一本为非法律专业学生编写的"法律通识课"教材,所以我们摒弃了法律专业课程的惯常教材编写体例,采用贴近生活、联系实际的手法,以满足社会大众人生实际需求的基本法律知识为出发点,分为"法律是什么""法律是如何运行并进入我们生活的""国家的根本大法——宪法""法律与政府管理""法律与个人生活""婚姻家庭中的法律""市场经济中的政府、企业与个人""怎样避免犯罪""定诉止争——纠纷解决之道""依法治国——社会主义法治与法治理念"十个部分,对法律的基本原理、我国现行法律的基本制度进行介绍和阐释。同时,为增加教材的信息量和实用性,我们还将现代科技手段运用到本教材的编写中,以二维码的形式将生活中常用到的法律法规、法治进程中具有重要影响的典型案例,以及每章的练习题附载于书中,以利学生查阅并方便教师进行课程测试。我们希望,本教材在法律通识课的教学中,能够激发学生的学习兴趣,增强"准公民"的规则意识,训练其理性思维模式,使我们的大学生和广大读者能够在今后的生活、工作中,多一分理智,少一分冲动;多一些规则意识,少一些投机行为;多一点对法律的尊重,少一点对秩序的破坏,在人生的漫长旅途中,向着真善美的境界不断前行。

本书由河南财经政法大学法学院的法学教师们共同完成。其中，申凤梅负责确定写作思路、框架、主要内容并撰写了第一章、第二章，李浩老师撰写第三章，韩炎红老师撰写第四章，董伟霞老师撰写第五章，牛犁耘老师撰写第六章，孙来冰老师撰写第七章、九章、十章，聂申国老师撰写第八章。所有参编成员均是法学教育一线的专业教师，不仅在自己所属法学专业领域有所建树，还同时多年担任"法学通论""法学概论""法律基础"课程的讲授，在法律知识的"专精"与"通俗"上可谓相得益彰。但是，由于法律职业思维的定式和工作中长期运用法律专业语言的惯性，在以生活化语言来阐释法律问题时，仍然可能存在不够"亲民"的问题，与我们的初衷仍然存在一定的差距，期盼各位老师和同学在使用本教材的过程中，不断提出修改意见和建议，我们将不断改进和完善。

本书主要为非法律专业本科大学生使用，也可作为高职高专、中等专科学校、成人高校等法律职业学校学生的法律基础课教材，还可作为普法教育、初学法律者的入门法律读本。

申凤梅

2019 年 4 月 25 日

第三版修订说明

2021年1月22日《中华人民共和国行政处罚法》由中华人民共和国第十三届全国人民代表大会常务委员会第二十五次会议修订通过；2021年12月24日，中华人民共和国第十三届全国人民代表大会常务委员会第三十二次会议通过《全国人民代表大会常务委员会关于修改〈中华人民共和国民事诉讼法〉的决定》；2021年至今《中华人民共和国民法典》《中华人民共和国刑法》也在司法适用中有了进一步的司法解释。为适应相关法律法规的变化，力求法律知识的准确和适时适用，我们对教材内容进行了重新梳理，对相关法律规定及时更新补充，以保证教材更加规范、准确、实用、新颖。

此外，根据教师课堂教学情况及学生反馈，我们对课后练习题也做了相应修订、补充及个别内容的勘误，方便师生学习使用。

希望本次修订能进一步丰富和完善教材的内容，为广大读者和非法律专业学生学习法律知识，了解我国现行法律的基本精神和与生活密切相关的具体法律制度，提供一个简单、便捷、有趣的范本，也恳请读者对教材的不足之处多加谅解并提出中肯的修改意见。

《法学通论》编写组
2022年7月

修订说明

  2020年5月28日,第十三届全国人民代表大会第三次会议通过了《中华人民共和国民法典》(下称《民法典》),并规定自2021年1月1日起施行,同时废止《中华人民共和国婚姻法》《中华人民共和国继承法》《中华人民共和国民法通则》《中华人民共和国收养法》《中华人民共和国担保法》《中华人民共和国合同法》《中华人民共和国物权法》《中华人民共和国侵权责任法》《中华人民共和国民法总则》。为了配合《中华人民共和国民法典》的宣传、普及,同时为下一步贯彻实施《民法典》做好准备,我们组织各位参编老师及时对教材内容进行更新、修订,尤其是对与《民法典》内容密切相关的第五章、第六章的内容进行了重新编写、补充,以保证教材内容的正确、新颖和实用。同时,为使教材更加通俗适用,方便查阅,我们对各章节的名称进行了统一的通俗化表达;为方便广大师生网络教与学的需要,我们对课后习题进行了重新修订、补充,使之与教材更加配套,方便本课程网上统一考核、测验,使学生的学习成绩更加客观、公平、真实。在使用的过程中,真诚地希望各位专家、同仁、同学提出宝贵意见,我们将根据您的意见和国家法律法规的新变化及时地进行修订,以保证大家用书愉快。

《法学通论》编写组
2020年8月20日

目　录

第一章　法律是什么 ······ 1
第一节　什么是法? ······ 2
第二节　法律是以什么形式表现出来的? ······ 25
第三节　生活中如何寻找处理涉法事务的法律依据? ······ 33

第二章　法律是如何运行并进入我们的生活的 ······ 42
第一节　我国法律是怎么制定出来的? ······ 43
第二节　法律是如何进入我们的生活的? ······ 47
第三节　法律是专门约束老百姓的吗? ······ 53
第四节　如何保证人人守法? ······ 56

第三章　国家的根本大法——宪法 ······ 63
第一节　什么是宪法? ······ 65
第二节　宪法有什么用? ······ 70
第三节　我国的宪法制度 ······ 74

第四章　行政法 ······ 87
第一节　什么是行政法? ······ 88
第二节　行政管理的主体 ······ 93
第三节　行政管理的方式 ······ 97
第四节　监督与救济 ······ 113

第五章　法律与个人生活 ······ 122
第一节　民法基本理论 ······ 123

第二节　我们以什么资格参与社会生活？
　　　　　　——民事主体 ·············· 127
　　　第三节　人们享有哪些民事权利？
　　　　　　承担什么样的民事义务？ ·············· 137
　　　第四节　公民以什么方式参与社会生活？
　　　　　　——民事法律行为 ·············· 152
　　　第五节　侵害了别人的民事权利会有什么后果？
　　　　　　——民事责任 ·············· 161
　　　第六节　及时主张你的权利——诉讼时效 ·············· 169

第六章　婚姻家庭中的法律 ·············· 173
　　　第一节　结婚与离婚 ·············· 174
　　　第二节　如何收养孩子？ ·············· 189
　　　第三节　如何继承遗产？ ·············· 193

第七章　市场经济中的政府、企业与个人 ·············· 204
　　　第一节　公司及企业的设立和运营法律规制 ·············· 205
　　　第二节　消费者的权利及维权 ·············· 214
　　　第三节　大学生与知识产权 ·············· 221
　　　第四节　如何维护自己的劳动权益？ ·············· 230
　　　第五节　如何处理不正当竞争和垄断行为？ ·············· 238

第八章　怎样避免犯罪 ·············· 244
　　　第一节　惩罚严重危害社会行为的法律——刑法 ·············· 245
　　　第二节　如何确定某一行为是否属于犯罪？ ·············· 252
　　　第三节　刑罚的种类及其适用 ·············· 266
　　　第四节　犯罪的种类及我国常见的几种犯罪 ·············· 272

第九章　定诉止争——纠纷解决之道 ·············· 283
　　　第一节　民事诉讼法 ·············· 285
　　　第二节　刑事诉讼法 ·············· 298
　　　第三节　行政诉讼法 ·············· 311

第十章　依法治国——社会主义法治与法治理念 ·············· 321
　　　第一节　依法治国 ·············· 322
　　　第二节　社会主义法治理念 ·············· 327

第一章

法律是什么

法律是人类最伟大的发明。别的发明让人类学会了驾驭自然,而法律的发明,则令人类学会如何驾驭自己。　　　　　　　　　　——[美国]E.博登海默

为了自由,我们甘愿成为法律的臣仆。　　　　　　——[古罗马]西塞罗

一旦法律丧失了力量,一切就都告绝望了;只要法律不再有力量,一切合法的东西也都不会再有力量。　　　　　　　　　　　　　　——[法国]卢梭

【本章概要】

本章首先通过对法和法律的含义、特征、本质、作用和价值的介绍,力图使我们的大学生对法律有一个总体的认识,培养和树立基本的规则意识;其次通过对法的分类,我国法的渊源、效力和结构的介绍,使学生能够直观地了解我国法的表现形式,懂得如何在实际生活中面对各种各样的法律问题和社会矛盾时去寻找处理问题的法律依据,学会选择符合法律要求的行为方式,从而尽快地成长为合格的"社会人"。

【本章重点】

法律的含义　法的特征　法的作用　我国法的渊源　确定法的效力等级的规则　我国主要的法律部门　法的要素及法律规则与法律条文之间的关系　法的基本价值

第一节 什么是法？

法律小故事

法的印迹——"安提戈涅之怨"

古希腊悲剧作家索福克勒在其最伟大的作品之一《安提戈涅》中,描写了这样一个故事:底比斯城邦克瑞翁国王下令处死叛国者——自己的外甥波吕涅刻斯,并下令任何人不得对其哀悼、安葬,还让士兵守在其尸体旁,让其暴尸野外,让野兽飞鸟吃掉。若有违反者,士兵可以用石块砸死之。波吕涅刻斯的妹妹安提戈涅遵循哥哥生前遗愿,虽无力将其尸体运往家乡,但按宗教仪式在其尸体上撒上三把土。看守尸体的士兵没有立即处死她,因她是国王的外甥女,又是王子的未婚妻,故将其带往国王面前。国王为她开脱,问:"你是否不知道我颁布的法律?"安提戈涅回答道:"不,我知道。"国王大怒:"那你为什么违反我的法律?"安提戈涅说:"你的命令是法律,但我不能违背神的谕旨——神的法律。神不允许亲妹妹不去安葬自己的哥哥,神也不允许任何一个人暴尸荒外。所以我是按照神的命令、神的法律去做的。即使你的法律也不能违反神的意志。"

克瑞翁国王要执行他的法律——国王命令;安提戈涅选择了遵循更高的法律——神谕,并甘愿为此以生命挑战城邦法律。她被处死了。这是一个悲剧,在西方被称为"安提戈涅之怨"。然而,它昭示了怎样的法律理念呢? 也就是说:究竟什么是法? 公民与法律之间是怎样的关系? 法律是正义的吗? 面对恶法,公民又该何去何从?

要回答这些问题,就必须了解法的特征、本质、作用以及价值问题,认清法与正义、利益之间的关系。而这正是本章第一节所要解决的问题。

一、法的含义

法字,古时写为"灋",在中国古代,"法""刑""律"通用。据中国历史上第一部字书东汉许慎的《说文解字》考证:"灋,刑也,平之如水,从水;廌,所以触不直者去之,从去。"[①]中国最早的法律都称之为"刑",夏有"禹刑",商有"汤刑",周有"九

[①] 许慎:《说文解字·名例》,中华书局1963年版,第202页。

刑";从春秋战国时期李悝的《法经》开始有了"法"的称呼,而改"法"为"律"则是商鞅的一大贡献。清代段玉裁在其《说文解字注》中指出:"律者,所以范天下之不一而归于一,故曰均布。"可见,中国古代"法""律"的主要内容是刑,而"法"与"律"都具有规范、制度之义,是普遍的、要求人人遵守的规范,是维护公平正义、惩恶扬善的行为标准。

【法律小知识】

獬豸决讼

人类早期的司法裁决方式都是神明裁判,而由于信仰及习俗的不同,世界各国的神明裁判方式也各有差异。上古时期,我国的神明裁判方式就是"獬豸决讼"。獬豸,音 xiè zhì,是我国古代传说中的一种独角神兽,形似麒麟,额有一角,眼睛明亮有神,性知善恶忠奸,能辨是非曲直。当人们发生纠纷或冲突时,该神兽就用角去抵或用嘴去咬无理的一方,对罪恶深重之徒甚至会将其抵、咬至死,令犯法作奸者不寒而栗。传说帝尧时期的刑官皋陶(我国法官的鼻祖)在遇到疑难不决之事时,皆采取獬豸决讼,无一不准。在中国传统法律文化中,独角兽作为监察、审计、司法官员廉明正直、执法公正的象征,受到历朝历代官府的推崇,在许多场合经常被作为司法机构或司法官员的重要标志,成为法律与公正的象征。

在西语中,与"法""法律"同义的词,如拉丁文中的 Jus 和 Lex,德文中的 Recht 和 Gesetz,法文中的 Droit 和 Loi 等,不仅有规则、制度之义,还有正义、权利、公平、规律之意。因此,西语中常常将由国家制定或认可并由国家强制力保证实施的规则称之为"法律",而将体现社会的公平正义并为绝大多数社会成员奉为道德公理的规则称之为"法"。

【法律小知识】

正义女神忒弥斯

忒弥斯(Themis)是古希腊神话中主持正义与秩序的女神,代表着正义正气、公正无私以及法律的疏而不漏。按照《神统记》(*Theogony*)的记载,忒弥斯身披白袍,头戴金冠,左手提天秤,右手执宝剑,倚束棒而蒙眼。按照欧洲象征学的解释,白袍,象征道德无瑕,刚直不阿;蒙眼,表示公正无私,不徇私情,不管面前是什么人她都会一视同仁,并被后世从中引申出"程序是正义的蒙眼布"这句法律格言;王冠,代表正义尊贵无比,荣耀第一;左手高举天秤,象征着绝对的公平与正义,用来度量世间一切不公之事;右手持诛邪剑,放于身后,象征诛杀世间一切邪恶之人,惩恶扬善;前秤后剑,表示她虽主张正义,但却不提倡不必要的杀戮,也寓指任何人不能假借正义之名,对他人无端杀戮;束棒,代表罗马最高执法权力,是权威与刑罚的化身。

在西方,手拿利剑,眼蒙黑布的忒弥斯女神浑身散发着神圣不可侵犯的正义感,令所有邪恶在她面前不寒而栗、无所遁形,所以在法院或是仲裁机构里,经常能够看到忒弥斯的雕像。

在现代汉语中,"法"与"法律"并没截然分开,但法或法律有广义与狭义之分。广义的法指法的整体,具体到我国,包括一切有权机关发布的规范性法律文件,如宪法、法律、行政法规、行政规章、地方性法规、自治法规、特别行政区法及国际条约等;而狭义的法是指享有国家立法权的国家机关依照法定职权和程序所颁布的规范性文件,在我国仅指全国人大及其常委会所颁发的基本法律和基本法律以外的其他法律。规范性法律文件就是有关国家机关依照法定职权和程序发布的具有普遍约束力的带有行为规则性质的文件,比如全国人大发布的《中华人民共和国民法典》《中华人民共和国刑法》(以下称《民法典》《刑法》)。

二、法律是一种特殊的行为规则

从中西方法的词源中我们了解到,法有公平正义之意,是判断、衡量、裁决是非善恶,规范人们行为的标准。那么,法律是如何影响社会的,又是怎样进入我们的生活的呢?我们知道,社会是人与人组成的系统,而任何社会的正常运转、有序进行,都需要依靠一系列的规则来加以调整。"没有规矩,不成方圆",在现实生活中,人们之间的交往实际受到各种各样社会规则的影响,比如作为学生要遵守校规校纪,作为党员要遵守党纪党规,作为员工要遵守公司企业的规章制度,作为某个民族、某个地区的人要遵守该民族或地区的风俗习惯,有宗教信仰的还得遵守宗教教规,而作为一国公民则要遵守国家法律。那么,法律与同样约束、调整人们行为的其他社会规范有什么不同的呢?我们可以从不同角度来对法律与生活中无处不在的道德、习惯、宗教规范、党团章程等社会规范进行比较,这样就会对法律有一个更为深刻的认识。

(一)法是调整人的行为的社会规范

法作为社会规范的一种,与道德、宗教、风俗习惯等其他社会规范相比,其重要区别在于,法仅仅调整和约束人的外在行为,而不调整和约束人的内心思想和情感。正如马克思所说:"对于法律来说,除了我的行为以外,我是根本不存在的,我根本不是法律的对象。"①正因如此,法可以禁止和惩罚分裂国家、杀人、抢劫等行为,却不能强制人们内心爱国、无仇恨、无觊觎他人财物之心。思想、情感属于意识形态范畴,不能也不适宜用法律的强制手段来加以控制。特别是在现代社会,任何仅以思想控制为目的的法律必然走向专制。古罗马有句法律谚语:任何人不因思想受到处罚。法律是行为规范而非思想规范,已成为现代法治的一个共同理念。

当然,我们也应看到,法通过约束和规范人们的行为,可以影响到人的思想和观念。比如,《民法典》关于男女双方可以约定婚前财产与婚后财产的分配方式的规定,就对中国人的婚姻家庭观念产生了重大的冲击。但是,这与道德、宗教规范通过控制人们的思想进而限制人们的行为有着本质的区别。

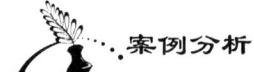

案例分析

2017年11月的某一天,上海120急救中心接到男子沈某电话,连亮路某小区一名女子生命垂危。救护人员到达现场后发现一名女子浑身是血,头面部有数十处刀伤,已处于休克状态。警方经调查认为,跟随救护车送女子入院的沈某是捅伤女子李某的凶手。沈某30多岁,是一家企业的业务骨干,数年前经人介绍认识了前妻,自己和家人都感觉女方条件不错,两人不久即结婚,现有一个近三岁的儿子。婚后生活日趋平淡。某天沈某通过微信"附近的人"搜索到李小姐,二人一来二去走到了一起。热恋中,沈某告诉李某自己有家室,并表示一定与妻子离婚与她在一起。得知儿子要离婚的消息,老父母反复规劝,但沈某认定李某是他一生要守护的人,终于在2017年夏天与妻子协议离婚。沈某与女友李某同居后,两人因生活琐事时常争吵,李小姐也因怀疑沈某与其他异性交往而几次提出过分手。终于,2017年11月22日,沈某因加班回家已晚,双方再次爆发激烈争吵,李小姐又提出分手。工作、生活、情感、经济等诸多压力,使得沈某终于崩溃,失去理智的沈某对李某连砍数刀,当女友鲜血不断溅到他脸上时,他才清醒过来,赶忙为女友包扎,并拨打120将其送往医院。

然而,令人意外的是,清醒过来的李某第一时间写下了一份无条件谅解书:"沈某对我做的这一行为我选择谅解,我不希望他在牢狱中度过,恳求办案人员同意我这个请求,求求你们了……"沈某在法庭上也动情承诺:"我会尽可能地竭尽所能给予她最大的补偿,除非

---

① 《马克思恩格斯全集》(第一卷),人民出版社1995年版,第121页。

黄土白骨,我愿意守她百岁无忧"。

请问:对沈某未离婚就与李某"在一起"的行为,你怎么看?而面对沈某的忏悔和李某的谅解书,司法机关能否因"情有可原"而释放沈某?

(二)法由国家制定或认可,具有国家创制性

从产生方式上比较,法是由国家制定或认可的,体现了国家意志,具有国家创制性;而道德、习惯是在长期的生产生活中世代相传自然而然形成的,也就是说,除法律之外的其他所有社会规范,都不具有经国家权力而形成的特性。

制定和认可,是国家创制法律的两种主要方式。制定是指特定国家机关依照法定职权和程序创制成文法的活动。创制的成文法叫制定法,也即规范性法律文件。认可是指国家立法机关将社会上已经存在的社会规范,根据统治阶级的需要,赋予其法律效力,承认其是现行法律规范的组成部分。

处于不同时代的不同国家,由于特定社会条件的不同,国家创制法律的方式也有所不同。一般地,制定是现代国家创制法律的重要方式,我国社会主义法的创制主要是采取制定的方式。制定法律作为国家的专有活动,只能由特定的国家机关按照法律规定的权限、内容和程序来进行,其他任何组织或个人不得随意进行。《中华人民共和国立法法》第七条规定"全国人民代表大会和全国人民代表大会常务委员会行使国家立法权","全国人民代表大会制定和修改刑事、民事、国家机构的和其他的基本法律","全国人民代表大会常务委员会制定和修改除应当由全国人民代表大会制定的法律以外的其他法律";第八条还规定了有关犯罪和刑罚、对公民政治权利的剥夺和限制人身自由的强制措施和处罚、司法制度等事项只能制定法律;第六十五条规定"国务院根据宪法和法律,制定行政法规",并对行政法规可以规定的事项作出了列举式的规定。

以认可的方式创制法律主要有三种情况:

(1)赋予社会上早已存在的某些道德、宗教、习惯规范等以法律效力,形成习惯法。如世界各民族早期社会的法律大都如此。另外,在我国现行司法实践中,对于法律没有相应规定的民事纠纷,审判人员往往会根据法律的精神,参照社会的风俗习惯、一般道德规范、宗教规范、社团章程或行业规范来处理,而我国《民法典》对此也有相应规定,如第八条规定"民事主体从事民事活动,不得违反法律,不得违背公序良俗";第十条规定"处理民事纠纷,应当依据法律;法律没有规定的,可以适用习惯,但是不得违背公序良俗"。

(2)通过签订或加入国际条约等方式认可国际法规范,如我国加入世贸组织(WTO)对《关贸总协定》的承认。

(3)认可判例形成判例法,这是英美法系国家创制法律的一种重要形式。我国虽然不是判例法国家,但司法实践中对同类案件的研判,已成为法律人提高办案效率、保证案件质量的重要方式。

法由国家制定或认可,而国家是社会的正式代表,因此,一般地一个国家只有一个统一的法律体系。法的统一性意味着在一个国家的法律体系内部,不能存在两个或两个以上相互矛盾或不一致的法律规则,也不能存在两个以上的法律体系。法的这种统一性使得法律具有极大的权威性,任何组织和个人都不得凌驾于法律之上,不得拒不执行法律,也不得作出与法律规定不一致的规定。

【议一议】

中国传统观念认为,"嫁出的闺女泼出的水"。那么,生于农村且出嫁后户口仍在娘家的女儿,还能否享受娘家村村民的福利待遇?

(三)法以权利和义务为内容

我们说法是一种特殊的社会规范,还在于法律是通过规定权利和义务来规范人们的行为,分配社会利益,进而实现对社会关系的调整的。

权利和义务是相对应的范畴。从利益的角度来说,权利意味着获得某种好处,而义务就是减少或丧失某种利益;从行为的自由度来说,权利意味着按照自己的意愿选择的自由,而义务意味着不自由,意味着行为受到约束或限制。法律作为一种行为规范,它通过规定人们可以做什么,应该或必须做什么,不得做什么,来为人们的行为提供一个模式、标准或方向,从而起到规范人们行为,调整社会关系的目的。其中,规定人们可以做什么,就是授予人们权利;而规定人们应该或必须做什么(作为的义务),不得做什么(不作为的义务),就是为人们设定义务。法律通过权利性的规定,引导、激励人们积极地追求自己的利益,同时在实现自己利益的同时推动社会向着有利于人类、国家、社会的方向发展;又通过应该或必须做什么的命令性规定,要求每个社会成员承担起必要的社会责任,以提供社会正常运转所必需的条件;而为了防止人们为了自身利益而损害他人或国家、社会的利益,法律还通过禁止性的义务规定,将人们的行为限制在一定的范围之内,以建立保证整个社会的正常运转,符合统治阶级根本利益的社会秩序——法律秩序。法律正是通过权利和义务的规定,来对社会利益进行分配,并通过权利的激励机制和义务的约束机制来实现对人们行为的引导和控制,从而最终实现建立和维护有利于统治阶级的社会关系和社会秩序的目的。

在现代社会,法律通过规定各法律主体的权利与义务或权力与职责,来影响人们的行为动机、指引人们的行为方式、规范人们的行为过程,以达到调整各种社会关系、建立社会生活秩序的特性更为突出。而道德和宗教一般是通过规定人对人(或群体与社会)或人对神的义务来调整社会关系,而缺乏权利性的导向规定;即使政党组织或社会团体的规章,虽然也涉及权利义务的内容,但并不是其主要内容,且其在内容、范围、实现途径等方面,也大异于法律规范。所以,权利义务的明确性,构成法律区别于其他社会规范的又一显著特征。而且,也正是由于法律规范的这一特征,使得法律在整个社会调整系统中,比其他社会规范更能调动人们的积极主动性,从而对社会关系的调整更具有高效率性。

【查一查】

《中华人民共和国宪法》对公民的基本权利与义务是如何规定的?

(四)法由国家强制力保证实施,具有国家强制性

任何一种社会规范都有一定的强制性、约束力,都依赖于某种社会力量保证其实施。但是,法律的强制在性质、范围、程度和方式上都与其他社会规范有所不同,法律的强制性体现在它是一种国家强制,即法律规范是由国家强制力保证其实现的。

也就是说,从实施方式上看,道德规范、习惯规则都是通过传统的力量、社会舆论以及人们的内心信念来保证人们对它的遵守,违反者会受到舆论的谴责、良心的自责;社团章程是通过组织的资源分配以及奖惩纪律来保障其实现。而法律是通过有组织、有系统的国家暴力来保障其实现。国家强制力是指以有系统、有组织的国家暴力机器为后盾而形成的强制力量,如军队、警察、法庭、监狱、国家机关、政府官员等。对于违法犯罪者,国家机器就会运转起来,强制拒不履行义务的义务人履行义务(如对拒不履行赡养义务的儿女账户资金的扣除),惩罚侵犯他人合法权益或危害国家、社会利益的人(如对各类罪犯判处刑罚)。所以国家强制力是最强有力、最有效、最严厉的一种强制手段。反过来,其他社会规范因不具有国家强制性,所以当人们违反时,也不能够动用国家强制力来给予惩罚。

需要注意的是,国家强制力是保证法律实施的最有效的手段,也是不可缺少的手段,但不是唯一的手段。法律的实施离不开经济的、教育的手段,更有赖于人性道德的、传统舆论的力量以及人们的自觉遵守。另外,国家强制力也不意味着简单的暴力,这种以"暴力"为形式的国家强制力的实施,必须依法进行,即必须由有权主体按照法定职权和程序,以法定的方式来进行。

【想一想】

为响应党和国家建设社会主义新农村的号召,某村村委会通过一项决议,并作为乡规民约在全村张榜公告。其中有这样一条规定:"为倡导文明新风,杜绝赌博陋习,禁止本村村民参与任何形式的赌博。凡参与打麻将的,抓住一

次罚款50~200元;赌博数额较大或者屡教不改的,罚款200以上1 000元以下;聚众赌博或赌博成瘾的,罚款2 000元以上并关3~10天禁闭。"2016年春节期间,刘某家里来了几个朋友,晚饭后无事,有人提议"搓几把"。刘某想着过年呢,大家聚到一起不容易,且村委会成员也过年,不会有人管闲事,就在家里支起了麻将机,每把10元输赢。当玩到晚上11点半左右,哗啦啦的麻将声引起了巡逻的村治保员注意。他将刘某等当场抓获并报告给村支书。村支书认为刘某是聚众赌博,当场下令将刘某关到村委会一办公室内,关禁闭5天,并罚款2 000元。刘某不服,被关5天出来后,欲讨要说法,找到律师。

请问:该村委会的做法违法了吗?

(五)法具有普遍的约束力

从适用对象上来比较,宗教规范只对宗教信徒有效,社团规章只对它的组织机构和成员具有约束力,风俗习惯只对该民族或地区的人们具有约束力,就连道德规范也只对信奉它的人(或者说道德觉悟较高的人)起到约束作用(何况很多时候人们对同一问题的道德评价并不一致)。只有法律,不论你是否喜欢和拥戴,也不论你的信仰、出身或地位,只要是该国公民,在该国主权管辖范围内,该国法律对所有公民都具有约束力,并普遍适用。当然,这是就一国法律作为整体而言的。具体到每一部规范性文件,即我们通常所说的法律法规,都只是在它各自的效力范围内普遍有效。

法的普遍适用性,在一定程度上也意味着法律面前人人平等,任何人不得凌驾于法律之上,任何人也不享有法外特权,法律平等地适用于每一个公民。而其他社会规范则可能因时、因地、因人等而约束力大小、有无不一。

三、法律为谁服务

我们是马克思主义者,根据马克思主义唯物辩证法原理,结合马克思主义创始人对资本主义法律本质的剖析,可以将法的本质归结为三个层面。

(一)法律是国家意志的一种表现形态

法律作为人类有意识、有目的活动的产物,首先表现为一种意志,是人的意志的产物。而意志是利益的集中体现,法律的创制过程,实际是对社会各阶级、成员在社会中的利益分配的过程,统治阶级对社会的控制和对自己利益的维护正是通过法律上权利义务的分配来实现的。所以,法的创制离不开立法者的意志,是掌握国家政权的统治阶级意志的体现。

然而,意志本身并不是法律,统治阶级意志只有经过规范化、制度化,表现为国家权力机关所制定的规范性法律文件时,才是法律。也就是说,法律由国家制定或认可,并由国家强制力保证实施,因而是以国家意志形式表现出来的统治阶级意志。任何政党、团体、集团或个人,要想使自己的意志成为法律,都必须将这种意志通过国家机关、经由法定程序,以法律的形式表现出来,才能要求全社会一体遵行。正如马克思和恩格斯在《德意志意识形态》一书中指出的:"在这种关系中占统治地位的个人除了必须以国家的形式组织自己的力量外,他们还必须给予他们自己的由这些特定关系所决定的意志以国家意志即法律的一般表现形式。"①而资产阶级法"不过是被奉为法律的你们这个阶级的意志","而这种意志的内容是由你们这个阶级的物质生活条件决定的"②。因此,法律首先表现为一种意志,是一种国家意志,或者说是以国家意志形式表现出来的统治阶级意志。

(二)法律是掌握国家政权的社会集团整体意志的体现,同时也保障社会公共利益

在阶级对立的社会中,由于各个阶级所处的经济地位不同,其愿望和要求也就不同,也就是说,各个阶级都有自己的阶级意志。法所体现的不是随便哪一个阶级的意志,也不是各个阶级的共同意志,而是在阶级斗争中取得胜利并掌握国家政权的阶级或集团的意志。正如列宁指出的:"法律就是取得胜利、掌握国家政权的阶级的意志的表现。"③只有在阶级斗争中取得胜利并掌握国家政权的阶级,才有能力也需要将本阶级的意志制定为法,要求全体社会成员一体遵行。

需要指出的是,法是掌握国家政权的社会集团或阶级意志的体现,但并不是说法是掌权阶级中个别人的个人意志,也不是每个成员意志的简单相加,更不是说被统治阶级的意志对统治阶级的法没有任何影响。法作为一种国家意志的表现形态,它体现的是作为一个整体的掌握国家政权的社会集团的共同意志和根本利益,它不是个别人的任性,也必须对其他社会阶级、阶层的利益加以一定程度的承认和保护,还必须在一定程度上保障社会公共利益,包括维护一般的社会秩序,促进社会发展,保护自然环境等。对此,恩格斯说得很明白:"政治统治到处都是以执行某种社会职能为基础,而且政治统治只有在它执行了它的这种社会职能时才能持续下去。"④所以,法律所体现的是掌握国家政权的社会集团的整体意志,并且这个意志的形成是掌权阶级利益与社会各阶级、阶层利益斗争的结果,也是在统治阶级意志主导下各种意志妥协的产物。

(三)法律的内容归根结底根源于社会物质生活条件

马克思在《政治经济学批判》序言中说:"法的关系正像国家的形式一样,既不

---

① 《马克思恩格斯全集》(第三卷),人民出版社1960年版,第377页。
② 《马克思恩格斯选集》(第一卷),人民出版社1995年第2版,第289页。
③ 《列宁全集》(第十三卷),人民出版社1959年版,第304页。
④ 《马克思恩格斯选集》(第三卷),人民出版社1972年版,第219页。

能从它们本身来理解,也不能从所谓人类精神的一般发展来理解,相反,它们根源于物质的生活关系……物质生活的生产方式制约着整个社会生活、政治生活和精神生活的过程。不是人们的意识决定人们的存在,相反,是人们的社会存在决定人们的意识。"①在这里,马克思深刻揭示了法律的物质制约性。法律所体现的国家意志内容即法律的内容由其社会物质生活条件决定,意味着任何特定社会阶层都必须在现实的社会物质生活条件之内制定法律,都不能脱离客观物质生活条件和时代的限制。如果试图使法律摆脱其社会基础,而仅仅将法律看作统治者的一时灵感或好恶,就会"经常发现法律在世界的'硬绷绷的东西'上碰得头破血流"②。

当然,法律的内容由其社会的物质生活条件决定,这是从最终的决定意义上讲的,并不意味着法律的内容不受其他社会因素的影响。事实上,社会的政治、思想、道德、文化、历史传统、民族习惯等因素,对统治阶级的法律都会产生不同程度的影响,也正是这些因素的影响,才形成同一历史发展阶段的不同国家的法律呈现出千差万别的特点。

此外,我们在认识法的本质时还应看到,法的国家意志性是法的初级本质,而法是掌握国家政权的社会集团整体意志的体现,才揭示了法的阶级本质,也是法的较深层次或第二层次的本质;物质制约性则是法的终极本质,也是法律最深层次的本质。它们之间的关系是:掌权阶级的意志必须通过国家意志的形式表现出来才能成为法律,而物质生活条件的需要必须经过掌权阶级意志这个中介才能在法律中加以体现;掌权阶级意志不是统治者的自由意志,其要上升为法律并得以长久实施,必须符合社会物质生活条件的需要,与社会发展方向相一致。

四、法律有何作用

事物的作用是事物存在的标志,凡是客观存在的事物,都有其存在的意义和表现方式。我们要深刻把握法的本质,还必须对法的作用有一个正确的认识。

法的作用是指法律对人的行为和社会关系所产生的影响。对法律作用的研究和分析,可以从不同角度、依据不同标准进行,比如直接作用与间接作用、整体作用与局部作用、一般作用与具体作用、预期作用与实际作用、积极作用与消极作用之分等。一般而言,不同时代、不同社会,法律作用的表现方式及价值取向有所不同。古代社会,由于生产力水平较低,整个社会建立在小农经济基础之上,法律成为君权专制的工具,法律的基本功能是保障人们对统治秩序的服从,因而法律的作用方式主要表现为对人们行为的限制、约束和惩罚,法律的内容主要是义务性的规定,

---

① 《马克思恩格斯全集》(第三十一卷),人民出版社1998年版,第412页。
② 《马克思恩格斯全集》(第三卷),人民出版社1960年版,第379页。

法律的价值取向是义务本位;在现代社会,由于科学技术的迅猛发展,人的劳动力的价值不断提高,法律的作用更主要的是保障社会的稳定和安全,不断扩大和保障人们的自由和权利,促进效益和社会发展,法律的价值取向是权利本位,因而法律的内容更多的是权利性规定,其作用方式也更多地表现为对人们行为的激励、引导、教育、管理。

然而,对法律作用的认识,仅有这种抽象概括的解说是不够的,作为现代社会的主要调控手段,我们必须了解法律是如何规范人们的行为进而影响我们的生活的。法律作为一种社会调控手段,其直接作用的对象是人的行为,间接作用的对象是社会关系。法律作为一种行为规则对人的行为的作用,通常被称为法的规范作用;而法律作为社会关系的调整器对整个社会所发生的影响,被称为法的社会作用。

(一)法的规范作用

考察法律的作用机理我们可以发现,法律作为一种行为标准,对人们行为的调整和规范,是通过对人们行为的指引、评价、教育、预测、强制来实现的。

1. 指引作用

指引作用指法律对人们的行为起到的普遍指导作用。法律是通过规定人们在法律上的权利和义务以及违反法律规定应承担的法律责任来调整人们的行为的。其中,通过规定法律义务,要求人们作出或抑制一定行为,为人们提供确定性指引;通过授予法律权利,给人们提供选择的机会和自由,为人们提供不确定的指引。确定的指引是为了防止人们作出违法的行为,从而为维护社会秩序所必需;而不确定的指引是为了鼓励人们从事法律所容许的行为,以此调动人们的积极性和创造性,从而保证整个社会发展的动力。法律正是通过权利和义务的配置以及法律后果的规定,告知人们哪些行为是国家所赞成和鼓励的,哪些行为是国家所反对和要求的,从而把人们的行为引入可控的、有利于统治阶级和社会发展的社会关系和社会秩序中去。

另外,法律的指引是一种一般指引,而不是个别指引;这种一般指引是针对社会的所有人发挥作用,因而使得法律对社会关系的调整更稳定、持续和有效。

2. 评价作用

评价作用指法律作为一种评价尺度,能够对人(包括自然人、法人和其他社会组织)的行为的法律意义进行评价。在现实生活中,评价人的行为的标准可以有多种,如道德规范、宗教规范、风俗习惯、党团章程等,但法律的评价却是唯一的统一评价标准,具有其他评价标准所不具有的客观性、确定性、普遍有效性,它是判断、衡量人们行为合法与否的统一标准。

【议一议】

"江歌"事件

2016年11月3日晚,中国留日女学生江歌在其住处被杀害,11月5日江歌的母亲在微博上公开怀疑凶手是借住在江歌家的刘鑫的前男友陈世锋,引发网络关注。11月6日刘鑫谴责江歌母亲曝光自己的名字和照片,对她造成伤害,并称"再出这种新闻,我将停止协助警察";11月7日陈世锋被日本警方以恐吓罪逮捕,刘鑫同日在江歌母亲的追问下第一次通过微信描述了案发当晚的情况,并承认"个人觉得(凶手)是前男友";2016年12月14日陈世锋被以杀人罪正式起诉,之后刘鑫再也没有回复江歌母亲见面的请求,并从江歌母亲的微信中消失。2017年5月21日,一直见不到刘鑫的江歌母亲在网上曝光了刘鑫全家的个人信息及照片;之后刘鑫发信息要求江歌母亲马上撤回网上信息,否则"死了也不会去作证";而同一时间,刘鑫父亲也致电江歌母亲称将走法律程序维权,刘鑫母亲则称江歌遇害与刘鑫无关,是江歌命短。2017年8月17日江歌母亲在微博征集签名推动判决陈世锋死刑,江歌案再次引发舆论关注。不久,刘鑫被工作的日语学校辞退。(摘编自腾讯网《江歌事件始末是怎么回事》)

请问:对这一事件中刘鑫及其家人的行为,你如何看待?

3. 教育作用

教育作用指法律不仅是社会的行为规范,也确立了最低的社会道德标准和是非观念,它可以通过它的公布、实施和传播进入人的心灵,影响人的思想,矫正人的行为。法律的教育作用可以通过多种方式体现。首先,法律制定出来一经公布,就可以通过宣传、教育、学习等而被人们知晓,影响人们的思想观念,进而引导人们在生活中选择符合法律要求的行为方式;其次,法律在实施过程中通过对违法行为的惩罚制裁和对合法行为的保护、奖励,对人们今后的行为起到警示和示范作用,促使人们去自觉地遵守法律的规定。

尤其需要强调的是,对于任何一个国家的法律而言,法律的教育作用不仅在于法律强制作用的发挥,更在于法律所蕴含的公平正义以及对社会基本价值观念的确认,只有这样的法律才能成为人们信仰的目标,并通过法律的实施在人们的心灵中进一步强化,成为人们自觉服从的行为准则。仅仅依靠国家暴力而强制推行的法律是很难有持久生命力的。

4. 预测作用

预测作用是指人们可以根据法律的规定,事先预测人们相互之间将会怎样行为以及行为的法律后果。在社会生活中,每个人的行为都可能对他人的行为发生影响,同时也可能受到他人行为的影响。法律的预测作用可以使人们在法律的范围内,合理地安排自己的生活,防止不可预见的后果出现,从而减少行动的偶然性和盲目性,提高行为的效率。比如,由于交通法的存在,人们出行之前就可以知道,一般情况下按照交通规则行走,交通有序,安全就有保障;而违反交通规则,给他人造成损失要承担法律责任,给自己造成损失就得不到赔偿。

当然,法律的预测作用能够提供给人们一种稳定的生活方式,使人们可以更好地实现自己的生活目标,最大限度地在法律允许的范围内实现自己的自由和权益。只不过这种预测作用的真正实现要求法律必须是良法,需要法律规范必须是公开的、确定的和不溯及既往的。

5. 强制作用

强制作用是指法律凭借国家强制力对违法者施以制裁以保障其充分实现的功能。法律的强制作用不仅体现为对违法者的直接惩罚,还体现在通过对违法行为的制裁而对其他人起到的内心警戒约束——间接强制。同时,强制作用是法律对人的行为的指引、评价、教育、预测作用发挥的重要保障。

需要注意的是,法律的强制是一种国家强制,针对不同的违法行为,国家强制的形式不同,且这种国家强制必须由法定的国家机关严格按照法律的明文规定来实施。比如,对于犯罪行为,国家强制就体现为人民法院对犯罪的审判和对被告人刑罚的判处;对交通违法行为,国家强制则表现为交通管理部门对违法人的行政处罚;而欠债不还,国家强制则表现为人民法院判决债务人偿还债务并承担违约责任。

此外,我们还应该认识到,强制作用虽然是保障法律实施不可缺少的手段,但法律的实现首先是依赖公民的自觉遵守,其次才依靠国家强制,而我国社会主义法的实现更是必须主要依靠广大人民群众的自觉遵守。

(二)法的社会作用

法律作为社会关系的调整手段对社会所发生的影响,就是法的社会作用。法最根本的作用在于维护有利于统治阶级的社会关系和社会秩序。具体来讲,法律的社会作用体现在三个方面。

1. 分配社会利益

社会利益属于稀缺资源,任何法律都需要按照一定的原则和方法对社会利益进行分配,这种分配体现在立法之中。法律对利益的分配主要是通过对权利义务的规定来确认利益主体、利益内容、利益数量及利益范围等,从而对实际生活中的利益分配进行确认。比如,我国《宪法》中对国体、政体的规定,就是对社会各阶级地位的确认;而确认全民所有制在国民经济中的主导地位并"保障"其巩固和发展,对城乡集体经济组织的合法权利和利益给予鼓励、指导和帮助,对个体经济、私营经济等非公有制经济的合法权利和利益给予鼓励、支持、引导并实行监督和管理,规定国家保护公民的合法私有财产不受侵犯并在为了公共利益需要而依法征收或者征用时给予补偿等条款,则表明了各种社会经济成分在国民经济中所占有的地位、份额和国家对其所持的态度。

当然,法律对社会利益的分配并非固定不变,而是会随着社会的变迁、利益的角逐而不断重新调整利益分配格局,以适应社会发展的需要,这就是法律的废、改、立。

2. 解决社会纠纷

法律对社会纠纷的解决最直接体现在司法活动中。随着社会冲突的加剧,自力救济无益于社会秩序,为了进一步解决社会纠纷,国家在以法律确立权利义务以分配社会利益的同时,又通过人民法院的司法裁判活动,使违法者受到惩罚或承担法律责任,从而维护合法权益或补偿权利人的损失,以平息社会纠纷。

当然,除了司法的途径之外,实践中解决社会纷争的方式还有人民调解、仲裁及当事人自行协商等方式,且司法未必是解决矛盾的最佳方式,但司法的方式往往是解决社会纠纷的最终的、最有力的手段。

3. 实施社会管理

人类社会作为一个共同体,需要许多基本的社会条件保障其存在和发展,比如食品卫生、铺路架桥、生态环境、市政管理、教育体育、医疗保险等。而这些条件的提供和创设,为整个社会所必需,属于社会的公共事务。在现代社会,对这些公共事务的管理越来越离不开国家的介入,而国家要发挥其积极的职能作用,对社会公共事务进行管理,必须得根据法律来进行,这是民主政治的必然要求和体现。

国家的社会管理职能主要体现在行政机关的行政管理活动中,要求政府依法行政。从内容上看,它遍及社会生活的各个领域,且随着国家行政权力的扩张,法律的这一作用还在逐渐加大。

(三)法律是万能的吗

法律作为现代国家进行社会调控的主要手段,其所发挥的积极作用是显而易见的。但是,法律也不是万能的,法律由于自身固有的缺陷,其在对社会关系调整的过程中也存在着不可避免的局限性。法律的局限性主要表现为:

(1)法律只是社会调整手段的一种,而不是唯一的一种,也不一定是最适宜的一种。在整个社会调控模式中,法律的、经济的、道德教育、政治规范,等等,都是有效的社会调控手段,法律只是其中的一种,且法律作用的发挥离不开其他调控手段的配合。另外,虽然说法律是权威的纠纷解决机制,但它并非在每一个纠纷中都是最佳的解决方式。社会生活中有些问题,比如思想情感问题,不影响他人利益的私生活方式等,并不适宜用法律的手段来调整;有些矛盾虽然可以通过法律方式来解决,但并不一定是最佳的解决方案,例如对家庭矛盾的处理。

(2) 规范本身的局限性。任何事物都有其两面性,法律也不例外。法律作为一种规范所具有的概括性、稳定性特点,在保证社会生活安全高效运转的同时,也不可避免地体现出保守、僵化、滞后的缺陷,法律总是不能满足社会生活复杂多变的需要。

(3) 法律的运作成本巨大,法律作用的发挥也离不开一系列社会条件的支持。电影《秋菊打官司》中秋菊为"讨一个说法",上下求索,奔波数百里,辗转乡县市,花光了家里全部收入,最后虽讨到说法,代价却令人唏嘘。而艺术是生活的缩影,"秋菊"只不过是20世纪八九十年代千百个为官司所累的普通百姓的代表。再则,"徒法不足以自行","打黑扫恶"、铲除腐败、惩罚犯罪等法律目标的实现,需要有强大的物质基础、高素质的法律职业群体、全社会较高的法律意识和完善的政治体制等来保障。

此外,科技的发展、社会的进步,正在深刻而迅速地改变着我们的生活和观念,也给我们提出了许多的社会难题,使法律从理念到制度都面临许多挑战。同性恋带来的道德观念的裂变,安乐死引起的生存权争议,克隆人、转基因食品导致的基因技术应用疑惑,网络技术迅猛发展给各国政府提出的管理难题,等等,无不显露出法律作用的局限性。

总之,随着社会的不断进步,法律不仅是现代社会最重要和最基本的社会规范和游戏规则,而且逐步成为权威而文明的纠纷解决机制。法律不仅提供了人际交往的基本规则,引导着社会生活的有序正常发展,同时法律也是个人的导师和益友,从摇篮到坟墓,时刻对我们的私人生活给予最合理、最有益、最有力也最卓有成效的指引和保护。然而,我们在对法律的作用给予高度评价的同时,也要认真对待法律的"能"与"不能",那种认为法律无所不能的"法律万能论"和法律可有可无的"法律虚无主义"观点都是片面有害的。我们必须认识并承认,法律只能解决一部分问题而不是所有问题,法律只能制约人的外部行为而无法规范人的隐私行为及内心活动,法律惩罚犯罪但并没有惩罚了所有坏人,法律是最权威的但并不一定是最经济的纠纷解决方式,法律追求公正但并不是必然地带来公正。正是因为如此,我们在社会生活中强调法治的同时,还需要重视道德教化、行业自律、公序良俗、社团章程等作用的发挥。试想一下,一个社会如果没有了仁爱和感恩,没有了敬畏和责任,没有了善恶荣辱,只剩下冷冰冰的法律,那将是多么令人绝望!事实上,法律的治理从来都不是法律"一手遮天",法律功能的发挥离不开道德、宗教、公序良俗、社团规章等其他社会规范的支持和配合,法律秩序不过是法律主导下的多元化社会控制所达到的一种较为理想的社会秩序状态。

五、何为公平正义

谈到法律,无论是先贤还是当代哲人,即使是一个普通民众,都会将其与公平正义联系在一起。特别是在现今的中国,建设社会主义法治国家已被确立为国家的战略发展目标并载入《宪法》;实行法治,健全法制,依法行政,司法公正,已经成为国家和民众生活中街谈巷议的话题;党和国家更是将富强、民主、文明、和谐,自由、平等、公正、法治,爱国、敬业、诚信、友善作为社会主义核心价值观大力弘扬。那么,何为公平正义? 公平正义在法律中又会如何体现? 作为一个当代大学生、新时代的预备社会人,我们必须在投身社会之前就弄清这个问题,做到心明眼亮,智慧理性,才能在走出校门后成为一个合格、优秀的社会人。

所谓公平正义,指的是一种合理的社会状态,它主要是指作为社会基本结构和社会体制的正义,既包括国家结构和政府机构的合理设置,也包括社会成员之间权利自由的公平、纠纷解决过程和结果的正当公正,还包括政府与各社会组织、公民之间关系的良性运转,整个社会的高效发展。公平正义作为法律永恒的价值追求,不仅是人们遵循它、维护它的伦理基础,也成为一个国家法律的善与恶、高效与失控的标尺。在现代社会,一个法治国家,一个正义的社会,必须是一个能够为最多的人谋取最多快乐、最多福祉和财富的社会,是尊重个人自由、权利和安全的社会,是一个让人们追求更有价值的目标、生活在"追寻美德"中的社会。而法律作为现代社会的主要调控手段,其对公平正义的保障和促进主要体现在对自由、正义、效益、秩序的确认和保障中。

(一) 法律与自由

哲学家罗素说:"自由对于很多好事情都是必需的,而好事情也都是从享有自由的人民的行动、欲望和信仰而来的。"[1]而匈牙利诗人裴多菲的"生命诚可贵,爱情价更高,若为自由故,两者皆可抛"更是成为年轻人和革命者追求自由的宣言。可见,自由对于人的发展和社会进步具有特殊的价值,值得政治和法律给予悉心呵护。

那么,何谓自由? 对于自由的概念,无论是从哲学上还是法学上,都有着多种的观点和表述。一般意义上,自由是相对于强制而言的。在哲学上,自由是指在没有外在强制的情况下,能够按照自己的意志进行活动的能力。哲学上的自由与必然构成一组相对的范畴,"必然"指不依赖于人的意识而存在的自然和社会所固有的客观规律;而"自由"是指在必然性基础上所进行的积极的自觉活动,即对客观规律的认识和对客观世界的改造。人们认识客观规律后,自觉地运用规律来改造客观世界的领域,称为实现了"自由王国"。在法学上,作为法的基本价值的"自由",意味着主体可以自主地选择和实施一定的行为,同时这种行为又必须与法律规范中所规定的行为模式相一致。当主体的自由被法律作为一种权利而确认以后,就意味着任何人和机构都不能强迫权利主体去做法律不强制他做的事,另一方

---

[1] 转引自李红勃:《简明法理学》,北京大学出版社2016年版,第139页。

面也意味着权利主体只能在法律界定的范围之内做他想做的事,英国思想家柏林将前者称为"消极的自由",而将后者称为"积极的自由",并指出"积极自由的最基本意义乃是所有的人都能在平等的基础上动用他的自由以从事创造性的活动……消极的自由也是一种绝不可少的基础:人首先必须从外在的束缚中解放出来,而后才能运用积极的自由"①。消极自由意味着不受别人阻止地进行自我选择,而积极自由则要求自己做自己的主人;消极自由涉及控制范围的问题(国家或政府可对哪些行为进行控制),而积极自由则涉及控制来源的问题(为何目的而进行控制才是正当合理的)。在柏林看来,积极自由观所追求的自由是虚假的、不切实际的自由,只有消极自由观所追求的自由才是真实的自由。

在法学界,有的法学家将柏林的自由观进一步引申为法治与民主的关系,认为:法治与消极自由相对应,法治的意义在于制约国家权力,抑制政府非法地干预公民的自由;民主则与积极自由相对应,民主的意义在于鼓励人民当家作主。法治为满足消极自由所必需,民主则为满足积极自由之必要②。由此可见,虽然法律对人的行为构成了约束,但其实质不是压制自由而是保障自由。法律以肯定、明确、普遍的规范赋予人们权利和自由,同时为保障权利得以实现而规定了人们必须承担的义务。换句话说,法律是自由的保障,人民之所以需要政府和法律,就是因为在权威的政府和完备的法治之下,人民可以最大化地享有自由和权利,可以自由地去做法律所许可的一切事情,而不被强迫去做他不应该做的事情;同时自由是法律的目的,社会干预个人行动自由的唯一目的是社会的自我保护,只有为了阻止对别人和公共利益的伤害,法律对社会成员的限制才是合理、正当的,而法律对自由限制的终极目标是为了更好地保障自由,实现人人共享自由的和谐社会。所以,只有消极自由才是真实的自由,是法律所追求的自由。简言之,法律与自由不可分,真正的自由是法律范围内的自由,而良好的法律以最大限度地保障人们的个人自由和权利为目标,自由的社会是一种"随心所欲而不逾矩"的状态。

法律与自由密不可分,那么法律又是如何体现和保障自由的呢?在现代国家法律中,法律对自由的保护主要体现在以下三个方面。

1. 通过立法实现自由的权利化和法定化

人生而自由,享有自然赋予的当然的权利。但是,人的本性自由和天然自由如果没有经由立法转化为法律权利,这种自由便得不到保障和实现。而人的本性自由和天然自由转化为法律权利的程度,取决于社会的发展程度。比如人的两性交往和生育后代的自由源于人的生物本能,但性自由和生育权的法律确认和保障范围却是基于医学发展和伦理学观念的确立;而言论自由等政治权利的范围和程度,

---

① 余英时:《民主制度与近代文明》,广西师范大学出版社2006年版,第331页。
② 张文显:《二十世纪西方法哲学思潮研究》,法律出版社2006年版,第444页。

则是源于社会发展和文明程度的不断提高。

在现实社会生活中,受法律保护的自由大体表现在三个领域:第一,对公民个人自由的确认和保护,包括生命、健康、名誉、人格、人身、居住、迁徙、信仰等方面。例如美国宪法第五条修正案规定的"未经正当法律手续不得剥夺任何人的生命、自由或财产";我国《宪法》第三十七条规定的"中华人民共和国公民的人身自由不受侵犯。任何公民,非经人民检察院批准或者决定或者人民法院决定,并由公安机关执行,不受逮捕";我国《宪法》第三十八条规定的"中华人民共和国公民的人格尊严不受侵犯。禁止用任何方法对公民进行侮辱、诽谤和诬告陷害";我国《民法典》对公民生命健康权、姓名权、肖像权、荣誉权、婚姻自主权、平等权的规定和保护。第二,政治自由,包括言论、出版、集会、结社、游行、示威、通讯等方面。如我国宪法中对公民基本政治自由的规定。第三,经济自由,包括私有财产处分权、贸易、劳动、消费、投资等方面,这在我国《宪法》《民法典》《公司法》等法律法规中都有规定。

2. 通过限制自由以确保社会公共利益和他人权利自由

法律必须保护公民的自由,但拥有自由决不意味着可以为所欲为。正如罗兰夫人的名言——"自由,自由,多少罪恶假汝之名而行",自由一旦失去规范和约束,必然会危害社会,造成混乱。因此,法律意义上的自由必须是法律规定范围内的自由,任何自由都必须接受法律的约束。正如孟德斯鸠指出的:"政治自由并不是愿意做什么就做什么。在一个国家里,也就是说,在一个有法律的社会里,自由仅仅是:一个人能够做他应该做的事情,而不被强迫去做他不应该做的事情。……自由是做法律所许可的一切事情的权利;如果一个公民能够做法律所禁止的事情,他就不再有自由了,因为其他的人也同样会有这个权利。"[①]

法律对自由的限制,体现在法律对义务的设定上,特别是法律的禁止性规定。任何法律权利的实现,都是以义务人履行法律义务为前提的;一个人也只有在履行了法定义务的前提下,才能享有和实现自己的权利和自由。比如,一个人去商场购物,只有支付了对等的价款,才能要求商场交付合格的商品;一个人拥有言论自由,可以畅所欲言,但其言论必须以不伤害他人人格和尊严,不危及国家利益和社会公共安全为前提。任何时候法律对言论自由的严格保护,也不会允许一个人在飞机上谎报有炸弹、在网络上恶意地攻击侮辱他人的。

除了法律的明文限制外,自由还要受到正义的限制,他人权利的限制,以及自然的限制。正如罗伯斯庇尔所说:"自由是人所固有的随意表现自己一切能力的权利,它以正义为准则,以他人的权利为限制,以自然为原则,以法律为保障。"[②]

---

① [法国]孟德斯鸠:《论法的精神》(上册),张雁深译,商务印书馆1987年版,第154页。
② [法国]罗伯斯庇尔:《革命法制与审判》,赵涵舆译,商务印书馆1979年版,第137页。

 案例分析

(1)2010年4月,包括南京某大学副教授马某在内的22名被告人因聚众淫乱罪,被南京市秦淮区检察院起诉。经法院审理查明,从2007年夏天至2009年8月间,22名被告人通过网络结识后,先后35次在秦淮区、鼓楼区、玄武区等多处聚集多人,相互以"换妻"方式进行淫乱活动。公诉人指出,22名被告人的行为严重触犯了我国《刑法》的相关规定,构成聚众淫乱罪。

此事经曝光后,一贯提倡"性权利"的某社会学者向全国人大法工委建议取消"聚众淫乱罪",理由是:该罪已严重过时,"性聚会"的参与者都是自愿的,法律绝不应当认定为有罪,"聚众换偶仅仅是道德问题,这一权利不应当以违反道德或违反习俗的名义被剥夺"。

对该学者的说法,有律师表示,权利与自由的一个隐含命题是:公民个人可以自由支配自己行为的自由必须是正当的,是受法律保护,受社会其他成员尊重的行为自由。当这种自由的行为不正当,受法律所摒弃,为公众所不齿时,则不能称之为权利或自由。该律师还说,"法律是显露的道德,道德是隐藏的法律",良好的道德,社会的公序良俗,应当得到我们全体社会成员的尊重。

(2)2002年8月18日晚11时,延安市宝塔公安分局万花派出所民警称接群众举报,新婚的张某夫妇在一诊所播放黄碟。三名民警遂以看病为由敲门,住在前屋的张某父亲开门后,警察直奔张某夫妇住的后屋,并"一边掀被子,一边说,有人举报你们看黄碟,快将东西交出来"。在警察试图扣押收缴黄碟和VCD机、电视机时,遭到张某的阻挡,双方发生争执,张某抢起木棍将一警察的手打伤,警察随之将其制服,并将张某强行带到派出所留置。10月21日,宝塔公安分局以涉嫌"妨碍公务"为由刑事拘留了张某;10月28日警方向检察机关提请逮捕张某;11月4日检察院以事实不清、证据不足为由退回补充侦查;12月5日宝塔公安分局决定撤销此案。后与张某夫妇达成补偿协议,宝塔公安分局一次性补偿张某29 137元。

请针对以上两个案例,思考一下法律与自由的关系。

3. 通过司法协调自由和救济权利

如果说立法是对自由的确认和保障,那么司法则通过协调自由和救济权利而保障自由的实现。在现实生活中,权利和自由的行使,往往伴随着众多的利益冲突和矛盾,而司法则通过最公平的纠纷解决机制,通过正当合理的诉讼程序,来保障纠纷的解决,平衡各种冲突的利益,从而使自由最大限度地得以实现。例如为了建设高速公路而需要拆除一些人的房屋、占用某个村的土地,在拆迁补偿上双方各执一词。实践中既有建设施工单位暴力强拆的案件,也有借拆迁漫天要价的"钉子户",当公民权利与他人权利或者公共利益发生冲突时,司法通过公正、权威的诉讼程序,以文明、理性的裁判方式,通过提供公平正义的裁决结果,以保障最大多数人最大自由的实现。

(二) 法律与正义

从古至今,作为一种社会观念和社会理想,正义如灯塔一样指引着人类生活和社会法律的前行方向。而作为现代社会主要调控手段的法律,与正义如影随形,不可分离。

1. 正义是法律最基本的品质,引领法律前行的方向

如果说自由源于人的自然属性,那么正义则是人的社会属性的要求。人作为一种群居的动物,需要一个健康的社会。而一个健康的社会,必须是一个充满正义的社会,有正义的制度、正义的生活,邪恶得到惩罚,良善受到保护,受害者得到及时救济,整个社会的人们生活在一种"追寻美德"的状态中。而法律作为国家治理和实现社会控制的主要手段,必须合乎正义,必须将本国、本民族的正义标准和正义要求体现在法律中。立法者在制定法律时,只有以一定的正义观念为指导并将这些观念体现在具体的法律规定之中,才能使得法律的合法性及权威性获得正当性和有效性。如果法律充斥着不正义的内容,则意味着法律只不过是推行独裁专制的工具。

尽管不同时代不同国家的人们的正义观念不尽相同,但是人类生活的共同性,也使人们对正义的内涵获得了一些基本的共识,而这些理念共识将成为法律前进的方向,引导着各国法律一步步迈向理想的状态。正如联合国《世界人权宣言》所说,"人人生而自由,在尊严和权利上一律平等。他们赋有理性和良心,并应以兄弟关系的精神相对待","法律之前人人平等,并有权享受法律的平等保护,不受任何歧视"。而我国《宪法》也明确规定了"中华人民共和国公民在法律面前一律平等"。除了自由、平等之外,正义还包含了公平的机会均等、广泛的人权保护、正当的纠纷裁决程序、合理适当的权利限制、法律的民主化和民主的法制化、福利国家、对处于最不利地位的人特别是贫困人员的差别对待以使其得到最大可能的利益(如我国宪法和法律中对老人、儿童、残疾人权益的特别保护)的差别原则等内容。

2. 正义是法律优劣、善恶的衡量标准,是推动法律进步的内在动力

正义不仅是法律的理想,是法律必须着力弘扬与实现的基本价值和基本理想,

同时也是可以独立于法律之外的价值评判标准,成为人们衡量法律是"良法"还是"恶法"的标尺。比如1955年在美国的蒙哥马利市,一位黑人妇女罗莎·帕克因下班搭乘公共汽车回家时坐到了车上特别为白人保留的座位而被警察拘捕,这件事激怒了众多黑人。著名牧师马丁·路德·金率领黑人民众展开了一场长达三百多天的"拒乘巴士运动",导致巴士公司面临破产,最终迫使美国最高法院裁决政府的做法违反了宪法和基本的正义要求,从而使得种族歧视制度被正式废除。

3.正义通过法律得以实现

古代社会正义的实现被寄托于神灵和仁君,而近现代以来人们普遍认为,正义的实现依赖于政治和法律。

(1)通过立法确立符合正义的基本社会制度。最根本的正义是社会制度的正义,法律通过把社会生活的主要领域及重要的社会关系纳入法律调整,实行法治化治理,把正义的基本内涵融入法律规范和法律制度之中,来构建符合正义的良法。一部正义的良法,不只是出自政府,它必须充分考虑、吸收民众的意见,加强立法工作的公开性和透明性;体现正义的法律,必须注意实现普世性的法治原则精神与中华民族优秀传统的契合,必须与中国国情相吻合,符合人们普遍信奉的道德原则和社会公理,必须与社会生活中普遍通行并符合人类文明进步方向的公序良俗相一致。法治的真正源泉是社会生活本身,而社会正义的实现有赖于立法机关通过法律权利和法律义务机制,来公正地分配社会合作的利益和负担,以保证实体正义的实现;同时,立法机关还必须在法律上设定本身就体现正义并以保障实体正义实现为目的的公正的法律程序,使正义以"看得见的方式"得以彰显。这种立法对正义制度的确认,在我国各种法律中都有体现。比如我国《宪法》中对公民平等权、人格尊严权、言论自由、宗教信仰自由、老年人妇女儿童及残疾人权益的保护性规定,体现民主政治的人民代表大会制度和政治协商制度,都是关乎每个公民基本权利和社会制度合理性的实体正义;而我国三大诉讼法中的辩论制度、公开审判制度、合议制度、回避制度等则是体现程序正义的法律规定;还有体现中华民族传统文化并符合社会文明发展趋势的调解制度,符合中国民族习惯的婚姻家庭制度等,都是我国社会生活中的正义观念在法律制度中的彰显。

(2)通过法的实施来实现社会正义。通过法律实施,发挥其法律规范的强制性,惩罚非正义行为,以保障正义的实现。法的最高价值不仅在于提供正义,更在于实现正义。正义作为社会价值必然会遭到各种形式的侵犯,法凭借其特殊的强制性,惩罚非正义的行为,对于恶行作出否定性评判;保护和奖励正义的行为,对于善行给予支持褒扬,为受害者讨回公道。而这正是基于道义要求所产生的必然结果。此外,正义也意味着国家执法机关和司法机关在特定案件中应正确运用正义观念或原则,使案件得到正义的处理结果,即司法和执法活动必须以正义的观念或原则为指导。

(3)法律还通过公正地解决冲突,裁决纠纷,补偿损失,弥补损害,恢复失衡的利益,从而使社会正义得以恢复。任何社会都会存在着利益冲突,利益来源于对资源的控制,利益之大小取决于对资源控制的多少。正因为有利益冲突,社会存在和社会变迁才成为可能。法律要真正实现公平正义,必须在公开解决冲突和纠纷,惩罚违法犯罪的同时,补偿正义因违法犯罪而蒙受的损失,使正义得到恢复。为此必须有一套公开解决冲突和纠纷的法律机制,而这套机制的适用规则必须是公开、公正、无私、中立的。司法强调实体正义和程序正义并重就是这个道理。如果说惩罚罪恶是基于道义之正义要求,那么补偿损失则是基于功利的正义要求。可见实现正义是法的出发点,又是法治的当然归宿。

(三)法律与效益

效益或者效率,作为经济学上的概念,表达的是投入与产出、成本与收益的关系,就是以最少的资源消耗取得最大最多的效果。随着社会经济的迅猛发展,效益作为社会发展的动力和重要价值目标,也愈来愈引起人们的重视。而一个有效率的社会,应当是能够以同样的投入取得比别的社会更多的有用产品,创造出更多社会财富和价值的社会;一个有效率的社会,是一个自然、社会和人文资源优化配置的社会,即社会资源的配置和利用使得越来越多的人改善境况而没有人的境况因此而变坏。

然而,社会效益的高低,不单纯是一个经济问题,它要受到社会制度的影响,而法律作为现代社会制度体系中最为重要的规范,其必然以其特有的权威性分配权利和义务的方式,影响着效率的实现。法律对效益的促进主要体现在以下几个方面:

(1)法律通过确认和维护人权,调动生产者的积极性,促进生产效益的提高。生产力的基本要素是劳动者、劳动资料和劳动技能,这三个要素在法律中分别由人权、物权和"智权"(知识产权)的法律制度来加以保护。我国《宪法》中对公民基本权利的规定,体现了国家对人权的尊重和保护,使人民群众清楚地认识到自己在国家和社会生活中的主人翁地位,切实感受到自己是社会的主人,从而满腔热情地投身到社会主义建设的宏伟事业中去,通过踏实的本职工作和创造性的发挥,促进社会效率的提高。

(2)法律承认并保障人们的物质利益,确认和保护产权关系,促使人们为利益而奋斗,从而促进社会效益的提高。利益的不断实现和对利益的不断追求是提高社会生产力,促进经济增长的内在动力。法律通过承认和保护个人的利益并使之成为权利,激励人们在法的范围内尽其所能地实现物质利益,进而推动社会效益的实现。

(3)法律确认和保护高效的经济运行模式,从而推动整个社会生产力的快速发展。我国实行社会主义市场经济,法律保障生产者和经营者在有序、安定的市场秩序中自由竞争,优胜劣汰,从而促使社会资源由低效益向高效益流动;法律还通过宏观调控手段使市场摆脱自由竞争的盲目状态,减少和控制生产经营中的风险和资源浪费,提高社会整体效益。

(4)法律承认和保护知识产权,发展科学技术,促进社会效益的提高。科学技术是第一生产力,我国通过《专利法》《商标法》《著作权法》等承认和保护知识产权,促使科学技术向生产力的转化,使"智慧的火焰加上利益的燃料",推动人们进行科学技术创造;法律还通过明确科学技术在国家经济和社会发展中的战略地位,制订科技发展规划,改革科技管理体制,建立科学技术创新奖励机制,促使科技经济一体化,来推动社会的进步和经济效益的提高。

(5)法律鼓励制度创新,减少交易浪费,规范市场秩序,引导经济和社会的高效运转。

(6)法律通过权衡和调节各种利益冲突,解决纷争,减少对立摩擦造成的社会资源浪费而维护效益。我国法律,特别是经济法、民商法、知识产权法和民事诉讼法,通过以效率为取向的制度改革和制度设计,为市场经济主体建构最有效的交易模式和纠纷解决机制,保证人们以最安全、便捷、有效的方式,以最少的时间、精力和物质耗费,达到预期的经济目标。

(四)法律与秩序

秩序是人类一切活动的前提。秩序有自然秩序和社会秩序之分,自然秩序是指自然界之物依照事物的自然规律而形成的一种状态,具有客观性;而社会秩序是指人类生活于社会共同体中进行活动所必须遵循的社会规律和规则,是社会关系在某种程度上的稳定性、一致性、行为规则性、进程持续性、事件可预测性和人身财产的安全性。在现代社会,法律是秩序的象征,又是建立和维护秩序的手段。我们实行法治,坚持依法治国,所要建立的就是社会秩序的法治状态。

秩序是法追求的最基本的价值,也是实现其他法律价值的先决条件。良好的社会秩序是社会进步的基础,也是社会稳定与和谐的标杆,而这一点对于当代中国来说尤为重要。正如邓小平同志指出的:"中国的问题,压倒一切的是需要稳定……没有稳定的环境,什么都搞不成,已经取得的成果也会失掉。"[1]

法律对于秩序和安全的重要意义就在于,法律是社会秩序的稳定器,是公民权利行使的保护神,是权力失控的抑制器,它普遍地、持久地保障社会秩序的平安与稳定,保障权利的安全享有和权力的正常有序的行使,使它们不至于脱轨而导致权利受到侵害或权力的滥用。也只有在法律所保障的安全和秩序之内,自由、公平、民主、效率、平等、正义等法的价值才能具备所需要的基础条件。

法律对于秩序的建立和维护主要体现为以下方面:

(1)按照统治阶级的价值标准和正义观念来构建社会秩序的基本蓝图。法律制度设计本身就是在描绘人们所向往的社会秩序蓝图,法律作为国家重要的统治

---

[1] 《邓小平文选》(第三卷),人民出版社1993年版,第284页。

手段,必然从统治阶级的整体利益出发,去设计整个社会的基本结构,分配社会的资源和利益,确保统治阶级的根本利益合法化和制度化。

(2)法律通过赋予人们一定法律权利和自由的方式,引导社会成员依照法律的指引去进行行为选择,从而使人们在行为方式和行为结果上能够彼此协调,使相应的社会秩序得以建立。

(3)法律通过给社会主体施加法律义务的方式,使每个社会成员对自身的行为加以必要的约束和克制,以防止、减少纠纷和冲突,保证社会生存和发展的基本秩序。

(4)法律通过确立和追究法律责任,将权利和权力的运行控制在可预测的范围之内,保证权利的依法行使,防止权力的滥用,惩罚秩序的破坏者,修复和弥补被损害的社会关系,维护正常的社会生活秩序。

第二节　法律是以什么形式表现出来的?

案例分析

　　2005年8月,锦屏县河口乡培尾村杨某在其自留山上砍伐了一棵树,而同村的胡家提出该树是胡家祖辈留禁在山上的寿用木,要求杨某归还,遭拒后胡家诉之法院。
　　经法院审理查明:在锦屏县林区,当地村民长期以来有"留禁寿用木"的风俗;胡家留禁的寿用木系其祖父在20世纪四五十年代所留,在国家实行"四固定"和"山林三定"之前;培尾村村规民约规定:禁留果木或寿用木在别人家自留山上的,在山林三定和分户经营以前,经协商或其他形式已确定为私人留禁的树木,均归留禁户所有,任何人不得侵犯。培尾村村民一般都遵循这一惯例。
　　法院认为:胡家留禁的寿用木系其祖父在"山林三定"分山到户之前所留,杨某虽按政策分得了寿木所在的山场,但按培尾村的村规民约规定,结合当地的风俗习惯,该留禁寿用木的所有权应当归胡家所有。据此法院判决杨某将砍伐的寿用木归还胡家。宣判后,杨胡两家均未上诉。
　　试分析:村规民约、风俗习惯可以作为处理纠纷的依据吗?

现代社会,随着法律在国家和社会生活中的作用日益增强,国家出台的法律越

来越多,法律涉及的领域也越来越宽广。那么,法律是以什么形式表现出来的?谁代表国家来制定法律?各种各样的法律之间是什么样的关系?法律规定之间出现不一致怎么办,以哪个为准?这些问题随着"同案不同判"现象的屡屡出现,不断刺激着人们的神经,挑战着法律的权威,损害了法律的公信力。因此,作为社会的一分子,每个公民,尤其是即将走向社会的当代大学生,要在社会中如鱼得水,维护自己的合法权益,同各种歪风邪气作斗争,净化我们的社会氛围,实现中华民族伟大复兴的中国梦,必须对我国法的形式、分类、渊源和效力有所了解。

一、法的形式和分类

(一)法的形式

法律作为一种特殊的行为规范,必须由特定的国家机关通过一定的形式表达出来,才能为人们所知晓、遵守,才能具有法律上的效力。用以表达法律规范的各种具体形式,法学上称为法的形式。

不同时代不同国家,法律的形式有所不同。根据国家创制法律的方式不同,法的形式主要可分为成文法与不成文法。成文法就是国家以制定的方式创制的,以规范性法律文件形式表现出来的法律。在我国,包括宪法和一般规范性法律文件。宪法是国家的根本大法,是制定其他一切法律法规的依据;而一般规范性法律文件是指特定国家机关依照法定职权和程序以成文法形式创制出来的法律,比如我国的《刑法》《民法典》《产品质量法》等。规范性法律文件是与非规范性法律文件相对而言的。非规范性法律文件是指国家机关依照法定职权和程序适用法律处理具体法律事务所产生的结果性文件。两者的区别在于:规范性法律文件适用的对象是一般的人、一般的事,是同样情况同样适用,即可以反复适用,如《刑法》关于犯罪的各种规定,不论对张三还是李四,不论在山东还是广东,只要是在中国领域内发生的犯罪,在法律的生效期内,都依据我国刑法定罪量刑;而非规范性法律文件适用的对象是具体的人、具体的事,只能够适用一次,如逮捕证、判决书等,只对案件的当事人有效,且只对特定的事项一次有效。值得强调的是,当代中国法律的主要形式是成文法;同时随着世界经济的日益交往与融合,成文法已经成为世界大多数国家法律以及国际法规范的主要形式。

不成文法是指国家以认可的方式创制的,不具有规范性的法律条文形式的法律,包括习惯法、判例法和惯例。习惯法是指由国家机关认可并具有法律约束力的习惯规则。人类社会早期的法律大都从通过口耳相传而沿袭于后世的各种习惯演变而来,当有了文字之后便被记载下来成为习惯法。而从习惯到习惯法再到成文法,是人类法律发展的普遍规律。在我国少数民族地区,至今仍然有习惯法的流传;而在非洲和某些亚洲国家和地区,习惯法甚至还在社会生活中占有非常重要的地位。判例法是指可作为先例据以裁决的法院判决。属于英美法系的英国,早在

12世纪就形成了判例法的传统,法官在面对具体案件时,如果缺乏明确的法律依据,则可以根据当地习惯、自己对法律公平正义的理解、政治政策等进行判决,而这个判决一旦被认可和接受,则对后来的法官审理同类案件具有当然的约束力,这就是英美法系国家的"遵行先例"原则。由于这种传统的存在,法官在法治实践中实际担任了立法者的角色,并创造了一个庞大的判例法体系。这种体系不易为人们学习和掌握,使得律师成为一种"显贵"的职业,却使得这些国家的法律充满了活力,可以随着社会生活的不断发展而随时被"法官造法"而更新。

(二) 法的分类

成文法与不成文法的划分是以法律的创制方式为依据所作的划分,目的是告诉我们法律可以有不同的表达形式。此外,为了更好地了解法律这一伴随我们终生的重要社会现象,法学家们还从其他角度对法律作了区分,以帮助我们全方位地了解和运用法律。比较常见的划分法主要有以下几种。

1. 根本法与普通法

根本法就是指一国的宪法,它在一国法律体系中居于最高地位,具有最高的法律效力,由一国最高立法机关依严格程序制定和修改,规定的是国家、社会和公民生活中最根本的问题;普通法就是指宪法之外的其他法律。普通法不得与根本法相抵触,两者在立法主体、立法程序、基本内容、效力等级、法律解释权以及法律监督等方面都存在着差别。但是,这种分类只适用于成文宪法制国家,而不适用于不成文宪法制国家,比如英国。

2. 实体法与程序法

这是根据法律的内容和功能的不同对法律所作的分类。实体法是指规定法律关系主体之间实际的权利与义务关系、职责与职权关系的法律,如刑法、行政法等;程序法是规定保证实体权利与义务、职责与职权得以实现的方式和手段的法律,如三大诉讼法、立法程序法、行政程序法等。实体法是程序法的目的,程序法是实现实体法的保障。

3. 国内法与国际法

这是根据立法主体、适用范围和对象以及强制性程度的不同对法律进行的分类。国内法是由国内的立法机关或其他有权机关制定和认可,在一国领域内实施的法律规范,其法律关系主体主要是公民和法人,且由国家强制力保证实施;而国际法是调整国家与国家之间、国际组织之间以及国际组织与国家之间关系的法律规范的总和,它是通过不同的国家之间以协商的方法创制形成,其法律关系主体主要是国家,且国际法的实施也没有一个统一的有组织的超越于国家之上的强制机关来保障。

4. 一般法与特别法

这种分类的划分标准是法律适用的效力范围。一般法是针对一般人、一般事项、一般地域、一般时间生效的法律;特别法是针对特定的人、特定的事项、特定的地域、特定的时间生效的法律。比如,《刑法》是我国规定犯罪与刑罚的法律,是一般法;而相对的,《预防未成年人犯罪法》只对未成年人有效,《香港特别行政区基本法》只在香港有效,《戒严法》只在戒严时间、戒严地区有效,《紧急状态法》只对发生的紧急事项有效,就属于特别法。在法律适用上,特别法优于一般法。

除了以上几种常见的分类外,一些国家和地区还有一些特殊的分类,我们对这些特殊的分类,在国际交往中也要注意。其中最常见的特殊分类主要有两种。

一是公法与私法:这是大陆法系国家关于法律的基本分类,最早是由古罗马法学家乌尔比安提出来的。他认为公法主要是保护国家利益的法律,而私法主要是保护私人利益、个体利益的法律;公法主要包括宪法、刑法、行政法、程序法等,而私法主要包括民法和商法。这种划分的意义在于对两大不同性质的社会关系领域,应采取不同性质的法律规范进行调整。为了保障国家权力的有效行使和国家利益的实现,对公法领域须采取强制性干预手段进行调整;而在私法领域,应当充分尊重权利主体的意愿,实行意思自治。这样才能既保护了公共利益,又保护了私人利益;既体现对社会权力与自由的自我约束,也体现了对个人自由的尊重和保护。这种划分对于我国正在进行的社会主义市场经济建设意义重大。

此外,随着国家对经济生活领域干预和控制的加强,有些社会关系既需要国家的强制性干预以保障社会公共利益和弱势群体,又需要尊重权利主体自己的意愿,允许当事人各方在一定程度上进行协商,以保证社会的和谐有效运转,这样就出现了一类兼具公、私法性质,介于两者之间的法律——社会法,比如经济法、社会保障法等。所以,也有学者将法分为公法、私法和社会法三类。

二是普通法与衡平法:这是英美法系国家对法律进行的基本分类。这里的普通法是指产生于英国 11 世纪,以国王的令状为基础,综合了各地的习惯法,通过司法审判的形式形成的一种普遍适用于英国各地的判例法;而衡平法是指为弥补英国普通法的僵化性和机械性,救济那些依照普通法无法得到公正判决的当事人,通过判例法的形式发展起来的法律。衡平法的运用并不依照严格的规则,而是依靠法官的良心、道德和对公平正义的理解来进行审判,所以在英美法系国家有"法官造法"之说。

除此之外,在联邦制国家还有联邦法与联邦成员法之分。

二、我国法的渊源

法的渊源是指法律规范的来源或源头。从法律适用者的角度来理解,法的渊源即指法官或执法者发现法律之处。在西方国家,依据法律渊源所体现的国家权威程度及效力,将法的渊源分为主要渊源(又叫正式意义的渊源)和次要渊源(非正式渊源),主要渊源指由国家立法机关预先制定或认可,司法机关或执法者可以直接据以裁决的法律渊源,如我国《刑法》《民法典》等成文法典;而次要渊源指并非出自法定权威机关,也不具有明确的法律文本形式,仅仅由于司法机关的适用才具有了法律效力的法律渊源,如习惯、道德规范等。判例在大陆法系国家是次要渊源,但在英美法系国家是主要渊源。

从世界各国法律发展的历史来看,法的渊源的种类主要有制定法、判例法、习惯法、国际法规范、法理和法学家学说等。在我国法学界,一般将由特定国家机关依照法定职权和程序制定的,从而具有不同法律效力的法的各种具体表现形式,称之为法的渊源。我国现行社会主义法的渊源主要是采取规范性法律文件(成文法或制定法)的形式。从创制主体和效力层次上分析,当代中国社会主义法的渊源主要有以下几种。

(一)宪法

宪法在中国法律渊源中居于核心地位。宪法是国家的根本大法,主要规定社会制度和国家制度的根本原则,具有最高的地位和效力,是其他一切法律、法规的立法依据,一切法律、行政法规、地方性法规、自治条例和单行条例、规章都不得同宪法相抵触。

(二)法律

这里的法律是指狭义的法律,即由我国最高权力机关及其常设机关——全国人大及其常委会制定的规范性法律文件。其中,全国人大负责制定和修改刑事、民事、国家机构和其他内容涉及国家和社会生活某一方面最基本问题的法律,称之为基本法律;全国人大常委会负责制定和修改"除应当由全国人民代表大会制定的法律以外的其他法律",全国人大常委会颁布的规范性决定、决议,也属于其他法律的范畴。

法律的效力低于宪法而高于其他规范性法律文件。

(三)行政法规

行政法规是专指最高国家行政机关国务院制定的规范性法律文件;行政法规的地位和效力低于宪法和法律,而高于地方性法规、自治法规和规章。

(四)地方性法规和自治法规

1. 地方性法规

地方性法规是指由省、自治区、直辖市人大及其常委会和设区的市的人大及其常委会根据本行政区域的具体情况和实际需要,在不同宪法、法律、行政法规相抵触的前提下制定的规范性文件。

2. 自治法规

自治法规包括自治条例和单行条例。民族自治地方的人民代表大会有权依照当地民族的政治、经济和文化的特点,制定自治条例和单行条例,但须报上级人民代表大会常务委员会批准后生效。

地方性法规和自治法规仅在本行政区域内有效,其内容不得与宪法、法律和行政法规相抵触,但效力高于本级和下级地方政府的规章。

(五)规章

包括部门规章和地方政府规章。

1. 部门规章

部门规章是指国务院所属各部、各委员会、中国人民银行、审计署和具有行政管理职能的直属机构,依据法律和行政法规,在本部门的权限范围内所制定的规范性文件。部门规章不得与宪法、法律、行政法规相抵触。

2. 政府规章

省、自治区、直辖市和设区的市、自治州的人民政府,可以根据法律和行政法规以及本省、自治区、直辖市的地方性法规,制定规章。这种规章学界称之为"政府规章"或"地方政府规章",其效力低于宪法、法律、行政法规和地方性法规、自治法规,且省、自治区人民政府制定的规章的效力高于本行政区域内的设区的市、自治州的人民政府制定的规章。

(六)经济特区法规

经济特区所在地的省、市的人民代表大会及其常委会根据全国人民代表大会的授权决定,制定法规,在经济特区范围内实施。经济特区法规对法律、行政法规、地方性法规作变通规定的,在本经济特区适用经济特区法规的规定。

(七)特别行政区法律

目前指香港、澳门等特别行政区立法机构制定的,在特别行政区内实行的法律,包括特别行政区立法会制定的法律和依法保留的原来的法律。

(八)军事法规和军事规章

中央军事委员会根据宪法和法律,制定军事法规;中央军事委员会各总部、军兵种、军区、中国人民武装警察部队,可以根据法律和中央军事委员会的军事法规、决定、命令,在其权限范围内,制定军事规章。军事法规和军事规章在武装力量内部实施。

(九)国际条约

并非所有的国际条约都是我国的法律渊源,只有我国政府缔结或参加的双边或多边国际条约,才属于我国正式的法律渊源,且声明保留的条款除外。

一般认为,除以上正式法律渊源之外,当代中国还有判例、政策、习惯、法理、社会主义道德等非正式法律渊源,在法律没有明文规定或规定不明确时,它们对我国转型期的司法实践也具有一定影响力。

三、法的效力

（一）法的效力范围

法的效力是指法律的保护力和拘束力，具体是指国家制定或认可的法律对其调整对象所具有的普遍的支配性力量。法律作为一种特殊的行为规范，与道德、宗教、习俗等社会规范相比，其效力是强硬的，它在一定的时间和空间范围内，对所有的人普遍有效，具有不可争辩、不能抗拒的拘束力。正如西方法谚所云："法律有效力，国民便昌盛"。法律正是凭借着它的普遍约束力，规范着社会成员的一言一行，保障着我们生活其中的社会公共生活的安宁、有序、公平、和谐。法律的这种拘束力具体体现在它对什么人，在什么时间、什么地方发生效力，即法的适用范围。

1. 法的对象效力

法的对象效力是指法的适用对象有哪些，即对哪些人有效。这里的人既包括自然人，也包括法律拟制的人。在法的对象效力上，各国法曾实行的原则有：①属人原则，即以主体的国籍为标准，本国法只适用于具有该国国籍的人或组织，而不论其在国内还是在国外；②属地原则，即以地域为标准，一国法只适用于本国主权管辖地域内的人或组织，而不论其为本国人还是外国人；③保护原则，即以保护本国利益为标准，而不论国籍或地域如何，侵犯了哪国利益，就适用哪国法；④折中或综合原则，即以属地原则为基础，以属人原则和保护原则为补充的原则。现在世界上绝大多数国家都采用第四种原则，我国也不例外。

【想一想】

2016年4月，肯尼亚警方将在肯尼亚设点冒充中国大陆公检法机关对中国大陆群众实施诈骗的41名犯罪嫌疑人抓获（其中中国大陆地区19人，中国台湾地区22人）并遣返回中国大陆。公安部在回答记者提问时表示，中国司法机关将按照我国法律对这41人进行审判。

请问：我国是根据什么原则来行使司法管辖权的？

2. 法的空间效力

指法律在哪些地域范围内有效。一般来说，法律的效力及于一个主权国家的全部领域，包括领土、领海、领空和底土以及延伸领域。但是，具体法的空间效力主要由国情、法的效力等级、法的调整对象或内容等因素决定。具体地，我国法的空间效力主要有四种情况：

（1）有的法在全国范围内有效。一般最高国家立法机关制定的宪法和法律，以及国务院制定的行政法规，其效力及于我国的全部领域。

(2) 有的法在一定区域内有效。地方性法规、自治法规、特别行政区法规、经济特区法规只在本地区有效。

(3) 有的法具有域外效力。如我国《刑法》规定，"中华人民共和国国家工作人员和军人在中华人民共和国领域外犯本法规定之罪的，适用本法"。其他如涉及民事、贸易及婚姻家庭方面的法律，有的也明文规定了域外效力。

(4) 国际法一般适用于缔约国和参加国。我国缔结或参加的国际条约也适用于我国，但我国声明保留的条款除外。

3. 法的时间效力

法的时间效力是指法的效力的起止时限及对其实施前的事件和行为有无溯及力。因此，法的时间效力包括生效时间、终止效力的时间和法的溯及力。

我国法的生效时间通常有两种情况：一是自公布之日起生效；二是公布后经过一段时间或具备一定条件才生效。一般较重要的法律都采取第二种生效方式。

法律终止效力的方式有明示的废止和默示的废止。明示的废止是指在新法或其他规范性文件中明文规定废止旧法。各国多采用此种形式。默示的废止是指已生效的法律与原有法律的规定在某些方面有冲突，实践中则根据"新法优于旧法"的原则，采用新法而使旧法事实上被废止。废止法律是一项严肃的事情，一般应采取明示的废止。我国立法实践中废止法律的具体情形主要有：①新法生效，旧法同时废止；②立法机关发布专门的废除令，宣布某个(些)法律废止；③因期间届满而失效——有的法律明文规定其效力期间，当期间届满时该法自然失效；④因完成其历史任务而失效——针对某种特定情形而制定的法律，当该特定情形消失或结束时，该法自然失效，如《土地改革法》。

法的溯及力是指新法是否适用于其生效以前的事件和行为的问题，若适用即有溯及力，若不适用则无溯及力。在法的溯及力问题上，现代法治的一般原则是"法不溯及既往"，因为"法律不能强人所难"，它不能要求人今天的行为去符合未来之法。

(二) 法的效力等级及冲突解决规则

法的效力等级是法的效力问题的一个重要组成部分。在一个多元化的法律体系中，法律的来源与形式不同，其效力地位也不同，这在法学上被称之为法律的效力层次或效力位阶，即指一国法律体系中不同的法律渊源在效力方面的等级差别。

要保证一国法律体系的内在协调统一，维护法律的权威，必须明晰法律的效力等级。特别是在我国，立法主体的多元化，难免会出现不同级别的国家机构制定的法律法规之间、同一机构不同时间发布的内容不同的法规之间，以及同等级的不同国家机构所制定的一般规范性文件之间内容不一致的情况，要维护法律的统一和司法公正，就必须对法律的效力冲突问题确定一个统一的解决规则。一般地，根据影响法律的效力等级的因素——制定主体、形成时间、适用范围等的不同，在确定法的效力等级时，一般遵循以下原则：

1. 宪法至上原则

宪法是国家的根本大法,是制定一切法律的依据,一切与宪法相抵触的法律法规都是无效的,都不应当被要求遵守。

2. 上位法优先原则

一般地,由于法律制定主体在国家权力体系中处于不同的地位,那么,由这些主体制定的法律也就形成了不同的效力等级。除有特别规定外,通常法律制定主体的地位越高,其制定的法律效力也就越高,即上位法优于下位法。在我国,各种法的渊源之间依创制主体的不同,其效力层次按照由高到低的顺序,依次为:宪法—法律—行政法规—地方性法规和自治法规—规章。

河南洛阳种子案

3. 特别法优先原则

当同一主体在某一领域内既有一般性立法,又有不同于一般立法的特殊立法时,由于特殊立法更适宜于法律所针对的特殊情况,则特殊立法的效力就高于一般立法,即"特别法优于一般法"。但该原则的适用是在不违背前两项原则的前提下才能适用该原则。

4. 新法优先原则

当同一机关在不同时期就同一事项制定了两个以上的法律规范性文件且内容不一致时,后制定的法律效力高于先制定的法律,即"新法优于旧法"。这是因为法律也是要与时俱进,才能有效地实现对社会生活的调整和控制。

当然,以上是在处理国内法之间的冲突时应当遵循的基本原则。若是涉及国际关系,在选择以哪国法作为行为的依据或处理事务、案件的标准时,首先要按照国际法规范确定适用何国法。若是我国国内法与我国参加或缔结的国际条约不一致,则应优先适用我国参加的国际条约。

第三节 生活中如何寻找处理涉法事务的法律依据?

案例分析

张海龙与李石材系上下楼邻居。一日,李石材家里来了几个中学同学,大家多年不见,聚到一起不易,高兴之际喝酒行令,饭后又唱起了卡拉OK。楼下的张海龙家孩子小,中午时因楼上吵闹声音大影响孩子睡觉而去敲门提醒了李石材注意。李石材嘴上答应了,心里却有点反感,不过也没说什么,后来唱歌高兴起来就忘记了。下午近四点钟时,楼上李家仍是喧闹嘈杂,张海龙家孩子也一直哭闹不休,张海龙认为孩子哭闹是因为楼上太吵,就又上楼敲门,让李石材家安静些。李石材的同学们一看邻居上门提意见了,就都悻悻离去。李石材在送同学离开后,感到张海龙让自己在同学面前丢了面子,非常生气,路过张海龙家门口时,就朝张家门上踹了两脚,张海龙出来后与之理论,双方发生了肢体冲突,后被闻声而来的其他邻居拉开。张海龙被李石材扭伤了胳膊,脸上也有轻微擦伤,故打电话报了警。警官刘军到现场后询问了情况,依照《治安管理处罚条例》对李石材作出治安拘留五日的处罚决定。李石材认为自己也被张海龙打了一耳光,鼻子都出血了,警察只拘留自己,处理不公。所以,被释放出来后,李石材欲向法院提起诉讼,状告警察刘军。

请问:

(1)李石材能向法院起诉刘军吗?

(2)假设你是李石材,认为警察处理不公,该如何查找法律依据,寻找维权途径?

一、法律的结构

对于任何一个现代国家而言,其所拥有的法律都是种类繁多、数量庞大的。而我国由于立法权分别由不同级别、不同属性的国家机构来行使,法治实践中出现的各种法律、法规、规章、条例等更是随处可见,数以千计。这些规范性法律文件相互之间绝不可能如散沙一般互不相干,无论是从每一个规范性文件内部还是从它们的外部联系来看,都存在着某种有机联系,并且正是由于这种内在关联、和谐统一的有机联系,才使得法律整体发挥作用,形成我们社会生活中的秩序。这里我们不禁要问:我国的各种法律法规之间究竟是如何联系在一起?我们又怎样才能把它们区分开来?它们最终又是怎么变成规范我们行为的行为准则的呢?要弄清这些问题,就必须了解我国法的结构。

法律结构是指构成法律的各个组成部分以及法律各要素之间有机协调运作的系统。对于法的结构,可以从宏观上分析,也可以从微观上研究。就拿我国法律来说,从宏观上或者说从各规范性法律文件之间的外部联系看,我国全部的法律都是由部门法构成的,各部门法之间构成的有机联系的整体,就是我国的法律体系;而每一个部门法又都包含了若干个同类性质的规范性法律文件,它们彼此之间因调整对象或者调整方法的不同而相互区分开来。从微观上看,每一个规范性法律文件虽然表达的形式是一个个的法律条文,但在内容上主要是载明国家对人们的行为的要求——法律规则,并且为了使人们对法律规则有一个统一的理解和使用,法律中还增设了许多专门解释法律用语含义的条款——法律概念,和阐明法律规则设立目的的条款——法律原则。正是由于各法律部门之间以及法律规则、法律原则、法律概念等要素之间形成的既彼此独立,又相互联系、相互支持的统一系统,才保证了国家全部法律法规之间的内在协调、统一适用,保障着社会生活的稳定有序进行。所以,下面我们就分别从法律体系(外部)和法的要素(内部)两个层面来了解我国法的结构。

(一)法律体系

1. 法律体系的含义

法律体系是指由一国全部现行法律规范按照不同的法律部门分类组合而形成的一个呈体系化的有机联系的统一整体。

法律体系是一个国家全部现行法律规范构成的整体,而不是几个国家或几个地区法律构成的整体;是一国现行法律规范的总和,而不包括本国历史上和未来尚未制定的法律;是由法律部门分类组合而形成的有机整体,各法律部门之间既相互区别又相互联系,形成一个门类齐全、结构严密、内在协调的统一整体。

2. 法律部门

法律部门是指根据一定的标准和原则,按照法律规范的不同性质、调整社会关系的不同领域和不同方法所划分的同类法律规范的总称。法律体系由若干个法律部门构成,每一个法律部门又都包含了若干个规范性法律文件。

法律部门的划分既反映了现实经济关系的要求,与一定时代一个国家的法治实践紧密相连;又与人的意志和主观能动性有关——对法律部门划分所依据的标准是否科学合理。一般地,法律部门的划分首先要符合目的性原则,即有助于人们了解和掌握本国全部现行法律;其次,还要考虑到法律调整社会关系领域的广泛程度及相应法规的多少,应保持各部门法之间的适当均衡。法律体系是客观法则和主观属性的有机统一。

法律部门是法律体系的基本构成单位,其划分标准是法律的调整对象和调整方法。法律的调整对象就是法律所调整的社会关系的性质,是划分法律部门的主要标准。比如规定国家和社会根本制度和根本问题的法律规范主要是宪法部门,调整国家对经济活动的干预和控制的法律规范主要属于经济法部门,而调整国家行政管理活动中产生的各种社会关系的法律规范则属于行政法部门等。

法律部门的划分还要考虑法律的调整方法。如刑法部门,调整的社会关系既涉及政治关系(如危害国家安全的各类犯罪),又包括经济关系(扰乱经济秩序的犯罪)、家庭关系(如虐待、重婚、遗弃罪等)和文化领域(如传播淫秽物品罪)的社会关系,但它与其他法律部门最显著的区别在于它是以独特的、最严厉的刑罚制裁方法来调整社会关系的。

根据以上标准和原则,当代中国社会主义法律体系主要可以划分为以下七个法律部门。

（1）宪法部门。有关我国根本的社会制度、国家制度、公民的基本权利和义务以及国家机关的组织与活动原则等方面的法律规范，构成宪法法律部门。宪法部门在我国社会主义法律体系中居于主导地位，它不仅反映了我国法律的本质，也确立了各项法律法规的基本原则。

在宪法法律部门中，居于核心地位的规范性法律文件是《中华人民共和国宪法》，此外，属于宪法法律部门的法律还有以下几类：①有关国家机构的产生、组织、职权和基本工作制度的法律，包括各级人民代表大会组织法、议事规则、代表法，人民法院、检察院组织法，国务院及地方各级人民政府组织法等；②有关我国国家结构形式的规范性法律文件，如《民族区域自治法》《香港特别行政区基本法》等，规定了我国整体与组成部分、中央政权与地方政权之间的相互关系；③有关国家立法权限划分的法律，主要有《立法法》等；④有关公民政治权利方面的规范性法律文件，如《选举法》《集会游行示威法》《戒严法》《村民委员会组织法》《城市居民委员会组织法》，以及有关妇女、儿童、老人、残疾人等特殊群体利益保护方面的法律；⑤涉及国家领域、国家主权、国家象征、国家安全等方面的法律，如《国籍法》《国旗法》《国徽法》《专属经济区和大陆架法》《国防法》《领海和毗连区法》等。

（2）民商法部门。调整平等民事主体之间财产关系与人身关系的法律规范，就构成民法法律部门。除了调整对象与其他法律部门不同以外，民法部门的调整方法也有独特之处：它所规定的权利义务内容及行使方式，大都属于授权性和任意性规范，民事法律主体是否行使自己的权利，是否与其他法律主体进行协商决定来划定彼此的权利义务内容，国家不能随意进行干涉，即民法上的"意思自治"。属于民法部门的基本法或者说一般法是《民法典》。此外还有各个单行的民事法律，主要有《商标法》《专利法》《著作权法》等规范性法律文件。

商法法律部门是调整平等民事主体之间的商事关系或商事行为的法律规范的总称。由于都是调整平等民事主体之间的关系，所以民法上的平等自愿、诚实信用等民事法律原则和民法的调整方法，也可以适用于商事活动。但是，商法所调整的商事行为与一般民事行为的不同之处在于，商事行为带有"牟利性""经营性"色彩。"求赢"是商事行为的重要特征，故商法也有许多民法所不具有的特殊制度和规则。属于商法部门的主要是有关公司、票据、海商、保险等方面的法律规范。其中，公司法解决的是交易主体问题，票据法解决的是交易结算问题，保险法解决的是交易风险问题，海商法解决的是海上贸易问题。在我国，商法部门包含的规范性法律文件主要有《公司法》《企业法》《企业破产法》《证券法》《票据法》《商业银行法》《期货法》《信托法》《保险法》等。由于民法与商法的密切关系，一般将其合称为民商法部门。

（3）行政法部门。行政法部门是调整国家行政管理活动中各种社会关系的法律规范的总称。它包括规定行政管理体制的法律规范，规定行政管理基本原则的法律规范，规定行政机关活动方式、方法与程序的法律规范，以及规定国家公务员制度的规范等。

行政法法律部门所涉及的社会生活领域非常广泛,包括国防、外交、人事、民政、公安、国家安全、民族事务、宗教事务、侨务、教育、科学技术、文化、体育、卫生、城市建设、环境保护等领域。行政法的目的既是为了保证国家对社会公共事务的有效管理,也是为了防止国家行政机关滥用职权侵犯公民的合法权益,所以该法律部门的调整方法是国家的强制性干预,不允许当事人通过自行协商的方式来划定彼此的权利义务范围,也不允许代表国家行使行政权力的行政主体放弃自己的职权。有关行政机关职权的法律规范既是授予行政机关权力,也是赋予行政机关责任,属于权义复合型法律规范,即既是职权,也是职责,行政主体必须严格履行,否则就构成违法渎职。

我国至今没有统一的行政法基本法典。属于行政法部门的法律规范性文件主要有:《行政处罚法》《行政许可法》《行政强制法》《公务员法》《治安管理处罚法》《国防法》《国家安全法》,还有《食品卫生安全法》《教育法》《教师法》《森林法》《草原法》《渔业法》《矿产资源法》《海洋环境保护法》《药品管理法》《出入境管理法》《政府采购法》《人民防空法》,以及关于防治噪声、水污染、大气污染和防沙治沙等法规。

(4)刑法部门。刑法部门是所有规定犯罪和刑罚的法律规范的总称。它规定什么行为构成犯罪,构成什么罪,应当受到何种处罚。从调整方式上看,它是以追究刑事责任的方式来调整社会关系的,而刑事责任是所有法律责任中最严厉的一种,它是一种惩罚性责任,且可以剥夺人的自由和生命。由于调整领域的广泛性、调整方式的独特性,刑法部门也是最受人们关注和重视的一个古老的法律部门。

我国属于刑法部门的基本法典是《刑法》。此外,全国人民代表大会常务委员会通过的几个刑法修正案、有关刑法条文的法律解释以及其他法律中有关刑法规范的内容,也属于刑法部门。

(5)经济法部门。经济法是调整国家从社会整体利益出发对市场经济活动实行干预、管理、调控所产生的法律关系的法律规范的总称。

经济法是为了防控自由放任的市场经济带来的投机、垄断、不正当竞争而从民法部门中分离出来的法律部门,它与民法的区别在于它涉及国家对经济活动的管理控制,而在民事领域国家一般不予干涉;经济法与行政法都涉及国家行使职权的活动,因此行政法的调整方式(国家强制性干预)也适用于经济法部门,但两者的区别在于经济法调整的领域与经济活动密切相关。

属于经济法部门的法律规范主要分两类:一是有关国家对经济的宏观调控方面的法律,如《预算法》《价格法》《中国人民银行法》《审计法》《会计法》《对外贸易法》《企业所得税法》等;二是规范市场秩序和市场竞争方面的法律,如《反不正当竞争法》《反垄断法》《产品质量法》《消费者权益保护法》《广告法》等。

(6)社会法部门。社会法是有关劳动关系、社会保障、社会福利和特殊群体权益保障方面的法律规范的总称。主要包括劳动领域、社会保险和社会福利、弱势群体的基本生活保障、教育文化领域等方面的法律规范。

社会法部门是19世纪末20世纪初才出现的一个法律部门,其产生之初是迫于经济危机、战争、劳工运动等因素,为了缓和社会冲突,而由国家通过立法来保障社会弱势群体的利益。随着经济的发展,现代国家社会法部门的立法重点开始转向"向公民提供人道的生存条件",社会法部门涉及的社会领域也越来越广泛。

我国现在主要的社会法规范性文件有《劳动法》《劳动合同法》《工会法》《矿山安全法》《职业病防治法》《工伤保险条例》,以及有关安全生产、最低生活标准、最低工资标准、休息休假、养老保险、就业保障、失业救济、残疾人保障、未成年人权益保障、妇女和老年人权益保障、红十字会、公益事业捐赠等方面的法律规范。

(7)诉讼与非诉讼程序法律部门。该法律部门主要是由涉及各种争议解决机制的法律规范构成的。它有两个部分:一是诉讼法规范,二是以非诉讼方式解决争议的法律规范。"非诉讼方式"包括调解、仲裁等不通过司法机关的审判来解决争端的方式。

我国的诉讼法是有关诉讼活动的法律规范的总称,主要包括《民事诉讼法》《刑事诉讼法》《行政诉讼法》《海事诉讼特别程序法》等;非诉讼程序法律规范主要包括《人民调解法》《仲裁法》《劳动争议调解仲裁法》等。

(二)法的要素

法的要素是指具体组成法律的基本元素,是整个法律系统得以存在和发展的基础。我国法律的形式是规范性法律文件,因此法的要素对于我国法律来说,也就是规范性法律文件的构成要素。规范性法律文件在形式上是由一个个的法律条文构成的,但它实际所要表达的内容是为人们的行为指明方向、提供模式的法律规范。法律规范包括法律规则和法律原则,规则清晰、明确、具体,原则抽象、灵活、覆盖面广,两者相互联系,互相支持;而由于语言的不确定性,为了使人们对法律条文表达的含义形成统一的认识,法律中还有一些说明法律用语的含义的条文,即法律概念。所以,借鉴外国法学界关于法的要素的理论,结合我国法治实践,国内一般法学理论认为,我国法的要素主要由法律规则、法律概念和法律原则构成。

1. 法律规则

法律规则是指明确规定法律权利、法律义务以及法律后果,并由国家强制力保障实施的具有严密逻辑结构的行为规则。法律对社会关系、人的行为的调整,就是通过法律规则明确、具体规定人们的权利和义务,来为人们的行为指明方向、提供行为模式,或规定一个行为的标准或尺度;同时通过规定法律后果来保障法律对社会生活调整的有效性。因此,法律规则是构成法律体系大厦的基石,是组成法的细胞。没有法律规则,整个法律体系就失去了存在的意义。

法律规则作为法律的最基本、最主要的要素,在逻辑上至少要由行为模式和法律后果构成。行为模式就是具体规定人们的权利和义务的行为规则本身;法律后果是指法律规则中指示的法律结果或法律反应的部分,它表明了国家对其调整范围内的相关事件与行为的动机、内容和意义等进行法律评价的态度。

在规范性法律文件中,法律规则对人们行为模式的规定,一般通过三种形式表述:一是规定人们可以做什么,就是授予人们权利,以这种模式表述的法律规则,学界称之为授权性规则;二是规定人们应当或必须做什么,这类法律规则称之为命令性规则;三是规定人们不得做什么,即禁止性规则。其中,第一种规则是为了鼓励人们去从事法律所指引的行为,人们可以按照自己的意愿决定做还是不做,且这类行为一般对行为人来说是有利或有益的,故称为权利;而后两种规则是要求人们作出一定的行为,或防止人们作出法律所禁止的行为,以保证国家意志的实现,对于人们来说没有选择的余地,只能按照法律的要求去做或不做,因此,合称它们为义务。前者是作为的义务,后者是不作为的义务。比如,就我国《民法典》来说,第一千零六十一条规定"夫妻有相互继承遗产的权利",即法律为人们设定了权利,是授权性规范;第二十六条规定"父母对未成年子女有抚养、教育和保护的义务。成年子女对父母有赡养、扶助和保护的义务",这是法律规定的必须履行的作为义务;第一千零四十二条"禁止包办、买卖婚姻和其他干涉婚姻自由的行为。禁止借婚姻索取财物。禁止重婚。禁止有配偶者与他人同居。禁止家庭暴力。禁止家庭成员间的虐待和遗弃",则是为人们设定的禁为模式,即不作为义务,只要不去作法律禁止的上述行为,你的相关义务就算履行了。

法律后果作为国家对人们行为的法律评价,包括肯定性后果和否定性后果。肯定性体现为国家对人们合法行为的保护、支持、鼓励和奖励,如对合同效力的确认、合法婚姻的保护、对发明授予专利等;否定性则表现为不承认人们行为的合法、有效,对违法行为给予处罚甚至制裁,比如对各种犯罪的打击。具体到法律条文的表述,这种法律后果体现为国家的态度。比如,同样是《民法典》,第一千零四十九条规定"符合本法规定的,予以登记,发给结婚证。完成结婚登记,即确立夫妻关系",这就是说男女双方依法领取了结婚证,就成为合法夫妻,法律就开始承认并保护双方的婚姻,双方之间就具有了夫妻之间的权利义务;第一千零五十一条规定,"有下列情形之一的,婚姻无效:(一)重婚;(二)有禁止结婚的亲属关系;(三)未到法定婚龄",凡属于第一千零五十一条所列情况之一的婚姻,法律后果就是该婚姻无效,即使男女双方已经生活在一起,甚至通过某种手段取得了结婚证,也是无效婚姻,不被法律承认和保护。而刑法上对各种犯罪所规定的"处……徒刑"的规定,行政法中对各种行政违法行为规定的给予罚款、拘留、没收非法所得、停业整顿等处罚性规定,也都更加明确地表达了法律的否定性后果。

2. 法律概念

人们在不断认识和实践过程中,对具有法律意义的现象和事实进行理性概括和抽象表达而形成了一些权威性范畴。当法律条文对这些权威性范畴加以表述时,就形成了法律概念。

需要注意的是,许多法律概念来自于日常用语但却不同于日常用语。日常生活中我们的某个思想、意图可以用许多个近似的字、词来表达,而当我们要表达的思想和意图涉及法律事务时,我们就必须尽可能地用法律概念来表达,而不可用其他相近的词汇,否则就会因用词的歧义而给自己带来麻烦甚至重大损失。比如大家熟知的正当防卫、紧急避险、不可抗力、保证、重婚、夫妻共同财产等词语,日常生活中各人都有各人的理解和用法,难免意思会出现不一致。但当我们用这些词语来表述法律意见时,其含义却是确定无疑的,对它们的理解只能是法律条文中表述的意思。因此,我们说法律的语言是最精练、最准确的语言,当你要表达法律意见时,最能准确表达你的意图的用语就是使用法律概念。

法律概念具有表达、认识、提高法律合理化程度的功能,是区分和认定法律事实,进行法律推理、法律意见交流的重要基础。

3. 法律原则

法律原则是指法律的基础性真理、原理,是为其他法律要素提供基础或本源的综合性原理或出发点。法律原则具有涵盖面广、稳定性强、适用灵活的特点,对于保障一国法律体系的内在协调统一,保证人们对法律的正确理解和准确适用,弥补法律漏洞,实现司法正义,具有重要意义。

诗歌与遗嘱

需要指出的是,规范性法律文件的主要内容是表述各种各样的法律规则,法律规则在规范性文件中是通过法律条文来表述的,法律规则与法律条文是内容与形式的关系。但不能说一个法律条文就是一个法律规则;反之,一个法律规则也不是只能以一个法律条文来表述。实际的立法状况是,为了法律的简洁,常常一个法律条文表述几个相关或类似的法律规则的内容;而一个完整的法律规则,也常由几个法律条文甚至不同的规范性文件来表述。如:关于重婚问题,行为模式——禁止重婚,规定在《民法典》中;法律后果——重婚的民事责任规定在《民法典》的法律责任中,刑事责任规定在《刑法》中。

二、寻找法律依据的步骤

根据我国法的结构,从一个普通公民的角度出发,我们寻找、发现处理法律事务的法律依据的过程、步骤,大致可以描述为:我国全部现行法律规范所构成的整体,法学上称之为法律体系;为方便人们了解、掌握、适用、运用法律,并保证法律内在的协调一致,法学家们依据一定的标准(法律的性质和调整方法),将全部的法律规范划分为几个不同的部分,每一部分称之为一个部门法或法律部门;而我国法律的表现形式是规范性法律文件,因此,每一个法律部门都包含了若干个同类性质的规范性文件;一个规范性文件在形式上是由法律条文组成的,而内容上则主要是由法律规则、法律原则和法律概念构成的。法律规则就是国家要求人们遵守的,明确规定人们的权利、义务以及法律后果的行为准则,也就是我们要查找的法律依据;法律概念和法律原则都是为人们准确理解和适用法律规则服务的。因此,一个公民要寻找处理具体法律事务的法律依据,首先要根据事务的性质确定属于哪个法律部门调整;然后再根据事务所涉及的事项确定由该法律部门内哪一个或几个规范性文件调整;确定了规范性文件后,再查找表现在法律条文中的具体法律规则——就是哪种情形下人们应该怎么办,就比较容易了。

结合我们前面讲到的法律的分类和效力,在实际生活中查找所需要的法律依据,大致上可以分作以下四个步骤:

第一步:根据法律事务是否具有涉外因素,确定适用国内法还是国际法规范。若是具有涉外因素,建议找专业律师咨询;而纯粹国内法律关系,则可以依下列步骤继续。

第二步:根据法律关系的性质确定属于哪个法律部门调整。若是准备走诉讼程序,则可以根据案件的性质向人民法院提起不同性质的诉讼:平等主体之间的财产关系或者人身关系纠纷,向法院民事审判庭提起民事诉讼;国家行政机关或其他行政主体在行使职权过程中,你认为侵犯了你的合法权益,这是不平等主体之间的行政管理纠纷,你可以向法院行政审判庭提起行政诉讼;若是事务涉及犯罪,应当向公安机关、检察机关或者国家安全机关报案,由它们依照法定职权和程序处理(若是你认为他人侵犯你合法权益的行为构成犯罪,但这些机关拒不立案,或者犯罪情节较轻属于自诉案件的,你也可以径行向人民法院提起刑事自诉)。

第三步:根据法律关系所涉及的事项,确定由某个法律部门中的哪一个或几个具体规范性文件调整(若是几个规范性文件都有规定且彼此规定不一致,则按照法的效力等级规则,选择效力等级高的规范性文件作为选择行为、处理事务的依据)。

第四步:在规范性法律文件中根据案件的事实,寻找、选择适用于该事务或案件的法律依据——法律规则。

第二章

法律是如何运行并进入我们的生活的

立法者应该把自己看作一个自然科学家,他不是在制造法律,不是在发明法律,而仅仅是在表述法律。　　　　　　　　　　　　——[德国]马克思

言不中法者,不听也;行不中法者,不高也;事不中法者,不为也。
　　　　　　　　　　　　　　　　　　　　　　　　——《商君书·君臣》

对于守法,我们应该持的态度是:严格地遵守,自由地批判。　　——[英国]边沁

【本章概要】

法的运行是指法律所规定的权利和义务在社会生活中成为现实的过程。这个过程包括立法、守法、执法、司法、法律监督,以及贯穿于各个环节的法律程序。本章主要通过对我国法的运行环节及过程的介绍,使人们了解法律是如何进入并影响我们的日常生活的,从而对我国的立法过程、法律关系的形成与实现、守法的意义、执法原则与司法过程、法律责任的归结等问题有一个基本了解和认识。

【本章重点】

立法的含义　法律关系及其构成要素　行政执法的原则　我国的司法体制及司法原则　法律责任的构成及其种类　我国的法律监督体系　正当法律程序对建设法治国家的意义

法律小故事

苏格拉底之死

古希腊伟大哲学家苏格拉底，一生主张无神论和言论自由，但其主张却与当时统治者相左。公元399年春天，三个雅典公民向当局控告苏格拉底，罪名是渎神和带坏青年。在审判中，苏格拉底不肯向法庭作丝毫妥协，慷慨陈述自己的观点，坚持自己是清白无罪的，甚至不肯听从别人的劝告，拒绝让妻儿上法庭哭诉以博取法官同情争取轻判。最终陪审团被他的自信所激怒，宣判他饮毒而死。行刑前一晚，苏格拉底的学生克力同等人因不满法庭的判决而策划了越狱行动，但遭到苏格拉底的拒绝。苏格拉底选择镇静接受判决，视死如归，并说服其弟子尊重他的决定。苏格拉底的理由是：我是被国家判决有罪的，如果我逃走了，法律就得不到遵守，就会失去它应有的效力和权威。当法律失去权威，正义也就不复存在。他站在雅典法律的角度上说："如果我们(指雅典法律)想要处死你，并坚信这样做是公正的，难道你以为你有特权反对你的国家和法律吗？你以为你可以尽力摧毁你的国家及其法律来作为报复吗？"

最终，苏格拉底从容选择了接过毒酒一饮而尽，履行了一个雅典公民对国家的义务。面对死亡判决，苏格拉底没有悲苦呼号，没有逃避制裁，而是用生命去捍卫自己的主张，用理性去诠释法律的真正含义：只有法律树立了权威，才能有国家秩序与社会正义的存在。

为了歌颂苏格拉底为了正义而死的精神，并鼓舞革命者为信仰和真理而献身，法国著名画家雅克·达维特于1787年创作了油画作品——《苏格拉底之死》。

然而，"苏格拉底之死"的意义不止于此，它的声名流传千年，更在于它为人们提示了一个重大的哲学和法学命题：公民应该如何对待自己认为不公正的法律？

第一节　我国法律是怎么制定出来的？

一、什么是立法

古罗马人有一句格言："只要有社会就会有法律。"生活在社会共同体中的我们,从摇篮到坟墓,都离不开法律的陪伴。然而,法律并非天然存在的,它是人类为了追寻幸福美好的生活目标,根据现实生活的需要,运用自己的理性能力所进行的一项伟大创造,这种创造性活动就是立法活动。从古到今,中外历史上出现过许多伟大的立法者和立法活动,他们制定的法律深深地影响和改变了人类的生活。可以说,世界人类文明发展的历史进程中,每一个光辉的时代,每一次伟大的历史巨变或转折,都有法律的经典流传于世,泽被后人。春秋战国百家争鸣,郑国子产铸刑鼎开创成文法先河,魏国李悝著《法经》奠定后世历代法律蓝本;大唐盛世凝练出《唐律疏议》,构筑起了代表东方古老文明的中华法系;世界文明古国的巴比伦有《汉谟拉比法典》,古代印度诞发了具有时代烙印的《摩奴法典》;近现代文明的先驱英国有《自由大宪章》,法国有《人权宣言》,而美国保障其社会繁荣稳定的伟大"政治发明"正是他的《联邦宪法》。就连在欧洲风云中独领风骚的军事天才拿破仑也不无自豪地说:"我的光荣并不在于赢得了 40 场战役,因为滑铁卢一役,这些胜利皆黯然失色。但我的民法典却不会被遗忘,它将永世长存。"历史已经证明,《拿破仑法典》至今仍是法兰西的骄傲。

就对人类的影响而言,从某种意义上来说,正如英国思想家哈耶克在其名著《法律、立法与自由》一书中指出的:"立法……其影响甚至比火的发现和弹药的发明还要深远……立法正被人们操纵成一种威力巨大的工具。"[①]弹药与火的发明使世界变得更加危险,而良好的立法则通过创制理性而文明的规则,抑制人的冲动,平衡人的利益,引导人们有序生活和谐交往,促进了社会稳定与世界和平。

在当代中国,建设社会主义法治国家已被载入宪法,成为我们的治国方略。要实行法治,首先就必须有法可依,进行法的制定工作。法的制定,也叫立法,是指有关国家机关依照法定职权和程序,将掌握国家政权的社会集团的意志上升为国家意志,创制、修改、认可、废止法律规范的专门活动。在我国,立法有广义与狭义之分,广义的立法指特定的国家机关依照法定职权和程序创制、修改、废止规范性文件的活动。比如,全国人大制定《民法典》的活动;2019 年 3 月 18 日国务院总理李克强签署《国务院关于修改部分行政法规的决定》,对 49 部行政法规的部分条款予以修改的活动;还有各省、自治区、直辖市人大及其常委会制定地方性法规的活动,都属于广义的立法。而狭义的立法是专指我国最高权力机关全国人大及其常委会制定、修改、废止法律的专门活动。

需要特别指出的是,不仅制定新的规范性文件属于立法,修改法律、废止法律也是属于国家立法活动的内容。比如 2003 年由孙志刚事件引发的收容遣送制度的废除,我国 1988 年、1993 年、1999 年、2004 年和 2018 年先后进行的修宪活动,都属于立法。

---

① 转引自李红勃:《简明法理学》,北京大学出版社 2016 年版,第 76 页。

二、谁来制定法律

法治是现代国家进行社会管理的重要方式。好的立法,会带给这个国家和民族以幸福强盛,而坏的法律却会导致国家的混乱,民众的灾难。因此,由谁来代表国家制定法律就成了国之大事。而立法体制就是讲的一国立法权限的划分问题,即谁有权制定法律,有权制定什么样的法律。

立法体制是关于立法权配置方面的组织制度,其核心是立法权限的划分。我国的立法体制总体上来说是统一多层次的立法体制。统一是指我国是单一制国家,实行中央集中统一领导,强调国家立法权属于国家最高权力机关——全国人大及其常委会,全国范围内只存在一个统一的立法体系,立法权相对集中于中央,集中于国家最高权力机关;多层次是指由于我国地域辽阔,各地政治、经济、文化发展不平衡,立法权不能全部集中于中央,要允许地方政府在一定范围内享有立法权限,中央一级立法与地方一级立法、权力机关立法与政府部门立法同时并存,却又存在等级地位的区分。另外,结合中国国情和社会实际,允许民族区域自治地方根据本地区少数民族的特点制定自治法规和单行条例;在改革开放的前沿深圳、海南等地实行经济特区制度;在香港和澳门实行特别行政区制度。

根据我国《宪法》和《立法法》的规定,我国现行各级各类国家机关的法律创制权限如下。

(1)国家最高权力机关的立法权限。全国人民代表大会修改《宪法》,制定和修改刑事、民事和其他的基本法律。全国人民代表大会常务委员会制定和修改除应当由全国人大制定的法律以外的其他法律;在全国人大闭会期间,对全国人大制定的法律进行部分修改,但不得同该法律的基本原则相抵触。

(2)国务院根据宪法和法律,制定行政法规,规定行政措施,发布决定和命令;国务院各部、委根据法律和国务院的行政法规、决定和命令,在本部门权限内发布命令、指示和规章。

(3)省、自治区、直辖市的人大及其常委会,设区的市的人大及其常委会,在不同宪法、法律、行政法规相抵触的前提下,可以在本行政区域内发布地方性法规;民族自治地方的人大有权依照当地民族的政治、经济、文化特点制定自治条例和单行条例。

(4)省、自治区、直辖市人民政府及设区的市的人民政府可以根据法律、行政法规、地方性法规的规定,制定地方政府规章。

此外,对于各立法主体可以就哪些事项进行立法,哪些事项只能由全国人大及其常委会以法律来规定,我国《立法法》也进行了明确的规定。

【查一查】

我国《立法法》规定哪些事项只能由全国人大及其常委会制定法律?

《立法法》

三、如何制定法律

法的制定是国家的一项专门活动,必须遵循法治、民主、科学的原则,严格按照立法程序进行。立法程序是指具有专门立法权限的国家机关,在创制、修改、认可、废止法律的活动中必须履行的法定步骤和方式。

按照我国《宪法》《立法法》和有关法律的规定,我国法律的立法过程一般要经过立法准备阶段、由法案到法的阶段和立法完善阶段,而我们所说的立法程序主要是指由法案到法这一阶段立法机关制定法律的具体步骤。

由于制定法的国家机关不同,其制定规范性文件的具体步骤也有所不同。就我国最高国家权力机关全国人大及其常委会制定法律的程序而言,一般包括提出议案,审议法律案,通过法律和公布法律四个步骤。其中,提出议案,是指由享有法律提案权的机关和人员向全国人大或常委会提出立法建议和法律草案,启动立法程序;通过法律是法律制定的关键步骤,我国法律规定,宪法必须由全国人民代表大会全体代表的三分之二多数通过,法律必须由半数以上通过才有效;而公布法律是法律制定不可或缺的环节,未经公布的法律不能产生法律效力。我国《立法法》规定,法律由中华人民共和国主席签署主席令予以公布,《全国人民代表大会常务委员会公报》刊登的法律文本为标准文本,也可以在中国人大网以及全国范围内发行的报纸上刊载。

【法律小知识】

我国《立法法》第十四、十五条规定了可以向全国人大提出法律议案的机关和人员是:①全国人民代表大会主席团;②全国人民代表大会常务委员会;③国务院;④中央军委;⑤最高人民法院;⑥最高人民检察院;⑦全国人民代表大会各专门委员会;⑧一个代表团;⑨三十名以上的代表联名。

属于全国人大常委会立法权限的法律,下列机关和人员享有法律提案权:①委员长会议;②国务院;③中央军委;④最高人民法院;⑤最高人民检察院;⑥全国人大各专门委员会;⑦常务委员会组成人员十人以上联名。

第二节 法律是如何进入我们的生活的?

一、法律关系的含义和特征

正如奥地利学者凯尔森所说,"法律关系乃对现有社会关系之法律表述"①。法律关系属于社会关系的一种,也是人与人之间的关系。但是法律关系与一般社会关系的不同之处在于,它是以法律规范为基础形成的、以法律权利与法律义务为内容的社会关系。法律对社会关系的调整,正是通过法律规定人们的权利和义务,人们依据法律结成法律上的权利义务关系来实现的。法律关系是法律规范作用于社会生活的过程和结果,是法律从静态到动态的转化,是将法律规范中的权利义务落实到具体社会主体之间的现实权利义务关系的体现,也是法律秩序的存在形态。这种法律规范在调整人们行为过程中形成的权利义务关系,就是法律关系。也就是说,法律关系是以法律规范的存在为前提的,是人们依法结成的权利义务关系。法律关系与其他的社会关系相比,具有以下几个特征。

(一)法律关系是以法律规范为基础形成的社会关系

法律关系的形成是以法律规范的存在为前提的。如果不存在相应的法律规范,即使这种社会关系存在,它也只是一般的社会关系,而不是法律关系。比如在男女之间,有夫妻关系、恋爱关系、朋友关系、父母子女关系、兄弟姐妹关系、借贷关系、警察与小偷关系、同乡关系等,其中夫妻、父母子女、兄弟姐妹关系在《民法典》中、借贷关系在《合同法》中,警察与小偷关系在《治安管理处罚条例》中有规定,相关社会成员之间属于这种关系,就具有法律上的权利和义务,属于法律关系;而恋爱关系、朋友关系、同乡关系没有法律加以调整或规定,就不属于法律关系,相关社会主体之间就不具有法律上的权利和义务,而只是一般的社会关系。

(二)法律关系是特定法律主体之间的社会关系

法律上的主体与有血有肉的自然人并不等同。哪些社会主体能够成为法律主体,往往是由国家法律规定的。比如,在奴隶社会,作为自然人的奴隶并不是法律主体,而是奴隶主可以自由买卖的物品——法律关系的客体;而现代社会作为人的集合体的企业、公司等作为法律拟制的人——法人,却是普遍公认的法律主体。另外,虽然我国现行法律尚未承认动物成为法律关系的主体,但有的国家已经承认宠物有继承主人遗产的权利。而就某一具体法律关系而言,这种权利义务关系是特

---

① [奥地利]凯尔森:《纯粹法理论》,张书友译,中国法制出版社2008年版,第70页。

定主体之间的关系,如果不是适格的主体,就不能参加到该法律关系之中。如张三被李四开车撞伤,李四逃逸,张三却拉住路人刘某要求赔偿,则由于刘某不是适格主体,那么在张三与刘某之间就形不成损害赔偿的法律关系。

(三)法律关系是以法律权利和法律义务为内容的社会关系

这是法律关系与依据道德、习惯、宗教等社会规范而形成的社会关系的主要区别。作为长期共同生活中形成的行为定式的习惯,人们依习惯行事是无所谓权利还是义务的;而道德观念依靠社会舆论和内心信念对人们行为的控制则是义务性的;宗教规范也是规定人们对"神明"及其人间"代表"的服从义务。只有法律关系是一种明确、肯定的权利义务关系。正如德国学者拉伦茨所说:"法律关系,一般来说,从一个人看是他的'权利',从另一个人看就是义务,或者说是一种法律上的约束。"①比如子女对父母的赡养义务,从父母的角度看,就是父母有要求子女赡养的权利。在法律关系之中,一方的权利或义务,就意味着另一方承担的义务或享有的权利,权利的实现依赖于义务人对义务的履行。这就是权利与义务的一致性和相辅相成关系。

(四)法律关系是以国家强制力来保障实现的社会关系

法律关系是法律主体之间的权利义务关系,同时也是国家与社会主体之间的关系。国家支持、保证权利主体权利的行使,也保证义务主体对义务的承担。法律关系参加者任何一方不履行自己应尽的义务,都要受到法律的制裁。法律关系是以国家强制力来保障其权利义务的实现的,这是由法律的性质决定的。

二、法律关系的构成

各种不同的社会关系,需要不同的法律规范去调整,从而形成各种不同的法律关系。如民事法律关系、行政法律关系、劳动法律关系、刑事法律关系、诉讼法律关系等。但是,任何一个具体的法律关系,都必须由法律关系主体、内容、客体三个要素构成,缺一不可。

(一)法律关系的主体

1.法律关系主体的含义

法律关系主体指法律关系的参加者,即法律关系中权利的享有者和义务的承担者。在一个具体的法律关系中,有权利的享有者,就有义务的承担者。因此,任何一个具体的法律关系,其法律关系主体的数量都不能少于两个。比如夫妻关系,

---

① [德国]卡尔·拉伦茨:《德国民法通论》(上册),王晓晔等译,法律出版社2003年版,第255—256页。

主体是夫和妻;而张老汉有三儿一女,在赡养法律关系中,其权利主体是张老汉,义务主体就是四个子女,法律关系的主体就是五个;而你享有生命健康权,除你之外的任何人都有义务不得侵害你的生命健康,法律关系的主体就有无数个。

在法学上,一般根据法律关系主体的属性,将法律关系主体分为三大类:自然人(主要是公民)、组织(主要是法人)和国家。其中,自然人包括本国公民、外国人、多国籍人、无国籍人,公民是最常见最大量的法律关系主体。组织包括法人组织和非法人组织,法人组织是常见的法律拟制的法律关系主体。我国《民法典》将法人分为营利法人、非营利法人和特别法人。国家在国际法律关系中、国家所有权关系中也是法律关系的参加者。

2. 谁可以成为法律关系的主体

法律关系最大量的主体是公民和法人。但是,并非任何人或组织都可以成为任何法律关系的主体。要成为具体法律关系的主体,必须具备一定的资格,这种资格在法学上叫作权利能力和行为能力。

(1)权利能力。即法律关系主体依法享有权利和承担义务的资格。权利能力是法律关系主体实际取得权利、承担义务的前提条件,是由法律直接赋予的。如果没有权利能力,即使他能够独立地实施某种行为,这些行为在法律上也是无效的。

公民的权利能力可分一般的权利能力与特殊的权利能力。一般的权利能力也叫民事权利能力,是所有公民从事一般的民事法律活动所普遍具有的法律资格,它不得被随意剥夺或解除。我国《民法典》第十三条规定"自然人从出生时起到死亡时止,具有民事权利能力,依法享有民事权利,承担民事义务"。特殊的权利能力是指只有具备法律所特别要求的条件与情况时才具有的权利能力,如选举、担任国家主席、从事律师会计师业务等。

而法人的权利能力始于法人依法成立,自法人解散或撤销时消灭。法人的权利能力范围是其章程规定或依法批准的经营、业务范围。

(2)行为能力。即法律关系主体能够通过自身的行为享有权利或承担义务的资格或能力。行为能力的存在必须以权利能力的存在为前提,但有权利能力不一定有行为能力。

自然人是否具有行为能力,一般依自然人的年龄和智力状况来衡量。在法学上,世界各国一般将公民的民事行为能力分为三种:完全民事行为能力、限制民事行为能力、无民事行为能力。我国《民法典》规定:"十八周岁以上的自然人为成年人。不满十八周岁的自然人为未成年人";"十六周岁以上的未成年人,以自己的劳动收入为主要生活来源的,视为完全民事行为能力人";"八周岁以上的未成年人为限制民事行为能力人,实施民事法律行为由其法定代理人代理或者经其法定代理人同意、追认;但是,可以独立实施纯获利益的民事法律行为或者与其年龄、智力相适应的民事法律行为";"不满八周岁的未成年人为无民事行为能力人,由其法定代理人代理实施民事法律行为";"不能辨认自己行为的成年人为无民事行为能力人,由其法定代理人代理实施民事法律行为"。一般情况下,年满十八周岁智力健全的公民才是完全行为能力人;八周岁以下或者智力不健全不能辨认自己行为的成年人是无行为能力人;而八周岁以上不满十八周岁的未成年人或只有部分智力的公民是限制行为能力人。完全行为能力人可以自主从事一切民事行为并产生法律效力;无行为能力人只能通过自己的监护人或代理人才能进行民事法律行为,而自己进行的民事行为法律不承认其效力;限制行为能力人则只能从事与自己的智力程度相一致的民事行为,或者是纯获利益的民事法律行为。

此外,公民的行为能力体现在法律责任的承担上就是责任能力,即法律关系主体因违法等原因所引起的承担相应法律责任的能力。公民的民事责任能力与民事行为能力是一致的。但是,刑事责任能力与民事责任能力并不一致。我国《刑法》规定的刑事责任能力为:年满十六周岁智力正常的自然人为完全刑事责任能力人;十二周岁以下及精神病人为无刑事责任能力人;"已满十四周岁不满十六周岁的人,犯故意杀人、故意伤害致人重伤或者死亡、强奸、抢劫、贩卖毒品、放火、爆炸、投放危险物质罪的,应当负刑事责任";"间歇性的精神病人在精神正常的时候犯罪,应当负刑事责任";"尚未完全丧失辨认或者控制自己行为能力的精神病人犯罪的,应当负刑事责任,但是可以从轻或者减轻处罚"。

需要注意的是,法人的行为能力与自然人有所不同,法人的行为能力与权利能力完全一致,都是自法人成立即具备,至解散或撤销时消灭。法人的行为能力的范围与其权利能力的范围完全一致,都是依法人成立时的宗旨与业务范围来决定,并由有关法律和法人组织的章程具体加以规定。

(二)法律关系的内容

法律关系的内容即法律关系主体所享有的权利和承担的义务。

法律权利是法律赋予人们享有的权益。表现为权利的享有者有权作出一定的行为和要求他人作出相应的行为,在必要时可请求国家机关以强制力协助其实现权益,即行为权、要求权和请求权。如小李有一套房屋,享有所有权。他将房屋租给小王住,"出租"就是小李的所有权的行使——收益;要求小王只能依合同租住,不得转租,要按期支付租金并按期归还,就是要求权;当小王拖欠租金拒不支付时,小李就具有了请求国家机关予以救助的权利——起诉权。

法律义务是法律规定的人们应履行的某种责任。表现为要求负有义务的人必须作出一定的行为或抑制一定的行为,以维护国家利益或保证权利人的权利获得实现。故义务又分作为的义务和不作为的义务。如子女对父母的赡养义务,要求子女按父母要求的方式支付钱物——作为的义务,不得虐待和遗弃——不作为的义务。

在一个具体的法律关系中,权利和义务是相对的。没有无义务的权利,也没有无权利的义务;一个主体享有权利,就意味着另一个主体负有义务。任何人只有履行了义务,才能享受权利,社会主义国家绝不允许只享受权利而不承担义务的公民或社会组织存在。

(三)法律关系的客体

法律关系的客体是指法律关系主体的权利义务所指向的对象。

在法学上,作为法律关系的客体,应当具有以下特性:①客观性,法律关系的客体必须是不依人的意志为转移,独立于人的意识之外并能为人的意识所感知且为人的行为所支配的客观世界中各种各样的现象;②它能够满足主体的物质利益或精神需要;③受到国家法律的确认和保护。

法律关系客体的范围受一定社会生产力发展水平和社会历史条件的制约,不同时代、不同国家的法律关系客体的范围也不完全相同。如,奴隶社会的奴隶是法律关系的客体,现代社会任何自然人本身都是法律关系的主体而非客体;随着信息化产业的发展和网络技术的应用,信息已成为当代人们所公认的法律关系的客体,而在我国20世纪80年代以前这是不可想象的。就我国现行法治实践来说,法律关系客体的种类虽然多种多样,但概括起来大致有以下几种。

1. 物

它可以为自然物,如树木、土地、农作物等;也可以是人的劳动创造的物,如房屋、机器、各种产品等;还可以是财产的一般表现形式——货币、有价证券(支票、汇票等)等。但是,并非一切物都可以成为一切法律关系的客体。以物是否允许流通及流通程度,在民法上将物分为流通物、限制流通物和非流通物。

2. 行为

行为包括作为和不作为,也是常见的法律关系的客体。如父母之间的抚养赡养义务,就是以抚养、赡养行为作为法律关系的客体;加工、运输法律关系中的客体也都是加工行为、运输行为。在商业社会,许多服务性行业,都是以提供服务的行为作为法律关系的客体。

3. 非物质财富

又称智力成果,指人通过智力劳动创造出来的精神产品,如发明专利、学术著作、电脑软件等。

4. 人身、人格等

现代社会非常重视对人身人格的保护,因而人身人格成为许多保护性法律关系的客体。如对生命权、健康权、名誉权、肖像权等的保护,就是以人身人格为客体;而刑法中对非法拘禁罪、刑讯逼供罪、侮辱诽谤罪等的打击,也是因为其侵犯了公民的人身、人格。

5. 信息

信息作为法律关系的客体,是指有价值的情报或资讯,如商业秘密、产业情报、国家机密等。

三、法律关系的演变及根据

法律关系是法律规范在调整人们行为过程中形成的社会关系,但是,法律规范的存在只是法律关系形成的前提条件,并不能自动创造法律关系。具体的法律关系的产生、变更或消灭,除了有法律规范的存在外,还必须有法律规定的一定事实情况的存在。这种由法律规定的能够直接引起法律关系产生、变更或消灭的客观情况,在法学上就叫法律事实。

法律事实依是否以人的意志为转移,又可分为法律事件和法律行为。法律事件是法律规则所规定的,不以当事人的主观意志为转移而能够引起一定法律关系产生、变更或消灭的客观现象。法律事件包括自然事件和社会事件。前者如地震导致房屋所有权灭失、人的自然生老病死引起的父母子女夫妻法律关系的变化等;后者如动乱、战争等。

法律行为指法律关系主体按照自己的意愿作出的、能够引起法律关系产生、变更和消灭的外部活动。如订立合同、实施犯罪等。法律行为是引起法律关系演变的最常见最大量的法律事实。法律行为具有社会性、意志性和法律性的特征。

人的行为依法律是否调整,可以分为法律行为和非法律行为。非法律行为是法律不予调整的行为,如个人的生活习惯。法律行为依是否符合法律规定可以分为合法行为与违法行为。合法行为是指符合法律要求,能够引起肯定性法律后果的行为;违法行为是行为的内容或方式违反法律规定,因而会引起否定性法律后果的行为。此外,法律行为还可以依法律规定的生效条件分为有效行为和无效行为;依是否以意思表示为成立要件分为表意行为与事实行为;依行为的表现形式分为积极行为与消极行为;依法律行为的成立是否必须具备一定的形式分为要式行为与非要式行为;依法律行为的成立是只需要一方还是两方以上共同作出才有效,可分为单方行为与多方行为;以行为体现的意志数量,法律行为可以分为个人行为与组织行为,等等。

一个具体的法律行为,在外在结构上表现为行为方式和行为结果,行为方式又包括行动、手段、过程等;内在方面包括行为的动机、目的、认知与控制能力等。其中,行为人对行为的认知与控制能力、行为目的及行为的手段、结果,对法律行为的定性及法律后果具有重要甚至决定性影响。

第三节　法律是专门约束老百姓的吗？

一、法的实施与实现

　　法律的生命在于实施,法律的权威在于实施,法律的魅力更在于实施。法律制定出来以后,把规定抽象行为模式的法律规范变成法律关系主体的具体行为,通过权利主体积极行使权利,义务主体严格履行义务,国家机关依法行政,严格执法,司法机关公正司法,补偿受损害的合法权益,打击违法犯罪,保证各项法律法规严格贯彻落实,使立法宗旨和目的得以实现。这个过程就是法的实施。法的实施是依法治国的重要内容和关键环节,也是实现立法宗旨和立法目的的必然要求和重要保证。

　　法的实施是相对于法的制定而言的,是指宪法和法律规范的要求通过执法、司法、守法等形式在社会生活中得以运用、实现的活动。它不仅包括国家机关及其工作人员依法执法、依法司法,适用法律进行社会管理、处理案件的活动,还包括各政党、社会团体、企业事业单位及公民个人依法开展经营管理,正确行使法律权利,严格履行法律义务,遵守法律,使法律得以实现的活动。也就是说,法的实施包括法的适用和法的遵守,其中法的适用又包括行政执法与司法。

　　法的实施与法的实现既有区别,又有联系。法的实施是指法律规范的要求通过行政执法、司法、守法等形式或途径在社会生活中得以贯彻落实的过程,是把法律规范要求的可能性变为现实性的动态过程;而法的实现不仅要求实行法律规定,还要求通过法的实行而达成立法宗旨和立法目的。两者的联系在于法的实现必须通过法的实施才能达成立法宗旨和立法目的所要求的效果、结果,而法的实现是法的实施所追求的理想目标、最终结果。两者的区别在于,法的实施强调的是法实行的过程,而法的实现强调的是法律实行的结果、效果。

二、法的遵守

　　法的遵守又叫守法,是指国家机关、社会组织和公民个人,严格依照法律规定,行使权利和职权,履行义务和职责的活动。守法是法律实施与实现的一种最基本也是最重要的形式。

　　守法的主体包括我国的一切组织和个人,以及在我国领域内的一切外国组织和个人;守法的内容既包括正确地行使权利,也包括全面地履行义务(服从命令,遵守禁令)。所有社会主体依法行使权利,正确履行义务,从而使法律在社会生活中得以实现的过程,就是法律对社会关系实现调整的过程。

守法的范围具有多样性。在我国,守法不仅是要遵守宪法和法律,还应当遵守行政法规、地方性法规、自治法规、行政规章等规范性法律文件,以及那些具有法律效力的命令、判决、裁定、公证文书、调解书、仲裁裁决、合同等法律文书。

那么,我们为什么要守法呢?我们说人是社会动物,遵守法律、道德等行为规范,是每个人在社会生活中享有安全、自由、平等、权利等的前提条件,是国家对社会主体的基本要求,也是社会主体对国家应尽的义务。尽管由于每个人所主张和试图实现的利益以及生活体验和心理感受不同,对守法的根据和理由的认识也各不相同,有的人守法是出于契约式的利益和信用的需要,有的人可能是出于文化、信仰、心理或道德上的考虑,还有的人是由于惧怕法律的制裁或出于社会、组织等的压力,更多的是由于以上多种因素的综合作用。但是,不论出于何种原因,在社会主义条件下,由于法律是经由人民选举出来的代表组成人民代表大会制定出来的,从本质上是保护广大人民利益的,所以法律实现的过程,也是广大人民根本利益实现的过程;同时,也只有人人守法,法律得到良好的实现,社会主义法才能发挥其保障安宁和财产安全,实现公平正义的伟大作用。正如卢梭所说:"我愿意自由地生活,自由地死去。也就是说,我要这样地服从法律:不论是我或任何人都不能摆脱法律的光荣的束缚。"①对于一个公民来说,守法是公民对国家和社会应尽的基本义务,是一个公民的神圣责任;从社会共同体的存在和发展需要来说,遵守法律不单单是出于功利的考虑,它本身乃是人之为人的一种道义担当。

三、法的适用

法律的实施不仅要求公民守法,也要求国家机关及其工作人员守法。不同的是,国家机关及其工作人员的守法是在他们代表国家行使法定职权、运用法律处理社会事务的活动中(即法的适用中)体现出来的。法的适用有广、狭两义。广义的法的适用是指特定国家机关依照法定职权和程序,贯彻实施法的活动,包括执法和司法;狭义的法的适用仅指司法,即专指国家司法机关依据法定职权和法定程序,具体运用法律处理案件的专门活动。

(一)执法

广义的执法与广义的法的适用同义,这里指狭义的执法,即专指国家行政机关和法律授权的组织及其公职人员依照法定职权和程序行使行政管理权,贯彻实施国家法律的活动。

执法的主要功能是:实施法律,实现政府管理职能,保障公民权利。

执法必须由具有行政执法权的国家行政机关或法律授权的组织进行。由于执

---

① [法国]卢梭:《论人类不平等的起源和基础》,李常山译,商务印书馆1962年版,第51页。

法具有广泛性、主动性、单方性和较大的自由裁量性,要求行政机关的执法活动必须遵循合法性原则、合理性原则、效率原则和正当程序原则,并严格、规范、公正、文明地开展执法活动。

(二)司法

司法是指国家司法机关依照法定职权和程序,运用法律处理案件的专门活动。西方国家建立在三权分立基础上的司法,是专指法院行使审判权的活动;我国的司法包括人民检察院行使法律监督权和人民法院行使审判权的活动。

同执法相比,司法具有如下特征:①主体的特殊性:司法权只能由人民法院和人民检察院行使;②专业性:司法是由具有专业法律素养、经过严格法律职业训练的司法机关人员,运用法律处理案件的专门活动;③国家强制性:司法是直接凭借国家强制力来行使国家权力的活动,所有人都必须服从司法裁决;④严格程序性:司法必须严格按照诉讼程序法来进行,这是司法裁决有效性的前提条件;⑤裁决的权威性:司法机关依据法定职权和程序所作出的具有法律效力的裁决文书,任何组织和个人都必须执行,不得擅自修改和违抗。这是司法权威性的体现。

法律小故事

磨坊主状告国王案:法的印迹

——德国典故"风能进,雨能进,国王不能进"

军人出身的普鲁士国王威廉一世命令他的士兵拆除老磨坊主的磨坊。老磨坊主向法院起诉了国王。这在德国历史上是史无前例的第一次。老磨坊主的诉讼请求是:①要求国王为他重新盖一个新磨坊;②保证其财产神圣不可侵犯。国王接到法院的通知后拒不出庭,也不派代表参加诉讼。法院开庭之日,面对案情简单、事实清楚的法庭调查,旁听的人们群情激愤,要求国王赔偿。三名大法官经过激烈的思想斗争,最后决定,为了正义,只服从一个上司——法律,判国王赔偿。威廉一世接到法院的判决后十分震惊,意识到一个国王如果不尊重法律,背叛法律,那么他的人民就会不尊重国王,背叛国王。故下令在旧址上重新为老磨坊主盖了一个新磨坊。此事在德国广为传颂,并由此确立了德国的法律精神——司法独立,公正裁判。

威廉·波特对此事评价说:"即使是一个贫穷的人,他也可以在他的茅舍里对抗一个国王。他的茅屋虽然破旧,风可以吹进,雨能够飘进,但对于他破烂的门槛,国王却不能进。"这就是彰显德国法律精神的著名典故:"风能进,雨能进,国王不能进。"

> 后来,威廉一世去世,老磨坊主去世,磨坊由老磨坊主的儿子继承成为小磨坊主。但小磨坊主后来不想继续经营,准备卖掉磨坊。为了卖一个好价钱,精明的小磨坊主找到威廉二世,以经济拮据为由希望威廉二世买下来磨坊。威廉二世告诉他,作为德国司法独立、公正裁判象征的磨坊不能卖,自己也不能买,并要求小磨坊主好好保护,世代传下去。但为了小磨坊主生活下去,威廉二世派人送去三千马克,信末署名"你的邻居威廉"。故至今德国仍保存着这个著名的"老磨坊"。

正如英国哲学家弗朗西斯·培根所言:"一次不公正的审判,比十次犯罪所造成的危害还要尤烈,因为犯罪不过是弄脏了水流,而不公正的审判则败坏了水的源头。"作为社会公平正义的最后一道防线,司法活动必须坚决维护人民群众的合法权益,打击各种违法犯罪、失信侵权行为,保证法律的贯彻落实。为此,就要求我国各级各类的司法机关在司法活动中,必须遵循司法公正、司法平等原则,以事实为根据、以法律为准绳原则,坚持司法机关依法独立行使职权,并根据司法责任原则,在给公民和其他社会主体的合法权益造成损害时承担国家赔偿责任。

第四节 如何保证人人守法?

同居者有扶养义务吗?

原告李玉兰与被告陈速于2004年8月经人介绍相识,当时原被告都刚满二十周岁。经过一段时间接触,双方及双方家庭都比较满意,但因男方陈速未满二十二周岁,无法领取结婚证,双方协商后决定先举行婚礼。于是,2005年国庆节期间按照农村习惯举行了结婚仪式后即开始生活在一起。但其后一直未办理结婚登记手续。2007年5月,李玉兰经诊断患上了肾病综合征,先后到外地多个医院治疗,花费了50 000多元,陈速及其家人在支付了20 000元后不再支付。双方于2007年10月解除同居关系。2008年3月,原告李玉兰将陈速起诉至当地法院,要求被告陈速履行扶养义务,给付医疗费30 000元及一定数额的生活费。

请问:原告李玉兰的诉讼请求能得到法院的支持吗?

尽管守法是国家和社会对每个公民的基本要求，但是，有阳光的地方就有阴影，法律作为一种行为规范，人们有遵守的可能，也有违反的可能。与守法相对应的，就是违法。违法是对社会秩序的破坏，必然会招致以国家强制力为后盾的法律责任和法律制裁。

一、违法及其构成

违法是指违反国家现行法律规定，具有社会危害性的行为。违法按照行为所违反的法律的性质，可以分为刑事违法、民事违法、行政违法和违宪。其中，刑事违法就是犯罪，是最严重的一种违法行为。

一般地，违法由以下四个要素构成。

（1）必须是违反现行法律规定的行为，只有思想而没有付诸行动，不构成违法。

（2）必须是侵犯了法律所保护的社会关系的行为，即违法必须具有社会危害性，侵犯了法律所保护的正当权益、合法利益。

（3）违法者一般须有主观上的故意或过失——过错。故意是指明知自己的行为会发生危害社会的结果而希望或放任结果发生的主观心理。如连捅他人数刀致人死亡，即为故意。过失是指应当预见到自己的行为会发生危害社会的结果，但是由于过于自信或疏忽大意而导致损害结果发生的心理状态。如高速上超速开车引发交通事故致人重伤死亡，即为过于自信过失；而开车转弯时因打电话未注意到后方车辆导致两车相撞，即为疏忽大意的过失。故意和过失，合称过错。行为人主观上有过错，是构成违法的主观要件。如果行为人主观上既无故意，也无过失，是由于人们意志之外的因素造成了损害结果，则属于意外事故，行为人不构成违法。

（4）违法者必须具有责任能力。无行为能力人实施了侵害国家或他人合法权益的行为，依据有关法律规定，由他的监护人或法定代理人承担法律责任。

二、法律责任与法律制裁

（一）法律责任的含义及构成要素

一般来说，遵守法律，就会受到法律的保护，而违反法律就会招致法律的反制，这种反制就是法律责任。法律责任是指由特定法律事实所引起的对损害予以补偿、强制履行或接受惩罚的特殊义务，亦即由于违反第一性义务而引起的第二性义务。

是否构成法律责任以及责任的大小，通常考虑以下几个因素。

（1）是否属于责任主体。责任主体是指因违法、违约或法律规定而应当承担法律责任的人或组织。没有责任人，就无法追究法律责任，所以责任主体是构成法律责任的必备条件。一般情况下，违法或违约人就是责任主体，但无责任能力人造成的损害则是由其法定代理人或监护人作为责任主体。

(2) 是否实施了违法行为、违约行为或者法律规定的造成损害的行为。通常情况下，责任人如果实施了违法、违约行为或法律规定的造成损害的行为，就必须承担法律责任。比如因盗窃而被判刑，因违反合同而被判承担违约金，司机因撞伤闯红灯的路人而承担赔偿责任等。

(3) 损害结果。只有具有社会危害性的行为才会导致法律责任。行为的危害性大多情况下表现为行为带来的损害事实。损害事实既包括物质性损害，也包括精神性损害；既包括既得利益的丧失，也包括预期可得利益的损失；既包括已经造成的实际损害，也包括虽尚未发生但有可能发生的损害后果。

(4) 主观过错。构成法律责任一般要求行为人主观上存在过错，即故意或过失，这是违法、违约行为引起的法律责任的承担要件。但是，因法律规定而应承担的法律责任不以此为构成要件。

(5) 因果联系。主要指违法、违约行为与损害结果之间、行为人的主观过错与损害结果之间的因果联系。一般地，只有行为人的违法或违约行为与损害事实之间存在有因果联系，即行为人的行为是导致损害事实的原因时，才能要求行为人承担法律责任。

(二) 法律责任的种类及归结

法律责任产生的原因有：违法行为，违约行为，法律的特别规定。其中，违法行为是产生法律责任的主要原因，违约行为是产生法律责任的常见原因，而法律规定引发的法律责任则是为了弥补法律漏洞而对道义责任的法律化。

根据确立法律责任的依据不同，法律责任可以分为以下四种。

(1) 刑事责任。刑事责任指因违反刑事法律构成犯罪而应当承担的法定不利后果。它主要是一种惩罚性责任，以剥夺人的自由乃至生命作为主要责任方式，是所有法律责任中最严重的责任形式。

(2) 民事责任。民事责任是指公民或法人因侵权、违约或者基于法律规定的其他事由而依法承担的不利后果。民事责任主要是一种补偿性责任，目的是弥补权利人受到的损害。《民法典》规定的民事责任方式主要有：停止侵害，排除妨碍，消除危险，返还财产，恢复原状，修理、重作、更换，继续履行，赔偿损失，支付违约金，消除影响、恢复名誉，以及赔礼道歉。

(3) 行政责任。行政责任是指因违反行政法或基于行政法规定的事由而应当承担的法定的不利后果。行政法律责任既包括行政主体及其工作人员在行政管理过程中因违法失职、滥用职权或行政不当而产生的行政法律责任，也包括公民、法人等行政相对人因违反行政法而产生的行政法律责任；既包括国家机关、企事业单位或其他社会组织依据行政管理法规对其内部工作人员违反行政管理规定的行为所作的行政处分,也包括行政主体在行使国家行政管理权的过程中对公民或法人等行政相对人违反行政管理法规的行政违法行为所作的行政处罚。

(4)违宪责任。违宪责任是指因违反宪法而应当承担的法定不利后果。比如根据"合宪性"原则,有关国家机关制定的某种法律、法规或规章的规定,因违宪就应当承担不利的后果——被确认无效。

法律责任也可以按其确立目的,可以分为惩罚性责任、补偿性责任和强制。

惩罚性责任体现了国家对责任主体行为的道义责难,它通过对行为人的人身、精神施加痛苦,或剥夺、限制其财产,使责任主体受到压力、损失和道德非难,从而起到预防、报复、平衡和矫正作用,维护社会正义。惩罚性责任不以责任人对社会、他人造成的损害为责任承担的限度,大多是一种加重责任。刑事责任和行政责任主要是惩罚性责任;民事责任中的支付违约金和精神损害赔偿基本上也是惩罚性的责任。

补偿性责任是通过国家强制力或应当事人要求由责任主体以作为或不作为的形式承担的旨在弥补受害人所遭受的损失的责任方式。补偿性责任的范围受责任人行为造成的损害的范围的大小影响,往往要求两者大致相当。民事责任大都属于补偿性责任,如修理、重作、恢复原状等。

强制是指国家通过强制力迫使不履行义务的责任主体履行义务的责任方式。强制的功能和目的是保障义务人履行义务,从而使得权利得以实现。强制包括对人身的强制和对财产的强制。前者如强制传唤、强制拘传、强制戒毒、强制治疗、强制检疫等;后者如强制划拨、拆除、拍卖、变卖等。强制可以是直接强制,也有代执行、执行罚等间接强制。强制是行政法律责任的一种主要承担方式。

法律责任体现了国家依据法律标准对行为给予的否定性评价,是社会为了维持自身的生存条件而强制性地分配给某些社会成员的一种负担,也是人们自由意志支配下的行为所引起的合乎逻辑的不利法律后果。法律责任承担的最终依据是国家法律,其归结也必须由特定国家机关依据法定职权和程序来进行。一般地,刑事责任的归结只能由人民法院依法进行,民事责任的归结由人民法院、仲裁机构进行,行政责任的归结主要是国家行政机关或其他有权主体,在行政诉讼中则由人民法院进行归结,违宪责任由保障宪法实施的最高国家权力机关——全国人大及其常委会进行。

此外,由于法律责任的承担涉及当事人的重大权益,要求国家机关在确认和归结法律责任时,必须遵循责任法定、因果联系、责任与处罚相当、责任自负等原则。

(三)法律责任的承担与法律制裁

行为人由于违法、违约行为或基于法律规定而应当承担法律责任时,就必须将法律责任落到实处,保证法律责任的实现,以对受损的合法权益进行功利性补偿和对违法、违约行为进行道义性谴责,维护法律权威,保持社会平衡,恢复社会秩序。法律责任的实现方式有主动承担和被动承担两种方式。主动承担由责任主体自动实现,如伤人者主动予以赔偿;被动承担只能由法定的国家机关等有权主体通过法定程序实现,这就是法律制裁。

法律制裁是指特定的国家机关对应当承担法律责任而拒不承担的违法者所采取的惩罚措施。法律制裁必须以法律责任的存在为前提,法律制裁的方式与法律责任的性质相适应,最终取决于违法行为的性质及其社会危害性的大小。与法律责任相适应,法律制裁也可分为刑事制裁、民事制裁、行政制裁和违宪制裁。

三、法律监督

法治秩序的建立,不仅需要公民自觉守法,政府依法行政,司法机关公正司法,严格追究法律责任,实施法律制裁,还必须有保证法治每个环节健康运转的有效法律监督机制。缺乏制约的权力必然走向腐败,法律监督是法律运行的重要组成部分,也是法治实现的自我保障机制。法律的创制和实施都离不开法律监督。

在我国,法律监督有广义和狭义之分。广义的法律监督是指国家机关、各政党、社会团体和公民个人,对于法律运行和操作的过程,包括立法、执法、司法、守法活动的程序及其结果是否合法所实施的评价和督导;狭义的法律监督是专指有关国家机关依照法定职权和法定程序,对立法、执法和司法活动的合法性进行的监察和督促。我们这里采用广义的法律监督。

法律监督依其性质和效力,可以分为国家监督和社会监督。

国家监督又称法定监督,是由国家机关或者国家机关授权的团体组织实施的具有特定的监督对象、内容和范围,使用特定的监督方式并产生必然的监督后果的法律监督形式。国家监督是具有法律效力的监督,具体包括国家权力机关的监督、国家司法机关的监督(又分检察监督和审判监督)、国家监察机关的监督和国家行政机关的监督。其中,人民检察院是国家的法律监督机关,在办理刑事案件时与公安机关、人民法院分工负责,互相配合,互相制约,以保证准确有效地执行法律;监察委员会是国家监察机关,负责办理职务违法和职务犯罪案件。

社会监督是指国家机关以外的各种社会力量对国家机关所实施的监督。社会监督对于被监督者来说,不具有国家强制力,监督者的行为只代表本组织或个人而不代表国家。社会监督依具体实施监督的主体不同,可分为社会组织的监督(如消协、纪委、民主党派的监督等)、社会舆论的监督(如媒体)和公民个人的监督(申诉、控告等)。其中,基于中国共产党的执政党地位,纪委对于广大党员干部的监督在国家社会生活中发挥着重要的作用;而新闻媒体作为"无冕之王",其进行的舆论监督也深受广大民众欢迎。

法律监督是权力制约体系中不可或缺的保证机制,也是实行民主政治和建设法治国家的实质内容和操作机制。

四、法律程序

法律程序贯穿于法律运行的全过程。无论是立法,还是执法、司法、守法或者法律监督,法的运行的每一环节都必须严格按照法律程序来进行,才能防止恣意和专断,保障公民权利。

法律程序就是指人们进行法律行为时所必须遵循的法定步骤和方式。法律程序包括时间和空间上的要求。

法律程序在时间上的要求包括人们进行法律行为的时限和时序。比如我国《民法典》规定,一般民事权利的保护期限是三年,则意味着你的民事权利受到侵犯时,你应及时地在三年内提起诉讼。超过三年,则国家不保障你的权益的实现,在诉讼中就丧失了胜诉权。这"三年"就是一个时限的程序要求。又如我国《民法典》规定,男女双方应亲自到结婚登记机关申请结婚登记,完成结婚登记则确立婚姻关系。这里,先结婚登记,才确立婚姻关系,然后男女各方享有夫或妻在婚姻中的权益,就是一个时序的程序要求。

法律程序在空间上的要求是指对法律行为在空间关系和行为方式上的规定。空间关系是指行为主体及其相互行为的确定性和相关性。比如,审判权只能由法院行使,这是确定性;而"一切机关不得干预审判"则表明各主体在空间上的相关性。"行为方式"是指法律规定的行为的表现方式。如公证遗嘱必须采取书面形式,自书遗嘱必须由遗嘱人亲笔书写并签名、注明年月日等,就是对行为方式的要求。不符合法律规定的行为方式,则该行为就不具有法律效力。

法律程序根据进行法律行为的主体不同,可以分为选举程序、立法程序、行政程序、司法程序、法律监督程序和一般社会主体进行法律行为的程序。对于普通公民来说,只有按照法律程序实施的法律行为,才能产生预期的法律效力,实现自己的行为目的。否则,因为程序违法,轻则不能实现自己的行为目的,重则可能给自己带来重大的利益损失。比如,根据我国相关规定,房屋买卖必须办理过户手续,若你为了逃避交税而不履行办理过户手续的法律程序,那么,你就必须承担由此产生的风险。也就是说,即使你实际交付了全部房屋对等价款,法律也不承认你对该房屋的所有权。如果原房主"一房二卖",则谁办理了过户手续,法律保障谁对房屋的所有权。

法律程序对法律行为具有抑制、导向、缓解、分工、感染的功能。

正当法律程序对于法治秩序的建立具有重要意义,它可以限制恣意,约束权力;能够保障权利平等;能够提高解纷效率;还有利于疏导矛盾,缓解冲突;稳定实现确定的程序运行结果;促使人们对程序运行结果的有效服从并有利于法律信仰的形成。因此,法律程序作为对作出法律性决定而预设的过程、方式和相互关系的规则系统,也是我们每一个公民在社会生活中进行法律活动必须高度重视并严格遵循的行为规则。

相关推荐

(一)书刊

1. 刘星:《西窗法雨》,法律出版社2008年版。
2. [美国]罗尔斯:《正义论》,何怀宏等译,中国社会科学出版社1988年版。
3. 韩忠谟:《法学结论》,中国政法大学出版社2002年版。
4. 孙笑侠:《西方法谚精选》,法律出版社2005年版。
5. [法国]孟德斯鸠:《论法的精神》,张雁深译,商务印书馆1997年版。

(二)网站

定期浏览学习强国网站:http://www.xuexi.cn。

(三)电视栏目

定期观看央视《今日说法》《法律大讲堂》;河南电视台《百姓调解》;北京电视台《生活面对面》

(四)微信公众号

订阅法律读品、法律圈八卦女、法律思想、民商事实务。

第一、二章习题

第三章

国家的根本大法——宪法

不自由,毋宁死。(Give me liberty or give me death.)
——[美国]帕特里克·亨利

现代意义上的宪法首先在英国播下种子,在美国开了花,在法国结的果,而后散布于欧美各国以至世界各地。 ——龚祥瑞

凡权利无保障和分权未确立的社会就没有宪法。
——1789年的法国《人权与公民权利宣言》

我国1982年宪法及历次修改内容

【本章概要】

宪法是法律的法律,具有最高的法律效力,在制定和修改的程序上一般严格于其他法。宪法是国家根本组织法,它赋予国家以合法性,规定国家机关,赋予和限制国家权力。宪法可以实现政府的和平更迭。宪法保障公民的基本权利,这也是人民制定宪法、建立国家的目的。宪法可以采取绝对保障和相对保障等模式来保障公民的基本权利。宪法的实施和实现需要"守护者",我国宪法的守护者是全国人民代表大会及其常务委员会。

【本章重点】

宪法的特征　宪法的目的　我国现行宪法的内容　我国公民的基本权利　宪法实施　合宪性审查

导入案例

河南省农作物种子管理条例案

2003年5月,河南省洛阳市中级人民法院在某民事案件的一审判决中,认定《河南省农作物种子管理条例》(以下简称《河南种子条例》)的某项条文与《种子法》相冲突,"自然无效",因而拒绝适用该条文,而直接适用了《种子法》。此判决引起了一场轩然大波,河南省人大对此作出了强烈反应,声称《河南种子条例》同《种子法》没有抵触,应当继续适用,并指责法院超越职权,要求对涉案法官严加惩处。下位法与上位法相抵触者无效,已是一个常识,《河南种子条例》是河南省人大通过的地方性法规,其效力低于作为全国性法律的《种子法》,若真有抵触,自当排除适用。但本案的关键问题在于:究竟谁有权确认其无效?法院是否有权对地方性法规进行审查?

法律小故事

宪法的故事

起初,弗吉尼亚公司由英国的一些私人投资者创立,目的在于开发北美以获得经济利益,公司依据章程进行治理。1606年,公司获得国王的特许状,公司被转化为具有政治功能的共同体。

1620年底,一群英国人乘坐名为"五月花号"的船从荷兰启程,经英国来到现今的普利茅斯。登陆前,船上的41名英国人在甲板上签署了《五月花号公约》(*Mayflower Compact*)。公约宣布这41名英国人将依此公约建立一个公民的政治共同体。这个公约成为英国人在北美建国的一个先声。

依据《独立宣言》,1776年1月,新罕布什尔率先制定州宪法,成为人类历史上第一部成文宪法。

1787年美利坚合众国宪法草案由第二届大陆会议通过,1788年7月27日纽约州批准此宪法,宪法正式生效。此宪法的序言明确宣布"我们人民"(We the people)为(建立)"美利坚合众国"制定本宪法。

> **我国全国人大常委会法制工作委员会的合宪性审查案**
>
> 2021年,有公民对以下规定提出审查建议:有的地方性法规规定,有关行政部门为调查计划生育违法事实,可以要求当事人进行亲子鉴定;对拒不配合的,处以一万元以上五万元以下罚款。
>
> 全国人大常委会法制工作委员会审查认为,亲子关系涉及公民人格尊严、身份、隐私和家庭关系和谐稳定,属于公民基本权益,受宪法、法律保护,地方性法规不宜规定强制性亲子鉴定的内容,也不应对此设定相应的行政处罚、处分、处理措施。经沟通,制定机关已对相关规定作出修改。

第一节 什么是宪法?

一、宪法的定义

在法学领域中,宪法通常是指授予并限制国家权力,从而保障人的基本权利的根本法。

一般来说,宪法具有以下特征:

第一,宪法是法。它具有规范性、国家强制性、普遍性等法的一般特征。

第二,宪法是制定其他法律的依据,在所有实定法领域中具有最高的法律效力,其他"法"不得与之相冲突,否则无效。

第三,宪法是制宪机关制定的,制定程序严格,修改程序也较为严格。宪法与其他"法"不同,宪法是制宪机关制定的,其他"法"则是依据宪法产生的国家机关制定的,宪法的修改程序严格于其他"法"。如1949年的《中国人民政治协商会议共同纲领》《中华人民共和国中央人民政府组织法》等宪法性文件由制宪机关——中国人民政治协商会议制定,1954年宪法则由制宪机关——全国人民代表大会制定。1982年宪法也明确规定,宪法修改只能由全国人民代表大会常务委员会或五分之一以上的全国人民代表大会代表提议,并由全国人民代表大会全体代表的三分之二以上的多数通过。否则,不得修改宪法。全国人民代表大会及其常务委员会的"法律"的制定或者修改一般只须全国人民代表大会及其常务委员会的全体代表或委员过半数通过即可。宪法制定或修改严格于全国人民代表大会及其常务委员会的"法律",更严格于"法律"之外的其他"法"。

第四,宪法规定国民与国家之间的关系、国家机关之间关系等根本性问题。毛泽东同志指出:"一个团体要有一个章程,一个国家也要有一个章程,宪法就是一个总章程,是根本大法。"①如果把国家比作一个公司,国民就是其股东,国家机关就是公司机关,宪法就是公司的章程。也就是说,国民就是国家的"股东",国家是国民的。如同公司股东大会、董事会、监事会的设置和权力配置的目的在于股东的利益一样,国家机关的设置和权力配置的目的在于国民的福利。因此,宪法如同公司的总章程一样解决一些根本问题,如建国的目的、人权、国家与国民的关系、国家机关的职权与关系等,是国家组织法和人权保障法,是明确和保障国民基本权利、配置和控制国家权力的根本法,是治国安邦的根本大法。

【查一查】

我国1982年宪法中,哪些条款规定了宪法的最高法律效力?

二、宪法的历史

厘清宪法的产生、成长和成熟等历程,可以有助于我们深入理解宪法的含义,把握其内涵与外延。从时间的视角来看,宪法是较为年轻的法律部门。与民法产生于古代不同,宪法产生于近代,它是国家公共化的产物。因此,在时间之轴上,民法才是万法之母。宪法也不例外,是在民法的土壤中生发出来的。这与逻辑上的万法之母是宪法并不矛盾。这是因为,逻辑上的万法之母——宪法是建立在法律效力的高低的基础上的。它只表明,宪法在法律效力上是最高的,其他"法"不得与之相冲突或者相抵触。

我国宪法学家龚祥瑞曾说:"现代意义上的宪法——国家根本法首先在英国播下种子,在美国开了花,在法国结的果,而后散布于欧美各国以致世界各地。"②让我们循着这一脉络来把握宪法的历史,在历史中理解它。

(一)国外主要国家的宪法历史

宪法的源头最早可以追溯至1215年英国的《自由大宪章》。标志英国宪法产生的法律文件有:1679年的《人身保护令》、1689年的《权利法案》、1700年的《王位继承法》及其同时期的判例等。"王权是神圣的,但国王是人,在神和神法之下"等理念成为宪法之根,这也证明宪法深深植根于宗教土壤之中。表明英国宪法成熟并不断发展的法律文件有:1911年《议会法》、1918年和1928年《国民参政法》、1931年《威斯敏斯特条例》及同时期的判例等。

---

① 《毛泽东文集》(第六卷),人民出版社1996年版,第328页。
② 龚祥瑞:《比较宪法与行政法》,法律出版社2003年版,第3页。

人类历史上第一部国家意义上的成文宪法,史称《美利坚合众国宪法》,是在1787年起草,1789年生效的。它由序言、7条正文和10条《权利法案》(以修正案的形式)组成,采取了立法、行政、司法三权分立制衡的原则。美国宪法经受了国内南北战争、第一次世界大战、第二次世界大战、世界经济大萧条等考验,在战争与和平中不断成长。到目前为止,包括制定之初通过的10条修正案,美国现有27条宪法修正案。不过,如英国一样,美国也是判例法国家。因此,美国宪法规则也大量体现在法院尤其是联邦最高法院的判例中。

随着1789年法国大革命的爆发,法国在立宪上也不甘示弱。1791年,法国通过了欧洲历史上第一部成文宪法。如同浪漫的法国人一样,法国宪法充满悲壮的浪漫主义色彩。作为宪法序言的《人权宣言》,在逻辑和表达上比美国的《权利法案》更具美感。然而,轰轰烈烈的大革命并不能摧毁传统,也不能马上催生现代。法国宪法在帝制、君主立宪制、共和制之间来来回回,光共和国就来了5个。直到1958年,以戴高乐为主导的《法兰西第五共和国宪法》才把法国带上了宪法治国的稳定轨道。

虽然德国宪法对我国宪法的影响很大,但是它并不是当时世界上最为优秀的宪法。标志德国统一的《德意志帝国宪法》颁布于1871年,远远晚于英国、美国和法国宪法。它废止于1918年。它是在铁血宰相俾斯麦的主导下通过的,史称"俾斯麦帝国宪法"。1919年,德国通过了《魏玛宪法》。它规定了人的社会经济文化权利,尤其是否定了私有财产神圣不可侵犯的传统,明确规定财产权负有义务。它与1918年的《苏俄宪法》成为现代宪法的标志。1949年西德《基本法》取代了名存实亡的《魏玛宪法》。1990年东德与西德统一,稍作修改的西德《基本法》在统一的德国全境发生效力。

另一个对我国影响较大的外国宪法是《大日本帝国宪法》。它在1890年通过,是亚洲历史上第一部成文宪法,是由首相伊藤博文主导起草、日本天皇颁布的钦定宪法。它认可并巩固了明治维新的成果,开启了日本的强大之路。1949年它被《日本国宪法》取代。1949年的《日本国宪法》是在美国主导下日本制定的君主立宪制的宪法,规定了和平主义等宪法原则。

《苏俄宪法》是1918年的《俄罗斯苏维埃社会主义联邦共和国宪法(根本法)》的简称,是人类历史上第一部社会主义类型的宪法。它共6篇90条,第1篇《被剥削劳动人民权利宣言》是列宁亲自起草的。自1922年苏联成立之后,苏联共通过了3部宪法,即1924年、1936年、1977年宪法。它们都宣示苏联是社会主义共和国。苏联解体后,俄罗斯继承了苏联的联合国常任理事国席位,继承了苏联的国家遗产,开启了《俄罗斯联邦宪法》时期。《俄罗斯联邦宪法》宣示俄罗斯是三权分立的总统制共和国。

在西方,社会科学是自然科学的模仿,作为社会科学的宪法也不例外。近代科学以牛顿物理学为中心,近代宪法则是牛顿物理学的摹写。现代科学则以生物进化论为中心,现代宪法则是生物进化论的摹写,宪法本身就是一个有机体,有其产生、发展、成熟等时期。

(二)中国的宪法历史

1. 旧中国宪法的历史

1840年第一次鸦片战争失败后,在内忧外患之下,清政府被动开启改革之门,救国图强的首选策略就是"师夷长技以制夷"的洋务运动。甲午中日一战让国人认识到,只有科学技术之一翼,并不能让摇摇欲坠的清帝国再次腾飞;挽救清帝国还需要另一翼——民主的政治制度。宪法就是民主政治制度的体系化和法典化。"仿行西方宪政"在半推半就中不断走进深水区,救国图强的目的让宪法背负着不应有之重。

(1)清末时期的宪法。1906年,清帝国的实际控制人慈禧宣布"仿行宪政",派出了"五大臣"出国考察宪政,并于1908年颁布了《钦定宪法大纲》。它虽然仍然规定了皇帝有无上大权,但是在附录中规定的臣民的权利在中国具备里程碑式的意义。1911年又颁布了《宪法重大信条十九条》,明确规定皇帝在法律之下。可惜它没有来得及实施,也没有挽救清政府。但是"皇帝在法律之下"的信条逐渐成为中国人的信仰,也成为后来"任何个人和组织都没有超越宪法与法律的特权"之规定的源泉。

(2)民国时期的宪法。1912年,以孙中山为代表的中国民族资产阶级通过了《中华民国临时约法》,采取了议会内阁制。袁世凯掌握实权之后,以《中华民国约法》取而代之,实行总统制,史称"袁记约法"。在袁世凯宣布帝制之后,"袁记约法"也随之废止。

袁世凯郁郁而终之后,进入北洋军阀统治时期。军阀混战,执政者"你方唱罢我登场"。他们深知宪法是其统治合法性的证明书。所以,随着执政者的频繁更换,宪法也像走马灯一样换得勤,有些宪法草案还没有来得及通过,执政者就倒台了,它们也就随之胎死腹中。让人唏嘘不已的是,中国历史上第一部正式宪法却产生在这一时期,它就是1923年宪法。这是由当时执政者曹锟通过贿选获得总统职位后主导通过的,所以1923年宪法又称"贿选宪法"。这一时期的宪法或者宪法草案从文字上看,可谓是十分先进。这主要是照抄照搬的结果。但是,文字上的宪法远远超过了人们的观念,与实践脱节十分严重。这也正是此时期宪法或者宪法草案如浮萍的根本原因。

针对以袁世凯为代表的北洋军阀违背《中华民国临时约法》的行径,以孙中山为代表的民族资产阶级发动了"二次革命"和"护法运动",均以失败而告终。《中华民国临时约法》也就自然而然寿终正寝。这些失败让以孙中山为代表的民族资产阶级痛定思痛,提出了联俄、联共、扶助农工的政治纲领,提出了军政、训政和宪政的宪法治国的实现路径,规划了五权宪法的蓝图,即把国家权力分为立法权、司法权、行政权、监察权和考试权。1925年,孙中山病逝于北京,在以蒋介石为代表的国民党人的主导下,按照孙中山的宪法政治蓝图,于1931年颁布了《中华民国训政时期约法》,1946年颁布了《中华民国宪法》。

在第一次国共合作失败之后,中国共产党带领革命根据地的人民制定了一系列宪法性文件,如1931年在瑞金通过的《中华苏维埃共和国宪法大纲》、1941年在延安通过的《陕甘宁边区施政纲领》、1946年在延安通过的《陕甘宁边区宪法原则》,进行了有益的宪法运动与实践。其中,"三三制"参议会制和人民代表会议制成为中华人民共和国人民代表大会制的前身。尤其是1946年的《陕甘宁边区宪法原则》,规定了建立新民主主义共和国的基本原则、政权组织形式和各项基本政策,为1949年的《中国人民政治协商会议共同纲领》和《中华人民共和国中央人民政府组织法》的制定与运行打下了坚实的理论和实践基础。从中可以看出,中国共产党领导的革命根据地的立宪运动从照搬照抄苏联宪法的阶段逐渐走上了适应中国国情的独立自主的道路。

2. 中华人民共和国成立以后的宪法

1949年2月22日,《中共中央关于废除国民党的"六法全书"与确定解放区的司法原则的指示》发布,宣布废除国民党时期的"六法全书"。1949年9月29日,中国人民政治协商会议通过了《中国人民政治协商会议共同纲领》和《中华人民共和国中央人民政府组织法》。这两个宪法性文件组成了临时宪法,明确废除国民党反动政府一切压迫人民的法律、法令和司法制度,宣布中华人民共和国成立,规定国家权力机构和人民的权利,设立了中央人民政府,等等。根据这一临时宪法,按时召开了政治协商会议,组建了中央人民政府。在这一临时宪法下,新中国及时恢复了国计民生,新民主主义国家的建设取得了节节胜利,人民的权益得到了应有的实现和保障。

1954年9月20日第一次全国人民代表大会全票通过中华人民共和国的正式宪法,史称"五四宪法"。它除序言外,分总纲,国家机构,公民的基本权利和义务,国旗、国徽、首都,共四章,106条。这是中华人民共和国的第一部宪法,是在对新中国成立前夕由全国政协制定的起临时宪法作用的《中国人民政治协商会议共同纲领》进行修改的基础上制定的。

1975年1月17日,第四届全国人民代表大会第一次会议上通过了修改后的宪法,共30条,史称"七五宪法"。当时仍处于"文化大革命"时期,所以"七五宪法"带有比较浓重的"文革"色彩。

为了巩固粉碎"四人帮"的成果,1978年3月5日第五届全国人民代表大会第一次会议通过了新修改的宪法,史称"七八宪法"。"七八宪法"主要内容继承了"五四宪法"的一些基本原则,增加了实现四个现代化的任务,强调要发扬社会主义民主、大力发展科学和教育事业。

为适应新时期社会主义建设的需要,1982年12月4日,在中华人民共和国第五届全国人大第五次会议上正式通过并颁布了新修改的宪法,史称"八二宪法",

即现行宪法。在结构上,"八二宪法"沿袭过去的做法,除序言之外,仍由四章组成,共 138 条。在内容上,"八二宪法"也大量继承了五四宪法的规定,恢复了国家主席等国家机构设置,把"公民的基本权利和义务"一章置于"国家机构"一章之前,意在表明国家权力来源于人民的委托和授予,明确了国家的根本任务,确认了四项基本原则;增加了"民主集中制"的具体内容;恢复了五四宪法关于公民在法律面前一律平等的规定;发展了人民代表大会制度、民族区域自治制度和司法制度,增加了基层自治制度的规定;规定了国家领导人的任期制度,等等。

为了提高宪法的稳定性,坚定对宪法的信仰,"八二宪法"实施后采取以修正案的方式进行修改。目前,"八二宪法"经历了 1988 年、1993 年、1999 年、2004 年和 2018 年共五次修改,形成了 52 条修正案。尤其值得关注的是,"法治国家""社会主义市场经济""国家尊重和保障人权""推动物质文明、政治文明、精神文明、社会文明、生态文明协调发展,把我国建设成为富强民主文明和谐美丽的社会主义现代化强国,实现中华民族伟大复兴"等写入宪法,设立国家监察委员会行使监察权等内容注入宪法,我国宪法不断发展、完善。

【想一想】

在历史上,国家的主人有哪些类型?
1. "溥天之下,莫非王土;率土之滨,莫非王臣"。
2. 英国 1215 年《大宪章》是英国贵族与国王共同签订的。
3. 西方哲学家卢梭在《社会契约论》中认为国家主权属于全体国民。

第二节 宪法有什么用?

一、宪法是公民基本权利的保障书

国民制定宪法,授予和限制国家权力的目的在于保障其剩余的利益。也就是说,国民的基本权利是原生的,第一位的;国家权力是派生的,第二位的。我国现行宪法把公民的基本权利放在国家机构之前就是这种理念的反映。可见,宪法的目的在于保障国民的基本权利。

(一)宪法明确列举公民的基本权利以保障人权

为了保障人权,宪法一般都明确列举公民的基本权利,宣示任何组织或者个人,尤其是国家不得侵犯。例如,我国《宪法》明确列举了公民的平等权、选举权与被选举权、言论自由、出版自由、集会自由、游行自由、示威自由、住宅不受侵犯的权利、私有财产权、宗教信仰自由、劳动权、休息权、受教育权、社会保障权、从事文化活动的权利、批评权、建议权、控告权及获得国家赔偿权和补偿权等基本权利。再如,美国宪法前10条修正案被称为美国的《权利法案》,明确列举了宗教信仰自由,言论自由,出版自由,集会自由,请愿权,持有和携带武器的权利,人身、住宅、文件和财产不受无理搜查和扣押的权利,生命、自由、财产的正当法律程序保护权,等等。

然而,宪法列举基本权利的方式不仅不能穷尽公民的基本权利,而且会让人误认为公民只享有宪法所列举的基本权利。为了避免这种误解,一些国家的宪法明确规定宪法所列举的基本权利不是穷尽式列举,不得以此来忽视或否认公民保留的其他基本权利。例如,美国宪法第9条修正案(1791年)规定:本宪法对某些权利的列举,不得被解释为否定或忽视由人民保留的其他权利。再如,我国《宪法》明确规定:国家尊重和保障人权。这一条款虽然没有明确规定宪法所列举的基本权利不是穷尽基本权利,但是这一条款是一个兜底或者概括规定,没有被列举的基本权利都可以通过这一条款获得宪法的保护。

从理论上说,公民需要宪法保障的基本权利不外乎生命、自由、财产;从基本权利与国家的关系来看,这些基本权利可以划分为免于国家干涉的自由、参与国家事务的自由和依赖国家保障的自由。

(二)宪法通过对限制基本权利的限制以保障人权

在宪法规定国家可以限制基本权利的同时,往往会对基本权利的限制条款进行严格的限制,以防止基本权利的限制条款"抽空"被限制的基本权利。

聂树斌案

根据我国《宪法》第十三条的规定,我国公民的私有财产权的征收征用需要符合公共利益、依据法律、给予补偿等条件的限制。根据我国《立法法》第八条、第九条的规定,对公民政治权利的剥夺和限制人身自由的强制措施和处罚只能通过法律进行限制,即限制权属于全国人民代表大会及其常务委员会,并且全国人民代表大会及其常务委员会不得把这项权力授予给国务院。这些规定就是对基本权利限制的限制。

孙志刚案

二、人民用宪法建立国家,宣告政府的合法性

近现代意义上的国家虽然也是政治共同体的一个类型,但是它是目前理性化程度最高的一种政治共同体。它通常包含国民(以某一民族为主)、领土、主权三

要素,既不同于西方历史上的其他政治共同体,如城邦;也不同于中国历史上的政治共同体,如家、国、天下。近现代意义上的国家的形成与宪法的勃兴之路是一致的。近现代意义上的国家与古代意义上的国家区别就在于国家不再是神的创造、强力或者"奉天承运"的结果,而是契约的产物(即使在签订契约之前可能有征服)。这个契约就是宪法。近现代的国家不再是某一个人、某一家、某一族群的私有物,而是全体国民的。实现国家公共性的工具就是宪法。宪法的英文是"constitution",来源于拉丁文"constitutio",本意就是某一事物的"构成、组成、设立",曾被亚里士多德运用于城邦的"构成",后被华盛顿等运用于美国的"建立"。

历史上,管理者的权力要么来源于神的意志,要么来源于强力。随着被管理者的觉醒,管理者的权力的正当性和合法性一次又一次被质疑和否定,其结果往往是暴风骤雨式的革命。为了摆脱这种"其兴也勃焉,其亡也忽焉"的历史周期律,移民北美的英国人秉承宪法三大观念进行了尝试。这三大宪法观念就是:①根本法的权力高于普通法律,即使是议会也不能侵犯;②根本法是建造国家的公约,并且根本法有高于普通法律的权威,因此制宪权有别于普通立法权,根本法的制定不能仅凭普通立法机关的决定,而须经人民表决;③根本法是限制国家权力的法律,其内容有明白、详尽规定的必要,所以根本法应该明文规定。他们通过宪法这一根本法来创造国家,明确国家及其主权属于"我们人民",行使国家权力的机关及其人员只是全体国民的代理人。这些代理人大都必须由全体国民选举产生。也就是说,他们行使国家权力、管理国民,是得到国民同意的。同时,任期制和定期选举的结果如同一种和平的"革命"和"推翻政府",从而保证国家及其权力为全体国民服务,而不会严重异化。

由于宪法规定了国家生活和社会生活中最根本性的问题,从本质上讲,它是一国政治力量对比关系的全面、集中体现。在我国,1949年的《中国人民政治协商会议共同纲领》序言明确宣告,人民通过它建立了中华人民共和国:"中国人民政治协商会议代表全国人民的意志,宣告中华人民共和国的成立,组织人民自己的中央政府。中国人民政治协商会议一致同意以新民主主义即人民民主主义为中华人民共和国建国的政治基础,并制定以下的共同纲领,凡参加人民政治协商会议的各单位、各级人民政府和全国人民均应共同遵守。"

三、人民用宪法组织国家权力,实现社会管理

国民不仅通过宪法产生国家,而且通过宪法设立国家机关,授予国家机关以国家权力,来实现对社会的有效管理。因此,世界各国的宪法都授予了国家机关以必要的权力。一般来说,宪法设立立法机关、行政机关、司法机关,并分别授予其立法权、行政权和司法权。有的宪法在此基础上,还设立监察机关、考试机关、违宪审查机关、军事机关等,并授予其监察权、考试权、违宪审查权、领导武装力量权等。

在中央国家机关上,我国《宪法》设立了全国人民代表大会及其常务委员会、国家主席、国务院、国家监察委员会、中央军事委员会、最高人民法院、最高人民检察院,分别赋予相应职权(图3-1)。

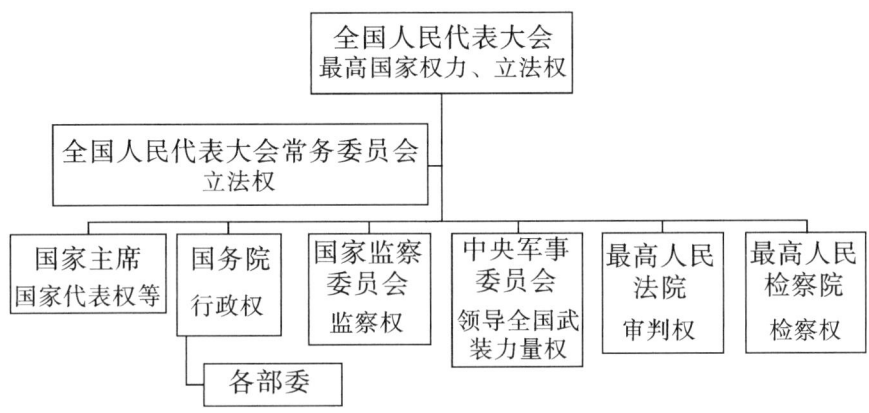

图3-1 我国中央国家机关及其主要职权示意图

在地方国家机关上,我国《宪法》设立了地方各级人民代表大会及县级以上各级人民代表大会常务委员会、地方各级人民政府、民族区域自治地方的自治机关、地方各级监察委员会、地方各级人民法院、地方各级人民检察院,并赋予相应职权;承认并设立了特别行政区机关,赋予其高度自治的立法权、行政权和司法权等职权。

四、人民用宪法限制国家权力——把权力关进宪法的笼子里

为了实现国民的安全、福利和幸福,国家需要足够和必要的权力。而国家权力必须有外在的或内在的控制。如何把国家权力关进笼子而只让其发挥正面管理作用? 这是宪法的另一用途,也是关键的一面。

(一)国家权力的有限性

宪法限制国家权力的首要方法就在授予国家权力本身。宪法明确规定国家机关,授予其国家权力,国家机关只能在其职权范围内代表国家行使权力。这意味着国家权力仅限于列举的范围,是有边界的,即政府权力是有限的。有的国家宪法还明确规定,没有授予国家的权力,属于地方政治实体或国民保留的权力。

(二)以权力制约权力

宪法限制国家权力的第二个方法是以权力制约权力。世界各国宪法采取的以权力制约权力的具体模式是各异的,如英国采取议会内阁制,美国采取总统制,法国采取半总统半议会制,瑞士采取委员会制。

我国《宪法》规定,全国人民代表大会是最高国家权力机关。它的常设机关是

全国人民代表大会常务委员会。全国人民代表大会和全国人民代表大会常务委员会行使国家立法权。

同时,我国《宪法》规定,设立监察机关,即监察委员会,行使监察权。国家监察委员会对全国人民代表大会和全国人民代表大会常务委员会负责。监察机关办理职务违法和职务犯罪案件,应当与审判机关、检察机关、执法部门互相配合,互相制约。我国《宪法》明确规定了人民检察院是国家的法律监督机关。另外,人民法院也通过审判权的行使对行政权起到一定的制约作用。

另外,我国《宪法》还规定了上级机关对下级机关的制约和监督,如国务院领导全国各级行政机关、上级检察院领导下级检察院、上级监察委员会领导下级监察委员会、上级法院监督下级法院等。

(三)以权利制约权力

宪法限制国家权力的第三个方法是以权利制约权力。虽然宪法为国家权力划定了边界和范围,但是国家权力越界侵犯公民基本权利是可能的。为此,宪法明确规定了受侵犯的公民有提出批评、建议、意见、检举、申诉和控告的权利,有要求国家赔偿权和补偿权。

第三节　我国的宪法制度

一、我国现行《宪法》的结构

宪法典意义上的宪法一般由序言、正文和附则组成。宪法序言不是所有宪法都有的,有的宪法没有序言;有的宪法序言很短,如美国宪法的序言就是短短的一句话;有的则很长,如伊朗宪法的序言。宪法正文一般分章节,规定了宪法的主要内容。附则也不是宪法的必要部分。正文章节之下按条、款、项来展开。另外,宪法修正案一般安排在宪法典之后规定,与宪法典具有同等效力。

我国现行《宪法》是1982年12月4日全国人民代表大会通过的,即"八二宪法"。它由序言和正文组成,共138条。它的正文分四章,第一章是总纲,第二章是公民的基本权利和义务,第三章是国家机构,第四章是国家象征形式:国旗、国徽、首都。第三章共分七节,分别是全国人民代表大会、中华人民共和国主席、国务院、中央军事委员会、地方各级人民代表大会和地方各级人民政府、民族自治地方的自治机关、人民法院和人民检察院。2004年宪法修正案修改了第四章章名,改为"国旗、国徽、首都、国歌"。2018年宪法修正案在宪法的第三章增加了一节,即第七节"监察委员会",原第七节改为第八节。经过1988、1993、1999、2004、2018年的五次修改,《宪法》正文章数仍为四章;第三章增加了一节,共八节;总条文数由原来的138条增加到143条,增加了五条。条文的增加是因为新增的"监察委员会"这一节共由五条组成。

二、我国现行《宪法》的主要内容

(一)规定了社会主义国家制度

我国《宪法》明确规定要把我国建成为富强民主文明和谐美丽的社会主义现代化强国,规定了一套国家制度体系,主要包括国体、政体、国家结构形式、国家象征形式、政党制度等。

1. 国体

国体,又称国家性质或者国家的阶级属性,是指社会各阶级在国家中的地位。从根本上说,国体解决的是国家属于谁的这一问题。我国《宪法》第一章总纲第一条明确规定了中华人民共和国是工人阶级领导的、以工农联盟为基础的人民民主专政的社会主义国家。中华人民共和国的一切权力属于人民。这不仅体现了马克思主义国家学说的人民的阶级性,而且体现了马克思主义国家学说的人民的国家性。从马克思主义国家学说出发,社会主义必然是我国的根本,社会主义制度是我国的根本制度,共产党的领导是我国社会主义的本质特征。

2. 政体

政体是指国家政权的构成形式。我国的政体是人民代表大会制。

根据《宪法》第一章总纲第二条的规定,中华人民共和国一切权力属于人民。人民行使国家权力的机关是全国人民代表大会和地方各级人民代表大会。人民依照法律规定,通过各种途径和形式,管理国家事务,管理经济和文化事业,管理社会事务。在人民代表大会制度之下,国家机构的权力关系是线性制约关系,即人民产生并制约全国人民代表大会和地方各级人民代表大会,全国人民代表大会产生并制约其他中央国家机构,即国务院、最高人民法院、最高人民检察院、全国人民代表大会常务委员会、国家主席、中央军事委员会、国家监察委员会;县级以上人民代表大会产生并制约相应级别的地方各级人民政府、人民法院、人民检察院、监察委员会等国家机构;乡镇人民代表大会产生并制约乡镇人民政府。虽然监察委员会可以监督人民代表大会等国家机构的国家工作人员,但是这并不是国家机构之间的制约关系。也就是说,监察委员会只能监督国家机构的国家工作人员的个人,并不能监督其他国家机构。因此,这种制约关系并没有改变人民代表大会制之下的国家机构之间的线性制约关系。

3. 国家结构形式

国家结构形式是解决中央与地方关系问题而形成的国家形式,也就是说它是国家权力纵向配置的国家形式。它可以分为单一制和联邦制。单一制的特征有:国家只有一部宪法,有统一的立法权,统一的国家机构体系和统一的司法体系,地方接受中央的统一领导,在外交上,中央政府是唯一的国际法主体。我国宪法第一章第三条第四款规定,中央和地方的国家机构职权的划分,遵循在中央的统一领导下,充分发挥地方的主动性、积极性的原则。在单一制之下,又注意发挥地方的灵活性与积极性,尤其是在少数民族聚居的地区实行民族区域自治制度,在香港和澳门地区实行特别行政区制度,在基层实行基层群众自治制度。

4. 国家象征形式

国家象征形式就是指国家标志,是国家的象征。1982 年宪法规定了国旗、国徽、首都,没有规定国歌。2004 年宪法修正案才正式规定了国歌——《义勇军进行曲》。我国的国旗是五星红旗,象征共产党领导下的革命人民大团结;中华人民共和国国徽,中间是五星照耀下的天安门,周围是谷穗和齿轮,谷穗和齿轮象征工人阶级领导下的工农联盟,国徽内容象征新中国的诞生;首都一般是中央国家机构的所在地,是国家政治、文化中心,北京为中华人民共和国首都。

5. 政党制度

政党在国家政治中的核心作用已成共识,不同的是宪法对此是否明确规定和规范。我国《宪法》规定,国家实行中国共产党领导的多党合作与政治协商制度。

(二)规定尊重和保障人权

人权保障是宪法的根本目的,是宪法和国家存在的基本前提。1949 年的《中国人民政治协商会议共同纲领》、"五四宪法"、"七五宪法"和"八二宪法"都无一例外地规定了公民的基本权利。八二宪法的 2004 年修正案,增加了私有财产权、国家尊重和保障人权条款。

我国《宪法》规定的人权主要集中在第二章,其他章节也有零星规定,如在第一章中规定了财产权、在中国境内的外国人的合法权利和权益等,在第三章中规定了辩护权、诉讼权等。具体以两种方式呈现:

1. 总括性规定

我国《宪法》第二章公民的基本权利和义务第三十三条第三款规定,国家尊重和保障人权。

2. 明确规定基本权利

(1)平等权。我国《宪法》第三十三条第二款规定,中华人民共和国公民在法律面前一律平等。为了强调平等的重要性,《宪法》第四条明确规定了民族平等、第三十四条明确规定了选举权和被选举权的平等、第四十八条明确规定男女平等,等等。

首先,平等意味着一种机会平等,解决的是同一起跑线问题,它反对特权,反对歧视。在宪法实践中,平等权保护是不断发展与深入的。如 2003 年浙江大学学生周某乙肝就业歧视案备受关注,2005 年之后,国家公务员、事业单位人员等录用的体检标准规定,乙肝病毒携带者不再成为录用的限制条件。

另外,我国《宪法》不仅注重机会平等,而且还注重实质平等,承认差异化平等,如对妇女、儿童、老年人的特别保护(第四十九条),年老、疾病、丧失劳动能力时的物质帮助权(第四十五条)、残废军人的生活保障(第四十五条)、烈士家属的优抚(第四十五条)、军人家属的优待(第四十五条),等等。这些都是实质平等的规定,是防止结果的不公平,是机会平等的必要补充。

(2)政治权利和自由。我国《宪法》第三十四、第三十五条和第四十一条第一款等条款规定了政治权利和自由。它们分别是选举权和被选举权,言论、出版、结社、集会、游行、示威自由,批评权、建议权、控告权等监督权,以及担任国家公职、基层群众性自治组织中的职务等其他政治权利。

(3)精神、文化活动自由。精神、文化自由主要包括表达自由、宗教信仰自由和文化活动自由等。它们规定在我国《宪法》的第三十五条(言论、出版、结社、集会、游行、示威自由)、第三十六条(宗教信仰自由)、第四十条(通信自由和通信秘密)、第四十七条(科学研究、文学艺术创作和其他文化活动的自由)。

通信自由和通信秘密是人的精神自由的必要保障。不过,通信自由和通信秘密不是绝对的,是可以限制的。但是这种限制必须遵循以下三个条件。第一,事由限制:即必须是为了国家安全和追查刑事犯罪的需要。第二,主体限制:即只有公安机关或者检察机关才可以调查信件,其他任何机关都不得以任何理由侵犯公民的通信自由和秘密。第三,程序限制:即必须依照法律规定的程序。这里的"法律"是指全国人大及其常委会通过的法律,是狭义上的"法律"。

科学研究、文学艺术创作和其他文化活动的自由,也是我国《宪法》明文规定的公民精神、文化自由的重要内容,对于丰富人民群众的精神生活,推动科学文化事业的发展和进步具有重要意义。

(4)人身自由与人格尊严。人身自由是指人的身体自由,是公民行使其他基本权利的基础。如果没有身体自由,其他基本权利的行使就会受到限制或者影响。

我国《宪法》第三十七条用三款从以下方面规定了人身自由。首先,宣示人身自由不受侵犯。人身自由不受侵犯包括两个方面。第一,就是不得侵犯人身自由。第二,国家有义务保障人身自由,避免其他主体对人身自由的侵犯。侵犯人身自由的主要方式主要是拘禁和搜查身体等。拘禁或者搜查身体等限制人身自由的行为不仅在形式上必须有法律(全国人大及其常委会通过的法律)依据,而且必须在实质上正当,即有法律依据的拘禁或者搜查身体还必须合乎宪法的精神、原则、规范。其次,规定了人身自由受限制的程序条件。在我国,限制人身自由主要包括行政拘留、刑事拘留、监视居住、取保候审、留置、逮捕、管制、拘役、有期徒刑、无期徒刑等。宪法第三十七条第二款规定了逮捕的程序保障,即裁执分离程序保障:决定或者批准逮捕的主体是法院或者人民检察院,执行主体是公安机关。我国《刑事诉讼法》中公安机关负责案件的侦查,检察机关负责提起公诉,法院负责审判,监狱、看守所或者公安机关负责执行的这些程序规定也是这一原则的体现。

我国《宪法》规定了公民的住宅不受侵犯。住宅是每一个人的"避风港",是人身自由的"城堡",德国谚语"风能进、雨能进、国王不能进"就是这一理念的集中反映。住宅不受侵犯是人身自由的必然延伸,是广义上的人身自由的内容之一。我国《宪法》第三十九条规定了这一自由。

我国《宪法》第三十八条还规定了公民的人格尊严不受侵犯。这一基本权利可以从广义和狭义两个角度解释。从广义上看,它可以解释为人的尊严,是一切人权的基础,是"人是目的,不是纯粹的手段"在宪法中的体现。从狭义上看,它可以解释为宪法上的人格权,即禁止国家侵犯公民的人格权。

(5)社会经济权利。社会经济权主要包括财产权、劳动权、休息权、受教育权、最低生活保障权、弱势群体的特殊保障权等。

我国《宪法》第十三条明确规定了"公民的合法的私有财产不受侵犯","国家依照法律规定保护公民的私有财产权和继承权","国家为了公共利益的需要,可以依照法律规定对公民的私有财产实行征收或者征用并给予补偿",完善了私有财产权的宪法保障。此外,第四十二条规定了劳动权,第四十三条规定了休息权,第四十四条规定了退休权及退休人员的生活保障权,第四十五条规定了年老、疾病或者丧失劳动能力的公民的物质帮助权,残疾军人、烈士家属、军人家属的特别保障权,残疾人的特别保障权,第四十六条规定了受教育权,第四十八条规定了妇女的权利与权益,第四十九条规定了老人、妇女、儿童的国家特别保护权。为了保障这些社会权,国家通过了《教育法》《义务教育法》《职业教育法》《高等教育法》《未成年人保护法》《劳动法》《妇女权益保障法》《老年人权益保障法》《残疾人保护法》等,成立了相关协会组织,形成了相关权益的保护机制和体制,逐步使《宪法》规定的各项社会经济权利得到落实。

(6)权利获得救济的权利。"无救济,无权利。"也就是说,人格尊严、人身自由、私有财产权等人权需要一定的程序进行保障,尤其是这些实体性人权面临侵害时需要一定的程序来进行阻止、补救和恢复。这就形成了所谓的程序性人权。随着国家和宪法的产生,以裁判请求权为中心的程序性权利就应运而生。我国《宪法》第四十一条集中规定了这些权利:批评权、建议权、申诉权、控告权、检举权、获得国家赔偿权。同时,《宪法》第三章第八节规定了人民法院和人民检察院是裁判请求权实现的国家机构,第一百三十九条明确规定了诉讼权(即裁判请求权),第十三条规定了国家补偿条款,即规定了获得国家补偿权。为了具体落实这些程序性人权,我国通过了《法院组织法》《检察院组织法》《国家赔偿法》《行政诉讼法》《刑事诉讼法》《民事诉讼法》等,建构了相关机关和组织,形成了较为完善的制度体系(如诉讼制度、信访制度、国家赔偿补偿制度、诉讼的国家救助制度等)。

我国《宪法》在规定公民的基本权利的同时,还规定了"公民在行使权利和自由的时候,不得侵害国家的、社会的、集体的利益和其他公民的合法自由和权利"这一原则,并规定了以下公民基本义务:①维护国家统一和全国各民族的团结;

②遵守宪法和法律,保守国家秘密,爱护公共财物,遵守劳动纪律,遵守社会公德;③维护祖国安全、荣誉、利益;④保卫祖国,抵抗侵略,依照法律服兵役和参加民兵组织;⑤依法纳税;等等。

(三)规定了国家机构的设置及权限

国家机构是国家机关的总称,是被授予国家权力的主体,也是宪法规范和控制的主体。限制国家权力不得为非,是宪法的宗旨。宪法最主要的功能就是规范国家权力,即规定国家权力如何产生、如何分配、如何运行,从而防止国家权力的滥用,以保障人权。

我国《宪法》规定的国家机构及其权力主要有:

1. 全国人民代表大会

(1)全国人民代表大会。《宪法》第三章第一节共22条(第五十七条至第七十八条),规定了全国人民代表大会的产生、性质、地位、任期、职权、会议的召集;规定了全国人民代表大会常务委员会的性质、组成、任期和职权;规定了专门委员会的设立、地位和职权;规定全国人民代表大会的权利和义务,等等。

我国《宪法》规定,全国人民代表大会是最高国家权力机关,是人民行使国家权力的机关。全国人民代表大会由省、自治区、直辖市、特别行政区和军队选出的代表组成,近几届人数在3000人左右。每届任期5年。全国人大的职权有16项,主要包括国家立法权、人事任免权、国家重大事项决定权、监督权、修改宪法、监督宪法实施、应当由其行使的其他职权等。全国人大的工作方式是举行会议,一般议案以全体代表过半数通过,宪法修改案则须以全体代表的三分之二多数通过。周期性例会是每年一次,每次会议的时间没有具体规定,实践上一般是10~15天,一般每年3月5日召开,2020年因疫情在5月22日召开。除周期性例会外,可依据宪法规定的程序召开临时会议。

(2)全国人民代表大会常务委员会。我国宪法规定,全国人民代表大会常务委员会是全国人民代表大会的常设机关,是全国人民代表大会闭会期间经常行使国家权力的机关,是最高国家权力机关的组成部分,由委员长、副委员长若干人、秘书长、委员若干人组成,近几届的人数在160人左右。这些组成人员不得担任行政机关、监察机关、审判机关和检察机关的职务,每届任期5年,委员长和副委员长连续任期不得超过两届。宪法规定全国人大常委会的职权有22项,主要包括国家立法权(制定和修改应该由全国人大制定的法律之外的其他法律、部分修改全国人大制定的法律)、人事任免权、重大事项决定权、监督权、解释法律、解释宪法、监督宪法实施等。全国人大常委会行使职权的方式是举行会议。委员长会议由委员长、副委员长、秘书长组成,处理全国人大常委会的重要日常工作。

值得注意的是,虽然全国人大常委会是全国人大的组成部分,但是其在职权上具有相对独立性,有的职权是其专有的,如解释宪法,解释法律,决定进入紧急状态,决定特赦,任免国家监察委员会副主任、委员,任免最高人民法院副院长、审判员、审判委员会委员、军事法院院长,任免最高人民检察院副检察长、检察员、检察委员会委员、军事检察院检察长,决定批准和废除国际条约、协定,等等。由于会期和能力的限制,全国人大不便行使这些职权。但是,全国人大可以依据宪法改变或撤销全国人大常委会的不适当的决定。

(3)全国人民代表大会专门委员会。我国《宪法》规定,全国人民代表大会专门委员会由全国人民代表大会设立,有民族委员会、宪法和法律委员会、财政经济委员会、教学科学文化卫生委员会、外事委员会、华侨委员会和其他需要设立的专门委员会,在全国人大闭会期间受全国人大常委会领导。另外,全国人大及其常委会还可以设立临时调查委员会,就特定问题进行调查,根据其调查报告,作出决议。

根据《全国人民代表大会组织法》,全国人大常委会之下可以设立法制工作委员会、预算工作委员会、香港特别行政区基本法委员会、澳门特别行政区基本法委员会,可以称为全国人大常委会的工作机构意义上的委员会。在性质、地位、职权、组成等方面,这些委员会与全国人大设立的专门委员会是不同的。

(4)全国人民代表大会的代表。根据我国《宪法》和相关法律规定,全国人民代表大会的代表是全国人民代表大会的组成人员,代表人民行使国家的最高权力。全国人民代表大会的代表可以分为职业代表和非职业代表。除了全国人大常委会委员是职业代表外,其他代表都是非职业代表,即除了代表身份,他们还有自己的本职工作。全国人大代表有以下权利:出席全国人民代表大会会议,参加审议各项议案、报告和其他议题,发表意见;依法联名提出议案、质询案、罢免案等;提出对各方面工作的建议、批评和意见;参加全国人民代表大会的各项选举;参加全国人民代表大会的各项表决;获得依法执行代表职务所需的信息和各项保障、法律规定的其他权利。

在全国人大闭会期间,所有代表具有以下职权:视察权;组成代表小组进行与全国人大工作有关的活动;参加全国人大常委会或专门委员会组织的执法检查;应邀列席全国人大常委会和专门委员会以及其原选单位的人大常委会会议等。

为了保证全国人大代表权利和职权的行使,我国《宪法》和相关法律提供以下保障:参加会议中的言论和表决免责权,人身特别保护权(非经有权主体许可不得限制其人身自由),履行职务的时间和物质保障权;对阻碍履行代表职务的人员进行依法处置:批评教育、行政处分或者刑事处罚。全国人民代表大会常务委员会委员在全国人大常委会开会期间和闭会期间具有相应的权利和保障。

2. 中华人民共和国主席

我国《宪法》第三章第二节规定了中华人民共和国主席的产生、任职资格、任期、职权、继任等。中华人民共和国主席由全国人民代表大会选举产生,每届任期五年。中华人民共和国主席的任职资格有以下三个条件:一是中华人民共和国公民,二是有选举权和被选举权,三是年满45周岁。2018年宪法修正案改变了国家主席的任期限制,删去了连续任期不得超过两届的条款。

根据《宪法》的规定,国家主席有以下职权:①公布法律,发布命令权。全国人大及其常委会通过的法律由国家主席公布,根据全国人大及其常委会的决定,发布特赦令,宣布进入紧急状态,宣布战争状态,发布动员令。②人事任免权。国家总理的提名权,根据全国人大及其常委会的决定,任免国务院的组成人员和驻外全权代表。③外交权。国家主席代表国家,进行国事活动,接受外国使节,根据全国人大常委会决定批准和废除国际条约和重要协定。④荣典权。根据全国人大常委会的决定,国家主席代表国家授予国家的勋章和荣誉称号。

3. 国务院

我国《宪法》第三章第三节共 8 条(第八十五条至第九十二条),规定了国务院的性质、地位、组成、任期、领导体制、职权等。根据《宪法》规定,国务院是中央人民政府,是最高国家权力机关的执行机关,是最高国家行政机关。国务院由总理、副总理若干人、国务委员若干人、各部部长、各委员会主任、审计长、秘书长、中国人民银行行长组成,每届任期 5 年,总理、副总理、国务委员连续任期不得超过两届。国务院、各部、各委员会、审计署、中国人民银行实行首长负责制,即总理负责制、部长负责制、主任负责制、审计长负责制、行长负责制。

我国《宪法》第八十九条列举了国务院的 18 项职权,主要包括:①执行权,即执行宪法和法律,执行全国人大及其常委会的决定。②制定行政法规和行政措施,发布决定和命令。这一权力的行使必须根据宪法和法律。③提出议案权,即向全国人大及其常委提出议案。④领导所属各部、委员会、行、署、局等部门和各级地方行政机关。⑤组织、领导、管理全国各项行政工作。⑥依照法律决定省、自治区、直辖市范围内部分地区进入紧急状态。⑦全国人大及其常委会授予的其他职权。从第八十九条的规定可以得知,国务院的职权是有限的,其职权不得超出此条的规定。

我国《宪法》规定,总理、副总理、国务委员组成国务院常务会议,总理领导国务院工作,副总理、国务委员协助总理工作。总理主持和召集国务院常务会议和国务院全体会议。我国《国务院组织法》规定,国务院工作中的重大问题须召开国务院常务会议和国务院全体会议讨论决定。

我国《宪法》规定,国务院各部部长,各委员会主任负责本部门工作,召集和主持本部门部务会议或者委员会会议、委务会议,讨论决定本部门工作的重大问题。国务院组成部门可以发布命令、指示和规章。但有两个限制条件:一是根据法律和国务院的行政法规、决定、命令,二是在本部门的权限范围内。

我国《宪法》明确规定了审计部门的职权、独立行使审计监督权等。这是管好政府的"钱袋子"的法宝。我国《审计法》对独立行使审计监督权作了进一步规定,审计署独立向全国人民代表大会常务委员会作审计工作报告等。同时,2018 年党中央设中央审计委员会,中央审计委员会办公室设在审计署,这进一步提高了审计署的地位和作用。

根据宪法的授权,《国务院组织法》等法律具体规定了国务院的组织和职权等。

4. 中央军事委员会

我国《宪法》第三章第四节共2条规定了中央军事委员会。中央军事委员会领导全国武装力量,实行主席负责制,由主席、副主席若干人和委员若干人组成,任期5年。中央军事委员会主席由全国人大选举产生,其他组成人员由主席提名,全国人大决定,全国人大闭会期间由全国人大常委会决定。与人大、政府等其他国家机构不同,宪法没有规定与中央军事委员会对应的地方军事机构。

5. 地方各级人民代表大会和地方各级人民政府

我国《宪法》第三章第五节共17条规定了地方各级人民代表大会和地方各级人民政府。这些规定与全国人大和国务院的规定高度相似,特别的规定主要来源于其地方性、它们与上级国家机关的关系等方面。同时,根据宪法授权,我国《地方各级人民代表大会和地方各级人民政府组织法》等法律具体规定了地方各级人民代表大会和地方各级人民政府的组织和职权等。

(1)地方各级人民代表大会。在性质和地位上,地方各级人大是地方国家权力机关。在组成上,县、不设区的市、市辖区、乡、民族乡、镇人大代表由选民直接选举产生;除此之外的地方各级人大代表则由下一级的人大选举产生,军队不再是一个独立的代表来源单位。在任期上,地方各级人大都是每届任期5年。在职权上,地方各级人大有人事任免权、重大事项决定权、监督权等。设区的市以上的地方人大还有地方性法规制定权,但有不同的限制性条件。

我国《宪法》规定,县级以上人大设立常务委员会,有主任、副主任若干人和委员若干人组成,任期5年,在本级人大闭会期间行使人大的部分职权,也有人事任免权、重大事项决定权、监督权、地方性法规制定权(设区的市以上的地方人大常委会才具有)等专有职权,其与本级人大的职权划分类似全国人大与全国人大常委会的职权划分。

(2)地方各级人民政府。我国《宪法》规定,地方各级人民政府是地方各级权力机关的执行机关,是地方各级行政机关。地方各级人民政府的任期5年,实行省长、市长、县长、区长、乡长、镇长负责制,其职权与国务院的类似,只是存在地方性而已,明显不同的是:①只有设区的市、自治州以上的人民政府才有立法权,即制定地方政府规章,而且有诸多限制性条件。②地方各级人民政府除向本级人大及其常委会负责并报告工作外,还得向其上一级国家行政机关负责并报告工作,服从国务院的领导。

6. 民族自治地方的自治机关

为了落实民族自治区制度,我国宪法第三章第六节规定了民族自治地方的自治机关。

(1)民族自治地方。我国宪法规定,民族自治地方有自治区、自治州、自治县;

民族乡不是民族自治地方,但是可以依照法律规定的权限采取适合民族特点的具体措施。

(2)民族自治地方的自治机关。民族自治地方的自治机关是自治区、自治州、自治县的人民代表大会和人民政府。也就是说,自治区、自治州、自治县的监察机关、审判机关和检察机关不是自治机关。

民族自治地方的人大代表不仅要包括实行区域自治的民族的代表,而且要有其他居住在本行政区域内的民族的代表。民族自治地方的人大常委会中应当有实行区域自治的民族的公民担任主任或者副主任。民族自治地方的地方人民政府首长,即自治区主席、自治州州长、自治县县长应由实行区域自治的民族的公民来担任。这些规定是民族区域自治的一种体现。

(3)自治机关的职权。第一,民族自治地方的自治机关享有宪法第三章第五节规定的地方国家机关的职权。第二,民族自治地方的自治机关享有广泛的自治权,其依据是我国《宪法》《民族区域自治法》和其他法律规定。其自治权主要包括:①制定自治条例和单行条例。自治区的自治条例和单行条例应报全国人大常委会批准后生效。自治州、自治县的自治条例和单行条例应报省、自治区的人大常委批准后生效,并报全国人大常委会备案。②地方财政的自治权。③地方经济建设事业的自主管理权。④地方教育、科学、文化、卫生、体育等事业的自主管理权。⑤组织地方公安部队的权力。⑥使用和发展本地方一种或者多种语言文字的权力。⑦有权培养民族干部和专业技术人才。

7. 监察委员会

2018年宪法修正案在宪法第三章增加一节,即第七节,共5条,规定了监察委员会的性质、地位、组成、任期、领导体制、与其他国家机关的关系。

根据我国《宪法》规定,监察委员会是国家监察机关,由主任、副主任若干人,委员若干人组成,每届任期同本级人大的每届任期相同,即5年,国家监察委员会主任连续任职不得超过两届。监察委员会实行领导与被领导的上下级关系的体制。国家监察委员会是最高监察机关,领导地方各级监察委员会;上级国家监察委员会领导下级国家监察委员会。国家监察委员会对全国人大及其常委会负责,地方各级监察委员会对产生它的国家权力机关负责和上一级监察委员会负责。

根据我国《宪法》规定,监察委员会依照法律规定独立行使监察权,不受行政机关、社会团体和个人的干涉。在办理职务违法和犯罪案件中,监察机关应当与审判机关、检察机关、执法部门相互配合,相互制约。

根据我国2018年《监察法》和2021年《监察法实施条例》,监察委员会可以对中国共产党机关、人民代表大会及其常务委员会机关、人民政府、监察委员会、人民法院、人民检察院、中国人民政治协商会议各级委员会机关、民主党派机关和工商业联合会机关的公务员,以及参照《公务员法》管理的人员等公职人员进行监察。这种制约虽然没有从根本上改变人民代表大会制度下国家机关之间的线性制约模式,但是它从公职人员个人的角度突破了这种线性制约,实现了某种意义上的相互制约。

8. 人民法院与人民检察院

我国《宪法》第三章第八节规定了人民法院与人民检察院。

我国《宪法》规定了人民法院与人民检察院的性质、地位、领导体制、职权、与其他国家机关的关系等。

我国《宪法》规定,人民法院是国家的审判机关,国家设立最高人民法院、地方各级人民法院和军事法院等专门人民法院,最高人民法院院长每届任期同全国人大每届任期相同,即 5 年,连续任职不得超过两届。人民法院上下级之间的关系是监督与被监督的关系,最高人民法院向全国人大及其常委会负责,地方各级人民法院向产生它的国家权力机关负责。人民法院独立行使审判权,不受行政机关、社会团体和个人的干涉。根据宪法授权,《人民法院组织法》等法律具体规定了人民法院的组织和审判权等。

我国《宪法》规定,人民检察院是国家的法律监督机关,国家设立最高人民检察院、地方各级人民检察院和军事检察院等专门人民检察院,最高人民检察院检察长每届任期同全国人大每届任期相同,即 5 年,连续任职不得超过两届。人民检察院上下级之间的关系是领导与被领导的关系,最高人民检察院向全国人大及其常委会负责,地方各级人民检察院向产生它的国家权力机关负责。人民检察院独立行使检察权,不受行政机关、社会团体和个人的干涉。根据宪法授权,《人民检察院组织法》等法律具体规定了人民检察院的组织和检察权等。

我国《宪法》规定,在办理刑事案件中,人民法院、人民检察院和公安机关应分工负责,相互配合,互相制约,以保证准确有效地执行法律。我国《刑事诉讼法》《刑法》等具体落实了这一宪法规定。

我国《宪法》还规定了政党、人民政协、基层群众性自治组织等非国家机构。

三、宪法的核心精神

宪法的核心精神就是指宪法的目的、基本原则等。

（一）我国宪法的目的

宪法的目的就是授予并限制国家权力,以保障基本权利。为了实现这一目的,宪法须遵循人民主权原则,权力监督和制约原则,人权原则,法治原则,社会主义原则等

（二）我国宪法的基本原则

1. 人民主权原则

人民主权原则就是指宪法的制定、修改、解释、遵守、适用等活动都必须遵循国

家对内对外最高的权力属于人民的原则。我国《宪法》一以贯之地遵循人民主权原则,规定中华人民共和国一切权力属于人民,实行人民代表大会制度。在《宪法》编制体例中把公民的基本权利规定在国家机构之前,也表明了国家权力来源于人民,公民基本权利是国家权力存在的前提和目的,等等。

2. 权力监督和制约原则

国家权力需要监督和制约。宪法就是通过授予并限制国家权力,从而保障人权的根本法。宪法始终贯彻国家权力监督与制约原则,即一切国家权力来源于并服务于人民,接受人民监督,对人民负责;国家权力之间应相互监督和制约,防止权力的专断与垄断;个人也可通过一定渠道直接监督或制约国家权力。其中,国家权力之间的监督和制约是宪法的中心任务。

3. 人权原则

人权原则就是指宪法创立和建设国家的目的在于尊重与保障人权。我国《宪法》明确规定,国家尊重和保障人权,不仅在第二章专章规定了公民的基本权利,而且在序言、总纲、国家机构等其他章节中规定人权,充分体现了人权原则。

4. 法治原则

法治原则就是指宪法的制定、修改、解释、遵守、适用等活动都必须依据宪法和法律来进行,国家与公民的关系,国家机关之间的关系等都必须依据宪法和法律(人民的意志)来确定,政治、经济、社会、文化、生态等建设都必须依据宪法和法律来进行,不依领导人的改变而改变,不依领导人的意志改变而改变。我国《宪法》明确宣示:依法治国,建设社会主义法治国家。同时,明确规定:"本宪法以法律的形式确认了中国各族人民奋斗的成果,规定了国家的根本制度和根本任务,是国家的根本法,具有最高的法律效力。全国各族人民、一切国家机关和武装力量、各政党和各社会团体、各企业事业组织,都必须以宪法为根本的活动准则,并且负有维护宪法尊严、保证宪法实施的职责。""国家维护社会主义法制的统一和尊严。一切法律、行政法规和地方性法规都不得同宪法相抵触。一切国家机关和武装力量、各政党和各社会团体、各企业事业组织都必须遵守宪法和法律。一切违反宪法和法律的行为,必须予以追究。任何组织或者个人都不得有超越宪法和法律的特权。""中华人民共和国公民在法律面前一律平等。国家尊重和保障人权。任何公民享有宪法和法律规定的权利,同时必须履行宪法和法律规定的义务。"这些规定都是法治原则的具体化和体现。

5. 社会主义原则

我国《宪法》的修改、解释、实施等环节应遵循坚持社会主义道路,坚持人民民主专政,坚持党的领导,坚持马列主义、毛泽东思想、邓小平理论、"三个代表"重要思想、科学发展观、习近平新时代中国特色社会主义思想。

法律的生命在于实施。宪法作为国家的根本大法,不仅仅是写在纸上,更应该成为我们每个公民生活的理念,成为国家机关活动的根本准则。坚守宪法原则,让法治社会的愿景离我们越来越近,中华民族伟大复兴的中国梦一定会实现。

相关推荐

(一)书籍

1. 林来梵:《宪法学讲义》,清华大学出版社2018年版。
2. 张千帆:《宪法学讲义》,北京大学出版社2011年版。
3. 蔡定剑:《宪法精解》,法律出版社2004年版。
4. 王世杰、钱端升:《比较宪法》,商务印书馆2017年版。
5. 许崇德:《中国宪法》,中国人民大学出版社2010年版。
6. 许崇德:《宪法学(外国部分)》,高等教育出版社1996年版。
7. 龚祥瑞:《比较宪法与行政法》,法律出版社2012年版。

(二)法条

《中华人民共和国宪法》(1982年及其修正案)、《中华人民共和国立法法》(2015年)

(三)网址推荐

1. 宪法网,https://www.zgxfw.com.cn/
2. 明德公法网,http://www.calaw.cn/
3. 法治政府网,http://fzzfyjy.cupl.edu.cn/
4. 中国法治网,https://www.zgfzw.com/
5. 北大法律信息网,https://www.chinalawinfo.com/
6. 中国公法评论网,https://publaw.zuel.edu.cn/
7. 中国法学网,http://iolaw.cssn.cn/
8. 中国法学创新网,http://www.fxcxw.org.cn/

(四)公众号

明德公法、浙大公法、天行健公法学、规制与公法、博雅公法

第三章习题

第四章

行政法

> 一切有权力的人都容易滥用权力,这是万古不易的一条经验。有权力的人们使用权力一直到遇到界限的地方才休止。
> ——[法国]孟德斯鸠《论法的精神》
>
> 行政法的首要目标是保障政府在法律范围内运作,以保护公民不受政府滥用权力的侵害。
> ——[英国]威廉·韦德《行政法》

【本章概要】

依法行政是当今法治社会对政府提出的基本要求。通过本章的学习,了解行政法的概念、特点、基本原则,掌握行政主体、行政行为、行政救济等基本内容,真正认识到谁可以依法管理社会事务,通过哪些行为管理社会事务,对这些管理行为如何进行监督和救济,从而使公民树立守法的意识和监督依法行政的自觉性。

【本章重点】

行政法的概念和基本原则 行政主体的概念和范围 行政行为的概念和种类
几种主要具体行政行为的识别 行政复议和行政诉讼

导入案例

张某和王某为邻居,两家因为王某在家中养犬扰民事宜经常发生口角。某日二人争执中,张某随手推了王某一下,王某跌倒,坐地大呼:"打人了! 打人了!"呼声引来李某,李某将王某劝回家中。事

后,王某告到派出所,派出所根据李某的证词,对张某拘留5天。张某不服,向市公安局申请复议,市公安局经审查认为派出所处罚过重,将拘留5天的处罚变更为罚款100元,且当场收缴了张某100元罚款,并未给出任何收据。张某更加不服,决定向法院提起诉讼。

想一想:这个案例中涉及哪些与行政法有关的问题?试着提出几个。

第一节 什么是行政法?

一、行政、行政权与行政法

什么是行政法?简单来讲,行政法是有关行政的法。所以,认识行政法,必须首先明确行政的含义。"行政"一词在《现代汉语词典》中的解释是:行使国家权力;机关、企业、团体等内部的管理工作。行政的英语表述 administration 在《英汉大词典》中也是"管理""执行"的意思。尽管表述不同,但通常我们认为,行政即是对公共事务的管理。行政法上的行政特指国家行政机关及社会公共组织对国家和社会公共事务的管理活动,而不指企业、团体等所进行的对内部事务的管理活动。前者一般被称为"公行政",受行政法的规范和调整,后者则属于"私行政"的范畴,不受行政法的调整。

行政权是指一种管理权,是国家行政机关及社会公共组织执行法律,管理社会公共事务的权力。"公行政"在本质上是国家行政权的行使过程。然而,行政权是一把"双刃剑",它为保障和维护社会公共利益及公民私益而存在,同时又最易膨胀、寻租,最容易对公民的自由和权利构成威胁,所以,行政权如何设定、由谁行使、如何行使、对行政权行使的过程和后果如何进行监督和救济等内容都需要行政法来加以规范。

【想一想】

企业对迟到员工扣发奖金、城管对无证摊贩处以罚款、学校对在宿舍违规用电的同学没收相关物品,这些行为是否属于行政法上所说的"行政"?

从本质上来看,行政法是规范和控制行政权的法律规范的总称。从立法体系上看,行政法主要包括行政组织法、行政行为法和行政救济法。行政法是我国法律体系中一个重要的法律部门,但是行政法又具有不同于其他部门法的特点。

(1)形式上,行政法没有一部统一完整的法典,而是散见于宪法、法律、行政法规、行政规章等层次不同、数量众多的法律规范中,行政法是所有相关法律规范的总称,不特指某一部法律。

(2)内容上,行政法内容广泛,易于变动。行政活动的领域涉及国防、外交、经济、文化、教育、卫生、环境、社会福利等社会生活的各个方面,因此,行政法调整的内容也必然具有广泛性;同时,社会的发展日新月异,行政法也需要适应社会的发展,及时进行立、改、废,但这并不意味着行政法可以朝令夕改,随意变动。

(3)行政法是实体法与程序法的综合。首先,在规范某种行政行为的法律规范中,既有关于实体上的要求,也有程序上的约束,实体性规范和程序性规范往往交织在一起,形成对某种行政行为的完整约束;其次,行政诉讼作为对行政行为的监督或救济环节,其与行政行为的关系是密不可分的,行政诉讼活动所依据的行政诉讼法作为程序法也往往和行政实体法被视为一个统一的法律部门。

【法律小知识】

行政法的立法以行政行为法和行政救济法为主,行政法的调整对象主要是管理者(行政主体)和被管理者(行政相对人)之间的行政管理关系以及在此基础上引发的行政监督与救济关系,除此之外,还包括行政组织内部各行政机关之间及行政机关与公务员之间的内部管理关系。行政法律关系主体间法律地位的不平等性是行政法律关系的显著特征。

【议一议】

行政法在当今社会具有怎样的作用?

二、行政法的基本原则

行政法的基本原则是贯穿行政立法、行政执法、行政法制监督的各个环节,体现行政法的根本价值的基本准则。它指导行政法的制定、修改、废除及实施,当具体的行政法律规范缺位或不明确时,有关国家机关还可以运用行政法的基本原则来处理具体案件,主要包括以下几项基本原则。

(一)依法行政原则

依法行政,是现代法治国家的基本要求。它是指一切行政权力必须基于法律方可存在,依据法律方可行使,违法必须承担相应的法律责任。这里的"法"不仅包括宪法、法律,也包括行政法规、行政规章、自治条例、单行条例;不仅包括实体法,也包括程序法。具体包括以下内容。

(1)职权法定。即行政机关及社会公共组织拥有的行政权必须由法律规定或授予,法律没有规定的,行政机关及社会公共组织便没有行政权,不得进行相关的行政管理活动。即对于行政机关及社会公共组织而言,"法无明文规定不得有权,法无明文规定不得用权",要"把权力关进制度的笼子里"。

(2)法律保留。即凡属宪法和法律规定只能由全国人民代表大会及其常委会制定的法律规定的事项,则只能由法律规定,行政机关不得通过行政立法加以规定,除非有法律明确授权的情况下,行政机关才有权在其制定的行政法律规范中作出规定。法律保留主要解决了国家立法机关与行政机关在立法权限上的分工,行政立法权不得超越全国人民代表大会及其常委会制定的法律自行其是。

【法律小知识】

《中华人民共和国行政处罚法》第九条:法律可以设定各种行政处罚。限制人身自由的行政处罚,只能由法律设定。

《中华人民共和国行政强制法》第十条:限制公民人身自由;冻结存款、汇款的行政强制措施只能由法律设定。

这些规定都体现了法律保留原则。

【议一议】

2003年3月17日晚,任职于广州某公司的湖北青年孙志刚在前往网吧的路上,因缺少暂住证,被警察送至广州市"三无"人员(即无身份证、无暂居证、无用工证明的外来人员)收容遣送中转站收容。次日,孙志刚被收容站送往一家收容人员救治站。在这里,孙志刚受到工作人员以及其他收容人员的野蛮殴打,并于3月20日死于这家救治站。这一事件被称为"孙志刚事件"。事件涉及的"收容遣送制度"及其法律依据引发社会热议。

收容遣送,是由民政机关、公安机关实行的限制人身自由、收容遣返的行政强制措施。其法律依据是1982年由国务院发布的《城市流浪乞讨人员收容遣送办法》。"孙志刚事件"发生后,该办法被废止。

请问:收容遣送制度的违法性何在?

(3)法律优先。一切行政活动都不得违背全国人民代表大会及其常委会制定的法律。首先,行政立法规定的内容不得违背法律的规定;其次,行政执法所依据的法律规范如果与法律相冲突,应优先适用法律的规定。即行政活动必须遵循上位法优先于下位法的原则,至少不得违背法律的规定。

(4)依据法律。一切行政活动都应当由法定的主体依照法定的权限、内容、程序进行,无论违反实体法的规定还是违反程序法的要求,都要承担相应的法律责任。

(二)合理行政原则

合理行政是指行政行为的内容要客观、适度、合乎理性。其核心是行政裁量决定应当具有理性基础,不得武断、随意地作出行政决定,其本质是对行政裁量权的限制和约束。现代社会,行政主体需要面临各种各样复杂多变的社会事务的管理,法律没有必要也不可能对各种情形事无巨细都作出具体的规定,因此,在立法时就给行政主体留下了一定的自由裁量的空间,在法定的裁量空间内,行政主体可以根据当时面临的具体情形酌情处理。但是,裁量权的行使不能不受限制,合理性的约束就显得尤为必要。

合理行政的要求包括以下两个方面。

(1)平等对待。行政主体应平等对待行政相对人,相同情况同等对待,不同情况差别对待。

(2)比例原则。比例原则作为源起德国的一项行政法原则,被我国借鉴,包含适当性、必要性、衡量性三方面的要求。即行政主体应当从行政管理的目的出发,进行衡量,采用必要的管理手段和措施,使得行政主体的行为既有助于行政管理目的的实现,又不至于对公民权益造成过度的损害或对社会造成过于严重的不良影响。

【议一议】

材料一: 苏州某出租车司机为送一名生命垂危的儿童去医院,一路连闯好几个红灯。

请问:对该司机的交通违章行为该如何处理?依据何在?

材料二: 上海交通执法大队采用"钓鱼执法"的方式,雇佣"协查员"冒充生病路人搭乘私家车,而后将搭载乘客的私家车认定为非法营运车辆,对车主处以罚款。

请问:这种执法方式是否恰当?为什么?

(三)程序正当原则

程序正当是依法行政的重要内容,也是行政法的一项基本原则,它的基本要求是:①自己不能做自己案件的法官;②任何人在受到不利对待时,应给予其陈述和申辩的机会。具体体现为某些单行法中规定的回避制度、不单方接触制度、说明理由制度、听证制度等行政程序制度。由于我国没有专门的行政程序法典,对有些行政活动往往缺乏明确的程序规定,但是,作为行政法的一项基本原则,即便没有规定,相关主体也应当自觉采用适当的方式践行正当程序的基本要求,否则即为违法行政。

(四)诚实信用原则

政府的行为应当诚实守信,维护政府的公信力。

(1)行政法律规范应当具有稳定性和不可溯及性。行政法律规范与其他法律部门的规范相比虽然容易变动,但也不得朝令夕改,否则会使法律失去权威,令人无所适从。行政法律规范通常也不能溯及既往,即不能用今天生效的法去制裁昨天发生的行为。

(2)行政活动应当具有真实性和确定性。首先,政府在行政活动中作出的意思表示应当真实,不得隐瞒、欺骗行政相对人,类似"钓鱼式执法"的方式应坚决杜绝;其次,行政行为一经作出,非经法定事由,不得随意撤销、更改、废止。

(3)信赖保护。如果政府出于客观情况变化或者公共利益的需要,不得不撤回已经作出的承诺,则应当对因此给行政相对人造成的损失予以补偿,以保护行政相对人对政府的信赖。

【法律小知识】

《中华人民共和国行政许可法》第八条:公民、法人或者其他组织依法取得的行政许可受法律保护,行政机关不得擅自改变已经生效的行政许可。

行政许可所依据的法律、法规、规章修改或者废止,或者准予行政许可所依据的客观情况发生重大变化的,为了公共利益的需要,行政机关可以依法变更或者撤回已经生效的行政许可。由此给公民、法人或者其他组织造成财产损失的,行政机关应当依法给予补偿。

(五)监督救济原则

行政法是规范和控制行政权的法律规范,因而,对行政权的监督与制约是行政法的核心内容,体现在所有的行政法律规范中。对行政权的监督即意味着对公民权利的救济与保障。国家权力机关、行政机关、监察机关、司法机关分别在各自的职权范围内依法对行政主体及其工作人员依法用权的情况进行监督;公民个人也可以通过行使法律赋予的申辩权、申请行政复议权、提起行政诉讼权、申请行政赔偿权等权利对相关的行政行为进行监督,从而保护自己的合法权益。

第二节　行政管理的主体

在行政管理活动中,能够依法行使行政权,进行行政管理活动的主体,主要包括行政机关、法律法规授权的组织、受委托的组织。其中,有些主体能够同时满足三个条件:①依法享有行政权;②能够以自己的名义行使行政权;③能够代表国家独立承担相应的法律后果。此类主体我们称之为"行政主体"。行政机关和法律法规授权的组织往往具备这三个条件,是常见的两类行政主体。正因如此,它们在行政复议中才能成为复议被申请人,在行政诉讼中能坐上被告席成为被告,以此方式代表国家独立承担法律责任。而受委托的组织只能以委托者的名义从事行政活动,且自己不能独立承担法律责任,因而不具备行政主体的资格。

一、行政机关

行政机关是最主要的行政主体。它是依照宪法和有关组织法的规定而设立的,依法行使行政权,对国家各项行政事务进行组织和管理的国家机关,是国家权力机关的执行机关。行政机关的职责权限主要源自宪法及有关组织法的规定。

我国的行政机关是一个完整的组织体系。按照管辖事务和权限范围的不同,可以将其分为综合类行政机关和专业类行政机关,前者如各级人民政府,后者如公安局、教育局等;按照管辖地域范围的不同,可以将其分为中央行政机关和地方行政机关。

中央行政机关管辖全国范围内的行政事务,主要包括国务院、国务院组成部门、国务院直属机构、国务院直属特设机构、部委管理的国家局、议事协调机构和办事机构。国务院即中央人民政府,是最高国家行政机关,领导全国各行政机关,领导全国各项行政管理工作;其他中央行政机关专门负责某一方面的行政管理工作。地方行政机关管辖本行政区域内的行政事务,主要包括省(自治区、直辖市)、市(自治州)、县(自治县、不设区的市、市辖区)、乡(民族乡、镇)四级地方人民政府及县级以上人民政府的职能部门。四级人民政府负责本行政区域内全面的行政管理工作,县级以上人民政府的职能部门只负责本行政区域内某一方面的行政事务。乡级人民政府不设职能部门。在领导体制上,行政机关实行上下级领导体制,下级人民政府受上级人民政府的领导;地方人民政府的职能部门中除了海关、金融、外汇管理和国家安全机关以外,大部分实行双重领导体制,既受上级主管部门的领导,也受同级人民政府的领导。

【法律小知识】

市辖区、不设区的市人民政府根据工作需要，经上一级人民政府批准，可以设立街道办事处作为它的派出机关。街道办事处不是一级人民政府，其权力是派出它的行政机关权力的延伸，但它履行一级政府的职能，具有行政主体资格。

二、法律法规授权的组织

行政机关是主要的行政主体，但不是行政主体的全部，行政主体还包括法律法规授权的组织。现代社会，越来越多的社会组织开始承担起部分行政职能，它们虽然不是行政机关，但在法律、行政法规或地方性法规有明确规定将某种行政职权授予该组织行使时，该组织就可以以自己的名义行使该项行政职权，并能独立承担由此产生的法律责任，从而具备了行政主体的资格，具有和行政机关类似的法律地位。常见的法律法规授权的组织主要有以下几类：①基层群众性自治组织，如居委会、村委会；②社团组织，如工会、妇联等；③行业自律组织，如注册会计师协会、律师协会、足球协会等；④事业与企业组织，如公立高等院校、烟草公司等；⑤行政机关的内设机构和派出机构，如派出所、工商所等。但是，需要注意的是，判断这些组织是否是行政主体，其所从事的行为是否是行政行为，关键要看其所行使的权力是否有明确的法律、法规的授权依据；在没有行使法律法规所授职权的情境下，这些组织则不是行政主体。

【法律小知识】

《中华人民共和国治安管理处罚法》规定：警告、五百元以下的罚款可以由公安派出所决定。派出所作为县级公安机关的派出机构只在行使法律授予的职权时，具备行政主体的资格；其他行政权力的行使需要以派出它的行政机关的名义进行。

【议一议】

田永于1994年9月考取北京科技大学。1996年2月29日，田永在电磁学课程的补考过程中，随身携带写有电磁学公式的纸条。考试中，田永去上厕所时纸条掉出，被监考教师发现。监考教师按照考场纪律，当即停止了田永的考试，之后，学校根据相关规定，对田永作出退学决定，取消学籍。但退学处理决定和变更学籍的通知未直接向田永宣布、送达，也未给田永办理退学手续，田永继续以该校大学生的身份参加正常学习及学校组织的活动。直到毕业前夕,被学校告知因 1996 年补考中的违纪问题不予发放毕业证和学位证。田永不服,向法院提起诉讼。

请问:北京科技大学是否具备行政主体的资格?可否成为本案的被告?

三、受委托的组织

受委托的组织不是行政主体,却是行政活动的实施者。行政机关根据工作需要可依法将其部分权力委托给其他组织或个人行使,受委托组织以委托机关的名义行使行政权,由此产生的法律后果由委托机关承担。行政委托事项必须是依法可以委托的事项,比如我国《行政强制法》明确规定"行政强制措施权不得委托",则行政机关不得违反法律的禁止性规定将该项权力委托给其他组织或个人行使。

【比一比】

组织类型	权力来源	权力性质	名义	是否行政主体
行政机关	宪法、组织法	先天、长期	自己	是行政主体
法律、法规授权的组织	法律、行政法规、地方性法规	后天、长期	自己	行使所授权力时是行政主体
受委托组织	行政机关	后天、临时	委托机关	非行政主体

四、公务员

行政机关的行政职权主要由公务员具体实施,但并非只有行政机关中的工作人员才是公务员。根据《中华人民共和国公务员法》(以下称《公务员法》)的规定,公务员是依法履行公职、纳入国家行政编制、由国家财政负担工资福利的工作人员。根

《公务员法》

据这一概念,我国的公务员包括了中国共产党各级机关的工作人员、各级人民代表大会及其常务委员会机关的工作人员、各级行政机关的工作人员、中国人民政治协商会议各级委员会机关中的工作人员、各级审判机关中的工作人员、各级检察机关中的工作人员、各民主党派和工商联的各级机关的工作人员。需要注意的是,这些机关中没有纳入行政编制的则不属于公务员。

其中,行政机关的公务员代表其所在的行政机关行使行政权,对社会公共事务进行管理,由此产生的法律后果由行政机关承担。

【想一想】

公立高校的校长、党委书记是公务员吗?行政机关的所有工作人员都是公务员吗?

(一)怎样成为公务员

获得公务员身份,才能代表国家行使国家权力。要想成为公务员,必须符合法定条件,依照法定程序被录用。公务员的录用是整个公务员制度的基础。

非领导职务公务员的录用,采取公开考试、严格考察、平等竞争、择优录取的办法。报考公务员有积极条件的要求,录用公务员还有消极条件的限制。首先,报考公务员必须满足以下积极条件:①具有中华人民共和国国籍;②年满十八周岁;③拥护中华人民共和国宪法;④具有良好的品行;⑤具有正常履行职责的身体条件;⑥具有符合职位要求的文化程度和工作能力;⑦法律规定的其他条件。

同时,《公务员法》对公务员的录用还有消极条件的限制:①曾因犯罪受过刑事处罚的;②被开除中国共产党党籍的;③被开除公职的;④被依法列为失信联合惩戒对象的;⑤有法律规定不得录用为公务员的其他情形的。

当上述条件满足时,即可通过法定的方式和程序,通过选拔,被录用为公务员。新录用的公务员试用期为一年,试用期满合格的,予以任职;不合格的,取消录用。对被录用的公务员,国家依法予以任职,之后可能会因工作中的成绩、失误或其他原因发生职务的变化或受到奖惩,如升职、降职、免职、奖励、惩戒、交流等。

(二)公务员的义务与权利

由于公务员公职人员的特殊身份,《公务员法》特别强调对公务员义务的约束,在立法中将其放在公务员的权利之前,由此也体现了行政法的控权本意。

《公务员法》规定的公务员的义务包括:①忠于宪法,模范遵守、自觉维护宪法和法律,自觉接受中国共产党领导;②忠于国家,维护国家的安全、荣誉和利益;③忠于人民,全心全意为人民服务,接受人民监督;④忠于职守,勤勉尽责,服从和执行上级依法作出的决定和命令,按照规定的权限和程序履行职责,努力提高工作质量和效率;⑤保守国家秘密和工作秘密;⑥带头践行社会主义核心价值观,坚守法治,遵守纪律,恪守职业道德,模范遵守社会公德、家庭美德;⑦清正廉洁,公道正派;⑧法律规定的其他义务。法律对公务员的要求比普通公民更加严格,除了法律规定义务要求之外,《公务员法》还规定了对公务员的纪律要求,明确了公务员不得为哪些行为。

《公务员法》规定的公务员的权利包括：①获得履行职责应当具有的工作条件；②非因法定事由、非经法定程序，不被免职、降职、辞退或者处分；③获得工资报酬，享受福利、保险待遇；④参加培训；⑤对机关工作和领导人员提出批评和建议；⑥提出申诉和控告；⑦申请辞职；⑧法律规定的其他权利。

（三）公务员的责任与救济

公务员无论违法或者违纪，都要承担法律责任。公务员承担的责任主要有三种：行政责任、刑事责任、追偿责任。

行政责任是一种纪律责任。公务员承担行政责任的方式是行政处分，行政处分有六种形式，由轻到重依次是：警告、记过、记大过、降级、撤职、开除。其中的降级和撤职区别于公务员的降职和免职，作为行政处分的降级和撤职是对违法违纪的公务员的惩戒，而降职和免职则通常属于正常的人事调整，不以公务员的违法违纪为必要前提。

刑事责任是公务员的行为触犯刑法，构成犯罪时要承担的责任。承担刑事责任并不意味着可以免除行政责任。

追偿责任是公务员因故意、重大过失或法律规定的其他情形，导致国家赔偿责任的产生，赔偿义务机关在进行赔偿后，可以向该公务员就其过错部分进行追偿。

"有责任就有救济"。当公务员对国家机关作出的涉及本人权益的人事处理决定不服时，可以向原处理机关、同级公务员主管部门、作出该人事处理的机关的上一级机关或监察机关提出申诉。当公务员对行政机关及其领导人员侵犯其合法权益的其他行为不服时，可以向上级机关或者有关的专门机关提出控告。

第三节　行政管理的方式

一、行政行为

（一）行政行为的内涵

行政管理的方式即行政行为，它是行政主体运用行政权，管理国家和社会公共事务的行为。对行政行为的规制是行政法的核心内容。理解行政行为必须把握以下几点。

（1）行政行为是以行政主体的名义作出的，既可以是行政机关，也可以是法律、法规授权的组织。但是，行政行为的具体实施者则主要包括了行政机关工作人员、法律法规授权组织的工作人员、受委托组织及其工作人员，他们的行政行为必须以行政主体的名义作出。

(2)行政行为是行政主体运用行政权的行为。行政主体除了运用行政权,从事行政管理活动以外,还会以普通的民事主体身份参与社会活动,此时,其行为不涉及行政权的运用,则不属于行政行为。

(3)行政行为是能够产生法律效果的行为。即行政行为能够对相对人的权利义务产生影响,这种影响既可以是有利的,如发给许可证照、发放最低社会保障费;也可以是不利的,如行政处罚、行政强制等。

【议一议】

某市公安局为建新的办公大楼向规划局提出用地申请,获得批准后,与某建筑开发商签订建筑承包合同。

请问:公安局的这些行为都是行政行为吗?

(二)行政行为的种类

根据不同的标准,可以把行政行为进行不同的种类划分。

1. 行政立法行为、行政执法行为、行政司法行为

以行政行为的内容不同为标准,我们把行政主体制定行政法规、规章的行为称为行政立法行为,把行政主体执行行政法律规范的行为称为行政执法行为,把行政主体解决纠纷、裁决争议的行为称为行政司法行为。其中行政执法行为所占的比例最大,与公民权益联系最直接,是行政法研究的重点内容。

2. 抽象行政行为与具体行政行为

以行政行为的对象是否特定为标准,我们把行政行为分为抽象行政行为与具体行政行为。抽象行政行为针对不特定的对象作出,主要表现为行政立法及行政规范性文件的形式。具体行政行为针对特定的对象作出,通常表现为某些具体的行政处理决定,如行政处罚、行政许可等。两者受司法审查的程度有所不同,行政诉讼中法院主要审查具体行政行为,抽象行政行为只能附带审查。

3. 内部行政行为与外部行政行为

以行政行为的效力作用的对象范围为标准,我们把行政行为分为内部行政行为与外部行政行为。内部行政行为是行政主体在内部行政组织管理过程中所作的只对行政组织内部产生法律效力的行政行为,如行政机关对其公务员所作的行政处分,上级行政机关向下级行政机关下达的行政命令等。外部行政行为是行政主体在对社会实施行政管理的过程中对作为行政管理相对人的公民、法人或其他组织所作的行政行为,如行政处罚、行政许可、行政强制、行政征收等。内部行政行为引起的纠纷不可以通过行政复议、行政诉讼的方式加以解决,而外部行政行为引起的争议大多数情况下既可以通过行政复议,也可以通过行政诉讼加以解决。

4. 作为行政行为与不作为行政行为

以行政行为是否以积极作为的方式来表现为标准,我们可以把行政行为分为作为行政行为与不作为行政行为。行政职权既是法律规定的行政主体应当享有的权利,又是法律规定其必须履行的义务,这种双重属性决定了行政职权既不能乱用,也不能放弃不用,否则都会构成违法。

行政行为通常都要以积极作为的方式来作出,可以是肯定的结果,也可以是否定的结果,比如对于公民提出的行政许可申请,许可机关既可以作出准予许可的决定,颁发许可证,也可以作出不予许可的决定,两者都属于积极作为的行政行为。不作为行政行为除非有法律依据可以以消极不作为的方式作出,否则,这种消极的状态构成行政不作为,是一种违法行为。行政不作为以行政主体具有法律赋予的职责为前提,当行政主体依法应当履行法定职责而消极地拒绝履行或拖延履行时,该行政主体的消极应对构成行政不作为违法,应当依法承担相应的法律责任。

【议一议】

2006年3月3日凌晨3时许,刘伟洲路过甘肃省天水市麦积区桥南伯阳路农行储蓄所门前时,遭到苏福堂、吴利强、佟彬的拦路抢劫。刘伟洲被刺伤后喊叫求救,路人听到呼救声后,先后用手机于4时02分、4时13分、4时20分三次拨打"110"电话报警,"110"值班人员让给"120"打电话,"120"让给"110"打电话。路人梁某于4时24分20秒(时长79秒)再次给"110"打电话报警后,"110"值班接警人员于6时23分35秒电话指令桥南派出所出警。此时被害人刘伟洲因失血过多已经死亡。

请问:公安机关是否需要为刘伟洲的死亡承担法律责任?

核心提示:有权必有责,用权受监督,失职要问责,侵权要赔偿,是把权力关进制度笼子的基本要求。违法行政要担责,行政不作为造成损害同样也要承担相应的赔偿责任。

(三)行政行为的生效与合法

1. 行政行为的生效

行政行为一经成立即具有法律效力。不同的行政行为,其成立要件不同,生效时间也不相同。抽象行政行为一般从规范性文件确定的生效时间发生法律效力。具体行政行为一般从相关的行政决定送达给相对人那一刻起生效,如果行政决定中附有生效条件的,则从所附条件成就时,行政行为生效。

行政行为生效后,就对相关主体产生法律上的约束力,即行政行为的效力,它包括公定力、确定力、拘束力、执行力。公定力意味着行政行为一经作出,即假定其合法有效,任何机关、组织、个人非经法定程序,不得否定其法律效力;确定力意味着行政主体非经法定程序不得变更、撤销、废止该行为;拘束力意味着行政相对人要受该行政行为约束,履行相关义务,不得抵制;执行力意味着如果相对人拒绝履行或拖延履行相关义务,行政主体可以依法强制执行。

2. 行政行为的合法

生效的行政行为不一定是合法的行政行为,虽然行政行为一经成立即假定其合法有效,但是,是否真的合法,还需要通过一定的标准加以判断。一般来讲,合法的行政行为应具备以下要件。

(1)主体合法。实施行政行为的如果是行政机关,要属于依法设置的行政机关;如果是法律法规授权的组织,应获得相关授权;如果是受委托组织,要受到合法委托,并在委托权限范围内行事。

(2)权限合法。行政主体行使行政权不得超越法律授予的权限范围。根据法律的规定,不同级别的行政机关、不同地域的行政机关、管辖不同社会事务的行政机关都分别拥有各自的权限范围,不得向上跨级别、跨行政区域、跨职能范围行事,越权行为不具有合法性。

(3)内容合法。行政行为的过程、结果要符合法律的规定,行政行为作出要有充分的事实根据和法律依据。以行政处罚行为为例,在实施行政处罚时,必须有充分的证据证明相对人存在行政违法行为,然后依据正确的法律规范进行处罚。首先,所用法律规范与违法事实应当相对应;其次,如果出现低位阶的法与高位阶的法相冲突,应当选用高位阶的法;最后,如果处罚中有裁量幅度可供选择,也应当合理确定处罚幅度。

(4)程序合法。任何行政主体在行政管理过程中应当严格按照正当的法律程序行事,否则即使行政行为内容合法,也会因程序违法而导致整个行政行为违法无效。

二、行政立法

行政立法是指国家行政机关依照法定权限和程序制定行政法规和规章的活动。根据我国宪法、组织法、立法法的规定,国务院有权制定行政法规;国务院的工作部门、直属机构,省、自治区、直辖市的人民政府和设区的市的人民政府有权制定规章。

行政立法是具有立法性质的行政行为,它既具有立法性,又具有行政性。在制定程序上,行政立法要严格遵循立法程序要求:编制立法工作计划—起草—征求意见—审议通过—签署公布—备案,但在本质上它仍然是行政行为。行政立法权从属于权力机关的立法权,行政法规和规章的效力也低于同级权力机关的立法效力。

除了行政法规和规章之外,我国还存在大量由行政机关发布的行政规范性文件,这些规范性文件的制定不属于行政立法的范畴,其制定主体包括了从中央到地方的各级人民政府及其职能部门,它的制定程序没有行政立法那么严格,它的内容涉及社会管理事务的各个领域,在我国行政管理中具有十分重要的地位。

【法律小知识】

不同法律渊源的效力位阶:
(1)宪法>法律>行政法规>地方性法规、行政规章;
(2)地方性法规>本级和下级地方政府规章;
(3)省、自治区、直辖市人民政府制定的规章>本行政区域内设区的市的人民政府制定的规章。

三、行政处罚

(一)行政处罚的概念

《中华人民共和国行政处罚法》(以下称《行政处罚法》)第二条明确规定:行政处罚是指行政机关依法对违反行政管理秩序的公民、法人或者其他组织,以减损权益或者增加义务的方式予以惩戒的行为。它是人们日常生活中较常接触的而又最容易对行政相对人的权益构成侵害的行政行为。我国行政处罚的主要法律依据是《行政处罚法》,在其他的行政法律规范中也存在大量的与行政处罚相关的条款。

《行政处罚法》

对行政处罚的概念应当从以下四个方面加以理解:

首先,行政处罚的主体是特定的拥有行政处罚权的行政主体,主要是国家行政机关。

其次,行政处罚的对象是外部的行政管理相对人。

再次,行政处罚的前提是行政相对人的行政违法而未构成犯罪的行为。

最后,行政处罚是以惩戒违法为目的的具有制裁性的行为,无论处罚方式如何,给相对人带来的都是不利的后果。

【想一想】

超市"偷一罚十"、交警对违章者暂扣驾照、公安机关拘留犯罪嫌疑人、民政局对其公务员记过,这些行为是行政处罚吗?

(二) 行政处罚的原则

行政处罚的基本原则如下:

1. 处罚法定原则

它要求行政处罚必须由法定的处罚主体在法定权限范围内,依法定条件和程序实施。

2. 处罚公正、公开原则

它要求行政处罚应当以事实为依据,以相关的行政管理法律规范为准绳,实现"过罚相当"。

3. 处罚与教育相结合原则

它要求执法者应当以处罚为手段而非目的,教育行政相对人遵章守法,不能"为罚而罚"。

4. 保障相对人权利原则

它要求行政处罚主体在实施处罚过程中及处罚行为结束后,应保障相对人的知情权、陈述权、申辩权、申请行政复议权、提起行政诉讼权、申请行政赔偿权等权利的实现。

(三) 行政处罚的种类和设定

行政处罚必须采用法定的处罚种类和处罚手段。由于行政处罚对相对人造成的都是不利的影响,所以法律在设定行政处罚时,对其所依据的法律规范的位阶也有一定的要求。

1. 处罚的种类

根据《行政处罚法》的规定,行政处罚的种类有:①警告、通报批评;②罚款、没收违法所得、没收非法财物;③暂扣许可证件、降低资质等级、吊销许可证件;④限制开展生产经营活动、责令停产停业、责令关闭、限制从业;⑤行政拘留;⑥法律、行政法规规定的其他行政处罚。

从理论上进行分类的话,可以将行政处罚的种类分为:①声誉罚,即对相对人声誉造成不利影响的处罚,如警告、通报批评;②财产罚,即对相对人科处财产义务的处罚,如罚款、没收;③行为罚,即要求相对人为或不为一定行为的处罚,如暂扣许可证件、降低资质等级、吊销许可证件、限制开展生产经营活动、责令停产停业、责令关闭、限制从业;④人身自由罚,即限制相对人人身自由的行政处罚,如行政拘留。

2. 处罚的设定

不同位阶的法律规范拥有不同的行政处罚设定权。

(1) 法律可以设定任何种类行政处罚,且限制人身自由的行政处罚只能由法律设定。

(2) 行政法规可以设定除限制人身自由以外的行政处罚。

（3）地方性法规可以设定除限制人身自由、吊销营业执照以外的行政处罚。

（4）尚未制定法律、行政法规的，国务院部门规章和地方政府规章对违反行政管理秩序的行为可以设定警告、通报批评或者一定数额的罚款的处罚。国务院部门规章设定的罚款限额由国务院规定，地方政府规章设定的罚款限额由省、自治区、直辖市人民代表大会常委会规定。

在上位法已有规定的情况下，下位法可以在上位法规定的给予行政处罚的行为、种类和幅度的范围内作出具体规定，但不得创设新的行政处罚内容。

对已经通过立法设定和规定的行政处罚事项，国务院部门和省、自治区、直辖市人民政府及其有关部门应当定期对其实施情况和必要性组织评估，对不适当的行政处罚事项及种类、罚款数额等，应当提出修改或者废止的建议。

（四）行政处罚的实施主体、管辖与适用

行政处罚应当由依法拥有行政处罚权的主体来实施，体现处罚主体法定的原则要求。有权实施行政处罚的主体有三类：

（1）拥有行政处罚权的行政机关。通常法律、行政法规、规章等会明确规定哪一行政机关在哪些事项尚拥有行政处罚权，但是根据《行政处罚法》第十八条的规定，我国在城市管理、市场监管、生态环境、文化市场、交通运输、应急管理、农业等领域推行建立综合行政执法制度，相对集中行政处罚权；国务院或者省、自治区、直辖市人民政府可以决定一个行政机关行使有关行政机关的行政处罚权。这表明拥有处罚权的行政机关还包括了各领域的综合执法机关，一个行政机关也可能依法行使相关多个领域的行政处罚权。但是，限制人身自由的行政处罚权只能由公安机关和法律规定的其他机关行使。除了公安机关，根据《反间谍法》等单行法律规范的规定，国家安全机关也可以行使限制人身自由的行政处罚权。

（2）法律、法规授权的组织。

（3）受委托的组织。行政机关可以依法将其拥有的某些行政处罚权委托给符合法定条件的管理社会公共事务的组织行使，委托须以书面方式进行，且委托书的内容须向社会进行公布，委托行为的法律后果由委托行政机关承担。

行政处罚必须依据职权法定的要求，由有权机关在权限范围内依法处罚，不得超越本机关的权限级别实施处罚。一般情况下，行政处罚由违法行为发生地的县级以上人民政府具有行政处罚权的行政机关管辖，但是法律、行政法规另有规定的除外。《行政处罚法》第二十四条规定，"省、自治区、直辖市根据当地实际情况，可以决定将基层管理迫切需要的县级人民政府部门的行政处罚权交由能够有效承接的乡镇人民政府、街道办事处行使，并定期组织评估。决定应当公布"。这一规定意味着行政处罚权在一定范围内可以向县级以下行政机关延伸，虽然有利于行政效能的提升，但是在如何具体实施的问题上则需要完善的制度安排。

行政处罚的主体在实施行政处罚的过程中，是否应当对相对人给予处罚、给予何种处罚都受法律的约束。具体有以下几项要求：①处罚与责令纠正并重；②一事

不再罚款,即对当事人的同一个违法行为,不得给予两次以上罚款的行政处罚;③行政处罚与刑罚相折抵。违法行为构成犯罪的,行政机关已经科处的行政拘留可以折抵相应的拘役和有期徒刑的刑期,罚款可以折抵罚金。同时对符合不予处罚、从轻、减轻、从重处罚等情形的,应当依法不予处罚或从轻、减轻、从重处罚。

【法律小知识】

不予行政处罚的有几种情况:①不满十四周岁的人违法的;②精神病人、智力残疾人在不能辨认或者不能控制自己行为时违法的;③违法行为轻微并及时改正,没有造成危害后果的;④没有主观过错的;⑤超过追责时效的:《行政处罚法》规定,从违法行为发生之日起计算,违法行为在二年内未被发现的,不予处罚;涉及公民生命健康安全、金融安全且有危害后果的,上述期限延长至五年。《治安管理处罚法》规定,违反治安管理行为在六个月内没有被公安机关发现的,不再处罚。⑥初次违法且危害后果轻微并及时改正的,可以不予行政处罚。

(五)行政处罚的程序

行政处罚的程序由行政处罚的决定程序和执行程序两部分组成。行政处罚的决定程序是法律对行政主体作出行政处罚决定过程中的各种程序要求;行政处罚的执行程序则是有关国家机关为保证行政处罚决定所确定的当事人的义务得以履行所作出的程序要求。

1. 行政处罚的决定程序

行政处罚的决定程序包括简易程序、一般程序,对于适用一般程序的案件,当其符合法律规定的条件时,可以在普通程序中穿插听证环节,听证环节适用听证程序。

(1)简易程序。简易程序,又称为当场处罚程序。适用简易程序的行政处罚案件必须同时符合三个条件:①违法事实确凿;②有法定依据;③处罚较轻,即对公民处以五十元以下罚款或警告,对法人或者其他组织处以一千元以下罚款或者警告的行政处罚。此外,依据我国《治安管理处罚法》和《道路交通安全法》的规定,对治安违法和道路交通违法的个人处以警告、二百元以下罚款的,也适用简易程序进行处罚。

简易程序并非没有程序要求,在适用简易程序实施行政处罚的过程中,执法人员需要出示执法证件表明身份,现场收集证据,填写预定格式、编有号码的行政处罚决定书,并当场交付给当事人。

(2)一般程序。除了适用简易程序实施行政处罚的案件以外,大部分的行政处罚行为都要依照一般程序的要求进行。

一般程序的步骤包括：表明身份—调查取证—说明理由并告知权利—听取当事人陈述和申辩—作出行政处罚决定—送达行政处罚决定书。由于行政处罚是对当事人的一种不利处分，所以行政处罚程序当中的说明理由、告知权利、听取申辩都是必不可少的环节，是正当程序的基本要求。即便在简易程序中，这些内容在格式化的处罚文本中也应当一一载明。

按一般程序处理的案件，在调查取证过程中，如果案件结果可能对当事人影响重大，且当事人提出听证要求的，行政机关应当组织听证。听证程序适用于以下案件：听证程序适用于以下案件：较大数额罚款；没收较大数额违法所得、没收较大价值非法财物；降低资质等级、吊销许可证件；责令停产停业、责令关闭、限制从业；其他较重的行政处罚以及法律、法规、规章规定的其他情形。听证要依照法定程序公开进行，在听证主持人的主持下，由行政机关的调查人员和当事人进行申辩和质证，并制作听证笔录。听证结束后，行政机关应当根据听证笔录，作出处罚决定。

2. 行政处罚的执行程序

行政处罚决定作出后，要通过执行程序保证当事人的义务得以履行。执行程序的要求主要包括：

（1）当事人应当在法定期限内履行义务。

（2）当事人逾期不履行的，由行政机关自行执行或申请人民法院强制执行。

（3）罚执分离。作出处罚决定的行政机关及其执法人员不得自行收缴罚款。当事人应当自收到行政处罚决定书之日起十五日内，到指定的银行缴纳罚款；银行应当收受罚款，并将罚款直接上缴国库。但在下列三种情况下可以由执法人员当场收缴罚款：①依照简易程序，依法给予一百元以下的罚款的；②依照简易程序作出的处罚决定，不当场收缴事后难以执行的；③在边远、水上、交通不便地区，当事人到指定的银行或者通过电子支付系统缴纳罚款确有困难，经当事人提出，行政机关及其执法人员可以当场收缴罚款。

行政机关及其执法人员当场收缴罚款的，必须向当事人出具国务院财政部门或者省、自治区、直辖市人民政府财政部门统一制发的专用票据；不出具财政部门统一制发的专用票据的，当事人有权拒绝缴纳罚款。执法人员当场收缴的罚款，应当自收缴罚款之日起二日内，交至行政机关；在水上当场收缴的罚款，应当自抵岸之日起二日内交至行政机关；行政机关应当在二日内将罚款缴付指定的银行。

（4）申诉不停止执行。当事人对行政处罚决定不服申请行政复议或行政诉讼的，除法律另有规定的外，行政处罚不停止执行。当事人对限制人身自由的行政处罚决定不服，申请行政复议或者提起行政诉讼的，可以向作出决定的机关提出暂缓执行申请。符合法律规定情形的，应当暂缓执行。

【法律小知识】

2016年9月20日,某县文体广电局在对该县一中学附近的沿街门面房进行检查时发现,黄某经营的一家网吧里有三名未成年人与几名成年人一起在玩网络游戏,且黄某未能出示网络文化经营许可证,遂对网吧予以查封。隔日,以黄某的行为违反《互联网上网服务营业场所管理条例》第七条、第二十七条、第三十一条的规定为由作出行政处罚决定,对黄某处以10 000元罚款,没收用于违法经营活动的电脑主机80台,并当场收缴了罚款,开具了收据。

请问:文体广电局在作出行政处罚的过程中有何违法之处?

四、行政许可

(一)行政许可的概念与原则

行政许可是行政主体根据公民、法人或者其他组织的申请,经依法审查,准予或不准予其从事特定活动的行政行为。它是政府对人们从事特定活动进行的一种事前控制。行政许可的主要法律依据是2003年8月颁布并于2004年7月1日起实施的《中华人民共和国行政许可法》(以下称《行政许可法》)。对行政许可这一概念的理解应当把握以下几点:

《行政许可法》

(1)行政许可行为以法律规范的一般禁止为前提,是对法律规范一般禁止的解除。人们生活中的大多数活动都可以按照自己的意志进行,但是国家出于公共管理、公益维护等原因,需要对某些事项设定禁止,公民、法人或其他组织要想从事该活动,必须经国家有权机关的批准方可从事。

(2)行政许可是一种依申请的行政行为。未经相对人的申请,行政机关不得主动实施行政许可。

(3)行政许可是一种授益性的行政行为。对于获得许可的人,意味着他与一般人相比获得了某种"特权",使其可以合法地从事某种活动。

(4)行政许可是一种要式行政行为。行政许可的作出必须遵循法定程序并具备某种明示的书面形式。通常是印章、加盖印章的许可证件等形式。

《行政许可法》规定了行政许可的六项原则:合法原则;公开、公平、公正原则;高效便民原则;救济原则;信赖保护原则;监督原则。行政许可的原则反映了《行政许可法》的立法宗旨,这些原则的内容也贯穿于行政许可法律制度的各个环节。

【法律小知识】

信赖保护条款：

《行政许可法》第八条　公民、法人或者其他组织依法取得的行政许可受法律保护，行政机关不得擅自改变已经生效的行政许可。

行政许可所依据的法律、法规、规章修改或者废止，或者准予行政许可所依据的客观情况发生重大变化的，为了公共利益的需要，行政机关可以依法变更或者撤回已经生效的行政许可。由此给公民、法人或者其他组织造成财产损失的，行政机关应当依法给予补偿。

（二）行政许可的事项

由于行政许可是对法律规范一般禁止的解除，这就意味着行政许可的范围越大，政府公权力干涉的社会事务就越多，公民个人自由活动的空间就越小，因此，行政许可范围的设定应当"不扰民""不越位""不缺位"，该设定行政许可的事项设定行政许可，不该设定行政许可的事项由公民自主决定。

根据《行政许可法》的规定，把行政许可事项分为可以设行政许可的事项与可以不设行政许可的事项两大类。

1. 可以设定行政许可

下列事项可以设定行政许可。

（1）直接涉及国家安全、公共安全、经济宏观调控、生态环境保护以及直接关系人身健康、生命财产安全等特定活动，需要按照法定条件予以批准的事项；此类事项没有数量限制，一般称为"普通许可"事项。

（2）有限自然资源开发利用、公共资源配置以及直接关系公共利益的特定行业的市场准入等，需要赋予特定权利的事项；一般称为"特许"事项。

（3）提供公众服务并且直接关系公共利益的职业、行业，需要确定具备特殊信誉、特殊条件或者特殊技能等资格、资质的事项；一般称为"认可"事项。

（4）直接关系公共安全、人身健康、生命财产安全的重要设备、设施、产品、物品，需要按照技术标准、技术规范，通过检验、检测、检疫等方式进行审定的事项；一般称为"核准"事项。

（5）企业或者其他组织的设立等，需要确定主体资格的事项；一般称为"登记"事项。

（6）法律、行政法规规定可以设定行政许可的其他事项。

2. 可以不设行政许可

可以设定行政许可的事项如果通过以下方式能够解决的，就可以不设行政许可。

（1）公民、法人或者其他组织能够自主决定的。例如高等学校设立、撤销、调整研究生院，收银员、美容师、美发师、调酒师等职业技能鉴定等。

（2）市场竞争机制能够有效调节的。例如超市对商品的定价、家政服务员的服务费用的确定等。

（3）行业组织或者中介机构能够自律管理的。例如注册税务师资格、房地产经纪人资格、建造师资格等的认定与审批。

（4）行政机关采用事后监督等其他行政管理方式能够解决的。例如馒头企业生产的馒头质量是否合格，事后监管即可解决，便不设前置的行政许可。

（三）行政许可的设定

不同的行政许可事项要由不同位阶的法律规范加以设定，违法设定的行政许可不具有约束力。

（1）法律的设定权：所有需要设定行政许可的事项。

（2）行政法规的设定权：法律尚未规定的需要设定行政许可的事项。

（3）地方性法规的设定权：法律、行政法规尚未规定的需要设定行政许可的事项。

（4）国务院决定，省、自治区、直辖市人民政府规章的设定权：临时性行政许可。

地方性法规和省级地方政府规章在设定行政许可事项的内容上有所限制，不得设定应当由国家统一确定的公民、法人或者其他组织的资格、资质的行政许可；不得设定企业或者其他组织的设立登记及其前置性行政许可；不得设定限制市场竞争和市场统一的行政许可。

除了上述四类法律规范，其他任何法律规范都不得设定行政许可事项。同时，下位法可以在上位法设定的许可事项范围内对行政许可的实施作出具体规定，规定的具体内容也应当严格遵循下位法不得违反上位法的原则。

【议一议】

1998年，郑州市、区两级成立"馒头办"，对馒头生产实行审批制度。生产馒头，须到市"馒头办"或区"馒头办"办理"馒头生产许可证"，每个许可证，要交纳一千一百元的办证费。并下文规定：不办许可证擅自加工经营的单位和个人，可罚款三千至两万元；还规定加工者每天必须在馒头办指定的面粉经营部门购买不少于六十袋面粉。到2000年，郑州市政府通过了《郑州市馒头生产销售管理暂行办法》，又将馒头生产许可证的审批权由原来的市区两级"馒头办"所有，归为市"馒头办"所有，由此引发两级馒头主管部门之间的矛盾与冲突，最终随着"馒头办"被撤销而结束。

请问："馒头办"的审批行为是否符合《行政许可法》的要求？

（四）行政许可的实施主体

行政许可的实施主体有三类：拥有行政许可权的行政机关、法律法规授权的组织、受委托的行政机关。需要注意的是，受委托的实施行政许可的只能是行政机关而不能是其他社会组织，这一点区别于实施行政处罚的受委托组织。受委托机关也要以委托机关的名义实施行政许可，由此产生的法律后果由委托机关承担。并且，受委托机关不得再行将行政许可委托给其他组织或个人。

（五）行政许可的程序

行政许可的程序分为一般程序与特别程序。

行政许可的一般程序主要包括申请—受理—审查—决定四个基本环节。第一步，在申请环节由行政相对人提出行政许可的申请并提交相关材料。第二步，行政机关根据是否属于本行政机关的职权范围决定是否受理。第三步，在审查阶段，对相对人提交的材料是否齐全、是否符合法定形式以及是否真实进行核查。在审查时，对于法律、法规、规章规定实施行政许可应当听证的事项、行政机关认为需要听证的其他涉及公共利益的重大行政许可事项、当事人要求听证的直接涉及申请人与他人之间重大利益关系的事项，必须举行听证会。听证会应当依照法定程序举行，并制作听证笔录。第四步，经过审查，无论申请人的申请是否符合法定条件、标准，行政机关都要依法作出准予许可或不予许可的书面决定。经过听证的许可事项，行政机关要根据听证笔录作出相应的行政许可决定。

【查一查】

行政许可的听证程序有哪些基本要求？

【法律小知识】

作出行政许可决定的期限有三种：一是当场作出；二是自受理之日起二十日内作出，经本行政机关负责人批准，可以延长十日；三是联合办公、集中办理的许可，不得超过四十五日，经本级人民政府批准，可以延长十五日。作出准予许可决定的，应当自作出决定之日起十日内向申请人颁发、送达行政许可证件或加盖相关印章。这些期限要求是为了防止行政机关的行政不作为。

行政许可的特别程序包括两种情况，一种是国务院实施行政许可的程序，依照有关法律、行政法规的规定，不适用《行政许可法》关于一般程序的规定；一种是《行政许可法》对特殊许可事项作出的特别程序要求。《行政许可法》规定特别程序要求的事项主要有五种：

（1）"特许"事项。由于"特许"的功能是对稀缺性资源的配置，往往有数量的限制，因此，应当通过招标、拍卖等公平竞争的方式作出行政许可决定。

（2）"认可"事项。"认可"是对从业者水平的一种确认，因此必须根据考试、考核的结果作出行政许可决定，并且要求行政机关不得组织强制性资格考试的考前培训，不得指定教材或其他助考材料。

（3）"核准"事项。行政机关应当进行实地的检验、检测、检疫之后作出行政许可决定。

（4）"登记"事项。要求进行形式审查，当场登记。

（5）有数量限制的行政许可事项，根据受理的先后顺序作出许可决定。

（六）行政许可的费用

行政机关实施行政许可和对行政许可事项进行监督检查，不得收取任何费用。但是，法律、行政法规另有规定的，依照其规定。行政机关提供行政许可申请书格式文本，不得收费。

五、行政强制

行政强制行为包括行政强制措施和行政强制执行。其基本法律依据是2012年1月1日起开始实施的《中华人民共和国行政强制法》（以下称《行政强制法》），它是对国家行政强制权的规范和约束，是对公民权利的保障。

《行政强制法》

一般情况下，行政强制行为都要依照《行政强制法》设定和实施，但是有两种情况则不适用《行政强制法》的规定：①发生或即将发生自然灾害、事故灾难、公共卫生事件或者社会安全事件等突发事件，行政机关采取应急措施或者临时措施，依照有关法律、行政法规的规定执行；②行政机关采取金融业审慎监管措施、进出境货物强制性技术监控措施，依照有关法律、行政法规的规定执行。

（一）行政强制措施

行政强制措施是指行政机关在行政管理过程中，为了维护行政管理秩序，依法对相对人的人身自由或财物实施暂时性限制或控制的行政行为。它具有限权性、暂时性、可恢复性、预防性等特征，往往与一定的行政处理决定紧密相连，是行政机关作出行政处理决定的前奏。

1. 实体法要求

行政强制措施的种类主要有：①限制公民人身自由；②查封场所、设施或者财物；③扣押财物；④冻结存款、汇款；⑤其他行政强制措施。

行政强制措施由法律设定。尚未制定法律，且属于国务院行政管理职权事项的,行政法规可以设定查封、扣押的强制措施。尚未制定法律、行政法规,且属于地方性事务的,地方性法规可以设定查封、扣押的强制措施。行政强制措施由有权实施行政强制措施的行政机关或法律法规授权的组织实施,但是,行政强制措施权不得委托。

2.程序法控制

实施行政强制措施的一般程序要求:事前报批、至少两人实施、出示证件、通知当事人到场、当场告知事由和救济权利、听取陈述和申辩、制作现场笔录。如果情况紧急,需要当场实施行政强制措施的,则可以作为例外不进行事前报批,但是,采取行政强制措施后,执法人员须在二十四小时内向行政机关负责人报告,并补办批准手续。

对于限制人身自由和查封、扣押、冻结的强制措施,法律还有一些特别的程序要求:

(1)限制人身自由的强制措施:应当当场告知或者实施行政强制措施后立即通知当事人家属实施行政强制措施的行政机关、地点和期限;在紧急情况下当场实施行政强制措施的,在返回行政机关后,立即向行政机关负责人报告并补办批准手续。

(2)查封、扣押的强制措施:查封、扣押的对象仅限于涉案场所、设施或财物;不得重复查封;必须制作和交付查封、扣押决定书及清单;查封扣押的期限一般不超三十日,经行政机关负责人批准,可以延长,延长期限不得超过三十日;不应或不需查封扣押的应立即解除查封扣押措施;造成损失的应当补偿。

(3)冻结的强制措施:冻结要由金融机构协助完成;行政机关要按顺序先向金融机构交付冻结通知书,再通知当事人;冻结期限一般为三十日,经行政机关负责人批准,可以延长,延长期限不得超过三十日。

【议一议】

李某是货运卡车司机,2015年5月31日运货经过某公路超限检测站时,执勤人员宋某(身着交通执法制服)向其走过来,直接递给了李某一张扣押决定书,说:"超限,车被扣了。"李某接过决定书,见上面的全部内容是:因超限,根据有关规定,决定扣押车辆四十天。决定书盖着某市路政大队的印章。李某辩称:"我只拉半车货,怎么就超限?"宋某不耐烦地说:"肯定超,讲这么多干什么!"而后直接拔了李某的车钥匙,并对李某说"等会儿交了罚款就可以走了"。

请问:宋某的行为合法吗?为什么?

提示:行政处罚与行政强制措施都必须依照法定程序实施。

(二)行政强制执行

行政强制执行是指行政机关或者行政机关申请人民法院,对不履行行政决定的公民、法人或者其他组织,依法强制其履行义务的行为。行政强制执行是一个终局性的行为。当行政机关依法拥有强制执行权时,可以自行强制执行;当行政机关没有强制执行权时,由行政机关申请人民法院强制执行。

1. 实体法要求

行政强制执行的方式包括:①加处罚款或者滞纳金;②划拨存款、汇款;③拍卖或者依法处理查封、扣押的场所、设施或者财物;④排除妨碍、恢复原状;⑤代履行;⑥其他强制执行方式。其中加处罚款或者滞纳金、代履行是通过间接的方式使相对人的义务得以履行或达到与履行义务相当的状态,属于间接的行政强制执行方式;其他行政强制执行方式则是直接迫使相对人履行义务,属于直接的行政强制执行方式。行政强制执行只能由法律设定,实行严格的"法律保留"。

2. 程序法控制

行政机关实施强制执行的基本程序要求,即事先书面催告—当事人陈述申辩—记录、复核、处理当事人意见—作出强制执行决定并送达—实施行政强制执行。人民法院实施行政强制执行按照"非诉行政执行"程序,经历申请—受理—审查—裁定—执行几个环节。

由于在房屋强制拆迁过程中引发的社会矛盾最多,因此,《中华人民共和国行政强制法》专门对此加以特别规定:①除紧急情况外,行政机关不得在夜间或者法定节假日实施行政强制执行;②行政机关不得对居民生活采取停止供水、供电、供热、供燃气等方式迫使当事人履行相关行政决定;③对违法的建筑物、构筑物、设施等需要强制拆除的,应当由行政机关予以公告,限期当事人自行拆除,当事人在法定期限内不申请行政复议或者提起行政诉讼,又不拆除的,行政机关可以依法强制拆除。

如果行政相对人认为行政强制行为违法,侵犯其合法权益,有权申请行政复议和提起行政诉讼,因行政强制行为造成损失的,有权申请国家赔偿。

【想一想】

王某因交通违章被处以二百元罚款,因逾期缴纳被加处罚款十二元。请问:王某缴纳的二百元钱与十二元钱性质一样吗?

第四节　监督与救济

"有权必有责,用权受监督",是现代社会对法治政府的基本要求。拥有行政权的组织和个人是否依法行使行政权,必然要受到监督与制约。一方面,拥有监督权的国家机关依法对行政机关及其公务员的依法行政情况进行监督;另一方面,公民个人及其他社会组织通过行使申请行政复议权、提起行政诉讼权、申请国家赔偿权等救济权,在维护自身合法权益的同时,实现对行政行为的监督。行政复议、行政诉讼、行政赔偿既是我国重要的行政救济制度,也是对行政行为进行监督的重要途径。

《行政诉讼法》

一、监督行政

监督行政即对行政的监督。国家有权机关对行政的监督,根据监督主体的不同,分为权力机关的监督、行政机关的监督、监察机关的监督和司法机关的监督。

(一)权力机关的监督

国家权力机关的监督是指由各级人民代表大会及其常委会对行政机关及其公务员的依法行政情况进行的监督。

其监督的内容包括:①宪法、法律、法规的实施;②行政法规、规章、决定、命令的制定;③国民经济和社会发展计划以及财政预算的编制和执行;④各级政府组成人员的重要人事任免。

其监督的方式主要包括:①听取审议政府工作报告;②审查批准国民经济和社会发展计划及财政预算;③质询、询问;④视察、调查;⑤批评、建议、意见;⑥审查政府法规、规章、决定、命令;⑦对政府组成人员的任免等。

【法律小知识】

根据我国《宪法》和《立法法》的规定,全国人民代表大会常务委员会有权撤销国务院制定的同宪法、法律相抵触的行政法规、决定和命令;地方人民代表大会常务委员会有权撤销本级人民政府制定的不适当的规章。

(二)行政机关的监督

行政机关对行政的监督分为一般的层级监督和专门监督。

一般的层级监督是基于上下级行政机关之间的领导与被领导的关系,由上级行政机关对下级行政机关进行的监督。主要包括：国务院对全国各行政机关的监督；上级人民政府对下级人民政府及其所属工作部门的监督；国务院和地方各级人民政府的主管部门对下级政府相应业务部门的监督。在行政立法与行政执法过程中，相关行政主体的立法与执法活动都必须接受这种层级监督。行政复议机关基于相对人的申请对下级行政机关行政行为的审查即是层级监督的一种具体体现。

专门监督是由专门的行政监督机关对行政机关在行政活动中的专门事项进行的监督，主要是审计监督。对行政机关的审计监督是审计机关对行政机关涉及财政、财务收支的活动进行审查核算的行为。

（三）监察机关的监督

2018年3月11日第十三届全国人民代表大会第一次会议通过了《中华人民共和国宪法修正案》，决定在《宪法》第三章"国家机构"中增加一节"监察委员会"，作为第七节。各级监察委员会是行使国家监察职能的专责机关，对所有行使公权力的公职人员进行监察。其监察职责主要有：①对公职人员开展廉政教育，对其依法履职、秉公用权、廉洁从政从业以及道德操守情况进行监督检查；②对涉嫌贪污贿赂、滥用职权、玩忽职守、权力寻租、利益输送、徇私舞弊以及浪费国家资财等职务违法和职务犯罪进行调查；③对违法的公职人员依法作出政务处分决定，对履行职责不力、失职失责的领导人员进行问责，对涉嫌职务犯罪的，将调查结果移送人民检察院依法审查、提起公诉，向监察对象所在单位提出监察建议。

（四）司法机关的监督

司法机关的监督是由人民法院、人民检察院依法行使审判权与检察权对行政机关及其公务员的行政行为及职务犯罪行为进行的法律监督。人民法院主要通过行政诉讼案件的审理对行政行为进行监督，通过刑事案件的审判对行政机关工作人员的职务犯罪行为进行监督；人民检察院主要对涉嫌职务犯罪的行政机关工作人员进行监督，此外，还可以对行政机关某些领域侵犯公益的行政行为提起行政公益诉讼。

二、行政复议

行政复议是公民、法人或其他组织认为行政机关的具体行政行为侵犯其合法权益，向有权的复议机关提出申请，由其依法对具体行政行为进行审查并作出处理决定的行为。我国行政复议的重要法律依据是《中华人民共和国行政复议法》（以下称《行政复议法》）。

（一）行政复议的范围

行政复议的范围是指公民、法人和其他组织可以对哪些事项申请行政复议。根据我国《行政复议法》的规定，可以申请行政复议的事项主要是行政处罚、行政许可、行政强制措施等具体行政行为以及行政不作为；此外，如果相对人在对具体行政行为申请行政复议时,认为其所依据的某些规定不合法的,可以一并要求复议机关对该规定进行审查。这些可以被附带审查的规定只能是国务院部门的规定、县级以上地方各级人民政府及其工作部门的规定以及乡、镇人民政府的规定,不包含国务院部、委员会规章和地方人民政府规章。规章的审查依照法律、行政法规办理。

（二）行政复议的程序

行政复议是一种依申请的制度化程序,因此,复议程序的第一步是公民、法人或其他组织认为行政机关的具体行政行为侵犯自己合法权益的,可以自知道该具体行政行为之日起六十日内向复议机关提出复议申请。复议机关的确定一般要依据我国行政机关的领导体制,由作出具体行政行为的行政机关的上一级行政机关作为复议机关,上一级行政机关有两个的,相对人可以任选一个作为复议机关申请行政复议。然后,复议机关依法在五日内决定是否受理。对于受理的案件,复议机关以书面审查的方式对具体行政行为的内容进行全面审查,既要审查它的合法性,又要审查它的合理性,然后根据不同的情况作出相应的行政复议决定。

行政复议实行一级复议制度,对复议结果不服的,不得再次申请复议。那么,此时相对人是否可以向法院提起行政诉讼寻求司法救济呢？一般情况下,相对人合法权益受到具体行政行为侵害时,既可以申请行政复议,也可以直接提起行政诉讼。相对人一旦选择了行政复议,对复议结果不服的,还可以向法院提起行政诉讼,逾期不起诉的,复议决定产生强制执行的效力。而如果相对人首先选择了向法院起诉,对判决结果不服,则不能再申请行政复议。但是,对于法律、法规明确规定应当先向行政机关申请行政复议,然后才能提起诉讼的情形,以及复议决定为终局裁决的情形,则依照法律、法规的特别规定处理。

【法律小知识】

复议机关的确定：

复议被申请人	复议机关
县级以上各级人民政府工作部门	本级人民政府或上一级主管部门
全国范围内垂直管理的机关	上一级主管部门
各级人民政府	上一级人民政府
国务院部门或省级人民政府	自己
派出机关	其所属的人民政府
派出机构	设立它的职能部门或该部门的本级人民政府
共同行为的机关	共同的上一级行政机关
被撤销的机关	继续行使其职权的行政机关的上一级行政机关

三、行政诉讼

行政诉讼就是我们常说的"民告官"。它是人民法院根据相对人的请求,依照法定程序审查行政行为的合法性,从而解决行政争议的活动。行政诉讼的显著特点是原被告双方是恒定的,原告只能是行政相对人一方,被告只能是行政主体,即行政诉讼只能"民告官",而不能"官告民"。"合法性审查"是行政诉讼特有的一项基本原则,在行政诉讼中,法院只对行政主体的行为进行审查,而且只审查行政行为的合法性,除了对明显不当的行政处罚有权进行变更外,行政诉讼中基本不涉及对行政行为合理性的审查。行政诉讼制度的特有原则也体现了行政法的控权本意。

(一)行政诉讼的受案范围与管辖法院

《行政诉讼法》及相关司法解释既规定了人民法院受理的案件范围,同时也规定了不属于人民法院受理的案件范围。人民法院受理的案件包括侵犯公民、法人或者其他组织的人身权、财产权及其他合法权益的行政处罚、行政许可、行政强制、行政征收、行政不作为、行政协议等各种具体行政行为。人民法院不受理的案件主要有:①国防、外交等国家行为;②抽象行政行为;③奖惩、任免等内部行政行为;④行政最终裁决行为;⑤刑事司法行为;⑥行政调解和行政仲裁;⑦不具有强制力的行政指导行为;⑧驳回当事人对行政行为提起申诉的重复处理行为;⑨对行政相对人的权利义务不产生实际影响的行为。

【法律小知识】

> 抽象行政行为虽然不属于行政行为的受案范围,但是公民、法人或者其他组织认为行政行为所依据的国务院部门和地方人民政府及其部门制定的规范性文件(不含规章)不合法,在对行政行为提起诉讼时,可以一并请求对该规范性文件进行审查。

属于受案范围的案件应当由哪个法院作为一审法院进行审理,由行政诉讼的管辖规则来确定。主要包括级别管辖和地域管辖。

1. 级别管辖

一般的行政案件均由基层人民法院管辖;中级人民法院管辖对国务院部门或者县级以上人民政府所作的行政行为提起诉讼的案件、海关处理的案件、本辖区内重大复杂的案件以及其他法律规定由中级人民法院管辖的案件;高级人民法院管辖本辖区内重大、复杂的案件;最高人民法院管辖全国范围内重大、复杂的案件。

2. 地域管辖

在管辖法院的地域上,原则上行政案件由最初作出行政行为的行政机关所在地的人民法院管辖。但在特殊情况下,要依据特殊地域管辖规则来确定管辖法院,主要有四种情况:①经过复议的案件,既可以由最初作出行政行为的行政机关所在地的人民法院管辖,也可以由复议机关所在地的人民法院管辖;②跨区域管辖案件由特定法院管辖;③限制人身自由强制措施的案件由被告所在地或者原告所在地人民法院管辖;④涉及不动产的案件由不动产所在地人民法院管辖。

通过级别管辖、地域管辖的综合要求,可以最终确定对某一案件拥有管辖权的法院。如果两个以上法院都有管辖权的,原告可以任选其一提起诉讼,如果原告同时向两个以上法院提起诉讼的,由最先立案的法院管辖。法院受理后,发现该案件不属于自己管辖的,可以将其移送至有管辖权的法院,受移送的法院不得再次自行移送,如果受移送法院发现确实也不属于自己管辖,应当报请上级人民法院指定管辖。

(二)行政诉讼的参加人

行政诉讼的参加人是参与行政诉讼并对行政诉讼程序能够产生重大影响的人。包括诉讼当事人与诉讼代理人。由于诉讼代理人要以其所代理的当事人的名义进行诉讼,而当事人是以自己的名义参加诉讼,诉讼结果直接影响其利益,所以诉讼当事人是行政诉讼参加人的核心。广义的行政诉讼当事人包括原告、被告、共同诉讼人、第三人,狭义的行政诉讼当事人仅指原告、被告。

行政诉讼的原告是认为自己的合法权益受到行政机关的行政行为侵犯,以自己的名义向人民法院提起诉讼的公民、法人或其他组织。具备原告资格的既包括行政行为的相对人,也包括合法权益受到行政行为实际影响的相关人。此外,在行政公益诉讼中,人民检察院在符合法律规定的条件和程序的情况下,也有资格作为行政公益诉讼的原告。

【法律小知识】

《行政诉讼法》第二十五条第四款 人民检察院在履行职责中发现生态环境和资源保护、食品药品安全、国有财产保护、国有土地使用权出让等领域负有监督管理职责的行政机关违法行使职权或者不作为,致使国家利益或者社会公共利益受到侵害的,应当向行政机关提出检察建议,督促其依法履行职责。行政机关不依法履行职责的,人民检察院依法向人民法院提起诉讼。

行政诉讼的被告是被原告指控其行政行为违法,侵犯原告的合法权益,被法院通知应诉的行政主体。其要点有三:①行政诉讼的被告必须具备行政主体的资格,因为只有具备行政主体资格,才具有独立承担法律责任的能力;②行政诉讼的被告必须是被原告指控的主体,从源头上看,谁做被告由原告决定;③行政诉讼的被告必须被法院通知应诉,从结果上看,谁有资格做被告,由法院决定。

【法律小知识】

被告确认的一般规则:

一般情形	作出行政行为的行政机关(包括授权组织)是被告		
经行政复议	复议维持	原行政机关和复议机关为共同被告	
	复议改变	复议机关是被告	
	复议不作为	起诉原行政机关的	该行政机关是被告
		起诉复议不作为的	复议机关是被告
两个行政机关作出共同行为	共同被告(其中非行政主体作为第三人)		
行政委托	委托的行政机关是被告		
被撤销或者职权变更	继续行使其职权的行政机关是被告		
组建的机构	以组建该机构的行政机关为被告		
内设机构、派出机构	该机构为被告		
经上级批准的	署名盖章的机关是被告		

(三)行政诉讼的程序

1. 起诉与受理

起诉,是行政诉讼程序启动的前提和基础,它是相对人认为行政行为侵犯其合法权益,请求法院对其进行审查的行为。起诉必须符合法律规定的起诉条件:

(1)原告适格。在行政诉讼中不是谁都可以作为原告起诉的,行政诉讼中的原告必须是承受行政行为法律后果或受其实际影响的公民、法人或其他组织,可能是行政相对人,也可能是受行政行为影响的其他利害关系人。

(2)有明确的被告。被告必须具备行政主体的资格,但却不一定是行政行为的实施者。

(3)有具体的诉讼请求和事实根据。

(4)属于人民法院的受案范围和受诉人民法院管辖。

(5)在法定起诉期限内起诉。直接向法院起诉的案件应当自知道或应当知道作出行政行为之日起六个月内起诉;经过复议的案件,自收到复议决定之日或复议期限届满之日起十五日内起诉。超过法定的起诉期限将会丧失诉权。起诉的方式以书面起诉为原则,口头方式为例外。

对相对人的诉状,人民法院应当一律接收并出具书面凭证。经审查,认为符合起诉条件的,当场进行立案登记;不能当场决定的,在七日内决定是否立案受理;不符合条件的,裁定不予立案。

2. 审理程序

对于法院受理的案件,应当按照一审普通程序进行审理。通常情况下由受诉法院组成合议庭开庭审理,双方当事人在庭审中进行举证、质证和辩论,作为被告方的行政主体承担主要的举证责任,对自己所作行政行为的合法性进行举证,否则将承担败诉的后果。经过审理,由法院根据不同情况在法定期限内作出驳回判决、撤销判决、履行判决、确认判决、变更判决、行政协议判决等不同类型的判决,所有的判决类型都是针对被告即行政主体的行政行为是否合法所进行的评判。

【想一想】

行政诉讼中,法院是否审查原告行为的合法性?

对于一些较为简单的案件,也可以按照简易程序由一名审判员独任审理,并应当在立案之日起四十五日内审结。简易程序适用于认定事实清楚、权利义务关系明确、争议不大的案件,主要有:①被诉行政行为是依法当场作出的;②案件涉及款额二千元以下的;③属于政府信息公开案件的;④当事人各方同意适用简易程序的。但是,人民法院在审理过程中,如果发现案件不宜适用简易程序的,裁定转为普通程序。

我国实行两审终审的诉讼制度,当事人对一审判决不服的,可以在十五日内向上一级人民法院提起上诉,启动二审程序,二审法院的判决为终审判决,一经作出即发生法律效力。对已经生效的判决、裁定,当事人认为确有错误的,可以向上一级人民法院提出再审申请;法院认为确有错误的,提交本院审判委员会讨论决定是否启动审判监督程序进行再审;上级人民法院还可以提审或指令下级人民法院对确有错误的案件进行再审。地方各级人民检察院认为已经生效的判决、裁定确有错误的,可以向同级人民法院提出检察建议或者报请上级检察院提出抗诉。再审期间,已生效的判决、裁定不停止执行。

四、行政赔偿

行政赔偿是行政机关及其工作人员在行使职权过程中侵犯公民、法人和其他组织合法权益并造成损害的,由国家承担赔偿责任的制度。它是行政救济制度的重要内容。

国家承担行政赔偿责任,必须满足以下要件的要求:

(1)主体要件。侵权行为的主体必须是行政机关、法律法规授权的组织、受行政机关委托的组织以及它们的工作人员。

(2)行为要件。侵权行为必须是违法的职务行为,既包括积极的作为,也包括消极的不作为。但公务人员纯粹的个人行为造成的损害,国家不承担赔偿责任。

(3)损害结果要件。相对人所受损害必须是合法权益的损害、实际发生的损害,而不能是非法的、可能发生的损害。

(4)因果关系要件。职务侵权行为与损害结果的发生具有直接的、必然的因果关系。

【谈一谈】

如何区分公务员的职务行为与个人行为?

行政赔偿的范围主要是行政机关及其工作人员侵犯人身权、财产权的行为,造成损害的,应当支付赔偿金、恢复原状、返还财产。侵犯人身权致人精神损害的,应当为受害人消除影响,恢复名誉,赔礼道歉;造成严重后果的,还应当支付相应的精神损害抚慰金。

在程序上,行政赔偿请求既可以单独提出,也可以在行政复议或行政诉讼过程中一并提出。受害人单独提出赔偿请求的,应当首先向赔偿义务机关提出,赔偿义务机关必须具备独立的责任能力,赔偿义务机关拒绝受理赔偿请求、在两个月内未作出是否赔偿的决定或者双方就赔偿事宜不能达成一致意见的,受害人才可以提起行政诉讼。一并提出赔偿请求的,依照行政复议或行政诉讼的程序要求处理。

行政赔偿的费用列入各级财政预算,由负有赔偿义务的行政机关具体实施。赔偿义务机关赔偿损失后,应当进行追偿,责令有故意或者重大过失的工作人员或者受委托的组织或者个人承担部分或者全部赔偿费用。对有故意或者重大过失的责任人员,有关机关应当依法给予处分;构成犯罪的,应当依法追究刑事责任。

课后活动建议

1. 观看纪录片《法治中国》第三集《依法行政》。
2. 旁听一次行政审判,看一看行政案件的审理过程是怎样的。

相关推荐

1. [英国]洛克:《政府论》,叶启芳、瞿菊农译,商务印书馆1982年版。

2. [法国]孟德斯鸠:《论法的精神》,许明龙译,商务印书馆2009年版。
3. 苏力:《制度是如何形成的》,中山大学出版社1999年版。
4. 苏力:《法治及其本土资源》,中国政法大学出版社1996年版。
5. 苏力:《送法下乡》,中国政法大学出版社2000年版。
6. 何海波等:《法治的脚步声:中国行政法大事记(1978—2014)》,中国政法大学出版社2005年版。

第四章习题

第五章

法律与个人生活

《民法典》

在民法慈母般的眼神中,每个人就是整个国家。
——[法国]孟德斯鸠《论法的精神》

一兔走街,百人追之,贪人具存,人莫之非者,以兔为未定分也。积兔满市,过而不顾,非不欲兔也,分定之后,虽鄙不争。
——《慎子逸文》

【本章概要】

在现代社会中,随着文明化程度的提高,法律已经成为人们生活中不可或缺的一部分,而民法对人们的关怀更是无微不至。一个人从有了生命那一刻起就处于各种复杂的社会关系中,在人的一生中更是会与其他社会组织和个人发生各种人身关系和财产关系。本章希望学生通过学习民法基本理论,了解与公民利益密切相关的民法知识,掌握自然人主体的民事权利能力与民事行为能力、民事主体享有的民事权利,以及违法将要承担的民事责任,能够依法进行民事活动,更好地保护自己的民事权益。

【本章重点】

民法基本原则　民事主体及其民事权利　民事法律行为　民事责任诉讼时效

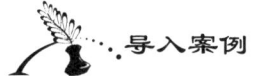导入案例

男孩用压岁钱买手机,父母要求退货遭拒引发的纠纷

2017年2月4日,11岁男孩乐乐用自己保管的压岁钱,在一商家花799元买了一部手机。父母要求退货遭拒引发纠纷,报警求助。一方认为没有质量问题绝不退货,另一方认为商家卖手机给小孩要负责。值班民警了解事件的前因后果后,进行调解。最终,乐乐家长与商家达成调解协议,由商家收回手机,除去手机包装和折旧等费用199元,退款600元。

请问:事件中有着什么样的民事法律关系?11岁男孩是不是民法上的民事主体?民事主体享有哪些民事权利以及承担哪些民事义务?11岁男孩乐乐能否实施民事法律行为,其行为的法律效力如何?

第一节 民法基本理论

一、什么是民法

(一)民法的来源

人是社会性动物,必须在与他人的交往中生存。而法律的要旨就在于为生活本身提供一个"说法",为人们的交往提供一个"活法",让日子过得更好。而在所有的法律规范中,与人们日常生活关系最为密切的当属民法。据史料记载,世界上第一部比较完整的成文法典《汉谟拉比法典》正文共有281条,其中关于民法的条文就有237条,占全部条文的84%。而民法一词来源于罗马法,罗马法的发展经历了漫长的历史过程,包含了现代法律体系中的不同部门法,其中对后世立法影响最大的是规范民事关系的法律即民法。罗马法是简单商品生产社会的法,反映了简单商品生产和交换中的主要法律关系,譬如对买卖关系、债权债务关系、所有权、契约、侵权行为等进行了规定。罗马法关于民法基本概念、基本原则、基本制度等方面的规定在现代意义的民法中都有体现。关于民法的产生,恩格斯曾有此种表

述：把每天重复着的生产、分配和交换产品的行为用一个共同规则概括起来，设法使个人服从生产和交换的一般条件。这一规则从习惯到法律，就有了现代意义上的民法。

【法律小知识】

德国法学家耶林说："罗马帝国曾三次征服世界，第一次以武力，第二次以宗教，第三次以法律。武力因罗马帝国的灭亡而消亡，宗教随人民思想觉悟的提高、科学的发展而缩小了影响，唯有法律征服世界是最为持久的征服。"《十二铜表法》是古罗马第一部成文法典，为罗马法的发展奠定了基础，是"一切公法和私法的渊源"。到东罗马帝国皇帝查士丁尼执政期间，罗马法发展到成熟阶段。查士丁尼皇帝统治时期，编纂了拜占庭帝国的第一部法典《查士丁尼民法大全》，形成了完整的罗马体系，罗马法中许多原则和制度，也被近代以来的法律所采用，如公民在私法范围内权利平等原则、契约自由原则、遗嘱自由原则、"不告不理"、一审终审原则等，权利主体中的法人制度、物权制度、契约制度等。

我国改革开放以来，立法机关一直致力于民法典的起草、制订工作，由于社会生活的变动迅速，历经十多次修订，终于在2020年5月28日，第十三届全国人民代表大会第三次会议通过了《中华人民共和国民法典》（以下称《民法典》，自2021年1月1日起施行）。这是我国立法史上的重要篇章，也是我国迄今为止唯一的以"典"命名的法律，被誉为"社会生活的百科全书"，也将成为我们每一个公民参与社会生活、捍卫人格尊严、维护财产权利、保障合法利益，进行民事交往的重要依据。

（二）民法的概念

那么，究竟什么是民法呢？民法是调整平等主体的自然人、法人和非法人组织之间的人身关系和财产关系的法律规范的总称，是法律体系中的一个重要的、独立的法律部门。我国民法体系属于民商合一，商法作为民法的特别法而存在。根据《民法典》的规定，民法的调整对象包括两类：平等主体之间的财产关系与人身关系。

（1）平等主体之间的财产关系。财产关系是人们在生产、分配、交换、消费过程中形成的具有经济利益内容的社会关系。包括债权关系（比如赠与、买卖等）、物权关系、知识产权关系、股权关系等。

（2）平等主体之间的人身关系。人身关系是指与人身密切联系而无直接财产内容的社会关系。它是人们在社会生活中因人格和身份而发生的社会关系。人身关系的调整对象主要指人身权，包括：生命权、健康权、名誉权、人格权；其他的还包括基于相互间身份引起的权利,主要指抚养关系、夫妻关系、继承关系的权利,如抚养/扶养权利义务、夫妻间的忠诚义务、继承权等;还有专利著作权,主要包括发明权、署名权等。

(三)民法的显著特点

与其他法律相比,民法最显著的特点是:

(1)主体地位的平等性。民法是调整平等主体之间的社会关系的法律规范的总称。民事主体地位的平等性是民法的根本特征。我国《民法典》第四条规定:"民事主体在民事活动中的法律地位一律平等"。

(2)内容的特定性。民法是调整社会关系中的人身关系和财产关系的法律。社会关系的种类很多,民法调整的仅是社会关系中平等主体间的人身关系和财产关系,政治关系、组织关系、友谊关系等不属民法调整。

三、民事活动应遵循的基本原则

(一)平等原则

平等原则是民法的首要原则。在民事活动中民事主体的法律地位平等是平等原则的基础,其次在民事活动中尊重各方参与者的意志,任何一方不得把自己的意志强加于对方。民事主体不论其性质、经济实力强弱,在民事活动中地位一律平等。这也是市场经济条件下各方主体在民事活动中一律平等,不得歧视的体现。平等原则的具体表现:民事主体的资格(民事权利能力)平等;民事主体的地位平等;民事主体的民事权益平等地受法律保护。

(二)自愿原则

自愿原则是指当事人自主决定自身事务,排除外在强制的状态。自愿原则是平等原则的延伸,只有各民事主体地位平等,在民事活动中尊重各参与方的主体性,民事主体才能够独立地表达自己的意愿,不受强迫。自愿原则也是私法自由在民法中的体现,在法律允许的范围内享有完全自由,即"法不禁止则自由"。但这决不意味着绝对的自由,而是受其他价值的制约。

(三)公平原则

公平原则是指民事主体在实施民事活动时维护各方利益平衡,不得损害国家利益、公共利益及第三方的利益。由于民法调整的是平等主体之间的人身关系及财产关系,因此民事主体各方应遵循公平原则,依法享有权利、承担义务,不允许任何主体享有特权。

(四)诚实信用原则

诚实信用主要是指在经济交往中要诚实待人,谨慎从事,信守诺言,恪守约定,不能出尔反尔,轻诺寡信,尔虞我诈。诚实信用原则将通常的道德规范上升到法律规范,对于民事活动中的欺诈、违反约定的行为必将承担不利后果,从而使民事主体诚实地履行义务,正当地行使权利。

【议一议】

旅游景区的"宰客"行为

2015年10月4日,据青岛交通广播FM897报道,有网友爆料称,在青岛市乐陵路"善德活海鲜烧烤家常菜"吃饭时遇到宰客事件,该网友称点菜时已向老板确认过"海捕大虾"是38元一份,结果结账时变成是38元一只,一份共1 500多元。经游客报警之后,买单1 300多元。

请问:诚信原则在民事活动中有什么重要意义?

(五)守法与公序良俗原则

守法与公序良俗原则要求民事主体从事民事活动,不得违反法律,不得违背公序良俗。民事主体在民事活动中遵守法律,尊重社会公德,维护社会公共利益。公共利益原则又被称为公序良俗,在世界范围内的民事立法中都有关于公序良俗的立法。公序是指公共秩序,国家社会的存在、发展所要遵循的公共秩序;良俗是指善良风俗,是人们在长期的共同生产、生活中形成的并为大家所公认、遵循的公共道德、行为规范。公序良俗原则要求民事主体实施民事行为应当遵守公共秩序,符合善良风俗,是对私法上契约自由的补充与限制。

【想一想】

《挟尸要价》是一幅新闻照片作品。该照片由《华商报》首发,《江汉商报》摄影记者张轶拍摄。照片素材来源于2009年10月24日湖北荆州大学生何东旭、方招、陈及时为救溺水儿童壮烈牺牲,而打捞公司打捞尸体时竟然漫天要价,面对同学们的"跪求",个体打捞者不仅不为所动,而且挟尸要价,一共收取了3.6万元的捞尸费的事情。2010年,《挟尸要价》夺得了中国新闻摄影最高荣誉金镜头奖。而照片的获奖,引来一片质疑之声。人民摄影"金镜头"评委会针对《挟尸要价》图片所涉及的新闻事实的调查结论认为,《挟尸要价》的新闻是真实的,不存在造假问题。2015年11月四川攀枝花市,出现"挟尸要价"现象。2017年7月7日,河北保定也出现"挟尸要价"现象。

请问:如何从法律角度看待这类事件?

(六)绿色环保原则

绿色环保原则是指民事主体从事民事活动,应当有利于节约资源、保护生态环境。经济的发展带来了社会日新月异的变化,但由此引发的资源、环境问题也成为全球性的问题,在民事活动中遵循绿色环保原则,节约资源,实现经济发展与环境保护协调发展,实现人与自然的和谐共存,是人类的共同责任,也是民事活动的基本原则。

第二节 我们以什么资格参与社会生活?
——民事主体

15岁的儿子花2元钱买彩票,中了8 000元,母亲和他一起去领奖,领完回来儿子偷偷拿走6 000元买了电脑,母亲想拿这钱买化妆品的时候发现钱被儿子花了,去找商家想把钱要回来。

请问:

15岁的儿子买彩票的行为是否有效?奖金应归谁?为什么?儿子买电脑的行为有效吗?母亲可以要求退货吗?为什么?母亲可以拿这钱买化妆品吗?

民事主体是在民事活动中,依法享有民事权利、承担民事义务的人。根据我国《民法典》的规定,能成为民事主体的"人"不仅仅包括自然人,还包括法人、非法人组织。

一、自然人

自然人是指基于出生而获得生命、具有生理属性的人类个体。自然人因出生而获得民事主体资格,是最重要的民事主体。

(一)自然人作为民事主体的资格

自然人要成为民事法律关系的主体,必须具备一定的法律资格,这种资格就是民事权利能力和民事行为能力。

1. 自然人的民事权利能力

自然人的民事权利能力是法律赋予自然人享受民事权利和承担民事义务的资格。民事权利能力是民事主体在民事法律关系中成为民事主体的法律资格。根据民法的平等原则，自然人民事权利能力一律平等，不允许任何人予以排除、变更及加以限制。自然人民事权利能力始于出生、终于死亡。自然人的出生时间和死亡时间以出生证明、死亡证明所记载的时间为准；在没有前两种证明的，以公安机关的户籍登记或其他有效身份登记记载的时间为准。有其他证据足以推翻以上记载时间的，以该证据证明的时间为准。

对于未出生的胎儿，根据民事权利能力始于出生的理论，胎儿是不具有民事权利能力的，但为保护未出生的胎儿的合法利益，我国《民法典》规定在涉及遗产继承、接受赠与等胎儿利益时，胎儿视为具有民事权利能力。但是胎儿分娩出时为死体的，其民事权利能力自始不存在，为其保留的份额按法定继承再分配。

2. 自然人的民事行为能力

自然人的民事行为能力是民事主体能够以自己的行为独立实施民事活动，并承担民事后果的法律资格。我国民法将自然人分为三类：完全民事行为能力人、限制民事行为能力人、无民事行为能力人。

（1）完全民事行为能力人。十八周岁以上的自然人是成年人，智力正常，就是完全民事行为能力人，可以独立实施民事法律行为。由于成年人具备了相应的知识与一定的社会经验，足以对自己的行为作出判断，并能够预见行为的法律后果，因此十八周岁以上的自然人具有完全民事行为能力，能够依法独立实施民事活动，承担民事法律后果。

另外，《民法典》规定，十六周岁以上的未成年人，以自己的劳动收入为主要生活来源的，视为完全民事行为能力人。"以自己的劳动收入为主要生活来源的"是指能够以自己的劳动取得收入，并能维持当地群众一般生活水平的人。

（2）限制民事行为能力人。我国《民法典》规定，八周岁以上的未成年人和不能完全辨认自己行为的成年人为限制民事行为能力人。限制民事行为能力人实施民事法律行为由其法定代理人代理或者经过其法定代理人的同意、追认，但是可以独立实施纯获利益的民事法律行为或者与其年龄、智力相适应的民事法律行为。

一方面，八周岁以上的未成年人由于年龄小，缺乏社会生活经验，其对社会生活的认知程度有一定欠缺，因此其民事行为需要有法定代理人代为实施，或经其同意、追认；但是，另一方面，八周岁以上的未成年人已经有了一定的认知能力，因此其实施的纯获利益的民事法律行为和与其年龄、智力状况相适应的民事法律活动仍确认其有效，才能维护其合法权益。对于不能完全辨认自己行为的成年人，道理亦然。对于如何判断"与其年龄、智力相适应"，可以从行为与本人生活相关联的程度、本人的智力能否理解其行为，以及行为标的数额等方面来判断。

（3）无民事行为能力人。根据《民法典》的规定，不满八周岁的未成年人和不能辨认自己行为的成年人是无民事行为能力人。无民事行为能力人分为两种,一是由于年龄原因,不满八周岁,无法对自己的行为内容及行为后果进行充分的识别并做出判断,从而法律上将其认定为无民事行为能力人;一种是虽然年满十八周岁,但由于生理上、智力上的原因使得其识别辨认自己行为的能力丧失,从而在法律上被认定为无民事行为能力人,如精神分裂症患者。

无民事行为能力人实施民事活动,应由其法定代理人代理实施。无民事行为能力人、限制民事行为能力人的监护人是其法定代理人。

3. 自然人的住所

自然人以户籍登记或者其他有效身份登记记载的居所为住所;经常居所与住所不一致的,经常居所视为住所。

(二) 监护

监护是为了保护无民事行为能力人和限制民事行为能力人的合法权益,维护社会的正常秩序,由监护人对无民事行为能力人与限制行为能力人的人身、财产和其他合法权益进行监督和保护的制度。

导入案例

2016年11月,张某与田某发生电动车相撞事故,造成田某住院5天,产生医疗费、误工费共计5 000多元,事故中张某应负全责。因张某是一名未成年的学生,其母亲陆某作为法定代理人承担赔偿责任却拒不赔偿。2017年7月18日早上,执行干警将沉睡的陆某叫醒并将其拘留。执行干警告知陆某,在这起交通事故中她的女儿负全责,因其女儿未成年,作为其家长要承担起责任,如果执意对抗,将面临拘留甚至判刑。陆某当即给自己丈夫打电话商量赔款。当天下午,陆某丈夫就将执行款带到法院,案件顺利执结。①

试讨论:监护制度设立的意义是什么?

1. 监护人的职责

《民法典》第三十四条规定,监护人的职责主要是:

(1) 保护被监护人的人身权益。监护人应当保护被监护人的身体健康和人身安全,防止被监护人受到不法侵害。

(2) 保护和管理被监护人的财产权益。监护人必须妥善管理和保护被监护人

---

① 摘编自:《焦作一未成年女孩撞人致伤 家长拒不赔付被拘》,东方今报·猛犸新闻。

的财产,除非为了被监护人的利益,否则监护人不得处分被监护人的财产。如果监护人擅自处理被监护人的财产,对被监护人造成损害的,监护人应当承担损害赔偿责任。

(3)代理被监护人实施民事法律行为。无民事行为能力人、限制民事行为能力人的监护人是他的法定代理人。无民事行为能力人、限制民事行为能力人所不能实施的民事法律行为,均应由其监护人代理进行或由监护人同意后进行。

(4)教育和照顾被监护人。监护人必须在日常生活中给与被监护人必要的关心和照料,并有义务对被监护人进行德育、智育、体育等方面的培养和教育,约束被监护人的行为,防止其实施不法行为。如果监护人不履行职责,导致被监护人实施了损害国家、集体的财产权利或其他人的人身或财产权利的行为,监护人必须对被监护人所造成的损害承担赔偿责任。监护人能够证明自己确实尽了监护职责的,可以减轻他的责任。

(5)代理被监护人进行诉讼。在被监护人的利益受到侵害或者与他人发生争议时,法律要求监护人代理被监护人进行诉讼,以维护其合法权益。

监护人应当按照最有利于被监护人的原则履行监护职责。监护人除为维护被监护人利益外,不得处分被监护人的财产。未成年人的监护人履行监护职责,在作出与被监护人利益有关的决定时,应当根据被监护人的年龄和智力状况,尊重被监护人的真实意愿。成年人的监护人履行监护职责,应当最大限度地尊重被监护人的真实意愿,保障并协助被监护人实施与其智力、精神健康状况相适应的民事法律行为。监护人依法履行监护职责产生的权利,受法律保护。

监护人不履行监护职责或者侵害被监护人合法权益的,应当承担法律责任。

2. 监护种类及临时性监护措施

为保护无民事行为能力人和限制民事行为能力人的合法权益,《民法典》对监护做了更为全面的规定,丰富了监护的种类,规定了临时监护措施以及对监护的干预。

(1)法定监护。法定监护是指由法律直接规定监护人及监护人的顺序的监护。

1)未成年人的监护人。未成年人的父母是他们的当然监护人,父母已经死亡或者没有监护能力时,下列有监护能力的人按顺序担任监护人:祖父母、外祖父母;兄、姐;其他愿意担任监护人的个人或者组织,须经未成年人住所地的居民委员会、村民委员会或者民政部门同意。

2)无民事行为能力或者限制民事行为能力的成年人的监护人。由下列有监护能力的人员按顺序担任:配偶;父母、子女;其他近亲属。其他愿意担任监护人的个人或者组织,须经被监护人住所地的居民委员会、村民委员会或者民政部门同意。

【想一想】

近几年新闻报道中多起幼儿坠楼事件当中,监护人应承担什么样的责任?建议观看电影《刮痧》,思考中美监护制度的异同。

(2)指定监护。指定监护是指没有法定监护人或是对监护人的确定有争议的,由有关单位或人民法院在尊重被监护人真实意愿的基础上,根据最有利于被监护人的原则指定监护人。有权指定监护的机关是被监护人住所地的居民委员会、村民委员会、民政部门及人民法院。为保护被监护人的权益,指定监护后不得擅自变更监护人,如果擅自变更的,不免除被指定的监护人的责任。

(3)遗嘱监护。遗嘱监护是指监护人可以通过遗嘱的方式确定监护人,是监护人为父母时可以采用的一种确定监护人的方式。

(4)协议监护。协议监护是指依法具有监护资格的人可以通过协议的方式确定监护人,协议确定监护人应当尊重被监护人的真实意愿。

(5)临时监护。指由于监护人的确定有争议,在有关机关指定监护人前,为避免被监护人的人身权利、财产权利以及其他合法权益处于无人的保护状态,由被监护人住所地的居民委员会、村民委员会、法律规定的有关组织或者民政部门担任临时监护人的制度。

此外,《民法典》还规定,因发生突发事件等紧急情况,监护人暂时无法履行监护职责,被监护人的生活处于无人照料状态的,被监护人住所地的居民委员会、村民委员会或者民政部门应当为被监护人安排必要的临时生活照料措施。

(6)公职监护。又称为国家监护,是指在没有依法具有监护资格的人时,为维护被监护人的合法权益,可以由民政部门担任监护人,也可以由具备履行监护职责条件的被监护人住所地的居民委员会、村民委员会担任监护人。

(7)意定监护。是指具有完全民事行为能力的成年人通过与其近亲属、其他愿意担任监护人的个人或者组织事先协商,以书面形式来确定自己的监护人,在自己丧失或是部分丧失民事行为能力时,由该监护人履行监护职责的制度。与协议监护不同,意定监护是完全民事行为能力人为自己选定监护人的制度。

3. 监护资格的撤销与恢复

(1)监护资格的撤销。监护人有下列情形之一的,人民法院根据有关个人或者组织的申请,撤销其监护人的资格,安排必要的临时监护措施,并按照最有利于被监护人的原则依法指定监护人:①监护人实施严重损害被监护人身心健康的行为;②怠于履行或无法履行监护职责,且拒绝将监护职责部分或者全部委托给他人,导致被监护人处于危困状态;③实施严重侵害被监护人合法权益的其他行为。这里的有关个人、组织包括:其他依法具有监护资格的人,居民委员会、村民委员会、学校、医疗机构、妇女联合会、残疾人联合会、未成年人保护组织、依法设立的老年人组织、民政部门等。

依法负担被监护人抚养费、赡养费、扶养费的父母、子女、配偶等,被人民法院撤销监护人的资格后,应当继续履行负担的义务。

(2)监护资格的恢复。被监护人的父母或者子女被人民法院撤销监护人资格后,除对被监护人实施故意犯罪的外,确有悔改表现的,经其申请,人民法院可以在尊重被监护人真实意愿的前提下,视情况恢复其监护人资格,人民法院指定的监护人与被监护人的监护关系同时终止。

4.监护关系的终止

监护关系的终止是指由于出现法定情形使得监护不能或是不再有必要时监护关系终止。监护关系终止的情形有:①被监护人取得或者恢复完全民事行为能力;②监护人丧失监护能力;③被监护人或者监护人死亡;④人民法院认定监护关系终止的其他情形。监护关系终止后,被监护人仍然需要监护的,应当依法另行确定监护人。监护关系终止后,被监护人仍然需要监护的,应当依法另行确定监护人。

(三)宣告失踪与宣告死亡

宣告失踪与宣告死亡在现代民法中是不可缺少的一项制度。由于战争、自然灾害以及一些危险性的活动譬如驴友探险登山等,人们遭遇意外而处于下落不明状态,其人身关系和财产关系势必也处于一种不确定状态,而这种不确定若状态长期存在,不仅不利于下落不明人的财产的管理和利用,而且会影响到有利害关系的第三人的权益,不利于社会经济的发展和社会经济秩序的稳定,因此有必要通过宣告失踪与宣告死亡制度来调整下落不明人的人身关系与财产关系,以确保正常的社会经济秩序。

1.宣告失踪

宣告失踪是指通过一定的法律要件和程序,人民法院对自然人失踪的事实加以确认和宣告的制度。目的是通过宣告失踪制度为失踪人设置财产代管人,维护失踪人的合法权益。

(1)宣告失踪的条件。根据《民法典》的规定,自然人下落不明满二年的,利害关系人可以向人民法院申请宣告该自然人为失踪人。自然人下落不明的时间自其失去音讯之日起计算。战争期间下落不明的,下落不明的时间自战争结束之日或者有关机关确定的下落不明之日起计算。

(2)宣告失踪的法律后果。

1)为被宣告失踪人的财产设置财产代管人。宣告失踪后,失踪人的财产由他的配偶、成年子女、父母或者其他愿意担任财产代管人的人代管。代管有争议,没有前款规定的人,或者前款规定的人无代管能力的,由人民法院指定的人代管。

2)代失踪人履行义务。在失踪人失踪期间,失踪人所欠税款、债务和应付的其他费用,由财产代管人从失踪人的财产中支付。财产代管人应谨慎妥善管理失踪人的财产,如果因故意或重大过失造成失踪人财产损失的,应当承担赔偿责任。如果财产代管人不能很好履行代管职责、侵害失踪人利益或是本人失去代管能力的，利害关系人可以向人民法院申请变更财产代管人。

3）在涉及失踪人财产权益的诉讼中，财产代管人的法律地位是原告或被告，而非代理人。

失踪人重新出现，经本人或者利害关系人申请，人民法院应当撤销失踪宣告。失踪人有权请求财产代管人及时移交有关财产并报告财产代管情况。

2. 宣告死亡

宣告死亡，是指自然人离开自己的住所没有任何消息达到法定期限的，经利害关系人申请，由人民法院依法定程序宣告其死亡的一种法律制度。

（1）宣告死亡的条件。根据《民法典》的规定，公民有下列情形之一的，利害关系人可以向人民法院申请宣告该自然人死亡：下落不明满四年的；因意外事件，下落不明满二年（因意外事件下落不明，经有关机关证明该自然人不可能生存的，申请宣告死亡不受二年时间的限制）。《民事诉讼法》也有类似规定。

对同一自然人，有的利害关系人申请宣告死亡，有的利害关系人申请宣告失踪，符合宣告死亡条件的，人民法院应当宣告死亡。被宣告死亡的人，人民法院宣告死亡的判决作出之日视为其死亡的日期；因意外事件下落不明宣告死亡的，意外事件发生之日视为其死亡的日期。

（2）宣告死亡的法律后果。死亡意味着民事主体资格的消灭，宣告死亡和自然死亡有着同样的法律后果：人身关系方面，婚姻关系自死亡宣告之日起消除，子女可以被依法收养；财产关系方面，宣告死亡判决一经做出即发生法律效力，遗产继承开始。自然人被宣告死亡但是并未真正死亡的，该自然人在被宣告死亡期间实施的民事法律行为依然有效。

（3）死亡宣告的撤销及法律后果。被宣告死亡的公民重新出现，经本人及利害关系人申请，人民法院应当撤销死亡宣告。

死亡宣告撤销后，人身关系方面，配偶未再婚的，婚姻关系可自撤销死亡宣告之日起自行恢复；但其配偶再婚或者向婚姻登记机关书面声明不愿意恢复的，婚姻关系不能恢复；子女被收养的，不得以未经本人同意为由而主张收养无效。

财产关系方面，被撤销死亡宣告的公民有权要求返还财产，无法返还的，应当给予适当补偿。

（四）个体工商户和农村承包经营户

个体工商户是个体经济在法律上的表现，个体工商户享有从事个体工商业经营的民事权利能力和民事行为能力。个体工商户的正当经营活动受法律保护，对其经营的资产和合法收益，个体工商户享有所有权。

自然人从事工商业经营，经依法登记，为个体工商户。个体工商户可以起字号。个体工商户的债务，个人经营的，以个人财产承担；家庭经营的，以家庭财产承担；无法区分的，以家庭财产承担。

农村集体经济组织的成员,依法取得农村土地承包经营权,从事家庭承包经营的,为农村承包经营户。农村承包经营户的债务,以从事农村土地承包经营的农户财产承担;事实上由农户部分成员经营的,以该部分成员的财产承担。

二、法人

现代社会中,在自然人权利主体之外,还有各种组织以自己的名义从事社会经济活动,被称为法律上拟制的人。

(一)什么是法人

法人是具有民事权利能力和民事行为能力,依法独立享有民事权利和承担民事义务的组织。

根据《民法典》的规定,法人具有以下几个特征:

1. 依法成立

一个社会组织成为法人必须依法定程序设立,法人因其性质不同、经营范围不同,设立程序也不同。法人的设立分别由《民法典》、《公司法》、《企业法人登记管理条例》、《公司登记管理条例》、《社会团体登记管理条例》、《事业单位登记管理暂行条例》及《民办非企业单位登记管理暂行条例》等加以详细规定。社会组织根据法律规定、依法定程序成立后才能取得法人资格,成为合法的民事主体。

2. 有独立的财产或经费

法人作为民事主体参与民事活动,独立的财产是其享有民事权利、承担民事义务的物质基础,也是其进行生产经营及维持法人日常运转的基础。

【法律小知识】

我国《公司法》第三条第一款:公司是企业法人,有独立的法人财产,享有法人财产权。公司以其全部财产对公司的债务承担责任。第三条第二款:有限责任公司的股东以其认缴的出资额为限对公司承担责任;股份有限公司的股东以其认购的股份为限对公司承担责任。

根据我国2018年新修订的《公司法》及相关条例,现在注册公司已经改实缴为认缴,也就是说注册资本的实缴已经没有期限承诺限制,也没有认缴最低限额,除特殊资质外,公司成立也不再需要《验资报告》。

我国《企业破产法》第三十五条:人民法院受理破产申请后,债务人的出资人尚未完全履行出资义务的,管理人应当要求该出资人缴纳所认缴的出资,而不受出资期限的限制。

3.有自己的名称、组织机构、住所

法人的名称是区别于其他组织、法人的标志,也能表明法人的性质以及经营范围等。法人的组织机构是法人行使管理职能、从事日常经营办公不可缺少的机构。法人的住所是法人从事生产经营及日常办公的固定场所,不仅是生产经营需要,也便于国家进行监管,另外法人的住所在发生纠纷后确定司法管辖有着重要的意义。

4.能够独立承担民事责任

法人作为一个民事主体,能够以自己的名义参与民事活动,行使民事权利、承担民事义务,以其全部财产独立承担民事责任。

(二)法人的范围

法人依法成立,可以开始从事自己的业务活动。但不同的法人,其经营、活动范围各不相同。法人的经营、活动范围及其大小,由法人的性质、章程或者活动宗旨所决定,这在法律上称之为法人的民事权利能力和民事行为能力。

法人的民事权利能力是指法人作为民事权利主体实施民事活动,享有民事权利、承担民事义务的资格。

法人的民事行为能力是指法人以自己的意思实施民事活动,依法取得民事权利、承担民事义务的资格。

与自然人不同,法人的民事权利能力与民事行为能力均始于法人成立之时,终于法人消灭或终止之时,且法人的民事权利能力与民事行为能力是一致的,都是其经营范围或者法律、章程规定的活动、业务范围。

(三)法人的种类

由于法人的性质不同,其活动、业务或者经营范围也各不相同。在学理上,为了深入探讨各类法人的特性,学者们依据不同的标准对法人作了不同的分类。如,依据是否以营利为目的,分为企业法人与非企业法人;按照是否依据《公司法》而设立,可以分为公司法人与非公司法人;依据法人的设立是否以社员的存在为基础,可以将法人分为社团法人与财团法人;根据法人是否以公益为目的,可以将法人分为公益法人与私益法人,等等。我国《民法典》将法人分为以下三类。

1.营利法人

指以取得利润并分配给股东等出资人为目的成立的法人,为营利法人。

营利法人包括有限责任公司、股份有限公司和其他企业法人等。

2.非营利法人

指为公益目的或者其他非营利目的成立,不向出资人、设立人或者会员分配所取得利润的法人。

非营利法人包括事业单位、社会团体、基金会、社会服务机构等。

3.特别法人

根据《民法典》的规定,机关法人、农村集体经济组织法人、城镇农村的合作经济组织法人、基层群众性自治组织法人,为特别法人。

(四)法人的变更、终止与清算

1. 法人的变更

法人的变更是指法人在性质、组织机构、经营范围、财产状况以及名称、住所等方面的重大变更。

2. 法人的终止

法人的终止是指法人法律人格的丧失。引起法人终止的原因有:解散;依法宣告破产;法律规定的其他原因。

3. 法人的清算

法人终止时应依法进行清算,由清算组织负责清算工作。清算工作包括:业务了结;财产清理;注销登记和公告。清算期间法人存续,但是不得从事与清算无关的活动。清算结束并完成法人注销登记时,法人终止;依法不需要办理法人登记的,清算结束时,法人终止。

【法律小知识】

法定代表人是依照法律或者法人章程的规定,代表法人从事民事活动的负责人,法定代表人以法人名义从事的民事活动,其法律后果由法人承受。法人章程或者法人权力机构对法定代表人代表权的限制,不得对抗善意相对人。

三、非法人组织

非法人组织是不具有法人资格,但是能够依法以自己的名义从事民事活动的组织。非法人组织包括个人独资企业、合伙企业、不具有法人资格的专业服务机构等。

第三节 人们享有哪些民事权利？承担什么样的民事义务？

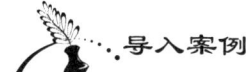

作家魏锡林创作的小说《荷花女》，在《今晚报》副刊自1987年4月18日至同年6月12日进行配图连载。小说中的荷花女以吉文贞为原型，并使用了吉文贞的真实姓名和艺名，小说内容除部分写实外，还虚构了部分有关生活作风、道德品质的情节。吉文贞1925年6月出生在上海一个曲艺之家，自幼随父学艺演唱，从1940年起在天津登台演出，曾红极一时，1944年病故。在小说连载过程中，吉文贞的母亲陈秀琴及其亲属以小说损害了吉文贞的名誉为由，先后两次要求报社停载，被拒绝。

1987年6月，陈秀琴向天津市中级人民法院起诉，以魏锡林在创作发表的小说《荷花女》中故意歪曲并捏造事实，侵害了已故艺人吉文贞和自己的名誉权，而《今晚报》未尽审查义务致使损害扩大为由，提起诉讼，要求两被告停止侵害，恢复名誉，赔偿损失。

古人云："圣人不死，大盗不止。"尽管我们许多人都有一颗善良纯朴的心，相信世界上还是好人多，但是法律不是对好人的不敬，相反，法律是让人成为好人的"游戏规则"。社会生活的经验告诉我们："害人之心不可有，防人之心不可无"，在各种社会经济生活中，"先小人后君子"的法律远比"先君子后小人"的伪善说教更可靠，更具有对抗风险的能力。我们要做到既努力成为一个好人，又不让坏人有机可乘，就要通过学习民法知识，了解我们在日常生活中享有哪些民事权利，应该承担哪些民事义务，并在生活中主动依法行事，这样才能既保护好我们自己，又防止坏人做坏事，使我们的生存环境更加和谐文明。

一、民事权利

民事权利是民事主体依照法律规定或者合同约定，以自己的意愿实现一定的利益的可能性。我国《民法典》规定的民事权利涉及广泛，大体上可分以下几类。

（一）人格权

人格权指为民事主体所固有而由法律直接赋予民事主体所享有的各种人身权利。人格权是一种非财产权,具有人身依附性,永远与主体相伴而生。我国《民法典》第一百一十条规定,"自然人享有生命权、身体权、健康权、姓名权、肖像权、名誉权、荣誉权、隐私权、婚姻自主权等权利。法人、非法人组织享有名称权、名誉权和荣誉权"。

1. 人格权的一般规定

人格权是法律规定的作为民事法律关系主体所应享有的基本权利。民事主体的人格权受法律保护,不得放弃、转让或者继承。人格权受到侵害时,受害人有权请求行为人承担停止侵害、排除妨碍、消除危险、消除影响、恢复名誉、赔礼道歉等民事责任,且此类请求权不适用诉讼时效的规定。同时,我国《民法典》还规定了死者的姓名、肖像、名誉、荣誉、隐私、遗体等受到侵害时,死者的配偶、子女、父母享有请求权;没有上述请求权人的,死者的其他近亲属享有请求权。

因当事人一方的违约行为而损害对方人格权并造成严重精神损害的,受害人一方选择请求其承担违约责任时,并不影响受损害方请求精神损害赔偿。

当然,《民法典》既规定了对人格权的保护,也规定了出于新闻报道和舆论监督的需要对民事主体的姓名、名称、肖像、个人信息的合理使用。只有不合理的使用侵害了民事主体的人格权时,才应当承担民事责任。

2. 生命权、身体权和健康权

自然人的生命权是指自然人享生命安全和生命尊严不受侵害的权利;自然人身体权是指自然人享有的身体完整和行动自由的权利;自然人的健康权是指自然人享有的身心健康权利。

自然人的生命权、身体权和健康权受法律保护,何组织或者个人不得侵害。以非法拘禁等方式剥夺、限制他人的行动自由,或者非法搜查他人身体的,受害人有权依法请求行为人承担民事责任。

自然人的生命权、身体权、健康权受到侵害或者处于其他危难情形的,负有法定救助义务的组织或者个人应当及时施救。

我国法律保障自然人的生命权、身体权和健康权,杜绝人体组织和人体器官买卖行为。首先,人体组织和人体器官的捐献仅限于完全民事行为能力人;其次,提倡无偿捐献,且应遵循以下原则:①自愿原则:不得强迫、欺骗、利诱其捐献;②应当采用书面形式:捐献方与接受捐献方应签订捐献协议,或是订立遗嘱。如果自然人生前没有明确表示不同意捐献的,该自然人死亡后,其配偶、成年子女、父母可以通过书面形式共同决定捐献。

【读一读】

　　2014年,6岁的小女孩徐某不慎从17楼家里的飘窗上掉下而死亡,她的父母共同决定将其眼角膜捐献,帮助其他人重见光明。2015年,歌手姚贝娜患病去世,在她去世之前,曾经叮嘱亲人把眼角膜捐献给有需要的人,后来医院用姚贝娜的眼角膜成功地救治了4名盲人。她们的事迹将永远被人们铭记。

　　为了医学研究需要进行法医学临床人体试验,应当经相关主管部门批准并经伦理委员会审查同意。在依法告知受试者或者受试者的监护人试验目的、用途和可能产生的风险等详细情况的前提下,经其书面同意方可进行,并不得向受试者收取试验费用。同时规定了从事与人体基因、人体胚胎等有关的医学和科研活动,应当遵守法律、行政法规和国家有关规定,不得危害人体健康,不得违背伦理道德,不得损害公共利益。

　　2018年11月26日,在第二届国际人类基因组编辑峰会召开的前一天,来自中国深圳的科学家贺建奎宣布:一对名为露露和娜娜的基因编辑婴儿于11月在中国健康诞生,这对双胞胎的一个基因经过修改,使她们出生后即能天然抵抗艾滋病。这一消息引发了科学界对于临床试验伦理与安全问题的思虑。

　　3. 姓名权和名称权

　　自然人的姓名权是指自然人在不违背公序良俗的前提下依法享有的决定、使用、变更或者许可他人使用自己的姓名的权利。法人与非法人组织的名称权是法人、非法人组织享有依法决定、使用、变更、转让或者许可他人使用自己的名称的权利。

　　姓名权、名称权的决定、变更、转让,必须依法办理登记手续。具有一定社会知名度,被他人使用足以造成公众混淆的笔名、艺名、网名、译名、字号、姓名和名称的简称等参照适用姓名权和名称权保护的有关规定。

　　4. 肖像权

　　自然人的肖像权是自然人依法享有的制作、使用、公开或者许可他人使用自己的肖像的权利。任何组织或者个人不得以丑化、污损,或者利用信息技术手段伪造等方式侵害他人的肖像权。未经肖像权人同意,不得制作、使用、公开肖像权人的肖像,不得以发表、复制、发行、出租、展览等方式使用或者公开肖像权人的肖像。但合理使用肖像的行为可以不经肖像权人的同意。

　　5. 名誉权和荣誉权

　　名誉权是民事主体依法享有的维护其在品德、声望、才能、信用等方面社会评价的权利。任何组织或者个人不得以侮辱、诽谤等方式侵害他人的名誉权。

　　为公共利益的需要,实施新闻报道、舆论监督等行为而影响他人名誉的,不承担民事责任。但是不得捏造、歪曲事实。对他人提供的严重失实内容未尽到合理核实义务、使用侮辱性言辞等贬损他人名誉的,应当承担民事侵权责任。

荣誉权是民事主体所享有的从有关组织获取荣誉称号的权利。任何组织或者个人不得非法剥夺他人的荣誉称号,不得诋毁、贬损他人的荣誉。获得的荣誉称号应当记载而没有记载的,民事主体可以请求记载;获得的荣誉称号记载错误的,民事主体可以请求更正。

6. 隐私权和个人信息保护

隐私权是自然人享有的私人生活安宁和不愿为他人知晓的私密空间、私密活动、私密信息不被刺探、侵扰、泄露、公开的权利。

侵犯隐私权的方式包括:①以电话、短信、即时通信工具、电子邮件、传单等方式侵扰他人的私人生活安宁;②进入、拍摄、窥视他人的住宅、宾馆房间等私密空间;③拍摄、窥视、窃听、公开他人的私密活动;④拍摄、窥视他人身体的私密部位;⑤处理他人的私密信息;⑥以其他方式侵害他人的隐私权。

自然人的个人信息是以电子或者其他方式记录的能够单独或者与其他信息结合而识别特定自然人的各种信息,包括自然人的姓名、出生日期、身份证件号码、生物识别信息、住址、电话号码、电子邮箱、健康信息、行踪信息等。个人信息中的私密信息,适用有关隐私权的规定;没有规定的,适用有关个人信息保护的规定。

(二) 物权

财产是个人和社会发展的基础,是用来满足人们各种要求的一切物质财富。"无财产即无人格",任何法律人格都是建立在财产之上的。而作为法律权利的财产要受到尊重并被法律保护,必须具有稀缺性并能被人所控制,同时还必须是被法律所认可的财产,即合法财产。法律上的财产包括:收入(如工资、稿费、演出费、银行利息等孳息、租金、转让所得、得奖所得、经营所得等)、房屋、生活用品、生产工具和原材料,及其他属私人所有的动产和不动产。

财产权是指以物质财富为对象,直接与经济利益相联系的民事权利,如物权、债权、知识产权等。由于财产权一般是可以以金钱来计算其价值并可以转让处分的,所以财产权的归属与行使,就需要根据不同财产权的特性而作出不同的规定。按照我国《民法典》的编纂体例,我们将分别就物权、债权、知识产权等进行介绍。

1. 关于物权的一般规定

物权是权利人依法对特定的物享有直接支配和排他的权利,包括所有权、用益物权和担保物权。另外,由于所有权中占有权与使用权、收益权、处分权的分离已成当代社会的常见现象,我国《民法典》还专章就财产的占有作了规定。

物权与人格权相比较,具有以下特性:①物权是权利人对于特定物的权利;②物权是权利人直接支配物的权利;③物权具有排他性。

我国《民法典》关于物权的一般法律规定主要有:

(1) 物权的平等保护原则。国家、集体、私人的物权和其他权利人的物权受法律平等保护,任何组织或者个人不得侵犯。

(2)不动产登记原则。不动产物权的设立、变更、转让和消灭,应当依照法律规定登记,不动产登记簿是物权归属和内容的根据。经依法登记,发生效力;未经登记,不发生效力,但是法律另有规定的除外。依法属于国家所有的自然资源,所有权可以不登记。不动产的登记,由不动产所在地的登记机构办理;不动产权属证书是权利人享有该不动产物权的证明。

(3)动产物权的交付。动产物权的设立和转让,自交付时发生效力,但是法律另有规定的除外。船舶、航空器和机动车等的物权的设立、变更、转让和消灭,未经登记,不得对抗善意第三人。

(4)物权的保护。物权受到侵害的,权利人可以通过和解、调解、仲裁、诉讼等途径,请求归还原物、排除妨碍、消除危险、修理、重作、更换或者恢复原状;造成权利人损害的,权利人可以依法请求损害赔偿,也可以依法请求承担其他民事责任。

2.所有权

所有权是指所有权人对自己的不动产或者动产,依法享有占有、使用、收益和处分的权利。所有权是民事主体最重要、最基本的权利,是物权中最完整的一项权利。所有权的内容包括:

(1)占有,即所有权人对财产的实际控制。占有可以是所有人占有,譬如购买房屋自己居住;也可以是非所有人占有,譬如租赁合同中承租人对房屋的占有。

(2)使用,即所有权人或占有人为了满足生产和生活的需要,按照物的性能和用途对财产进行利用以实现物的价值。

(3)收益,即所有权人或占有人通过占有、使用等方式在财产上取得某种经济利益。收益又称为孳息,可分为天然孳息和法定孳息。譬如母牛生小牛、果树结果子就是天然孳息,银行存款取得的利息、出租房屋所得的租金就是法定孳息。

(4)处分,即财产所有权人在法律规定的范围内对其财产的处置,比如房屋的出卖、转让、更换。处分是所有权的核心,也是所有权人的最基本的权利,因为处分会涉及财产的所有权的改变。

所有权的种类包括国家所有权、集体所有权、私人所有权。国家所有权是指国家对国有财产的占有、使用、收益和处分的权利,如国有森林、草原、荒地、野生动植物资源,无线电频谱资源,国家所有的文物、矿藏,国家出资的企业,国家举办的事业单位的财产等;集体所有权是指农民集体对其财产享有的占有、使用、收益和处分的权利,包括集体所有的土地、森林、山岭、滩涂、建筑物、生产设施、水利设施等动产和不动产,集体所有的动产和不动产属于本集体成员集体所有;私人所有权,就是指公民个人依法对其所有的动产或者不动产享有的权利,以及私人投资到各类企业中所依法享有的出资人的权益。

业主对建筑物内的住宅、经营性用房等专有部分享有所有权,对专有部分以外的共有部分享有共有和共同管理的权利。业主对其建筑物专有部分享有占有、使用、收益和处分的权利,但是业主行使权利不得危及建筑物的安全,不得损害其他业主的合法权益;业主对建筑物专有部分以外的共有部分,享有权利,承担义务,不得以放弃权利为由不履行义务;业主转让建筑物内的住宅、经营性用房,其对共有部分享有的共有和共同管理的权利一并转让;建筑区划内的道路、绿地、公共场所、公用设施和物业服务用房,属于业主共有,但是属于城镇公共道路、公共绿地或明示属于私人所有的除外;占用业主共有的道路或者其他场地用于停放汽车的车位、车库,应当首先满足业主的需要,其归属由当事人通过出售、附赠或者出租等方式约定。

在相邻关系中,不动产的相邻权利人应当按照有利生产、方便生活、团结互助、公平合理的原则,正确处理相邻关系。不动产权利人应当为相邻权利人用水、排水、通行、铺设管线等提供必要的便利;而不动产权利人建造建筑物,不得违反国家有关工程建设标准,不得妨碍相邻建筑物的通风、采光和日照,不得危及相邻不动产的安全;不动产权利人不得违反国家规定弃置固体废物,排放大气污染物、水污染物、土壤污染物、噪声、光辐射、电磁辐射等有害物质。

案例分析

河南省郑州市天明路上的两个小区的居民发现,因为旁边新建小区开挖基坑导致本小区近百户业主所居住房屋出现裂缝。

请问:小区居民应如何维权?

提示:《民法典》第二百九十五条　不动产权利人挖掘土地、建造建筑物、铺设管线以及安装设备等,不得危及相邻不动产的安全。

第二百九十六条　不动产权利人因用水、排水、通行、铺设管线等利用相邻不动产的,应当尽量避免对相邻的不动产权利人造成损害。

在实践中,还存在对所有权的共有情况。共有是指有两个或两个以上民事主体对动产或不动产共同享有所有权。共有分为按份共有和共同共有。

按份共有,是指两个或两个以上民事主体按照一定份额对共有财产享有权利和义务。按份共有人可以转让其享有的共有的不动产或者动产份额。其他共有人在同等条件下享有优先购买的权利。

共同共有,是指两个或两个以上民事主体对共有财产不分份额平等地享有所有权。各共有人按照约定管理共有财产,没有约定或约定不明的,各共同人都享有管理权利、承担管理义务。

因共有的不动产或者动产产生的债权债务的处理:在对外关系上,各共有人享有连带债权、承担连带债务,但是法律另有规定或者第三人知道共有人不具有连带债权债务关系的除外;在共有人内部关系上,除共有人另有约定外,按份共有人按照份额享有债权、承担债务,共同共有人共同享有债权、承担债务。偿还债务超过自己应当承担份额的,按份共有人有权向其他共有人追偿;共有人对共有的不动产或者动产没有约定为按份共有或者共同共有,或者约定不明确的,除共有人具有家庭关系等外,视为按份共有。按份共有人对共有的不动产或者动产享有的份额,没有约定或者约定不明确的,按照出资额确定;不能确定出资额的,视为等额享有。

3. 用益物权

用益物权是从所有权分离出来的他物权,是指对他人的动产或者不动产依法享有的占有、使用和收益的权利。《民法典》第三百二十四条规定:"国家所有或者国家所有由集体使用以及法律规定属于集体所有的自然资源,组织、个人依法可以占有、使用和收益。"此外,《民法典》还规定了依法取得的海域使用权、探矿权、采矿权、取水权和使用水域、滩涂从事养殖、捕捞的权利受法律保护。

《民法典》规定的用益物权有:土地承包经营权、建设用地使用权、宅基地使用权、居住权、地役权和其他用益物权。其他用益物权包括国家和集体所有的自然资源的使用权、海域使用权、探矿权、采矿权、取水权和使用水域、滩涂从事养殖、捕捞的权利等。

4. 担保物权

担保物权是为了担保债务的履行,在债务人或第三人的特定物或权利上所设定的物权。担保物权是保证债权实现的一种权利,具有从属性,是其所担保的主债权的从权利,当债务人不履行到期债务或者发生当事人约定的实现担保物权的情形时,债权人依法享有就担保财产优先受偿的权利。

担保物权有抵押权、质押权和留置权三种:

(1)抵押权,即债务人或第三人向债权人提供不动产或动产,作为清偿债务的担保而不转移占有所产生的担保物权。当债务人到期不履行债务时,抵押权人有权就抵押财产的价金优先受偿。抵押权人可以申请法院变卖抵押财产抵偿其债权;如有剩余应退还抵押人,如有不足仍可向债务人继续追索。但对不能强制执行的财产不能设定抵押权。

(2)质权,即指债务人或第三人将动产或一定的财产权利移交给债权人作为担保,当债务人不履行到期债务或发生当事人约定的事由时,债权人可就该动产或财产权利优先受偿的权利。其中,以动产出质的为动产质权,以财产权利出质的为权利质权。

(3)留置权,即债权人对已占有的债务人的动产,在债务未清偿前加以留置作为担保的权利。

设立担保物权,应当依照法律的规定订立担保合同。担保合同是主债权债务合同的从合同。主债权债务合同无效的,担保合同无效,但是法律另有规定的除外。

5. 占有

占有是占有人对动产与不动产的实际控制和支配。占有是事实状态而非权利,占有可能有合法的根据,也可能无法律根据。《民法典》在第二编物权的第五分编第二十章对占有作了专门规定:

基于合同关系等产生的占有,有关不动产或者动产的使用、收益、违约责任等,按照合同约定;合同没有约定或者约定不明确的,依照有关法律规定。

占有人因使用占有的不动产或者动产,致使该不动产或者动产受到损害的,恶意占有人应当承担赔偿责任。恶意占有是指占有人占有他人财产时明知或者应当知道其占有是非法的。

不动产或者动产被占有人占有的,权利人可以请求返还原物及其孳息;但是,应当支付善意占有人因维护该不动产或者动产支出的必要费用。善意占有是指占有人在占有他人财产时不知道或者不应当知道其占有是非法的。

占有的不动产或者动产毁损、灭失,该不动产或者动产的权利人请求赔偿的,占有人应当将因毁损、灭失取得的保险金、赔偿金或者补偿金等返还给权利人;权利人的损害未得到足够弥补的,恶意占有人还应当赔偿损失。

占有的不动产或者动产被侵占的,占有人有权请求返还原物;对妨害占有的行为,占有人有权请求排除妨害或者消除危险;因侵占或者妨害造成损害的,占有人有权依法请求损害赔偿。占有人返还原物的请求权,自侵占发生之日起一年内未行使的,该请求权消灭。

(三)债权

《民法典》没有设置债权编,在体系编排上将债法的重要内容——合同与侵权单独成编,并在合同编中增加了准合同这一分编,将无因管理之债、不当得利之债作为准合同进行了全面的规定。同时,《民法典》还在第一编总则的第五章"民事权利"中对债权进行了原则性规定,并列举了债的发生原因,保留了完整的债权概念。在合同编中,《民法典》更详细地对各类债的关系进行了规定,并抽象出了债的一般规则,从而形成了《民法典》中实质的债法体系和债法总则制度体系。所以,结合《民法典》,我们对债权分别从债的概述、合同的一般规则、典型合同和准合同四个方面来进行介绍。

1. 债权概述

债是指依据合同约定或是法律规定在特定当事人之间形成的权利义务关系。民法上的债与生活中通常意义上的债有所不同的。生活中也经常谈到债,"欠债还钱天经地义"、"父债子偿"、"三角债"等用语中的债,通常指的是钱物,然而民法意义上的债是一种民事法律关系,体现了特定当事人之间的民事权利与义务关系。在债的法律关系中,享有权利的一方称债权人,负有义务的一方为债务人。

债权与物权关系都属于财产权关系,都是民法调整财产关系的结果。但是二

者又有不同的特征,主要表现在以下方面:

(1)性质不同。债权反映动态的财产关系,即财产流转关系,财产由一个主体转移给另一个主体的关系;物权主要反映静态的财产关系,即财产的归属关系。

(2)主体范围不同。债权是特定的当事人之间的法律关系,其主体双方都是特定的,债权人的权利原则上只对债务人发生效力。所以民法理论上将债权称为对人权。而物权关系,是特定的权利主体和不特定的义务主体之间的一种法律关系,即物权关系中的义务主体是不特定的,物权人的权利对权利人以外的一切人都发生效力。物权又称对世权。

(3)法律关系的客体范围不同。债权的客体可以是物,也可以是行为等;而物权的客体只能是物,不包括行为。

(4)法律关系的内容不同。债权人的权利主要不是体现在自己实施某种行为的可能性上,而是要求债务人为一定行为或不为一定行为。

根据我国法律的规定,债的发生根据有以下四种:合同、侵权行为、不当得利、无因管理。

2.合同的一般规则

合同是民事主体之间设立、变更、终止民事法律关系的协议。婚姻、收养、监护等与身份相关的协议适用有关该身份关系的法律规定,没有规定的,可以根据其性质参照合同编的相关规定。

合同的特征是:合同是两个或者两个以上法律地位平等的当事人之间意思表示一致的协议;合同以产生、变更或终止债权债务关系为目的;合同是一种民事法律行为。

(1)合同的效力。依法成立的合同受法律保护,由于合同是特定民事主体之间产生的权利义务关系,仅对合同当事人有法律约束力,法律另有规定的除外。

依法成立的合同自成立时生效,但是法律另有规定或者当事人另有约定的除外。依照法律、行政法规的规定,合同应当办理批准等手续的,依照其规定。未办理批准等手续影响合同生效的,不影响合同中履行报批等义务条款以及相关条款的效力。应当办理申请批准等手续的当事人未履行义务的,对方可以请求其承担违反该义务的责任。

无权代理人以被代理人的名义订立合同,被代理人已经开始履行合同义务或者接受相对人履行的,视为对合同的追认。法人的法定代表人或者非法人组织的负责人超越权限订立的合同,除相对人知道或者应当知道其超越权限外,该代表行为有效,订立的合同对法人或者非法人组织发生效力。

当事人超越经营范围订立的合同的效力,应当依照民事法律行为效力的一般性规定和有关合同效力的规定来确定,不得仅以超越经营范围确认合同无效。合同中约定的造成对方人身损害的、因故意或者重大过失造成对方财产损失的免责条款无效。合同由于缺少成立要件而导致不生效、无效、被撤销或者终止的,合同中有关争议解决方法的条款依然有效。

(2) 合同的履行原则。包括全面履行原则、实际履行原则、绿色环保履行原则。

1) 全面履行原则。当事人应按照法律规定或合同约定全面正确地履行债务，包括按照债的履行期限、地点、方式履行其义务。

2) 实际履行原则。当事人应当遵循诚信原则，根据合同的性质、目的和交易习惯履行通知、协助、保密等义务。合同的当事人在履行过程中应相互协作，权利人应该为义务人提供条件，配合义务人履行义务，以保证义务的顺利履行，权利的充分实现。

3) 绿色环保履行原则。当事人在履行合同过程中，应当避免浪费资源、污染环境和破坏生态。

(3) 合同的保全。合同的保全本质上是一种债的保全，是指合同有效成立后，为了防止合同债务人财产的不当减少致使债权人利益受损，而允许债权人可以通过行使某种权利以干预债务人处分自己财产以保证债权实现的法律制度。合同的保全制度有债权人的代位权和撤销权。

债权人的代位权是指因债务人怠于行使其债权或者与该债权有关的从权利，影响债权人的到期债权实现的，债权人可以向人民法院请求以自己的名义代位行使债务人对相对人的权利，但是该权利专属于债务人自身的除外。代位权所行使的权利本属于债务人，但出现了债务人怠于行使权利导致债权人的权利受到影响的情况，债权人可以自己的名义代位行使。权利的行使范围以债权人的到期债权为限。债权人行使代位权的必要费用，由债务人负担。人民法院认定代位权成立的，由债务人的相对人向债权人履行义务，债权人接受履行后，债权人与债务人、债务人与相对人之间相应的权利义务终止。

债权人的撤销权包括无偿处分时的撤销权和不合理价格交易时的撤销权。债务人以放弃其债权、放弃债权担保、无偿转让财产等方式无偿处分财产权益，或者恶意延长其到期债权的履行期限，影响债权人的债权实现的，债权人可以请求人民法院撤销债务人的行为。债务人以明显不合理的低价转让财产、以明显不合理的高价受让他人财产或者为他人的债务提供担保，影响债权人的债权实现，债务人的相对人知道或者应当知道该情形的，债权人可以请求人民法院撤销债务人的行为。撤销权的行使范围以债权人的债权为限。债权人行使撤销权的必要费用，由债务人负担。

撤销权自债权人知道或者应当知道撤销事由之日起一年内行使。自债务人的行为发生之日起五年内没有行使撤销权的，该撤销权消灭。

债权人行使撤销权被人民法院支持撤销后，债务人影响债权人债权实现的行为自始没有法律约束力。

(4) 合同的变更和转让。合同是合同当事人协商一致订立的，同样当事人协商一致也可以变更和转让合同。

1)债权人转让债权。债权人可以将债权的全部或者部分转让给第三人,但应通知债务人,未通知债务人的,该转让对债务人不发生效力。但以下债权不得转让:根据债权性质不得转让;按照当事人约定不得转让,依照法律规定不得转让。债务人接到债权转让通知后,债务人对让与人的抗辩,可以向受让人主张。

2)债务人转让债务。债务人将债务的全部或者部分转移给第三人的,应当经债权人同意。债务人或者第三人可以催告债权人在合理期限内予以同意,债权人未作表示的,视为不同意。

第三人与债务人约定加入债务并通知债权人,或者第三人向债权人表示愿意加入债务,债权人未在合理期限内明确拒绝的,债权人可以请求第三人在其愿意承担的债务范围内和债务人承担连带债务。

合同的权利和义务一并转让的,适用债权转让、债务转移的有关规定。

(5)合同的权利义务终止。合同的权利义务终止,简称为合同的终止、合同的消灭,是指出现特定情形时,合同关系在客观上不复存在,合同权利和合同义务也归于消灭。

1)根据《民法典》的规定,合同在下列情况下终止:债务已经履行;债务相互抵销;债务人依法将标的物提存;债权人免除债务;债权债务同归于一人;法律规定或者当事人约定终止的其他情形。另外,合同解除的,合同的权利义务关系终止。

2)合同权利义务终止的法律后果:权利、义务关系消灭,从权利、从义务一并消灭;合同的权利义务关系终止,不影响合同中结算和清理条款的效力。

3)合同权利义务终止后,债的清偿抵充顺序:债务人对同一债权人负担的数项债务种类相同,债务人的给付不足以清偿全部债务的,除当事人另有约定外,由债务人在清偿时指定其履行的债务。债务人未作指定的,应当优先履行已经到期的债务;数项债务均到期的,优先履行对债权人缺乏担保或者担保最少的债务;均无担保或者担保相等的,优先履行债务人负担较重的债务;负担相同的,按照债务到期的先后顺序履行;到期时间相同的,按照债务比例履行。

4)相关费用、利息、主债务的抵充顺序:债务人在履行主债务外还应当支付利息和实现债权的有关费用,其给付不足以清偿全部债务的,除当事人另有约定外,应当按照下列顺序履行:实现债权的有关费用;利息;主债务。

(6)违约责任。违约责任是指当事人不履行合同义务或者履行合同义务不符合合同约定而依法应当承担的民事责任。违约责任的形式有:继续履行、采取补救措施、替代履行、瑕疵履行的退货减价等、赔偿损失、违约金、定金。我们这里主要介绍违约金和定金。

违约金是指合同当事人在签订合同时约定的,一方违反合同时应当向对方支付的一定数量的金钱或财物。当事人可以约定一方违约时向对方支付一定数额的违约金,也可以约定因违约产生的损失赔偿额的计算方法。约定的违约金低于造成的损失的,人民法院或者仲裁机构可以根据当事人的请求予以增加;约定的违约金过分高于造成的损失的,人民法院或者仲裁机构可以根据当事人的请求予以适当减少。当事人就迟延履行约定违约金的,违约方支付违约金后,还应当履行债务。

定金是合同当事人为了确保合同的履行,约定一方向对方给付一定数额的金钱作为债权的担保。定金合同自实际交付定金时成立。定金的数额由当事人约定;但是,不得超过主合同标的额的百分之二十,超过部分不产生定金的效力。实际交付的定金数额多于或者少于约定数额的,视为变更约定的定金数额。

债务人履行债务的,定金应当抵作价款或者收回。给付定金的一方不履行债务或者履行债务不符合约定,致使不能实现合同目的的,无权请求返还定金;收受定金的一方不履行债务或者履行债务不符合约定,致使不能实现合同目的的,应当双倍返还定金。

当事人既约定违约金,又约定定金的,一方违约时,对方可以选择适用违约金或者定金条款。定金不足以弥补一方违约造成的损失的,对方可以请求赔偿超过定金数额的损失。

案例分析

2015年8月9日,黄某某(乙方)与某商贸公司(甲方)签订《车辆销售合同》,达成购车协议。其中约定,签订合同后,乙方向甲方交付定金人民币40 000元;若甲方不能按合同条款提供车辆时,甲方有义务替乙方换车或免息免违约金退定金。若乙方在规定时间内不来付款提车视为违约,甲方有权没收定金。同日,某商贸公司开具收据一张,内容为:"今收到客户黄某某购车订金¥40 000"。但后来,黄某某因对车辆不满意,要求某商贸公司退还40 000元,某商贸公司拒绝退款,黄某某于是起诉到法院。

一审法院认为,这40 000元为合同定金,于是判决驳回黄某某关于退还40 000元的请求。判后,黄某某不服,请求二审法院撤销原审判决,判令商贸公司退还40 000元及利息。

二审法院认为,首先,黄某某支付的40 000元定金明显超过购车款的百分之二十,不符合法律规定。其次,合同约定如果某商贸公司出现违约仅需免息免违约金退定金,而无须双倍返还。某商贸公司收取黄某某的40 000元并不能体现定金的惩罚性质,不具有定金的本质属性。最后,加盖有财务专用章的收据亦明确40 000元的性质为"订金"而非"定金"。综上,二审法院依法将该40 000元认定为订金。①

一审法院、二审法院对本案当中"订金"、"定金"截然不同的认定,直接影响到了最后的判决结果。

请问:你对此有什么看法?

3. 典型合同

《民法典》规定的典型合同主要有:买卖合同;供用电、水、气、热力合同;赠与合同;借款合同;保证合同;租赁合同;融资租赁合同;保理合同;承揽合同;建设工程合同;运输合同;技术合同;保管合同;仓储合同;委托合同;物业服务合同;行纪合同;中介合同;合伙合同。

4. 准合同

准合同包括不当得利和无因管理。

(1)不当得利。不当得利是指没有法律或合同上的根据取得利益,而致他人受损害。发生不当得利的事实时,在当事人之间产生了债权债务关系,利益受损的一方有权请求对方返还其所得的利益,取得利益的一方有义务向另一方返还所得利益。因不当得利在当事人之间发生的权利义务关系被称为不当得利之债。

得利人没有法律根据取得不当利益的,受损失的人可以请求得利人返还取得的利益。但是有下列情形之一的除外:为履行道德义务进行的给付;债务到期之前的清偿;明知无给付义务而进行的债务清偿。

得利人不知道且不应当知道取得的利益没有法律根据,取得的利益已经不存在的,不承担返还该利益的义务。得利人知道或者应当知道取得的利益没有法律根据的,受损失的人可以请求得利人返还其取得的利益并依法赔偿损失。得利人已经将取得的利益无偿转让给第三人的,受损失的人可以请求第三人在相应范围内承担返还义务。

【议一议】

近几年来随着网络的普及,网络支付及手机银行为人们带来极大便利的同时,也出现了多起由于操作失误转账给陌生人的案例,一旦发生这样的事情,转账人如何维护自己的合法权益?接受转账的一方本身并无过错,是否应对别人的错误行为承担责任?转账双方当事人之间存在什么样的法律关系?

---

① 《定金与订金一字之差,含义却天渊之别》,金羊网。

(2) 无因管理。无因管理是指没有法定的或者约定的义务,为避免他人利益受损失进行管理或者服务的行为。罗马法中有一句格言:"干涉他人之事为违法",然而也是从罗马法开始,即有一种无法律依据而干涉他人事务的行为具有阻却违法性的效果,这就是无因管理。

构成无因管理的,管理者或服务者有权要求受益人支付因无因管理行为而支付的必要的费用。必要的费用包括管理服务过程中支出的费用,以及因该管理与服务行为受到的实际损失。因无因管理行为在当事人之间产生的权利义务关系被称为无因管理之债。

管理人没有法定的或者约定的义务,为避免他人利益受损失而管理他人事务的,可以请求受益人偿还因管理事务而支出的必要费用;管理人因管理事务受到损失的,可以请求受益人给予适当补偿。管理事务不符合受益人真实意思的,管理人不享有前款规定的权利;但是,受益人的真实意思违反法律或者违背公序良俗的除外。

【议一议】

李先生和张女士1991年结婚,婚后育有一子小李。因感情不和,1998年双方离婚,小李由李先生抚养。2005年,李先生因病去世,对小李的抚养责任随后落到了李先生的父亲老李的身上。老李作为一名年过六旬的农民,自己的生活本就没有太多保障,还要承担孙子的学费、生活费等各项费用,于是起诉前儿媳。

请问:老李对孙子的抚养是否构成无因管理?

(四)婚姻家庭中的权利

自然人因婚姻家庭关系而产生的人身权利和财产权利受法律保护。婚姻家庭中的民事权利具有人身和财产的双重性质。婚姻家庭中的权利有婚姻自主权、身份权、家庭成员间的权利义务、继承权等。由于我们每个人都身处婚姻家庭之中,每天都饱受着婚姻家庭中的民事权利与民事义务的浸润,所以婚姻家庭中的权利与义务我们将在第六章专门讲述。

(五)知识产权

知识产权是指民事主体对其智力劳动成果或者工商业生产经营活动中的标记依法所享有的权利。知识产权具有以下特征。

(1) 非物质性,即知识产权的客体不具有物质形态,不占有一定空间,是无形体的知识产品。

(2) 专有性,又叫独占性,指知识产权主体对其知识产品依法享有独占使用,排他性的权利。

(3)地域性,即依据一个国家或地区的知识产权法律授予或者确认的知识产权,只在该特定国家或者地区范围内有效,不具有域外效力。

(4)时间性,即依法产生的知识产权只在法律规定的期限内有效,超出法定期限后,原作为知识产权客体的知识产品即进入公有领域,任何人都可无偿使用。但是,法律有特别规定的除外。比如商业秘密权、商号权等。

《民法典》第一百二十三条规定:"民事主体依法享有知识产权。知识产权是权利人依法就下列客体享有的专有权利:(一)作品;(二)发明、实用新型、外观设计;(三)商标;(四)地理标志;(五)商业秘密;(六)集成电路布图设计;(七)植物新品种;(八)法律规定的其他客体。"

【法律小知识】

我国知识产权法律制度主要有:《著作权法》《专利法》《商标法》《著作权法实施条例》《计算机软件保护条例》《专利法实施细则》《商标法实施条例》《知识产权海关保护条例》《植物新品种保护条例》《集成电路布图设计保护条例》等。

(六)其他民事权利

《民法典》还规定了民事主体享有股权和其他投资性权利,以及对未成年人、老年人、残疾人、妇女、消费者等特殊民事主体的保护;数据、网络虚拟财产也纳入了《民法典》的保护范畴。

2003年北京市朝阳区人民法院审理的国内首例虚拟财产争议案件,原告李某某在游戏中积累和购买的虚拟的"生物武器"被另外一个玩家盗走,但游戏运营商拒绝将盗号者真实资料交给原告。于是,原告以游戏运营商未履行服务义务造成他的私人财产损失为由,将运营商告上了法庭。

二、民事义务

法是以权利和义务为机制来调整人的行为和社会关系的。在法律上,有权利的享有者,就有义务的承担者;每一个人既是权利主体,同时又是义务主体;任何一项权利的实现,都以义务主体履行义务为前提。因此,我国《民法典》在广泛赋予公民各项民事权利的同时,也规定了公民、法人和其他社会组织应当承担的基本法律义务。

(一)守法与守约的义务

《民法典》第一百三十一条规定:"民事主体行使权利时,应当履行法律规定的和当事人约定的义务。"任何民事活动都必须在法律的范围内进行,同时当事人必须严格履行合同约定的义务,否则,不仅相应的民事权利难以实现,还可能承担违法或者违约的法律责任。

(二)不得滥用民事权利的义务

在法律上没有绝对的权利和自由。虽然在大多数情况下民事权利主体可以按照个人意志去行使或放弃该项权利,不受外来的干预或威胁,但是,民事主体也不得滥用民事权利损害国家利益、社会公共利益或者他人合法权益。民事权利的行使必须符合公序良俗、绿色环保的民法原则。

【议一议】

　　2009年,山东济南市民吕某给女儿起了一个既不随父姓、也不随母姓的诗意名字——"北雁云依"。办理户口登记时,当地派出所认为,姓名"北雁云依"不符合办理户口登记条件,拒绝登记。吕某以被监护人"北雁云依"的名义向山东省济南市历下区人民法院提起行政诉讼。这也成为全国首例姓名权行政诉讼案。此案入选最高法指导性案例。

　　请与同学讨论一下:自然人享有姓名权,那么取名、改名可以随心所欲吗?应受哪些限制?

第四节　公民以什么方式参与社会生活?
——民事法律行为

一、民事法律行为的概念

　　法律关系是人们依法形成的权利义务关系,民事主体享有的各项民事权利要得以实现,需要通过参加到一定的民事法律关系之中,成为具体民事法律关系中权利的享有者,通过义务主体履行义务来保障其实现。而要参加到具体的民事法律关系中,最常见、最重要的方式就是民事法律行为。

民事法律行为是民事主体通过意思表示设立、变更、终止民事法律关系的行为。民事法律行为的成立,必须具备以下有效条件:

(一)行为人具有相应的民事行为能力——主体适格

无民事行为能力人实施的民事法律行为无效。

限制民事行为能力人实施的纯获利益的民事法律行为或者与其年龄、智力、精神健康状况相适应的民事法律行为有效;实施的其他民事法律行为经法定代理人同意或者追认后有效。因此有相应的民事行为能力是行为人实施的民事法律行为有效的首要条件。

(二)意思表示真实

意思表示是民事法律行为的核心要素,是行为人对自己实施民事法律行为的内心意思的外在表达。意思表示真实有两层含义:一是行为人的内心意思与外部的表示行为相一致;二是当事人是在意志自由的前提下进行的意思表示。

意思表示可以采用书面、口头或其他形式。

民事法律行为可以基于双方或者多方的意思表示一致成立,也可以基于单方的意思表示成立。法人、非法人组织依照法律或者章程规定的议事方式和表决程序作出决议的,该决议行为成立。

(三)不违反法律、行政法规的强制性规定,不违背公序良俗

民事法律行为不违法,既包括行为的内容不违反法律、行政法规的强制性规定,还包括民事法律行为的形式必须符合法律的程序、形式要求。在私法自治的原则下,行为人意思表示一致,即可以设立、变更、终止民事法律行为,但不能违反法律、行政法规,不能违反公序良俗。

案例分析

　　李龙(化名)和王红(化名)一共有两个儿子。2009年,两位老人就已经80岁,而且因为身体原因无法自己生活。两个儿子与父母商议后便自制了"老人分包赡养协议",分别赡养照顾两位老人,2012年李龙去世。2014年8月,王红由于患重病住院治疗需要花费4万多元的医疗费,大儿子无法独立负担,然而负责赡养父亲的小儿子却以签订了"老人分包赡养协议"为由拒绝支付医药费。

　　请问:子女签订的分别赡养父母的协议是否有效?为什么?

二、民事法律行为的分类

除了上述的民事法律行为成立的共同要件之外,各种不同的民事法律行为,其成立的具体要件也会有所不同,从而对民事法律行为的效力、民事主体的权利义务、民事责任的有无及大小等,也会产生不同的影响。因此有必要依据一定的标准对民事法律行为进行划分,以把握各类民事法律行为的特性。常见的民事法律行为的分类如下。

(一)诺成性民事法律行为与实践性民事法律行为

诺成性民事法律行为是指双方当事人意思表示一致即可成立的民事法律行为。如买卖、租赁、承揽等。

实践性民事法律行为是指除当事人双方意思表示一致外,还须交付标的物始能成立的民事法律行为,故又称要物民事法律行为。如保管、定金、赠与等。

(二)有偿民事法律行为与无偿民事法律行为

有偿民事法律行为是指根据法律行为享有某项权利而必须偿付一定代价的民事法律行为。大部分的民事法律行为都是有偿的,如买卖、运输、仓储等。

无偿民事法律行为是根据法律行为享有权利而无须给付任何代价的民事法律行为。如赠与。

(三)双方民事法律行为与单方民事法律行为

单方民事法律行为是基于当事人一方的意思表示而成立的民事法律行为,即这种民事法律行为是仅凭一方的意思表示便可成立的,而无须得到对方同意。如遗赠、捐赠。

双方民事法律行为是基于双方当事人意思表示一致而成立的民事法律行为。绝大部分民事法律行为是双方法律行为。

(四)双务民事法律行为与单务民事法律行为

双务民事法律行为是指法律行为的双方都负有义务的法律行为。

单务民事法律行为是指法律行为的双方一方负有义务,而另一方仅享有权利的民事法律行为。如赠与、借贷等。

(五)要式民事法律行为与不要式民事法律行为

要式法律行为是指法律规定必须采用某种形式才能进行的民事法律行为。如票据行为。

不要式民事法律行为是指法律没有要求特定形式的民事法律行为。这类法律行为的形式可由双方自由议定。

三、民事法律行为的无效与撤销

（一）无效民事法律行为

无效民事法律行为是指不具备民事法律行为的有效条件从而不能产生行为人预期的法律后果的民事法律行为。根据《民法典》的规定，无效民事法律行为包括：

（1）无民事行为能力人实施的民事法律行为无效：无民事行为能力人实施的行为因为缺乏民事法律行为有效的主体要件被归于无效。而限制民事行为能力人实施的与其年龄、智力、精神健康状况不相适应的民事法律行为并不当然无效，其法定代理人享有追认权和撤销权。

【法律小知识】

《民法典》第二十二条：不能完全辨认自己行为的成年人为限制民事行为能力人，实施民事法律行为由其法定代理人代理或者经其法定代理人同意、追认；但是，可以独立实施纯获利益的民事法律行为或者与其智力、精神健康状况相适应的民事法律行为。

（2）行为人与相对人以虚假的意思表示实施的民事法律行为无效：意思表示真实是民事法律行为有效的条件之一，是民法自愿原则的体现。虚假表示的民事法律行为由于意思表示不真实而无效。民事法律行为的行为人与相对人双方以虚假的意思表示隐藏的民事法律行为又称为"隐藏行为"、"虚假行为"，其特征在于，虽然具有民事法律行为的表象，但双方行为人明知该民事法律行为是虚假的，都不想使其发生效力。例如以逃避债务为目的的虚假财产赠与，双方当事人都不希望发生赠与的效力。以虚假的意思表示隐藏的民事法律行为的效力依照有关法律规定办理。

（3）违反法律、行政法规的强制性规定的行为无效。该强制性规定不导致民事法律行为无效的除外。

（4）违背公序良俗的民事法律行为无效

（5）行为人与相对人恶意串通，损害他人合法权益的民事法律行为无效

【法律小知识】

《民法典》第一百五十六条对法律行为部分无效作了规定。因违法无效的法律行为可以分为目的违法和内容违法，如果法律行为的目的违法，整个法

律行为无效;如果目的合法、只是内容部分违法,则法律行为的内容仅违法的部分无效,不违法的部分仍有效。

(二)可撤销的民事法律行为

可撤销的民事法律行为是指行为人因为意思表示不真实,对已成立并生效的民事法律行为行使撤销权,使其自始不发生效力的民事法律行为。可撤销的民事法律行为在被撤销前,已发生效力。根据《民法典》的规定,可撤销的民事法律行为有以下几种。

1. 重大误解

重大误解是指因认识错误实施的行为。基于错误认识的行为,行为人的意思表示从表面上看是自愿的,但事实上却是违背本意的,所以该行为属于可撤销的民事法律行为。

2. 欺诈

故意隐瞒事实或故意告知对方虚假情况,使对方在违背真实意思的情况下实施的民事法律行为,或是第三人故意隐瞒事实、故意告知虚假情况,使一方在违背真实意思的情况下实施的民事法律行为,而对方知道或者应当知道该欺诈行为的。

3. 胁迫

一方或者第三人以胁迫手段,使对方心生恐惧,在违背真实意思的情况下实施的民事法律行为。

4. 乘人之危显失公平的民事法律行为

一方利用对方处于危困状态、缺乏判断能力等情形,致使民事法律行为成立时显失公平的。

(三)民事法律行为无效或被撤销的法律后果

无效的或者被撤销的民事法律行为自始没有法律约束力。民事法律行为无效、被撤销或者确定不发生效力后,行为人因该行为取得的财产,应当予以返还;不能返还或者没有必要返还的,应当折价补偿。有过错的一方应当赔偿对方由此所受到的损失;各方都有过错的,应当各自承担相应的责任。双方恶意串通,实施民事行为损害国家的、集体的或者第三人的利益的,应当追缴双方取得的财产,收归国家、集体所有或者返还第三人。

四、代理

代理是指代理人在代理权限内,以被代理人的名义实施民事法律行为,由此产生的法律后果由被代理人承担的法律制度。代理制度中,代理人是基于约定或法律规定为他人利益实施民事法律行为的人,被代理人是由他人代替自己实施民事法律行为的人。

我国《民法典》规定,民事主体可以通过代理人实施民事法律行为,但依法律规定,或依法律行为的性质,或按当事人的约定,应当由本人亲自实施的行为除外。如婚姻登记、设立遗嘱、具有人身性质的债务的履行等,必须由本人实施,不得代理。

(一)代理的种类

1. 委托代理、法定代理和指定代理

根据代理人代理权的来源不同,代理可分为委托代理、法定代理和指定代理。

(1)委托代理。基于被代理人的委托授权而发生的代理被称为委托代理。根据《民法典》的规定,委托代理授权采用书面形式的,授权委托书应当载明代理人的姓名或者名称、代理事项、权限和期间,并由被代理人签名或者盖章。

(2)法定代理。根据法律的直接规定而发生的代理关系,即代理人的代理权是基于法律的直接规定而发生的,被称为法定代理。如法律规定无民事行为能力人和限制民事行为能力人的监护人是其法定代理人。

同一事项有多个代理人时,应由多个代理人共同行使代理权,但是当事人另有约定的除外。当约定不明或发生争执时,由人民法院和有关单位依法指定。代理权是基于指定产生的,被称为指定代理。

【法律小知识】

委托代理的授权委托书是代理人行使代理权的依据。由于委托是被代理人单方的授权行为,因此公民在将自己的权利委托给他人行使时应谨慎行事。新通过实施的《民法典》删除了原来《民法通则》关于委托授权不明时代理人负连带责任的条款,意味着委托授权不明时将按照有权代理或是表见代理处理,这样都将由被代理人独自承担相应的法律风险。

2. 单独代理和共同代理

以代理权授予一人或数人为标准,代理可分为单独代理和共同代理。

单独代理是指代理权仅授予一人的代理,又称独立代理。

共同代理是指代理权授予二人以上的代理。数人为同一代理事项的代理人的,应当共同行使代理权,但是当事人另有约定的除外。

3. 本代理与复代理

依选任代理人的不同,代理又可分为本代理与复代理。

本代理,是指基于委托人的直接授权或法律规定而发生的代理关系。

复代理,是指代理人为被代理人的利益而将代理权部分或者全部转托他人而发生的代理关系,故又称转委托。转委托代理需经被代理人同意或者追认才对被代理人产生效力。但紧急情况下代理人为了维护被代理人的利益需要转委托第三人代理的除外。

【法律小知识】

转委托代理经被代理人同意或者追认的,代理人仅就第三人的选任以及对第三人的指示承担责任。转委托代理未经被代理人同意或者追认的,代理人应当对转委托的第三人的行为承担责任,但是在紧急情况下代理人为了维护被代理人的利益需要转委托第三人代理的除外。

(二)代理人、被代理人的权利与义务

1. 代理人的权利与义务

代理人有权获取佣金或报酬;获取有关代理业务的资料与信息;查阅账目。代理人应勤勉地履行代理职责;代理人对被代理人应诚信、忠实,不得滥用代理权;代理人不得受贿或密谋私利,或与第三人串通损害被代理人的利益;代理人不得泄露他在代理业务中所获得的保密情报和资料;代理人应保持正确的账目;代理人不得擅自无故把代理权转托给他人。

2. 委托人的权利与义务

委托人的权利与代理人的义务相对应,代理人的义务即是委托人的权利。委托人有义务向代理人提供有关业务资料和信息;支付佣金或报酬;偿还代理人因履行代理义务而特别支出的费用或遭受的损失。上述义务只存在于委托代理中,法定代理中的被代理人不承担这些义务。

(三)代理权的行使及其后果

1. 依法代理及其后果

代理人在代理权限内,以被代理人的名义实施的民事法律行为,对被代理人发生法律效力。代理权是代理人据以实施民事法律行为,并使行为的效力直接归属于被代理人的权限。代理权并不属于民事权利,而是一种权限、资格或法律地位。在代理关系中,代理权是代理人实施民事法律行为的范围,也是代理活动中被代理人承担民事法律行为法律后果的直接依据。代理人应在代理权限范围内勤勉谨慎行使,极力维护被代理人的合法权益。

2. 违法代理及其法律后果

违法代理是代理人知道或者应当知道代理事项违法仍然实施代理行为,或者被代理人知道或者应当知道代理人的代理行为违法未作反对表示的代理。违法代理的被代理人和代理人应当承担连带责任。

3.滥用代理权及其法律后果

滥用代理权主要有两种情况：

（1）自己代理,即指代理人以被代理人的名义与自己实施民事法律行。《民法典》第一百六十八条第一款规定："代理人不得以被代理人的名义与自己实施民事法律行为,但是被代理人同意或者追认的除外"。

（2）双方代理,即指代理人以被代理人的名义与自己同时代理的其他人实施民事法律行为。《民法典》第一百六十八第二款规定："代理人不得以被代理人的名义与自己同时代理的其他人实施民事法律行为,但是被代理的双方同意或者追认的除外"。

4.无权代理及其法律后果

无权代理是指没有代理权而以他人的名义进行代理活动的民事行为。它包括没有代理权、超越代理权或者代理权终止后的代理行为。

无权代理的法律后果：

（1）行为人没有代理权、超越代理权或者代理权终止后,仍然实施代理行为,未经被代理人追认的,对被代理人不发生效力。

（2）经被代理人追认,由被代理人承担该行为的法律后果。

（3）无权代理的,相对人享有催告权,可以催告被代理人自收到通知之日其三十日内予以追认,被代理人未作表示的,视为拒绝追认。行为人实施的行为被追认前,善意相对人有撤销的权利。

（4）行为人实施的行为未被追认的,善意相对人有权请求行为人履行债务或者就其受到的损害请求行为人赔偿。

（5）相对人知道或者应当知道行为人无权代理的,相对人和行为人按照各自的过错承担责任。

5.表见代理及其法律后果

表见代理是指行为人没有代理权、超越代理权或者代理权终止后,仍然实施代理行为,相对人有理由相信其有代理权,而与其实施民事法律行为的,代理行为有效。

案例分析

陆某在某市有一套房屋,2014年5月,陆某儿子拿着他的印章、身份证和房屋产权证原件委托一家房产中介公司出售房屋。中介公司及时找到了买家徐某。2014年6月,陆某儿子拿陆某印章和徐某签了房屋买卖合同,并到房地产交易中心办理了房屋过户手续。2014年8月,徐某要求入住房屋时,遭到陆某的拒绝。陆某认为,自己的印章、身份证和房屋产权证是被儿子偷出去的,儿子的所作所为他并不知情。双方在交涉无果的情况下,陆某于2014年8月15日起诉到法院,要求法院宣告房屋买卖合同无效。

庭审中,陆某坚持儿子拿自己印章、身份证和房屋产权证签订买卖合同,自己并不知情,均是儿子私下所为,但没有拿出证据予以证明。徐某则认为,在此次房屋买卖中,陆某儿子拿出的陆某印章、身份证和房屋产权证都是真实的,这应视为委托代理关系,而且自己是通过合法途径买得房屋,应当受到法律的保护,所以请求法院依法判决驳回陆某的诉讼请求。

请问:假如你是法官,对陆某儿子的售房行为,你认为是否属无权代理?为什么?将如何认定房屋买卖合同的法律效力?

(四)代理关系的终止

1. 委托代理的终止情形

代理期间届满或者代理事务完成;被代理人取消委托或者代理人辞去委托;代理人丧失民事行为能力;代理人或者被代理人死亡;作为代理人或者被代理人的法人、非法人组织终止。

【法律小知识】

《民法典》第一百七十四条的规定,被代理人死亡后,代理关系终止。但有下列情形之一的,委托代理人实施的代理行为有效:"(一)代理人不知道并且不应当知道被代理人死亡;(二)被代理人的继承人予以承认;(三)授权中明确代理权在代理事务完成时终止;(四)被代理人死亡前已经实施,为了被代理人的继承人的利益继续代理。作为被代理人的法人、非法人组织终止的,参照适用前款规定。"

2. 法定代理或指定代理的终止情形

被代理人取得或者恢复完全民事行为能力;代理人丧失民事行为能力;代理人或者被代理人死亡;法律规定的其他情形。

第五节 侵害了别人的民事权利会有什么后果?
——民事责任

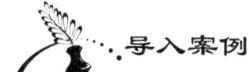导入案例

2016年2月29日,张芳在一家保险公司业务员郭某的介绍下,前往大兴区金苑路金融大厦西侧三楼郭某所供职公司应聘。据张芳称,郭某知道自己要照看孩子,仍劝说她去应聘,自己碍于情面,只得带上两岁大的女儿一同前往。面试过程中,为防止孩子吵闹,郭某将张芳的女儿带出面试房间代为看管。就在面试的过程中,张芳的女儿不慎从大厦四楼拐角楼梯栏杆的间隙处坠落,后经儿童医院抢救无效死亡。大兴法院对此案一审宣判,孩子母亲承担事故10%的责任、郭某承担20%的责任、张芳所应聘公司承担30%的责任、大厦产权人和管理人承担40%的责任;三被告向孩子家属赔偿医疗费、交通费、死亡赔偿金、精神损害抚慰金等共计108万元。对此判决三被告表示不认同,并提起上诉。[1]

在民事活动中,民事主体依照法律规定或者按照当事人约定,履行民事义务,承担民事责任。民事责任是法律责任的一种,目的在于督促义务主体履行义务,保障权利主体民事权利的实现,也是对不履行民事义务一方的惩罚。民事责任的功能以弥补损失为原则,以惩罚为例外,旨在使被侵犯的权益得以恢复。

一、什么是民事责任

民事责任是民事主体在民事活动中,因违反民事法律规范的规定侵犯他人的民事权利或违反约定所要承担的不利民事法律后果。民事责任具有强制性,法律规定民事主体应当承担民事责任,而不主动承担责任,则由国家强制其承担民事责任。民事责任以财产责任为主,其他责任方式为辅;民事责任的范围以弥补损失为

---

[1] 《母亲带幼女应聘工作 面试时孩子坠亡谁责任更大?》,中国新闻网2017年08月30日。

主,惩罚性赔偿为例外。但2020年通过的《民法典》扩大了惩罚性赔偿的适用,明确地将惩罚性赔偿作为民事责任的一般形态。

【法律小知识】

  惩罚性赔偿在之前只是作为民事责任的例外形态散见于一些法律规范中,2003年施行的《商品房买卖司法解释》规定了商品房买卖中的因出卖方原因导致合同无法履行的,可以请求出卖人承担不超过已付购房款一倍的赔偿责任;2009年施行的《食品安全法》规定了生产、销售不符合食品安全标准的食品,消费者除要求赔偿损失外,还可以向生产者或者销售者要求支付价款十倍的赔偿金;2010年施行的《侵权责任法》规定了对产品缺陷造成的人身损害赔偿,被侵权人有权请求相应的惩罚性赔偿,这是第一次在法律中明确使用了"惩罚性赔偿"的表述,但缺乏明确的计算方法;2013年修正后的《消费者权益保护法》规定了经营者提供商品或者服务有欺诈行为的,可以增加赔偿,增加的金额为三倍赔偿;增加赔偿的金额不足五百元的,为五百元;经营者明知缺陷仍然提供造成人身伤害的,受害人有权要求经营者依照法律规定赔偿损失,并有权要求所受损失二倍以下的惩罚性赔偿。

二、民事责任的种类

(一)违反约定的民事责任

违反约定的民事责任简称违约责任,是当事人一方不履行合同义务或者履行合同义务不符合约定时所要承担的民事责任。违反约定的行为主要有:不履行合同、不完全履行合同、迟延履行和毁约行为。

  缺乏经济偿还能力的准大学生小云(化名),在美容院工作人员的"指导"下,仅十分钟的时间就从借款平台上借了30 000多元的美容手术费。在即将手术前,这位小姑娘"清醒"过来,要求美容院和贷款平台终止服务。小云离开医院后想,自己只是个学生,不大可能贷款成功。可没想到,当天晚上九点就收到了信息,发现自己贷款成功,每月需要还款2 200元,共18个月期限,连本带息总计39 600元,这完全超出了自己的经济能力。而小云更不解的是,自己所贷的这笔钱并没有给她,而直接打到了美容院账上。想着自己还没做手术,小云准备第二天去退款。次日,美容院的工作人员告诉小云,不能退款。因为她的贷款已经成功,如果要退款的话,需要支付10 000元的违约金。要不然就做个价值约16 000元的整形手术。

请问:准大学生遭遇美容小额贷,因家人反对放弃美容,结果贷款的30 000多元一分钱没拿到,却被要求支付10 000元的违约金。这10 000元的违约金是否有法律依据?如果有依据,违约金有无上限?准大学生该如何维护自己的合法权益?

【法律小知识】

违约金是指按照当事人的约定或者法律规定,一方当事人违约的,应向另一方支付的金钱。违约金既有担保债务履行的功能,又有对违反约定的一方当事人的惩罚功能。违约金通常由双方在合同中约定,约定的违约金数额若超过给对方造成损失的百分之三十的,可认定为过分高于造成的损失,可以请求法院给予减少。

(二)侵权责任

侵权行为是指行为人由于过错实施了侵害他人的财产权或者人身权,依法应当承担民事责任的行为,以及依照法律特别规定应当承担民事责任的其他致人损害的行为。比如2020年《民法典》规定了侵害英雄烈士等的姓名、肖像、名誉、荣誉,损害社会公共利益的,应当承担民事责任。

侵权责任是指行为人因实施了侵害他人财产权利或人身权利的侵权行为所应当承担的民事法律责任。

1. 侵权责任的归责原则

侵权责任的归责原则就是确定行为人承担民事责任的基本标准和准则。我国民法实行的是以过错责任原则为主,以推定过错责任原则和无过错责任原则为辅的归责原则。

(1)过错责任原则。指行为人对因自己的过错行为侵害了他人的民事权益而造成的损害才承担民事法律责任的归责原则。即对造成的损害,行为人仅在有过错的情况下,才承担民事法律责任;无过错则不承担民事法律责任。行为人的过错,由受害人承担举证责任。如在道路人行道上打羽毛球不小心将路过的行人眼睛打伤而应承担的赔偿责任。

(2)无过错责任原则。指基于法律的明确规定,只要造成了他人民事权益的损害,不论行为人主观上有无过错,行为人或者与造成损害原因有关的人都应当承担民事责任的归责原则。如污染环境造成损害应承担的民事责任。

(3) 推定过错责任原则。指依照法律规定,一旦行为人的行为致人损害,就推定其主观上有过错,除非其能证明自己没有过错,否则就应承担侵权责任的归责原则。推定过错责任原则只有在法律明文规定的情况下才适用。如高空抛物致人损害的,由侵权人依法承担侵权责任(过错责任原则);经调查难以确定具体侵权人的,除能够证明自己不是侵权人的外,由可能加害的建筑物使用人给予补偿(推定过错责任原则)。

公平责任原则是指对于损害事实的发生当事人双方均无过错,且不能适用无过错责任原则,可受害人的损失不能得到补偿又显失公平时,根据公平原则在当事人之间合理分担损失的归责原则。我国《民法典》第一百八十三条、一千一百八十六条的规定都体现了公平原则的精神。

2. 侵权责任的种类

民事侵权责任分为一般侵权责任与特殊侵权责任。

(1) 一般侵权责任。指行为人基于过错实施了侵害他人财产权利或者人身权利的违法行为而应当承担的民事法律责任。

一般侵权责任的构成要件是:①必须有损害事实存在:有损害才有赔偿,赔偿的前提是有实际损害的存在。损害既可以是财产损害,也可以是人身健康的损害;既可以是物质财富的损失,也可以是精神的伤害;②行为人的行为是违法行为:合法行为不会产生赔偿责任;③违法行为与损害事实之间存在因果关系;④行为人主观上有过错,包括故意和过失。

(2) 特殊侵权责任。指由法律直接规定的,在侵权责任的主体、主观构成要件、举证责任等方面不同于一般侵权责任的民事法律责任。

特殊侵权的民事责任包括:

1) 无民事行为能力人、限制民事行为能力人致人损害的民事责任,由监护人承担,但监护人尽到监护职责的,可以减轻其侵权责任;无民事行为能力人和限制民事行为能力人在幼儿园、校园和其他教育机构受到伤害的,由幼儿园、学校或教育机构承担民事责任。

2) 职务侵权致人损害的民事责任。用人单位工作人员因执行工作任务造成他人损害的,由用人单位承担侵权责任。用人单位承担侵权责任后,可以向有故意或者重大过失的工作人员追偿。

3) 雇主在用工关系中致人损害的民事责任。个人之间形成劳务关系,提供劳务一方因劳务造成他人损害的,由接受劳务一方承担侵权责任;提供劳务一方因劳务受到损害的,根据双方各自的过错承担相应的责任。

4) 产品责任。因产品存在缺陷造成他人损害的,生产者应当承担侵权责任。被侵权人可以向产品的生产者或者销售者请求赔偿。明知产品存在缺陷仍然生产、销售,或者没有依据规定采取有效补救措施,造成他人死亡或者健康严重损害的,被侵权人有权请求相应的惩罚性赔偿。

5）环境污染和生态破坏责任。因污染环境、破坏生态造成他人损害的,侵权人应当承担侵权责任;若侵权人违反法律规定故意污染环境、破坏生态造成严重后果的,被侵权人有权请求相应的惩罚性赔偿。

6）高度危险责任。从事高度危险作业造成他人损害的,应当承担侵权责任。

7）饲养动物损害责任。饲养的动物造成他人损害的,动物饲养人或者管理人应当承担侵权责任;但是,能够证明损害是因被侵权人故意或者重大过失造成的,可以不承担或者减轻责任。

8）建筑物和物件损害责任。

9）医疗损害责任。

10）机动车发生交通事故责任,等等。

案例分析

原告顾某与被告刘某系同村村民,被告刘某饲养一只宠物狗。某日,原告去被告家串门,由于该宠物狗刚做过节育手术、情绪不稳定,被告特地用链条拴住,并特地关照原告不要去招惹该狗,原告不以为意,不顾被告再三劝阻仍然用食物去挑逗该狗,在一次给狗喂食的过程中,因距离较近,原告右手被狗咬伤,原告前往医院治疗,花费医药费若干。原告要求被告赔偿未果后,诉至法院请求判令被告赔偿相关损失合计人民币2000元。被告辩称,其已经多次告知、阻止原告不要去挑逗狗,但原告一意孤行最后被咬伤,完全是咎由自取,故请求驳回原告的诉请。法院经审理认为,原告明知犬类有一定的攻击性,在被告多次提醒、劝阻的情况下,仍然给狗喂食,最终被咬受伤。故原告对损害的发生存在重大过错,依法免除被告的赔偿责任。遂判决驳回被告刘某的诉讼请求。

另据报道,武汉女婴被高空抛物砸中致残,法院判决业主共担赔偿责任。

请问:以上两例案件,应依据什么原则来确定侵权人的民事法律责任?

三、民事责任的承担方式

根据损害事实发生的情况与后果,《民法典》规定了十一种承担民事责任的方式。

（一）停止侵害

主要适用于正在进行中的侵害他人合法权利的行为。

（二）排除妨碍

适用于妨碍他人行使权利的场合，不需要权利人的权利受到实际的侵害。

（三）消除危险

消除危险指行为人的侵害行为虽未造成他人财产、人身的实际损害，但是有造成损害的现实危险时，权利人可以要求行为人采取措施排除危险，避免损失进一步扩大。

（四）返还财产

返还财产是指当行为人非法占有他人的财产时，他人可以要求行为人返还财产。但是这时要求该财产尚存在。如果该财产已经灭失，则行为人应当依法承担损害赔偿的责任。

（五）恢复原状

这种民事责任适用于财产遭到他人的损害，但是尚有恢复到原来状况的可能的情况。一般而言，造成他人财产损害的，应尽量恢复原状，只有难以恢复原状的，才对损失进行赔偿。

（六）修理、重作、更换

这种责任形式一般适用于一些合同关系。如一方根据买卖合同交付的标的物不符合合同的约定，则对方当事人可以要求修理、重作、更换。

（七）继续履行

主要适用于违约行为。

（八）赔偿损失

赔偿损失是适用范围最广的一种责任形式。它不仅适用于侵犯财产权的场合，也适用于侵犯人身权的场合，如精神损害的赔偿。

（九）支付违约金

这种责任形式仅适用于合同。如果合同约定或法律规定了违约，如一方违约，就应当向另一方支付约定或法定的违约金。

（十）消除影响、恢复名誉

这种责任形式多适用于姓名权、肖像权、名誉权、荣誉权等人身权遭受侵害的情形。

（十一）赔礼道歉

要适用于姓名权、肖像权、名誉权、荣誉权等人身权遭受侵害的情形。

法律规定惩罚性赔偿的,依照其规定。

以上各种民事责任形式,可以单独适用,也可以合并适用。

原告贾女士诉称,她的子女与被告蒋女士的子女曾在同一所幼儿园上学,并曾同住一个小区,建立了共同的朋友圈子。但因2013年9月后子女分别升入不同的小学,原被告之间联系渐少,至2014年6月双方只有少量来往及微信往来。2015年6月8日,原告突然发现被告在微信朋友圈中用极其恶毒的话对原告进行辱骂、贬斥和人身攻击,内容言及"疯女人"、"神经病"、"嫉妒狂"、"癫狂症"等,虽未直接点名道姓,但"40岁当妈的女人"、"说什么自己是美女"(原告的个性签名为"曾经是美女")及"跟我家孩子幼儿园是同学"等表述完全锁定原告。原告认为,微信朋友圈是熟人交流的圈子,与原告的工作、生活紧密相连,原被告有共同的朋友、同事、家长,被告在熟人圈内散布侮辱、咒骂之言论,言语中直指原告个人身份信息,经熟人间口耳相传更加重了对自己的伤害,导致自己在亲朋好友中名誉受到损害,精神受到打击,人格尊严受到侵害,造成极大的心理创伤和恶劣影响。故诉至法院,请求法院判令被告停止对原告名誉侵权的行为,并在微信朋友圈发公开赔礼道歉贴3个月,赔偿精神损失费3 000元。①

请问:贾女士的哪些权利受到了侵害?本案可以适用哪些责任承担方式?

四、民事责任的抗辩或免责事由

行为人因违约行为或侵权行为造成他人损害的,应承担民事责任。但是,虽然已经造成损害,当出现法定事由时,则不需要承担民事责任。我国《民法典》规定的民事责任的抗辩或者免责事由有以下几种情形:

---

① 成菲:《微信朋友圈里骂人 被诉名誉权侵权》,http://bjgy.chinacourt.org/article/detail/2015/06/id/1655761.shtml。

（一）不可抗力

不可抗力是指不能预见、不能避免且不能克服的客观情况。譬如地震、台风、洪水、冰雹等自然现象，征收、征用等政府行为，罢工、骚乱、战争等社会事件而导致的违约行为。

因不可抗力不能履行民事义务的，不承担民事责任，法律另有规定的依其规定。

（二）受害人的过错或者第三人的过错

损害是因受害人故意造成的，行为人不承担责任；损害是因第三人造成的，第三人应当承担侵权责任。

（三）正当防卫

因正当防卫造成损害的，不承担责任。正当防卫超过必要的限度，造成不应有的损害的，正当防卫人应承担适当的民事责任。

（四）紧急避险

因紧急避险造成损害的，由引起险情发生的人承担民事责任。如果危险是由自然原因引起的，紧急避险人不承担责任，可以给予适当补偿。紧急避险采取措施不当或者超过必要的限度，造成不应有的损害的，紧急避险人应当承担适当的民事责任。

（五）自愿实施紧急救助免责

《民法典》规定："因自愿实施紧急救助行为造成受助人损害的，救助人不承担民事责任。"自愿实施紧急救助行为是指没有法定或约定救助义务的人在他人处于紧急危险状态时自愿、主动实施救助的行为。这种紧急救助他人的行为，因为情况紧急难以做出很清楚的判断，即使在事实上造成受助人损害，救助人也不承担民事责任。

【议一议】

针对"老人摔倒扶不扶"这一社会问题，阐释自愿实施紧急救助免责的意义。

第六节　及时主张你的权利——诉讼时效

一、时效制度

（一）时效制度的概念

在西方国家有一个古老的法谚语："法律不保护权利上的睡眠者。"公民要维护自己受侵犯的权利，必须在法律规定的时限内主张，否则就丧失了胜诉的权利。这就是法律上的时效制度。

民法规定时效制度，意在督促权利人及时行使权利，避免证据灭失，以保障社会生活的稳定和社会经济的正常发展。时效是法律的强制性规定，不得由当事人协议予以改变或排除，诉讼时效的期间、计算方法以及中止、中断的事由均由法律规定，当事人不能约定，也不能对诉讼时效利益预先放弃。

（二）时效的种类

时效可分为取得时效和消灭时效。取得时效又称占有时效，是指占有他人财产的事实经过法定的时间，即取得该项财产所有权的制度。消灭时效又称诉讼时效，我国民法典仅规定了诉讼时效，而没有规定取得时效。

【资料卡】

《十二铜表法》规定：占有使用他人土地满两年，其他动产满一年即取得所有权。[1]

《日本民法典》第一百六十二条规定："二十年间，以所有的意思平稳且公然占有他人之物者，取得其所有权。十年间，以所有的意思平稳且公然占有他人不动产者，其占有之始为善意且没有过失时，取得其不动产的所有权。"

二、诉讼时效

（一）诉讼时效的概念

诉讼时效是指权利人在法定期间内不行使权利即丧失请求人民法院依法保护

---

[1] 胡长清：《中国民法总论》，中国政法大学出版社1997年版，第350页。

其民事权利的法律制度。

(二)诉讼时效与除斥期间

1.除斥期间的概念

除斥期间,又称预定期间,是指法律规定某种民事权利预定存在的期间,权利人在此期间不行使权利,预定期间届满,便发生该权利消灭的法律后果。法律规定或者当事人约定的撤销权、解除权等权利的存续期间,除法律另有规定外,自权利人知道或者应当知道权利产生之日起计算,不适用有关诉讼时效中止、中断和延长的规定。存续期间届满,撤销权、解除权等权利消灭。

【资料卡】

《民法典》第一千一百二十四条第二款规定:受遗赠人应当在知道受遗赠后六十日内,作出接受或者放弃受遗赠的表示;到期没有表示的,视为放弃受遗赠。这两个月即为受遗赠权的除斥期间,受遗赠人在两个月内未作出接受遗赠的表示,即发生受遗赠权消灭的法律后果。

2.诉讼时效与除斥期间的区别

(1)诉讼时效的客体是请求权,除斥期间的客体是形成权。

(2)诉讼时效届满,实体权利不消灭,而是失去请求法律保护的权利;除斥期间届满后,消灭的是实体权利。

(3)诉讼时效是可变期间;除斥期间是一个固定的期间,不存在诉讼时效中可能出现的中止、中断、延长等情形。

(三)诉讼时效的效力

诉讼时效届满,权利人的实体权利并不消灭,义务人如果自愿履行义务,权利人仍可接受。权利人丧失的是胜诉权,即获得公力救济的权利。权利人并不丧失起诉权,向人民法院提起诉讼,法院会受理案件,经查明超过诉讼时效的,依法判决驳回原告的诉讼请求,而非驳回起诉(不符合起诉条件的才会裁定驳回起诉)。

【法律小知识】

驳回起诉与驳回诉讼请求的区别

驳回起诉,是指人民法院依据程序法的规定,对已经立案受理的案件,在审理过程中,发现原告的起诉不符合我国民事诉讼法规定的起诉条件和法院的立案条件而裁定予以驳回的行为。驳回起诉要解决的是立案受理后具有程序意义上的诉权问题,它针对的是不符合法律规定的起诉条件的起诉,因此以裁定的方式作出。

驳回诉讼请求,是指人民法院对已经立案受理的案件经审理后,发现原告请求法院保护的实体权利不符合法律规定的条件,因而对原告的请求不予保护的司法行为。它所要解决的是实体意义上的胜诉权问题,针对的是不符合法律规定的实体请求,用判决的方式作出。

三、诉讼时效的期间及起算

《民法典》规定普通诉讼时效为三年,即"向人民法院请求保护民事权利的诉讼时效期间为三年。法律另有规定的,依照其规定"。长期诉讼时效为二十年,即自权利受到损害之日起超过二十年的,人民法院不予保护。

诉讼时效期间从权利人知道或者应当知道自己的权利受到侵害同时知道义务人的情况下,开始计算。无民事行为能力人或者限制民事行为能力人对其法定代理人的请求权的诉讼时效期间,自该法定代理终止之日起计算。未成年人遭受性侵害的损害赔偿请求权的诉讼时效期间,自受害人年满十八周岁之日起计算。对于同一债务分期履行的,诉讼时效期间从最后一期履行届满之日计算。

四、不适用诉讼时效的情形

民事权利按其内容分为支配权、请求权、抗辩权、形成权四种,只有请求权才能适用诉讼时效,支配权、形成权、抗辩权适用除斥期间,不适用诉讼时效。请求权中只有债权才适用诉讼时效,而物权请求权不适用诉讼时效。

根据我国《民法典》的规定,下列请求权不适用诉讼时效:
(1)请求停止侵害、排除妨碍、消除危险;
(2)不动产物权和登记的动产物权的权利人请求返还财产;
(3)请求支付抚养费、赡养费或者扶养费;
(4)依法不适用诉讼时效的其他请求权。

五、诉讼时效期间的中止、中断和延长

(一)诉讼时效的中止

诉讼时效的中止是指在诉讼时效期间的最后六个月中,因一定的法定事由的发生而使权利人无法行使请求权,从而暂时停止计算诉讼时效期间。

诉讼时效中止的事由:①不可抗力;②无民事行为能力人或者限制民事行为能力人没有法定代理人,或者法定代理人死亡、丧失民事行为能力、丧失代理权;③继

承开始后未确定继承人或者遗产管理人;④权利人被义务人或者其他人控制;⑤其他导致权利人不能行使请求权的障碍。

自中止时效的原因消除之日起满六个月,诉讼时效期间届满。

(二) 诉讼时效的中断

诉讼时效的中断是指在诉讼时效进行中,因法定事由的发生致使已经进行的诉讼时效期间全部归于无效,诉讼时效期间重新计算。

诉讼时效中断的法定事由:①权利人向义务人提出履行请求;②义务人同意履行义务;③权利人提起诉讼或者申请仲裁;④与提起诉讼或者申请仲裁具有同等效力的其他情形。

诉讼时效中断的效力:诉讼时效中断使中断事由发生前已经进行的诉讼时效全部归于无效,诉讼时效重新计算。

(三) 诉讼时效的延长

诉讼时效的延长是指在诉讼时效期间届满以后,权利人基于某种正当理由,向人民法院提起诉讼时,经人民法院调查确有正当理由而将法定时效期间予以延长。

六、期间计算

我国民法上的期间是按照公历年、月、日、小时计算的。

按照年、月、日计算期间的,开始的当日不计入,自下一日开始计算。按照小时计算期间的,自法律规定或者当事人约定的时间开始计算。按照年、月计算期间的,到期月的对应日为期间的最后一日;没有对应日的,月末日为期间的最后一日。期间的最后一日是法定休假日的,以法定休假日结束的次日为期间的最后一日。期间的最后一日的截止时间为二十四时;有业务时间的,停止业务活动的时间为截止时间。

民法上所称的"以上""以下""以内""届满",包括本数;所称的"不满""超过""以外",不包括本数。

相关推荐

(一) 刊物

1.《民主与法制》,主管单位:国家司法部;主办单位:中国法学会。

2.《公民与法》,主办单位:河南省政法委。

(二) 网站

1. 中国普法网:http://www.legalinfo.gov.cn/。

2. 中国法院网:http://www.chinacourt.org/。

3. 中国民商法律网:http://www.civillaw.com.cn/。

第五章习题

第六章

婚姻家庭中的法律

婚姻的结合要求夫妻双方都要忠实,忠实是一切权利中最神圣的权利。
——[法国]卢梭
没有冲突的婚姻,几乎同没有危机的国家一样难以想象。 ——[法国]莫鲁瓦

【本章概要】

婚姻家庭继承法是调整婚姻关系、家庭关系及因自然人死亡而引起的继承关系等与身份紧密相关的民事法律规范的总称。婚姻家庭继承方面的法规是与普通百姓距离最近的法规,它与我们每个人的婚姻家庭生活密切相关,涉及我们每个人的切身利益,为我们每个人的人身权和财产权保驾护航。

通过本章婚姻家庭法律制度的学习,要求大家掌握婚姻制度、收养制度、继承制度的相关基础知识,了解自己在婚姻家庭中享有哪些权利,承担哪些义务,并最终达到能够运用所学知识去分析处理一般的婚姻、继承与收养纠纷。

【本章重点】

结婚的条件和程序、离婚的方式　收养关系成立的条件、收养的效力　法定继承的范围、法定继承的继承顺序　遗嘱有效的条件

张帅(男)1980年与李梅结婚。由于婚后多年无子,张帅与李梅于1985年收养一子张龙,1988年李梅怀孕生下一女张凤。2005年,张帅夫妇为养子张龙在县城全资购买住房一套,并登记在张龙名下。2006年,21岁的张龙与20岁的王芳在村里大摆结婚酒席后开始以夫妻名义共同生活。2009年王芳生育一女张娇,2014年,张龙因遭遇车祸身亡。张龙死后,王芳准备出售张龙名下的房产带钱、带女改嫁。此时,张帅夫妻与张龙的生父母均主张有继承张龙房产的权利,三方闹得不可开交。请问:

(1)张龙与王芳是否是合法的夫妻关系?

(2)张龙的养父母对张龙的房产是否有继承权?

(3)对张龙的房产,应按哪种继承办理,继承人各自应继承的遗产份额是多少?

第一节 结婚与离婚

一、什么样的婚姻受法律保护

《民法典》第五编
第一章至第四章

【想一想】

2015年6月23日,湖南长沙的同性恋者孙文麟(男)与其男朋友胡明亮到长沙市芙蓉区民政局婚姻登记处办理结婚登记遭拒绝。2015年12月16日,孙文麟向长沙市芙蓉区人民法院提起诉讼,请求法院判令芙蓉区民政局为其办理婚姻登记。

请问:

(1)长沙市芙蓉区民政局婚姻登记处拒绝为孙文麟办理结婚登记是否合法?

(2)法院是否会支持孙文麟的诉讼请求?

（一）什么是婚姻与家庭

德国著名哲学家叔本华认为：恋爱是结婚的过程，结婚是恋爱的目的。随着经济的发展与人们婚恋观念的转变，现代社会只恋爱不结婚的人不少，但爱情最美好的结局当然是步入婚姻。

婚姻是男女双方依照法律规定的条件与程序，以组建家庭和长期共同生活为目的而结成的社会关系。当男女双方通过缔结婚姻而结成夫妻后，家庭就诞生了。因此，家庭是建立在婚姻、血缘或收养关系基础之上，家庭成员内部之间彼此互有一定的权利，彼此也互负相应的义务。

家庭是社会最基本的单位与细胞，细胞牢固社会才能稳定。为了规范调整婚姻家庭关系，我国于1950年制定了《中华人民共和国婚姻法》（以下称《婚姻法》），并先后于1980年、2001年进行了两次修改。2020全国人大常委会制订通过《中华人民共和国民法典》，将《婚姻法》《继承法》《收养法》的内容融入《民法典》第五编婚姻家庭；此三项法律成为《民法典》的一部分。根据我国《民法典》的规定，男女双方缔结婚姻应遵循下列原则。

1. 婚姻自由原则

婚姻自由是指婚姻不受任何人的干涉和影响，包括结婚自由与离婚自由两个方面。结婚自由是指男女双方有权依照法律规定自主决定是否结婚、同谁结婚、何时结婚。保障结婚自由是为了使男女双方能按照自己的意愿，建立以爱情为基础的婚姻关系。离婚自由是男女双方有依法解除婚姻关系的自由。禁止包办婚姻、买卖婚姻与其他干涉婚姻自由的违法行为，禁止借婚姻索取财物都是婚姻自由的具体体现。

2. 一夫一妻制原则

一夫一妻制是指一男一女才能结为夫妻，禁止重婚、禁止有配偶者与他人同居。目前世界上一些国家已允许同性结婚，如加拿大、德国、法国、芬兰等国均允许同性结婚。但我国《民法典》禁止同性结婚。

3. 男女平等原则

男女平等是指男女两性在婚姻家庭中的法律地位平等，即既平等地享有权利，也平等地履行义务。

（二）结婚的条件

结婚是男女双方依照法律规定的条件与程序，确立夫妻关系的民事法律行为。在我国，男女结婚必须符合《民法典》规定的结婚必备条件、禁止条件与形式要件。

1. 结婚必须具备的条件

根据我国《民法典》规定，男女结婚必须符合下列条件：

（1）必须是男女双方完全自愿。不允许任何一方对他方加以强迫或任何第三者加以干涉。

(2)必须达到法定婚龄。我国《民法典》规定:结婚年龄,男不得早于二十二周岁,女不得早于二十周岁。不符合法定结婚年龄的,婚姻登记机关不予办理结婚登记。

(3)必须符合一夫一妻制。即要求结婚的必须是一男一女,且双方均无配偶。无配偶包括未婚、丧偶、离婚。

2.结婚的禁止条件

我国《民法典》规定,直系血亲与三代以内旁系血亲,禁止结婚。禁止一定范围内的血亲结婚是基于优生优育及伦理道德等因素的考虑。直系血亲是指具有直接血缘关系的亲属,即生育自己和自己生育的上下各代亲属,包括父母与子女、祖父母与孙子女、外祖父母与外孙子女等。旁系血亲是指具有间接血缘关系的亲属,是指同源于祖父母、外祖父母的血亲,包括同父同母的亲兄弟姐妹、同父异母或同母异父的兄弟姐妹、伯、叔、舅、姨、堂兄弟姐妹、舅表兄弟姐妹、姨表兄弟姐妹,侄子女、外甥子女等。

3.结婚的形式要件——登记

缔结婚姻关系,除符合上述条件外,男女双方还必须亲自到婚姻登记机关依法办理结婚登记。《民法典》规定,结婚的男女双方必须亲自到婚姻登记机关申请结婚登记。符合本法规定的,予以登记,发给结婚证。取得结婚证,即确立婚姻关系。

实践中,我国农村有大办结婚酒席,却不到民政部门办理结婚登记的习惯。这种未办理结婚登记,就以夫妻名义共同生活的,不是合法的婚姻关系。只有到民政部门补办结婚登记,取得结婚证后才是合法的婚姻关系,才受法律保护。

需要特别注意的是,符合结婚条件而未办理结婚登记即以夫妻名义共同生活的,1994年2月1日以前,可以认定为事实婚姻关系,1994年2月1日之后,仅视为同居关系。

(三)办理结婚登记的程序

1.办理结婚登记的机关

内地居民办理婚姻登记的机关是县级人民政府民政部门或者乡(镇)人民政府,省、自治区、直辖市人民政府可以按照便民原则确定农村居民办理婚姻登记的具体机关。中国公民同外国人,内地居民同香港特别行政区居民、澳门特别行政区居民、台湾地区居民、华侨办理婚姻登记的机关是省、自治区、直辖市人民政府民政部门或者省、自治区、直辖市人民政府民政部门确定的机关。

2.办理结婚登记的程序

(1)申请。自愿结婚的男女双方必须一起亲自到婚姻登记机关进行结婚登记,既不能由一方单独申请,也不能委托他人代理。申请办理结婚登记时应当出具下列证件与证明材料:本人的户口簿、身份证,本人无配偶、与对方当事人没有直系血亲和三代以内旁系血亲关系的签字声明。

(2)审查。婚姻登记机关要对提出结婚登记申请的男女双方进行审查核实,包括查验双方当事人所提供的证件是否真实、完整,询问当事人是否自愿结婚等。同时,还要求有男女双方各自填写并亲笔签名的《申请结婚登记声明书》。

(3)登记。婚姻登记机关应当对结婚登记当事人出具的证件进行审查并询问相关情况。对当事人符合结婚条件的,当场予以登记,并发给结婚证;对不符合结婚条件的当事人(包括不符合结婚的必备条件与禁止条件)不予登记,并应向当事人说明不予登记的理由。男女双方登记结婚取得结婚证后,婚姻关系即确立,无论是否举行婚礼,是否共同生活,都是合法的夫妻关系。

申请结婚登记
声明书

二、什么样的婚姻不受法律保护

在我国,合法婚姻受法律保护,而无效婚姻与可撤销婚姻则不受法律保护。

(一)无效婚姻

无效婚姻是指不符合法定条件的婚姻。《民法典》规定,有下列情形之一的,婚姻无效:①未到法定婚龄;②重婚,即有配偶者又与他人结婚,后婚无效;③有禁止结婚的亲属关系。

对于上述无效婚姻,当事人不得自行认定其无效,必须由人民法院依照法律规定的程序作出宣告婚姻无效的判决。具体程序如下:首先,婚姻关系的当事人及利害关系人就已办理结婚登记的婚姻向人民法院提出宣告婚姻无效的申请;其次,人民法院经审查确属无效婚姻的,依法作出宣告婚姻无效的判决。人民法院宣告无效的婚姻,自始无效。但是,申请时,法定的无效婚姻的情形已消失的,人民法院不得再宣告婚姻无效。例如,如果当事人结婚时未到法定婚龄,但提出申请时,已达到法定婚龄的,人民法院就不能宣告婚姻无效。

(二)可撤销婚姻

1. 胁迫婚姻可撤销

我国《民法典》第一千零五十二条第一款规定:"因胁迫结婚的,受胁迫的一方可以向人民法院请求撤销婚姻。"胁迫是指行为人以给另外一方当事人或近亲属的生命、身体健康、名誉、财产等方面造成损害为要挟,迫使另一方当事人违背真实意愿而结婚。

受胁迫的一方可以向人民法院请求撤销婚姻,受胁迫的一方应当自胁迫行为终止之日起一年内提出撤销婚姻的请求。被非法限制人身自由的当事人请求撤销婚姻的,应当自恢复人身自由之日起一年内提出。

2.隐瞒疾病的婚姻可撤销

根据我国《民法典》第一千零五十三条规定,一方患有重大疾病的,应当在结婚登记前如实告知另一方;不如实告知的,另一方应当自知道或者应当知道之日起一年内向人民法院请求撤销婚姻。

(三)婚姻无效和被撤销婚姻的法律后果

无效的婚姻或者被撤销的婚姻自始没有法律约束力,当事人不具有夫妻的权利和义务。同居期间所得的财产,由当事人协议处理,协议不成的,由人民法院根据照顾无过错方的原则判决。对重婚导致的无效婚姻的财产处理,不得损害合法婚姻当事人的财产权益。当事人所生的子女,适用民法典关于父母子女的规定。

婚姻无效或者被撤销的,无过错方有权请求损害赔偿。

徐某与李某于1996年5月23日在四川南充市办理结婚登记,并于2015年4月20日办理离婚登记。在婚姻关系存续期间,徐某又使用虚假离婚证明与胡某于2010年7月22日在重庆市巴南区民政局办理结婚登记,婚后生育徐某甲、徐某乙。2015年12月3日,渝北区法院判决被告徐某某犯重婚罪。2015年12月,胡某向渝北区法院提起诉讼,请求确认其与徐某的婚姻无效。

请问:法院是否会支持胡某的诉讼请求?为什么?

三、夫妻之间的权利与义务

【想一想】

小吴和妻子小慧自由恋爱并于2015年结婚。婚后第二年,小慧怀孕,一家人为此兴奋不已。但怀孕后的小慧性情大变,经常与丈夫及丈夫的家人争吵、哭闹。一次争吵后,小慧跑回娘家,瞒着小吴擅自将6个多月的胎儿打掉。小吴得知情况后,怒不可言。小吴遂以妻子侵犯其生育权为由起诉到法院,要求离婚并赔偿其精神损失费30 000元。

请问:

(1)妻子擅自中止妊娠是否侵犯丈夫的生育权?

(2)人民法院是否会支持小吴的诉讼请求?

夫妻关系是婚姻家庭中最重要的关系,根据《民法典》规定,夫妻之间彼此互有一定的权利,互负一定的义务。

(一) 夫妻人身关系

夫妻人身关系是指夫妻双方在婚姻中的身份、地位、人格等多个方面的权利义务关系。

1. 夫妻平等

即夫妻双方在家庭中的地位平等、独立。一是夫妻双方在人格上的平等;二是夫妻双方在人身关系和财产关系方面的权利和义务完全平等,如夫妻对共同财产有平等的处理权,对子女有平等的抚养权,相互有平等的抚养义务与继承权。

2. 夫妻姓名权

男女结婚后,夫妻双方都有各用自己姓名的权利;同时夫妻双方平等享有对子女姓名的决定权。由于计划生育的原因,我国"80后"夫妻多是独生子女,而孩子跟谁姓氏就成为涉及家族利益的大事,甚至引发了"姓氏争夺战"。我国《民法典》规定,子女可以随父姓,也可以随母姓。孩子出生后,由夫妻双方平等协商决定孩子的姓氏。即使父母离婚或者再婚后,抚养孩子的一方,如果要更改孩子的姓氏,也需要征得对方的同意。

3. 夫妻人身自由权

夫妻双方都有参加生产、工作、学习和社会活动的自由,一方或他方不得加以限制和干涉。

4. 夫妻忠实义务

夫妻双方应当互相忠实,相互尊重,以维护婚姻关系的专一性和排他性。夫妻忠实义务有利于家庭稳定及子女成长。

5. 夫妻扶养义务

扶养是指夫妻之间的相互供养和扶助。《民法典》规定:夫妻有相互扶养的义务。一方不履行扶养义务时,需要扶养的一方,有要求对方付给扶养费的权利。

6. 夫妻日常家事代理权

夫妻一方因家庭日常生活需要而实施的民事法律行为,对夫妻双方发生效力,但是夫妻一方与相对人另有约定的除外。夫妻之间对一方可以实施的民事法律行为范围的限制,不得对抗善意第三人。

(二) 夫妻财产关系

夫妻财产关系主要是解决婚姻关系存续期间,哪些财产属于夫妻共同财产,哪些财产属于夫妻个人财产的问题。《民法典》规定,夫妻可以约定婚姻关系存续期间所得的财产以及婚前财产归各自所有、共同所有或部分各自所有、部分共同所有,并且约定必须采用书面形式。可见,我国是采取法定财产制与约定财产制相结合来解决夫妻财产关系。即夫妻关系存续期间,财产的归属,如果夫妻双方有书面约定的,按约定办理;如果夫妻双方没有书面约定的,则按法律规定。

1. 夫妻共同财产

根据《民法典》规定,夫妻婚姻关系存续期间,一方或双方取得的下列财产,为夫妻共同财产,归夫妻共同所有。

(1) 工资、奖金、劳务报酬。即夫妻关系存续期间一方或双方的工资、奖金、劳务报酬及各种福利性政策性收入、补贴。

(2) 生产、经营、投资的收益。

(3) 知识产权的收益。即知识产权给产权人带来的价值,如,夫妻一方或双方因创造发明获得某项专利,该专利产生的收益就属于夫妻共同财产;夫妻双方或一方因著作权、商标权获得的收益,也属于夫妻共同财产。

(4) 继承或者受赠的财产。继承或者受赠的财产是指在夫妻关系存续期间取得的财产,而不要求对该财产实际占有。即使婚姻关系终止前并未实际占有,也是夫妻共同财产。

(5) 其他应当归夫妻双方共同所有的财产,包括:夫妻一方个人财产在婚后产生的收益(孳息和自然增值除外),夫妻双方取得的住房补贴、住房公积金、养老保险金、破产安置补偿费等。

夫妻对共同财产有平等的所有权与处理权。因日常生活需要处理夫妻共同财产时,任何一方均有决定权。非因日常生活需要对夫妻共同财产做重要处理决定,夫妻双方应当平等协商,取得一致意见。当夫妻一方死亡,分割遗产时,应当把夫妻共同财产的一半分归配偶所有,其余的财产才为死者的遗产。

【法律小知识】

离婚时房产如何分割

(1) 婚前或婚姻关系存续期间,当事人约定将一方所有的房产赠与另一方,未办理房产过户的,离婚时房产还是属于赠与一方。

(2) 婚后由一方父母出资购买的房产,产权登记在出资人子女名下,视为只对自己子女一方的赠与。

(3) 双方父母出资购房,产权登记在一方子女名下的,可认定为双方按照各自父母的出资份额按份共有,离婚时按份分割(当事人另有约定的除外)。

(4) 一方婚前贷款买房,房产登记于首付款支付方名下,婚后夫妻共同还贷,离婚时房屋归购买房屋的一方,另一方只能得到一定的补偿。

(5) 婚姻关系存续期间,双方以父母名义买房,产权登记在一方父母名下的,房子的产权属于父母,离婚时只能按照出资情况,作为债权要求偿还出资额。

(6) 婚后购房,父母支付部分房款,其余房款由夫妻双方共同还贷,离婚时应认定为夫妻共同财产。

2. 夫妻个人财产

夫妻个人财产,也称夫妻保留财产,是依照法律规定或夫妻双方约定,夫妻各自保留的一定范围的个人所有财产。

根据《民法典》第一千零六十三条的规定,下列财产属于夫妻一方个人财产:

(1)一方婚前财产,包括该财产在婚后所产生的孳息及自然增值部分。

(2)一方因身体受到伤害获得的医疗费、残疾人生活补助费。如军人的伤亡保险金、伤残补助、医药生活补助等。

(3)遗嘱或赠与合同中确定只归一方所有的财产。

(4)一方专用的生活用品,如个人的衣物、书籍、首饰、化妆品等;但一些价值较大的物品,如汽车、摩托车、贵重首饰,虽为一方使用也属于夫妻共同财产。

(5)其他应当归一方所有的财产,如复员、转业军人的复员费、转业费、自主择业费。

【议一议】

申某与钱某系夫妻关系。申某以夫妻感情破裂为由诉至法院要求与钱某离婚。经法院调解,双方就子女抚养达成协议,但在财产分割上出现分歧。钱某要求分割申某父亲死亡时留给她的 30 000 元存款。申某诉称:自己与钱某是 1980 年结婚,而自己的父亲是 1979 年死亡,这 30 000 元存款属于自己婚前个人财产。而钱某认为,申某陈述的结婚时间与其父亲死亡时间都属实,但申某实际取得这 30 000 元钱的时间是在 1981 年,是在与自己夫妻关系存续期间取得的,因此应为夫妻共有财产,依法应予分割。

请问:30 000 元存款是属于个人财产还是夫妻共同财产？为什么？

四、夫妻间的家庭暴力问题

家庭暴力发生在共同生活,且有血缘、婚姻、收养关系的家庭成员之间,如夫妻之间、父母子女之间,这些家庭成员间以殴打、捆绑、残害、限制人身自由及经常性的谩骂、恐吓等方式实施身体、精神等方面的侵害。家庭暴力是普遍存在的一种社会现象,据全国妇联调查,家庭暴力在我国约 30% 的家庭中普遍存在,90% 的施暴者是男性,丈夫对妻子实施家庭暴力的问题在我国尤为严重。

当遭受家庭暴力时,受害人可以寻求居委会、村委会及所在单位的劝阻与帮助;也可以请公安机关予以制止。2015 年我国通过了《反家庭暴力法》,自 2016 年 3 月 1 日实施。当遭遇家庭暴力时,受害人可以依据《反家庭暴力法》向法院申请人身安全保护令。人身安全保护令可以采取下列措施保护被家暴的受害人：禁止被申请人实施家庭暴力；禁止被申请人骚扰、跟踪、接触申请人及其相关近亲属；责令被申请人迁出申请人住所；保护申请人人身安全的其他措施等。如果在保护令有效期内，被申请人违反保护令禁止事项，构成犯罪，将依法追究其刑事责任。另外，家庭暴力的受害人要注意保留遭受家庭暴力的一些证据，包括报警回执、出警记录、病历、伤情鉴定、医疗费票据等，以便离婚时向对方提出损害赔偿。

在婚姻关系里，家庭暴力只有零次和无数次，每位受害人面对家庭暴力时，要依法维护自己的合法权利。当家庭暴力长期持续发生时，要勇于离婚。

每年的11月25日被联合国确定为"国际反家庭暴力日"。

2011年李某（女）与宋某结婚。2015年宋某开始对李某实施捆绑、殴打、谩骂等暴力行为。2016年3月15日，李某在被连续殴打三天后，被逼从家中跳楼，后又被宋某抱回楼上继续殴打，直至李某奄奄一息，宋某才将李某送往医院救治。在医院治疗期间，宋某又多次到医院骚扰李某，辱骂医生、病人及李某家属。2016年9月28日，李某向辽宁省沈阳市皇姑区人民法院提出人身安全保护令的申请。法院根据李某的陈述及公安机关记载材料、医院病情介绍单、皇姑区妇联出具的意见等材料，认定李某面临家庭暴力风险，依法裁定执行人身安全保护令，禁止宋某实施家庭暴力，禁止宋某骚扰、跟踪、接触李某及其近亲属。李某的人身安全得到保障。

五、如何离婚

常言道："百年修得同船渡，千年修得共枕眠。"男女共偕连理十分不易，每对夫妻都要珍惜自己的家庭，经营好自己的婚姻。最好的婚姻就是夫妻双方在褪去最初的激情后，彼此仍相看两不厌，过最平淡的幸福生活。正如法国心理学家巴法利·尼克斯所说，婚姻是一本书，第一章写的是诗篇，而其余则是平淡的散文。然而现实生活中，有多少婚姻就是败给了平淡。从民政部发布的统计数据可以看出，2013年到2017年，我国结婚率逐年下降，而离婚率却逐年攀升。2018年，全国结婚登记人数为1 010.8万对，离婚登记人数有380万对。虽然离婚的原因多样，但让人诧异的是，很多夫妻离婚的原因多是生活中一些鸡毛蒜皮的生活琐事。没有冲突的婚姻,几乎同没有危机的国家一样难以想象。婚姻中有了冲突与矛盾,夫妻双方要及时沟通、及时化解,夫妻之间只要做到相互理解、相互爱护、相互包容,就能度过婚姻中的一道道难关。

恋爱容易,婚姻不易,且行且珍惜! 当然,婚姻自由是《民法典》的一项基本原则,其中就包括离婚自由。对于那些夫妻感情确已破裂,家庭已经名存实亡的夫妻,离婚无疑是双方最好的选择。

(一)离婚的方式有哪些

离婚是在夫妻感情破裂、确实无法共同生活时,依法解除婚姻关系的法律行为。协议离婚与诉讼离婚是离婚的两种方式。

1. 协议离婚

协议离婚,又叫登记离婚,是指婚姻关系因双方当事人的合意而解除的一种离婚方式。当夫妻双方均同意离婚时,协议离婚是解除婚姻关系最便捷的方式。

(1)协议离婚的条件。根据我国《民法典》规定,男女双方自愿离婚并对子女扶养、财产分割、债务清偿等达成合意的,应准予离婚。协议离婚必须符合下列条件:

第一步,双方必须有合法的婚姻关系。未办理结婚登记的(即同居关系),也不能办理离婚登记。

第二步,双方当事人必须有完全民事行为能力。夫妻任何一方为无民事行为能力人或限制民事行为能力人的,婚姻登记机关不予办理离婚登记。

第三步,双方有离婚的合意。即夫妻双方都有离婚的真实意愿,并达成了一致。不能是一方欺诈或胁迫另一方而达成离婚的合意;也不能是将离婚登记作为手段,达到非法目的(即假离婚)。

离婚协议书

第四步,双方必须就子女抚养、财产分割、债务清偿等达成一致,并签订书面离婚协议。离婚协议书是办理离婚登记的必备材料,我国法律不承认口头离婚协议。夫妻双方签订的离婚协议书,必须在民政部门登记离婚后才生效。

第五步,必须到婚姻登记机关申请离婚登记。

(2)办理协议离婚的程序。主要分为以下三个步骤:

第一步,申请。协议离婚的夫妻双方必须共同亲自到婚姻登记机关提出离婚申请,同时办理离婚登记时要提交下列证件和证明材料:身份证、户口本、结婚证及双方共同签订的离婚协议书。《民法典》新增离婚冷静期:自婚姻登记机关收到离婚申请之日起三十日内,任何一方不愿意离婚的,可以向婚姻登记机关撤回离婚登记申请。

第二步,审查。婚姻登记机关的审查包括形式审查与实质审查。形式审查是看双方结婚证、身份证、离婚协议书等证件和证明是否齐备,实质审查是审查双方是否属于自愿离婚及是否对财产分割、子女抚养、债务清偿等达成一致意见。

第三步,登记。根据《民法典》规定,离婚登记申请期限届满后三十日内,双方应当亲自到婚姻登记机关申请发给离婚证;完成离婚登记,即解除婚姻关系。

(3)协议离婚后,对解除婚姻或财产分割反悔的处理。离婚后,男女双方自愿恢复婚姻关系的,必须到婚姻登记机关重新进行结婚登记。离婚后未重新进行结婚登记又一起共同生活的,按同居对待。

如果男女双方离婚后一年内就离婚协议中财产分割问题反悔的,可以向人民法院起诉,请求变更或撤销财产分割协议。人民法院应当受理。人民法院审理后,如果发现订立财产分割协议时不存在欺诈、胁迫情形的,应依法驳回当事人的诉讼请求。离婚后,如果对子女抚养发生争议的,也可以向人民法院起诉,请求变更子女抚养权。

【法律小知识】

"假离婚"的真与假

"假离婚"是夫妻双方为达到某种共同目的,约定暂时离婚,待预定目的实现后再复婚的行为。假离婚的原因多为规避政策、逃避债务等,一般通过婚姻登记机关办理离婚登记。由于当事人认为是假离婚,一些当事人甚至对夫妻共有财产也没有要求分割。

电影《我不是潘金莲》中的李雪莲和秦玉河因为想超生"假离婚",不料弄假成真。现实生活中类似案例很多。北京的刘女士为陪儿子出国读书与丈夫"假离婚",刘女士把大部分财产给了"丈夫",陪读四年回国后却发现丈夫已与别人结婚生子。伤心的刘女士想要分割假离婚之前的共同财产,因超过了法定的一年诉讼时效而处于被动。

从法律上看,大家认为的"假离婚"到底假不假呢?告诫每一对夫妻,在法律上不存在"假离婚",只要夫妻双方到民政部门申请离婚登记,取得离婚证的,婚姻关系即解除,因为离婚证是证明婚姻关系解除的具有法律效力的证明文件。如果一方反悔要求复婚,另一方不愿意复婚或已与他人再婚,由当事人自己承担离婚的法律后果。

2. 诉讼离婚

诉讼离婚,又称判决离婚,是指夫妻双方无法就是否离婚达成合意,或夫妻双方虽就离婚达成合意,但无法就财产分割、子女抚养等达成合意时,由一方向人民法院提起离婚诉讼,人民法院经过审理,以调解或判决方式解除双方婚姻关系的一种离婚方式。

(1)诉讼离婚的条件。《民法典》第一千零七十九条规定:"夫妻一方要求离婚的,可以由有关组织进行调解或直接向人民法院提出离婚诉讼。人民法院审理离婚案件,应当进行调解;如果感情确已破裂,调解无效的,应当准予离婚。"这一规定包含两层意思:如果夫妻感情确已破裂,调解无效,应准予离婚;如果夫妻感情没有破裂或尚未完全破裂,即使调解无效,也不应准予离婚。

判断夫妻感情是否确已破裂,是判决离婚的主要条件。根据我国《民法典》规定,有下列情形之一的,认定为夫妻感情已破裂:①重婚或有配偶者与他人同居;②实施家庭暴力或虐待、遗弃家庭成员;③有赌博、吸毒等恶习屡教不改;④因感情不和分居满二年;⑤其他导致夫妻感情破裂的情形,如,一方因犯罪被判处较长期限徒刑的。

【法律小知识】

审判实践中如何判断夫妻感情是否确已破裂

判断夫妻感情是否确已破裂,人民法院在司法实践中总结了"五看",判决离婚案件时从"五看"综合作出判断。第一,看婚姻基础。如,双方是自愿结婚,还是包办婚姻;是经过充分了解而结合,还是一见钟情的草率婚姻等。第二,看婚后感情。如,婚后双方是否互敬互爱、互相关心;双方爱好,思想品质,生活作风等。第三,看离婚原因。即引起夫妻纠纷的主要矛盾或双方争执的焦点。第四,看婚姻现状。双方是共同生活,还是分居两地;是一致同意离婚还是一方坚决不同意离婚等。第五,看有无和好的可能。

(2)诉讼离婚的特殊规定。诉讼离婚中,《民法典》对妇女和军人的婚姻实施特殊保护。女方在怀孕期间、分娩后一年内或中止妊娠后六个月内,男方不得提出离婚,但女方提出离婚的或人民法院认为确有受理男方离婚请求的,不受此限制。现役军人的配偶要求离婚,应当征得军人的同意,未经过军人一方的同意,法院不得判决离婚,但军人一方有重大过错(如军人一方有重婚、家暴、吸毒等行为)的除外。

(二)离婚后父母对未成年的子女如何抚养

《民法典》第一千零八十四条第一、二款规定:"父母与子女间的关系,不因父母离婚而消除。离婚后,子女无论由父或母直接抚养,仍是父母双方的子女。离婚后,父母双方对子女仍有抚养、教育、保护的权利和义务。"可见,父母与子女之间的血亲关系不因父母离婚而消除,离婚后子女仍是父母双方的子女,父母对子女仍有抚养教育的权利和义务。

1. 离婚后子女由谁直接抚养

夫妻离婚后,原有家庭解体,子女的抚养方式由父母双方共同抚养变成一方直接抚养。离婚时"争养"或"推养"子女的抚养纠纷很多。我国《民法典》第一千零八十四条第三款规定:离婚后,不满两周岁的子女,以由母亲直接扶养为原则。已满两周岁的子女,父母双方对抚养问题协议不成的,由人民法院根据双方的具体情况,按照最有利于未成年子女的原则判决。子女已满八周岁的,应当尊重其真实意愿。

2. 离婚后子女的抚养费怎么负担

我国《民法典》第一千零八十五条第一款规定:"离婚后,子女由一方直接抚养的,另一方应当负担部分或全部抚养费。负担费用的多少和期限的长短,由双方协议;协议不成的,由人民法院判决。"关于子女生活费和教育费的协议或判决,不妨碍子女在必要时向父母任何一方提出超过协议或判决原定数额的合理要求。

(1)抚养费数额。子女抚养费包括生活费、教育费、医疗费等,不直接抚养子女的一方要负担必要的抚养费。支付子女抚养费的数额,应根据子女的实际需要、当地的生活水平及父母双方的负担能力,量需、量力而定。抚养费由父母双方协议,协议不成的,由人民法院判决。父母属于国家机关、企事业单位有固定收入的职工的,抚养费按其月总收入的20%至30%的比例给付,负担两个以上子女抚育费的,比例可适当提高,但不得超过月总收入的50%。父母是农民、个体摊贩等无固定收入、工作的,支付抚养费的数额可依据当年总收入或同行业平均收入,参照上述比例确定。子女的抚养费可以随当地生活水平的提高而增加,也可因子女实际需要超过原来的数额而增加。

(2)抚养费的给付方式。一般的给付方式是定期给付,即按月定期给付或按年定期给付,此外还可以一次性给付、以物折抵。以物折抵是以财产折抵子女抚养费,这种支付方式主要适用于没有经济收入的一方及下落不明的一方。父母不得因子女变更姓氏而拒付子女的抚养费。

(3)抚养费的给付期限。子女抚养费的给付期限一般是至子女十八周岁,但成年子女尚未独立生活,如在校就读、确无独立生活能力或丧失劳动能力,同时父母又有给付能力的,父母仍应负担其必要的抚养费。

3. 离婚后不直接抚养子女的一方是否享有探望权

夫妻离婚后,不与未成年子女共同生活的一方,享有按照约定的时间、地点、方式探望、关心子女或与其短时间共同生活的权利。探望权的行使,可以满足不直接抚养子女的当事人的情感需要,保障子女得到相对完整的父爱与母爱,有利于子女身心的健康成长。

近年来,因子女探望引发的纠纷大量增加。《民法典》第一千零八十六条规定:"离婚后,不直接抚养子女的父或母,有探望子女的权利,另一方有协助的义务。行使探望权利的方式、时间由当事人协议;协议不成时,由人民法院判决。父或母探望子女,不利于子女身心健康的,由人民法院依法中止探望;中止的事由消失后,应当恢复探望。"

当事人对探望权达不成协议时,由人民法院判决,对拒不执行人民法院有关探望子女的判决或裁定的,人民法院应当强制执行,即由人民法院对拒不履行协助另一方行使探望权的有关个人或单位采取拘留、罚款等强制措施,而不能对子女的人身、探望行为进行强制执行。

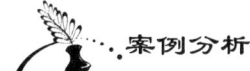案例分析

宋某与祖某于1997年登记结婚,1998年生育一子,因婚前缺乏了解,婚后互不信任,经常争吵。1999年7月,宋某诉至法院要求离婚,法院认为夫妻感情确已破裂,判决准予离婚。婚生子由父亲祖某抚养。判决书中明确指出,祖某应为宋某探望孩子提供方便。此后,宋某两次探望儿子,均与不太配合的祖某发生争执,导致宋某负轻微伤。虽经法院、妇联多次劝说,但祖某坚决拒绝宋某再探望儿子。宋某诉至法院,要求法院判决其每月探望儿子两次。法院判决:自2000年11月起,每月的最后一个星期日上午9时,由祖某将儿子送至某公园门口,由宋某与儿子单独相处至下午4时,再由宋某将儿子送回原地,由祖某领回。

(三)离婚时如何分割财产与清偿债务

【议一议】

丁玲华是华南农业大学副教授。1997年她与何川结婚,2007年10月何川离家创业。2010年8月,夫妻二人正式分居。

自2010年12月开始,何川在外大举借债,丁玲华毫不知情。2013年12月,丁玲华因夫妻共同债务被起诉;2016年,她的工资被冻结。2018年1月,从国外访学归来的丁玲华发现自己所有的银行卡被冻结,并得知自己要承担分居多年的丈夫所借的6笔、共计652万元夫妻共同债务。这些债务对丁玲华的生活与工作造成了严重影响。她成为被失信执行人,作为大学教授她不能外出参加学术会议、不能申报学术课题;她租住在简陋的出租房里,甚至为一日三餐发愁,这些使得她一度失去活下去的勇气。

2018年1月,丁玲华提起离婚诉讼;2018年6月,她提请6笔共同债务再审被驳回;2019年4月,她第二次向法院起诉离婚。

请问:

(1)法律在保护善意债权人的合法利益的同时,如何做到平衡保护未举债夫妻一方的合法权益?

(2)我国在夫妻共同债务认定标准上是否有待完善?

1. 夫妻共同财产如何分割

离婚时,夫妻共同财产的分割由双方协议,协议不成的,由人民法院判决:

(1)男女平等。即分割夫妻共同财产时原则上应当均等分割,即一人一半。

(2)照顾子女、女方和无过错方权益。

(3)有利生产、方便生活。即分割夫妻共同财产时不应损害其效用与价值。

离婚时,夫妻一方隐藏、转移、变卖、毁损、挥霍夫妻共同财产,或伪造夫妻共同债务企图侵占另一方财产的,在离婚分割夫妻共同财产时,对该方可以少分或不分。离婚后,另一方发现有上述行为的,可以向人民法院提起诉讼,请求再次分割夫妻共同财产。

2. 债务如何清偿

离婚时,夫妻对共同债务承担连带清偿责任。首先,夫妻共同债务以共同财产清偿;其次,夫妻共同财产不足或无共同财产及财产归各自所有时,由双方协议各自清偿的数额,协议不成的,由人民法院判决。但夫妻关于债务清偿份额的协议和人民法院关于债务清偿的判决,对债权人无约束力,债权人仍有权就夫妻共同债务向男女双方主张权利。

(1)夫妻共同债务。夫妻共同债务是夫妻双方共同签名或者夫妻一方事后追认等共同意思表示所负的债务,以及夫妻一方在婚姻关系存续期间以个人名义为家庭日常生活需要所负的债务,属于夫妻共同债务。夫妻一方在婚姻关系存续期间以个人名义超出家庭日常生活需要所负的债务,不属于夫妻共同债务;但是债权人能够证明该债务用于夫妻共同生活、共同生产经营或者基于夫妻双方共同意思表示的除外。

(2)夫妻个人债务。夫妻个人债务是指夫妻一方为了个人需要单独所负债务,包括:婚前个人所负债务;婚后夫妻双方约定由个人承担的债务;一方未经对方同意擅自资助与其没有抚养义务的亲朋所负债务;一方未经对方同意独自筹资从事经营活动且收入未用于共同生活所负债务等。

夫妻个人债务以个人财产清偿,债务人的配偶无连带责任。如果债权人就债务人的婚前债务,向债务人的配偶提出债务清偿请求,除非债权人能够证明所负债务用于婚后家庭共同生活,否则人民法院不予支持。

3. 离婚时彩礼如何返还

彩礼是婚前一方按习俗,向另一方给付的、表明娶嫁允诺的财产,属于附条件的赠与。目前,婚前给付彩礼的现象在我国农村还相当盛行。彩礼的给付以双方缔结婚姻为目的,双方未能结婚时,极易引发纠纷。

双方离婚时,具备下列情况之一的,支付彩礼的一方有权请求接受一方返还彩礼:①双方未办理结婚登记的;②双方办理结婚登记手续后,未共同生活的;③因婚前给付彩礼并导致给付人生活困难的。

【议一议】

管某与孙某于 2015 年 9 月 22 日在世纪佳缘网站相识,后双方确定恋爱关系,又于 2016 年 1 月分手。在 2015 年 10 月至 12 月三个月的交往中,管某某以带孙某某外出旅游、购置电脑、过生日给付现金等形式共花费两万元。管某某认为,给孙某某花费的两万元是以结婚为目的,应认定为彩礼。现双方已经分手,请求法院判决孙某某偿还 20 000 元的 70%,即 14 000 元。而孙某某认为,双方系恋爱关系,并无婚约,拒绝还款。

请问:恋爱期间支付的费用是否能认定为彩礼?人民法院是否会支持管某某的诉讼请求?

第二节 如何收养孩子?

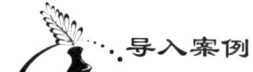导入案例

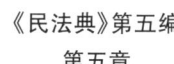
《民法典》第五编
第五章

李刚是某机关公务员,出生于 1970 年 3 月 6 日,一直未婚。2004 年 5 月 1 日,李刚的哥哥李健在与其 15 岁的女儿李乐乐外出游玩的途中遭遇车祸当场死亡。李乐乐的母亲王红想再婚,但因对方不能接受李乐乐而未能如愿。在征得王红和李乐乐的同意后,李刚决定收养李乐乐。2007 年 12 月 28 日,王红把李乐乐交由李刚抚养。自此李刚、李乐乐以父女名义开始共同生活。

请问:

(1)李刚是否有收养李乐乐的资格?

(2)李乐乐是否具有被收养的资格?

(3)李刚收养李乐乐的行为是否具有法律效力?

收养是无子女的公民依照法律规定的条件和程序,收养他人子女作为自己子女,从而在收养人与被收养人之间产生拟制的父母子女关系的民事法律行为。民间常把收养称为抱养、领养。在收养法律关系中,领养他人子女的人为收养人,即养父母;被他人收养的人为被收养人,即养子女;将未成年子女或孤儿送给他人收养的生父母、其他监护人和社会福利机构为送养人。

一、收养关系成立的条件有哪些

(一)收养各方当事人应具备的条件

为保护合法的收养关系,我国《民法典》规定,被收养人、收养人与送养人都必须符合相应条件。

1. 被收养人应具备的条件

下列未成年人可以被收养:①丧失父母的孤儿;②查找不到生父母的未成年人;③生父母有特殊困难无力抚养的子女。

2. 送养人应具备的条件

下列个人、组织可以作为送养人:①孤儿的监护人;②儿童福利机构;③有特殊困难无力抚养子女的生父母。此外,我国《民法典》还规定,未成年人的父母不具备完全民事行为能力且有可能严重危害未成年人的,该未成年人的监护人可将其送养。

3. 收养人应具备的条件

收养人必须同时具备下列条件:①无子女或只有一名子女;②有抚养、教育和保护被收养人的能力;③未患有在医学上认为不应当收养子女的疾病(主要指传染性疾病和其他严重疾病且生活不能自理的);④年满三十周岁。

此外,我国《民法典》对收养人还进行了一些特殊规定:①无配偶者收养异性子女的,收养人与被收养人的年龄应当相差四十周岁以上;②有配偶者收养子女,应当夫妻共同收养;③无子女的收养人可以收养两名子女,有子女的收养人只能收养一名子女;④收养八周岁以上的未成年人,应征得被收养人的同意。

4. 特殊收养的条件

(1)收养三代以内同辈旁系血亲的子女。即有血缘关系与亲属关系的伯、叔、姑收养侄子、侄女,舅、姨收养外甥、外甥女。《民法典》对这种特殊收养作了以下变通规定:生父母为送养人时,不受"有特殊困难无力抚养子女"的限制;无配偶的男性收养三代以内同辈旁系血亲的女儿时,不受年龄相差四十周岁以上的限制;被收养人不受年龄不满十四周岁的限制;华侨收养三代以内同辈旁系血亲的子女,还可以不受收养人无子女的限制。

(2)收养孤儿、残疾未成年人或者儿童福利机构抚养的查找不到生父母的未成年人,这种收养可以不受收养人无子女和或者只有一名子女的限制。

(3)收养继子女。放宽收养继子女的条件:继父或者继母经继子女的生父母同意,可以收养继子女,收养人可以不受无子女或只有一名子女、年满三十周岁等限制;被收养人可以不受生父母有特殊困难无力抚养子女的限制。

(二)收养关系成立的形式要件

收养关系的成立除收养各方当事人必须具备一定的条件外,还必须到收养登记机关办理收养登记,才会产生收养的法律后果。

1. 收养登记的机关

我国办理收养登记的机关是县级以上人民政府的民政部门。收养关系自登记之日起成立。收养查找不到生父母的未成年人,办理登记的民政部门应当在登记前予以公告。

2. 收养登记的程序

办理收养登记的程序包括:首先,由收养关系当事人亲自到登记机关提出申请,并提交收养申请书及相关证明材料。夫妻共同收养子女,一方不能亲自到收养登记机关的,须出具经公证的委托收养书;如果被收养人是年满八周岁的未成年人,须亲自到场作出愿意被收养的意思表示;送养人也须到场。其次,由民政部门对收养关系各方当事人的条件是否符合、收养目的是否正当、证明材料是否齐全等进行审查。再次,对经审查符合法定收养条件,证件齐全有效的,收养登记机关,为申请人办理收养登记,发给收养证。

二、收养的效力

收养关系自登记之日起成立。收养关系成立后所引起的一系列的法律后果就是收养的效力。收养关系成立后,会在养子女与养父母及养父母的近亲属、养子女与生父母间产生下列法律后果。

(一)养子女与养父母及养父母的近亲属间创设新的亲属关系及权利义务关系

(1)收养的效力及于养父母与养子女。收养关系成立后,养父母与养子女之间形成养父母子女关系,养父母子女关系与自然血亲的父母子女关系有同等的法律地位,即双方有父母子女间的权利与义务。如,养父母是未成年养子女的监护人,有抚养、教育养子女的义务,养子女对养父母有赡养扶助的义务;在法定继承遗产时,养父母与养子女互为第一顺序继承人等。

(2)收养的效力还及于养子女与养父母的近亲属。收养关系成立后,养子女与养父母的近亲属间也形成亲属身份关系和彼此间的权利与义务。如,养子女与养父母的父母间形成祖孙关系,彼此间有祖孙间的权利和义务;养子女与养父母的亲生子女间形成兄弟姐妹关系,彼此间有兄弟姐妹的权利与义务等。

(二)养子女与生父母间原有的亲属关系及权利义务关系终止

(1)收养关系成立后,养子女与生父母间的父母子女关系终止,养子女与生父母间的权利义务关系终止。

(2)收养关系成立后,养子女与生父母及其他近亲属间的亲属关系终止、权利义务关系也终止。

三、如何解除收养关系

在我国,收养当事人不但可以依法成立收养关系,同样也可以依法解除收养关系。

(一)解除收养关系的方式

《民法典》的规定,收养关系可通过下列途径解除:

1. 协议解除

协议解除是指收养人、送养人一致同意解除收养关系,双方签订解除收养关系协议并到民政部门办理解除收养关系登记。

根据我国《民法典》规定,收养人在被收养人成年以前,不得解除收养关系,但双方协议解除收养关系的除外。协议解除收养关系必须满足下列条件与程序:①在被收养人成年以前,协议解除收养关系须由收养人、送养人双方同意,并签订解除收养关系的书面协议;②养子女年满八周岁以上的,还应当征得养子女本人的同意;③必须到民政部门办理解除收养关系登记,对符合法律规定的,由民政部门收回收养登记证,发给解除收养关系证明。

2. 诉讼解除

诉讼解除是送养人与收养人之间、养父母与成年养子女之间不能就解除关系达成协议,可以向人民法院提出诉讼,要求法院判决解除收养关系。

根据我国《民法典》规定,诉讼解除收养关系主要发生在两种情况下:①收养人不履行抚养义务,有虐待、遗弃等侵害未成年养子女合法权益行为的,送养人要求解除收养关系,但送养人与收养人不能达成解除收养关系协议的;②养父母与成年养子女关系恶化,无法共同生活,双方不能达成解除收养关系协议的。

(二)解除收养关系的法律后果

根据收养法规定,解除收养关系,会导致下列法律后果:

(1)养子女与养父母间的养父母子女关系解除,双方不再有父母子女间的权利和义务;养子女与养父母近亲属间的亲属身份和权利义务也同时终止。

(2)养子女与生父母及其他近亲属间的权利义务关系自行恢复。但成年养子女与生父母及其他近亲属间的权利义务关系是否恢复,可以协商确定。

(3)对缺乏劳动能力又没有生活来源的养父母,成年养子女有给付生活费的义务。

(4)养父母可以要求养子女或养子女的生父母给予补偿。因养子女成年后虐待、遗弃养父母而解除收养关系的,养父母可以要求养子女补偿收养期间支出的生活费和教育费。生父母要求解除收养关系的,养父母可以要求生父母适当补偿收养期间支出的生活费和教育费,但因养父母虐待、遗弃养子女而解除收养关系的除外。

【议一议】

张明由养父母抚养成年。张明结婚生子后,由于妻子与养父母关系不和,家庭矛盾日益加重,于是张明与养父母协商解除了收养关系,张明每月支付养父母生活费400元。张明的生父母在他与养父母解除收养关系时,已丧失劳动能力,此前张明经常接济生父母。生父母得知张明与养父母解除收养关系后,要求张明承担对他们的赡养义务。

请问:

(1)收养关系解除后,张明与生父母间的权利义务关系是否自行恢复?

(2)张明对生父母的经济帮助与生活照料,是道德义务还是法律义务?

第三节 如何继承遗产?

《民法典》第六编

张丽是父母的独生女。张丽的父母在上海居住,其父母名下有一套面积为120平方米的房子。张丽的父亲家,兄弟姐妹共四人,即张丽的大伯、张丽的父亲、张丽的叔叔与张丽的姑姑。张丽的母亲是孤儿。张丽的爷爷和奶奶分别于1999年和2010年去世,张丽的父亲和母亲分别于2008年和2016年去世。张丽的父母生前未留遗嘱。现张丽想把父母的房子过户到自己名下。

请问:

(1)张丽父母去世后,张丽父母的房产应按哪种继承方式继承?

(2)张丽能否继承父母的全部房产?张丽继承房屋的份额是多少?其他继承人各自继承房产的份额是多少?

(3)张丽的父母生前如果想把全部房产由其独生女张丽一人继承,可以通过什么方式实现?

一、什么是继承

(一)继承的概念与特征

在民法上,继承特指财产继承,是指死者生前的合法财产在其死后依法转移给其继承人的法律制度。其中,生前享有的财产因其死亡而转移给他人的死者,称被继承人;依法接受被继承人遗产的人称继承人;被继承人死亡时遗留的合法财产称为遗产。

继承作为一种民事法律行为,具有以下特征:

(1)继承从被继承人自然死亡或宣告死亡时开始。注意,如果有相互继承关系的几个人在同一事件中死亡,且不能确定死亡先后时间的,推定没有继承人的人先死亡;死亡人各自都有继承人且辈分不同时,推定长辈先死亡;辈分相同时,推定同时死亡,彼此不发生继承。

(2)继承发生于特定亲属之间,以一定的亲属关系为前提。

(3)继承既要继承被继承人的财产,也要偿还被继承人生前所负的债务与税款。缴纳的税款和债务以被继承人的实际遗产价值为限,超过遗产实际价值的部分,继承人可不予清偿。

继承权是法律规定的公民享有的一项基本权利,是公民依照法律规定或被继承人所立有效遗嘱的指定,享有继承被继承人遗产的权利。

(二)继承权的接受、放弃与丧失

1. 继承权的接受

继承开始后,遗产分割前,继承人没有表示放弃继承权的,视为接受继承。完全民事行为能力人可以独立行使继承权;限制民事行为能力人的继承权,由其法定代理人代为行使或征得其法定代理人同意后行使;无民事行为能力人的继承权,由其法定代理人代为行使。法定代理人代理被代理人行使继承权时,不得损害被代理人的利益。

2. 继承权的放弃

继承权的放弃是继承人以明示的方式作出放弃继承被继承人遗产的意思表示。继承权的放弃是单方民事行为,即继承权的放弃仅需继承人有放弃继承的意思表示,就能产生法律效力。继承人放弃继承遗产的,对被继承人依法应当缴纳的税款和债务也不负偿还责任。

3. 继承权的丧失

继承人因对被继承人或其他继承人有重大违法或不道德行为时,依法剥夺其继承遗产的资格。根据《民法典》规定,继承人有下列行为之一的,丧失继承权:①故意杀害被继承人;②为争夺遗产而杀害其他继承人;③遗弃被继承人,或者虐待被继承人情节严重;④伪造、篡改或者销毁遗嘱,情节严重;⑤以欺诈、胁迫手段迫使或者妨碍被继承人设立、变更或者撤回遗嘱情节严重。

(三)继承法的基本原则

(1)保护公民私有财产继承权原则。
(2)继承权男女平等原则。
(3)养老育幼原则。
(4)权利义务相一致原则。

二、法定继承

(一)什么是法定继承

1. 法定继承的含义

法定继承,是指由法律直接规定继承人范围、继承顺序、继承份额等的一种继承方式。法定继承有以下特征。

(1)法定继承是因被继承人死亡并留有合法遗产时才发生的一种继承方式。
(2)法定继承以继承人与被继承人之间存在血缘关系、婚姻关系、收养关系为依据。
(3)法定继承属于强制性法律规范,即法定继承人范围、继承顺序、遗产分配原则等都是由法律明确规定的,除死者生前可以通过立遗嘱方式改变外,其他人都无权改变。
(4)法定继承是对遗嘱继承的限制与补充。限制体现在遗嘱继承必须在法定继承人的范围内选择继承人;补充体现在没有遗嘱或遗嘱无效的情况下,可以适用法定继承处理遗产。

2. 法定继承的适用

(1)适用法定继承的原则——遵循遗嘱优先。即继承开始后,有遗赠扶养协议的,优先按遗赠扶养协议办理;没有遗赠扶养协议,有遗嘱的,按遗嘱办理;既没有遗赠扶养协议,也没有遗嘱的,才按法定继承办理。
(2)适用法定继承的具体情形。《民法典》第一千一百五十四条规定,有下列情形之一的,遗产中的有关部分按照法定继承办理:①遗嘱继承人放弃继承或者受遗赠人放弃受遗赠;②遗嘱继承人丧失继承权或者受遗赠人丧失受遗赠权;③遗嘱继承人、受遗赠人先于遗嘱人死亡或者终止;④遗嘱无效部分所涉及的遗产;⑤遗嘱未处分的遗产。

(二)法定继承人的范围与继承顺序

1. 继承人范围

根据《民法典》规定,法定继承人的范围包括:配偶、子女、父母、兄弟姐妹、祖父母、外祖父母。配偶是指有合法婚姻关系的夫或妻;子女包括被继承人的婚生子女、非婚生子女、养子女和有抚养关系的继子女;父母包括被继承人的生父母、养父母和有抚养关系的继父母;兄弟姐妹包括同父母的兄弟姐妹、同父异母或同母异父的兄弟姐妹、养兄弟姐妹、有抚养关系的继兄弟姐妹。

2. 继承顺序

在上述法定继承人范围内,继承人在继承遗产时要按顺序继承。我国《民法典》是根据继承人与被继承人之间血亲关系的亲疏及生活关系的依赖程度的不同确定继承人的继承顺序:《民法典》第一千一百二十七条规定,遗产按照下列顺序继承。第一顺序:配偶、子女、父母;第二顺序:兄弟姐妹、祖父母、外祖父母。继承开始后,由第一顺序继承人继承,第二顺序继承人不继承。没有第一顺序继承人继承的,由第二顺序继承人继承。

(1)继承开始后,由第一顺序继承人,即被继承人的配偶、子女、父母继承遗产,丧偶儿媳对公婆、丧偶女婿对岳父岳母尽了主要赡养义务的,也可以作为第一顺序继承人。在没有第一顺序继承人或第一顺序继承人全部放弃继承或丧失继承权的情况下,第二顺序继承人才可以继承遗产。

(2)在同一顺序继承人中,各继承人同时继承,且继承遗产的份额一般应当均等。继承人协商同意的,也可以不均等。但对生活有特殊困难的缺乏劳动能力的继承人,分配遗产时,应当予以照顾。对被继承人尽了主要扶养义务或者与被继承人共同生活的继承人,分配遗产时,可以多分。有扶养能力和有扶养条件的继承人,不尽扶养义务的,分配遗产时,应当不分或者少分。

【议一议】

1990年,赵强带着与前妻所生4岁男孩小刚与李辉再婚,婚后与赵强父母一起共同生活。李辉与前夫所生女儿晶晶则由其生父抚养。1994年,赵强、李辉又生育一女小青。赵强、李辉夫妻结婚时家徒四壁,经过多年打拼,婚后夫妻二人共同购置住房两套,有存款25万元、货运卡车1辆。2001年李辉父母先后去世。2015年赵强、李辉一起外出旅游,途中遭遇旅游大巴车起火爆炸致二人身亡,生前未立遗嘱。夫妻二人去世后,小刚的爷爷奶奶、小青与李辉的哥哥为分割财产发生纠纷。请问:

(1)赵强与李辉的财产应按什么继承办理?

(2)该案中,谁可以作为第一顺序法定继承人继承遗产?

(3)李辉的哥哥能否继承李辉的遗产?为什么?

(三)代位继承与转继承

1.代位继承

代位继承是指被继承人的子女或兄弟姐妹先于被继承人死亡,由被继承人子女或兄弟姐妹的晚辈直系血亲代替先死亡的长辈直系血亲继承其应继承遗产份额的一种法定继承方式。先于被继承人死亡的子女,称被代位继承人(简称被代位人);被代位人的晚辈直系血亲,称代位继承人(简称代位人);代位人代替被代位人继承遗产的权利,称代位继承权。

代位继承有以下特征:①代位继承只适用于法定继承,不适用遗嘱继承;②代位继承发生的原因包括被继承人子女先于被继承人死亡(包括自然死亡与宣告死亡)及被继承人的兄弟姐妹先于被继承人死亡两种;③被继承人子女先于被继承人死亡的,由被继承人的子女的直系晚辈血亲代位继承,被继承人的兄弟姐妹先于被继承人死亡的,由被继承人的兄弟姐妹的子女代位继承;④代位继承人继承的遗产份额是被代位继承人应当继承的份额。

【法律小知识】

> 赵甲育有一子赵乙,赵乙育有一女赵丙。赵乙不幸溺亡后,赵甲死亡且未订立遗嘱,此时,赵丙可代替赵乙代位继承赵甲的遗产。

2.转继承

转继承是指继承人在继承开始后,遗产分割前死亡,其所应继承的遗产份额转由其继承人继承的法律制度。适用转继承的条件:①只适用于继承人后于被继承人死亡的情形;②继承人对被继承人的遗产必须有继承权,继承人放弃继承或被剥夺继承权的,不发生转继承;③法定继承与遗嘱继承中,均可适用转继承;④转继承人的范围比较广泛,只要是继承人的继承人,都可以成为转继承人。

【法律小知识】

> 1985年,李强生育一子李一鸣,2009年,李一鸣与杨乐乐结婚。2013年3月,杨乐乐因病去世。2013年5月李一鸣也因车祸意外身亡,而此时杨乐乐的遗产尚未分割。在该案中,李一鸣可以继承其妻杨乐乐的财产,无论是按法定继承或遗嘱继承,均可由其父李强转继承。

三、遗嘱继承

（一）什么是遗嘱与遗嘱继承

1. 遗嘱

遗嘱是遗嘱人生前在法律允许的范围内，依法对其生前合法财产进行处分，并于其死后生效的民事行为。遗嘱有以下特点：①遗嘱只须遗嘱人单方意思表示即可生效，不须征得他人同意；②遗嘱必须具备法律规定的形式才能产生法律效力；③遗嘱在遗嘱人死后才能发生法律效力。

2. 遗嘱继承

遗嘱继承，也称指定继承，是按照被继承人生前所立的合法有效遗嘱继承遗产的继承方式。其中，立遗嘱的人称遗嘱人；按照遗嘱继承遗产的人称遗嘱继承人。

与法定继承相比，遗嘱继承有以下特征：①遗嘱继承必须在法定继承人范围内指定继承人，且不受继承顺序与继承份额的限制；②遗嘱继承以被继承人死亡与合法有效遗嘱的存在为前提；③遗嘱继承优先于法定继承；④遗嘱应当对缺乏劳动能力又没有生活来源的继承人保留必要的遗产份额。

（二）遗嘱的形式

公证遗嘱、自书遗嘱、打印遗嘱、代书遗嘱、录音录像遗嘱、口头遗嘱是我国《民法典》明确规定的遗嘱形式，《民法典》对不同形式的遗嘱均规定了必须具备的条件，这些强制性的法律规定是为了确保立遗嘱人意思表示真实。

1. 公证遗嘱

公证遗嘱是遗嘱人亲自申请，经过公证机关公证的遗嘱。《民法典》取消了公证遗嘱效力优先的规定。公证遗嘱必须由遗嘱人亲自到有办理遗嘱公证权限的公证机关提出公证申请；受理申请后，公证机关应对遗嘱进行审查，提供的证明材料、申请公证的事项真实、合法的，向当事人出具公证书。

2. 自书遗嘱

自书遗嘱是由遗嘱人亲笔书写的遗嘱。由于自书遗嘱简便易行，此种遗嘱形式被大家广泛使用。自书遗嘱必须符合下列条件：①由立遗嘱人亲笔书写遗嘱全部内容；②遗嘱人亲笔签名；③注明年、月、日。

3. 代书遗嘱

由遗嘱人口述遗嘱内容，他人代为书写的遗嘱称代书遗嘱。代书遗嘱必须符合下列条件：①由立遗嘱人口述遗嘱内容，他人代为书写记录；②必须有两个以上的见证人在场见证，其中一人代书；③代书人、其他见证人和遗嘱人在遗嘱上签名，并注明年、月、日。

4. 打印遗嘱

随着计算机的普及与人们应用计算机技术的提高,打印遗嘱越来越多。2020年出台的《民法典》增加打印遗嘱为一种新的遗嘱形式。《民法典》第一千一百三十六条规定:打印遗嘱应当有两个以上见证人在场见证。遗嘱人和见证人应当在遗嘱每一页签名,注明年、月、日。

5. 录音录像遗嘱

录音录像遗嘱是以录音录像的形式所立的遗嘱。录音录像遗嘱必须符合下列条件:①以录音录像形式记录遗嘱人亲自叙述的遗嘱全部内容;②必须有两个以上见证人在场见证;③遗嘱人和见证人应当在录音录像中记录其姓名或者肖像及年、月、日。

6. 口头遗嘱

遗嘱人以口述方式所立遗嘱为口头遗嘱。口头遗嘱必须符合下列条件:①情况危急;②有2个以上见证人在场见证;③遗嘱人以口述方式叙述遗嘱内容。由于口头遗嘱内容不宜固定,极易被伪造、篡改,因此我国民法典规定,危急情况消除后,遗嘱人能够以书面或者录音录像形式立遗嘱的,所立的口头遗嘱无效。

代书遗嘱、打印遗嘱、录音录像遗嘱、口头遗嘱均需要两个以上见证人在场见证。遗嘱是否为遗嘱人的真实意思表示,完全依赖于见证人的证明。根据我国《民法典》规定,下列人员不能作为遗嘱见证人:①无行为能力人、限制行为能力人及其他不具有见证能力的人;②继承人、受遗赠人;③与继承人、受遗赠人有利害关系的人,如受遗赠人的债务人、债权人。

遗嘱人在立各种形式的遗嘱时,必须符合法律规定,否则所立遗嘱因形式瑕疵会被认定为全部无效。现实生活中,因所立遗嘱不符合法律规定的形式要件而导致遗嘱无效的案例很多。

此外,我国《民法典》第一千一百四十二条规定:"遗嘱人可以撤回、变更自己所立的遗嘱。立遗嘱后,遗嘱人实施与遗嘱内容相反的民事法律行为的,视为对遗嘱相关内容的撤回。立有数份遗嘱,内容相抵触的,以最后的遗嘱为准。"

(三)遗嘱有效的条件有哪些

遗嘱是否有效在遗嘱继承中至关重要,因为只有遗嘱有效才会产生按遗嘱继承的法律后果。根据《民法典》规定,遗嘱有效必须符合下列条件:

(1)立遗嘱时,遗嘱人必须有遗嘱能力。即立遗嘱时,遗嘱人必须是完全民事行为能力人,具有立遗嘱的能力。如果立遗嘱时,遗嘱人是无行为能力人或限制行为能力人,则所立遗嘱无效。国人身体健康时比较忌讳立遗嘱,到了年龄较大、久卧病榻时才想到立遗嘱,此时立遗嘱人是否有遗嘱能力、所立遗嘱是否有效都有一定的风险。

(2)遗嘱必须是遗嘱人的真实意思表示。如:受胁迫、欺骗所立的遗嘱或伪造的遗嘱无效;遗嘱被篡改的,篡改的内容无效。

(3)遗嘱内容不得违反法律,不得违反公序良俗。违反法律与公序良俗所立的遗嘱无效。

(4)遗嘱形式均必须符合法律规定的条件。即公证遗嘱、自书遗嘱、代书遗嘱、打印遗嘱、录音录像遗嘱、口头遗嘱均必须符合法律的规定。

因此,公民生前立遗嘱处分自己合法财产时,一定要符合上述遗嘱全部条件,遗嘱才有效,才会发生按遗嘱继承的法律效力。否则,就会发生遗嘱全部无效或部分无效,不能产生按遗嘱继承的法律后果。

【想一想】

四川泸州的蒋伦芳与丈夫黄永彬1963年结婚。因婚后多年无子,两人感情渐渐出现裂痕。1996年黄永彬离家与张学英同居。2001年黄永彬立遗嘱将自己的财产赠给张学英,并进行了遗嘱公证。黄永彬死后,张学英持遗嘱向占有财产的蒋伦芳请求给付,遭蒋伦芳拒绝。张学英遂起诉到法院,请求法院判令被告按遗嘱执行。法院审理后,判决该遗嘱无效,驳回张学英的诉讼请求。

请问:法院为什么判决该遗嘱无效?

(四)遗嘱的无效

当遗嘱不符合前述遗嘱有效应具备的条件时,会导致遗嘱内容全部或部分无效的法律后果。

1. 遗嘱全部无效

遗嘱全部无效是指遗嘱的全部内容没有法律效力。遗嘱被认定为全部无效时,遗产按法定继承办理。

以下情况,遗嘱内容全部无效:①遗嘱不具备法律规定的遗嘱的形式要件,遗嘱全部无效,例如,代书遗嘱如果只有一个见证人见证,则遗嘱无效;②限制民事行为能力人或无民事行为能力人所立遗嘱全部无效;③受欺骗、胁迫所立遗嘱全部无效。

2. 遗嘱部分无效

遗嘱部分无效是遗嘱人所立遗嘱中的部分内容没有法律效力。遗嘱部分无效时,遗嘱有效部分继续按遗嘱继承办理。下列情况,遗嘱部分无效:

(1)遗嘱没有为缺乏劳动能力又没有生活来源的继承人保留遗产份额的,对应当保留的份额部分的处分无效。如《民法典》第一千一百四十一条规定,"遗嘱应当为缺乏劳动能力又没有生活来源的继承人保留必要的遗产份额"。例如,小王与小张结婚,女儿笑笑两岁时,小王因医疗事故死亡,获得500 000元赔款。另外,小王与小张有共同住房一套及150 000元存款。小王留下遗嘱,其全部财产由其母亲一人继承。该遗嘱由于没有给两岁的笑笑保留必要的遗产份额,因而部分无效。《民法典》第一千一百五十五条又规定:"遗产分割时,应当保留胎儿的继承份额。胎儿娩出时是死体的,保留的份额按照法定继承办理。"

(2)遗嘱人以遗嘱处分了国家、集体或他人所有的财产,遗嘱的这部分内容无效。

【议一议】

老王有三个儿子:大龙、二龙、三龙。老王名下财产有:县城某小区门牌号为201、301的住房两套,商铺一间,存款600 000元,奥迪汽车一辆。2005年老王立下自书遗嘱,指定600 000元存款、商铺一间由二龙继承;2010年老王立代书遗嘱,指定201住房由三龙继承;2013年立公证遗嘱,指定600 000元存款、商铺一间由大龙继承;2016年老王遭遇严重车祸,送医院抢救,在进手术室手术时,老王让医生和护士作为见证人立口头遗嘱,指定301住房由二龙继承。后老王抢救无效不幸死亡。老王三个儿子为继承遗产发生纠纷。

请问:

(1)如果老王所立上述遗嘱均符合法律规定,应如何确定其效力?

(2)对老王的遗产中未处分的奥迪汽车一辆应当如何继承?

四、遗赠与遗赠扶养协议

根据我国继承法规定,公民不但可以通过遗嘱处分自己的财产,还可以通过遗赠与遗赠扶养协议处分自己的财产。

(一)遗赠

1. 什么是遗赠

遗赠是被继承人以遗嘱的方式,将其遗产的全部或一部分赠给国家、集体或法定继承人以外的自然人,并于其死后生效的一种单方民事法律行为。其中,立遗嘱人为遗赠人,接受遗赠的人称受遗赠人。遗赠具有以下特征:①遗赠是以遗嘱方式实施的单方民事行为,即只要遗赠人一方的意思表示就可生效;②遗赠是把遗产赠给法定继承人以外的人或组织;③遗赠是赠给法定继承人以外的人财产利益;④遗赠在遗赠人死后才能生效。

2. 遗赠的接受与放弃

《民法典》规定,受遗赠人应当在知道受遗赠后六十日内,作出接受或者放弃受遗赠的表示;到期没有表示的,视为放弃受遗赠。

接受遗赠的意思表示,必须采取明示的方式,即以口头或书面的方式,否则视为放弃受遗赠;受遗赠人应当在知道受赠后两个月内作出接受或放弃的意思表示。

【议一议】

黄洋自小与爷爷奶奶生活,工作后由于无房居住,仍与爷爷奶奶住在一起。2010年3月,黄洋的爷爷奶奶前往公证处立下遗嘱,将二人共同所有的位于北京市西城区的房屋留给黄洋继承。2010年、2014年黄洋的爷爷、奶奶先后去世,此后黄洋从父亲手中得到老人的公证遗嘱,由于该房屋一直由其本人居住,所以未作任何表示。2016年9月,黄洋想换一套大点的房子准备结婚,去房管局办理房子过户手续时,房管局告知他需要其他的法定继承人到场签字确认,黄洋去找姑姑、叔叔商议,而其姑姑、叔叔均认为该遗赠已经失效。

请问:

(1)黄洋的姑姑、叔叔认为该遗赠已失效是否正确?为什么?

(2)黄洋是否还能依据爷爷奶奶的公证遗嘱取得该房屋的继承权?

(3)如果该遗赠已失效,该房屋的继承应按哪种继承办理?各继承人应继承的遗产份额是多少?

(二)遗赠扶养协议

遗赠扶养协议是遗赠人与扶养人签订的,扶养人对遗赠人负生养死葬的义务,遗赠人将其财产按约定在其死后转移给扶养人所有的协议。

遗赠扶养协议与遗赠相比,具有以下特征:

(1)是扶养人与遗赠人双方意思一致而订立的协议,自意思表示一致时就发生法律效力。

(2)遗赠扶养协议中的扶养人与遗赠人,双方互相享有权利、负有义务。即扶养人负有对遗赠人生养死葬的义务,同时享有接受遗赠财产的权利;遗赠人享有生养死葬的权利,同时负有死后将遗产赠给扶养人的义务。

(3)遗赠扶养协议的效力优先于遗嘱继承和遗赠。

【议一议】

李强的妻子早年病故,膝下无子,养子李平成年后在外地工作。李强与村委会签订遗赠扶养协议,约定李强的生养死葬由村委会负责,死后遗产归村委会所有。后李强又自书遗嘱一份,将其全部财产赠与侄子李明。李强死后,养子李平就其养父李强的遗产与村委会及李明发生争执。

请问:

(1)李强死后,其遗产应该由谁继承?为什么?

(2)养子李平是否有继承遗产的权利?为什么?

课后活动建议

1. 组织学生观看《今日说法》中关于离婚或继承案件的庭审。
2. 组织学生观看电视剧《不要和陌生人说话》,然后就家庭暴力问题展开讨论。
3. 利用所学知识,分析解决生活中的婚姻、继承纠纷案例。

相关推荐

(一)法律法规

查阅《民法典》。

(二)公众号

法务之家、中国法律评论、北大法宝、法眼观察。

第六章习题

第七章

市场经济中的政府、企业与个人

经济法是确保自由经济活动的法。 ——[日本]金泽良雄:《经济法概论》

经济法对国家和社会二元关系的跨越和交叉性在于,国家承担了对市场的全面的总体责任。 ——[德国]乌茨·施利斯基:《经济公法》

竞争可以是建设性的,也可以是破坏性的。

——[英国]阿尔弗雷德·马歇尔:《经济学原理》

【本章概要】

在自由竞争的市场经济中,由于市场本身存在的缺陷,比如市场的盲目性、滞后性缺陷,对市场主体造成较大的利益损失。为了弥补市场失灵的损失,政府通过经济手段积极干预,从而出现了一系列政府干预市场经济的举措,将这些措施制定成法律,就形成了经济法。

经济法本身具有大而庞杂、不成体系的特点。作为非法律专业的学生,要求大家知道经济法的相关基础知识,譬如自己作为消费者时,能够明确知道运用《消费者权益保护法》和《产品质量法》保护自己的合法权益;在走出大学校园从事工作后如何维护自己的劳动权益;如何申报及保护自己的知识产权成果等。

【本章重点】

公司法的基本制度 我国对于垄断和不正当竞争行为的规制 消费者依法享有的权利和经营者应承担的义务 发生消费争议后解决纠纷的途径与方法 如何申请和保护自己的知识产权 工作时间、休息休假、工资、职业安全卫生和社会保险法律制度 劳动争议的处理机构和解决方式

第一节　公司及企业的设立和运营法律规制

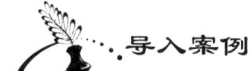

2018年4月16日,美国商务部网站公告,7年内禁止美国企业向中兴通讯出口任何技术、产品。公告称,中兴通讯违反了2017年与美国政府达成的和解协议。当时,美国政府指控中兴通讯违反美对伊朗的出口管制政策。

据路透社报道,2017年3月,中兴通讯在美国得克萨斯州联邦法院承认违反制裁规定向伊朗出售美国商品和技术。中兴通讯与美国财政部、商务部和司法部达成和解协议。作为和解协议的一部分,中兴通讯同意支付8.9亿美元的刑事和民事罚金。此外,还有给美国商务部工业与安全局3亿美元的罚金被暂缓。是否支付,取决于未来七年公司对协议的遵守并继续接受独立的合规监管和审计。

中兴通讯事件再次暴露出中国在一些关键核心技术上受制于人的软肋,自主知识产权的高端芯片远不能自给自足。如若核心元器件不能及时到位,中兴将面临巨大危机。同时也说明了随着经济全球化的迅速发展,以中兴通讯为代表的企业管控合规风险的能力滞后以及企业合规管理体系的重大缺陷已日渐显现。

美国以解决贸易赤字和知识产权问题为名发起对华贸易制裁,其遏制中国技术进步和经济发展的实质已渐为清晰。在这种压力和遏制下,中国创新性知识产权核心项目的研发已迫在眉睫。

请问:我国公民和法人如何申请和保护自己的知识产权?在全球化背景下,我国企业应如何建立自身合法管理体系?

【法律小知识】

经济法的产生

资本主义国家经历了资本主义形成和巩固时期、自由资本主义时期和垄断资本主义时期三个阶段。在自由资本主义时期,最为著名的是英国古典经济学家亚当·斯密提出的"看不见的手",也就是市场之手理论。随着经济的飞速发展,市场本身也具有很大的盲目性。由于市场的缺陷,资本不断累积,甚至出现垄断现象,市场自身无法克服这些弊端,这时,就需要国家干预,用"有形之手"来对市场进行调控。英国杰出的经济学家凯恩斯把国家干预经济的理论推到了一个极为完备的程度。也就是说,市场失灵需要国家"有形之手"的干预,国家进行干预时采用法律的手段,形成了经济法的体系。

一、公司法

《公司法》

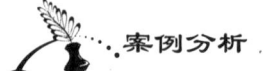

甲有限责任公司,经营塑料产品的制造、加工和买卖,总资产1 200万元,总负债200万元。因业务兴旺,董事会决定实施以下方案:①以甲公司名义投资300万元,与乙公司组成合伙企业;②以甲公司名义向丙电脑有限责任公司投资350万元;③以甲公司名义发行150万元公司债券;④以甲公司财产为个体户张某的债务提供担保。

请判断:董事会的上述决定是否合法?依据何在?

学习公司法的相关知识后,了解了公司的相关法律问题,就可回答上述问题。

(一)公司法概述

《中华人民共和国公司法》(以下称《公司法》)所称公司,是指依照《公司法》在中国境内设立的有限责任公司和股份有限公司。公司是企业法人,以其全部财产对公司的债务承担责任。

当前市场经济最为活跃的主体莫过于公司。不论是世界五百强企业还是我国的知名企业,公司这种形式都最为民众熟知。在我们平时接触的信息中,更多的是关于公司作为营利主体获得的经济效益,然而经济效益的获得必须符合法律的规定。那么,在法律方面如何规范公司这个主体呢?

1. 公司的名称和住所

公司的名称一般由四部分组成。一是地域范围,如是在天津市还是山东省等。二是具体的特殊的名称,如耐克、阿迪达斯等。三是公司主营业务,如是运动品牌还是餐饮等。四是公司的形式,如是有限责任公司还是股份有限公司。

住所,就是公司登记时确定的住所。按照法律规定,公司以其主要办事机构所在地为住所。

2.公司章程

（1）公司章程含义。公司章程是记录公司重要信息的文件。设立公司必须依法制定公司章程。公司章程对公司、股东、董事、监事、高级管理人员具有约束力。公司的经营范围由公司章程规定，并依法登记。公司可以修改公司章程，改变经营范围，但是应当办理变更登记。公司的经营范围中属于法律、行政法规规定须经批准的项目，应当依法经过批准。

（2）公司章程的记载事项。记载事项分为必要记载事项和任意记载事项。

必要记载事项包括：公司的名称和住所；公司的经营范围；注册资本；股东的姓名或者名称；股东出资方式、出资时间和出资额；公司的机构及其产生办法、职权、议事规则；法定代表人；公司的解散事由和清算办法。

任意记载事项则是必要记载事项之外的股东认为需要在公司章程中记载的事项。不同的公司类型，对章程的要求不同。有限公司的章程应当由股东共同制定，并签名、盖章。

3.公司资本

（1）公司资本含义。公司资本是指公司成立时章程所规定的，由股东出资构成的资金总和。

（2）资本三原则。资本三原则是资本确定、资本维持和资本不变。资本确定，即在公司设立之初，就要明确公司的注册资本；资本维持，体现在具体的制度方面就是在公司发行股票时可以平价发行或者溢价发行，但绝不能低于票面金额发行；资本不变，体现在具体的制度方面就是公司每年要提取法定公积金，按照法律规定公司分配当年税后利润时，应当提取利润的百分之十列入公司法定公积金，公司法定公积金累计额达到公司注册资本的百分之五十以上的，可以不再提取。

（3）有限责任公司、发起设立的股份有限公司，发起人必须认购公司发行的全部股份；而以募集设立方式设立的股份有限公司，发起人认购的股份不得少于公司股份总数的百分之三十五，法律法规另有规定的除外。

（4）股东出资。股东可以用货币出资，也可以用实物、知识产权、土地使用权等可以用货币估价并可以依法转让的非货币财产作价出资；但是，法律、行政法规规定不得作为出资的财产除外。对作为出资的非货币财产应当评估作价，核实财产，不得高估或者低估作价。

4.公司董事、监事及高管人员的资格、义务与责任

公司的组织机构中，一般就是股东会、董事会和监事会三方。为了加强对公司的相关管理，《公司法》明确，高级管理人员指公司的经理、副经理、财务负责人、上市公司董事会秘书和公司章程规定的其他人员。

董事、监事、高级管理人员这些人员，对于公司的正常运行起着关键作用，因此法律对这些人员的任职条件作出了特别要求。我国《公司法》第一百四十七条规定，董事、监事、高级管理人员应当遵守法律、行政法规和公司章程，对公司负有忠

实义务和勤勉义务。董事、监事、高级管理人员不得利用职权收受贿赂或者其他非法收入,不得侵占公司的财产。

(二)有限责任公司

1. 有限责任公司的含义

有限责任公司,是指依照公司法设立,由法律规定的一定人数的股东共同出资组成,每个股东以其所认缴的出资额为限,对公司承担责任,公司以其全部资产对公司债务承担责任的企业法人。

2. 有限责任公司设立条件

设立有限责任公司,应当具备下列条件:①股东符合法定人数;②有符合公司章程规定的全体股东认缴的出资额;③股东共同制定公司章程;④有公司名称,建立符合有限责任公司要求的组织机构;⑤有公司住所。《公司法》同时规定有限责任公司由五十个以下股东出资设立,体现了有限责任公司的人合性。

3. 两种特殊形态的有限责任公司

特殊形式的有限公司包括一人有限责任公司和国有独资公司两类。一人有限责任公司,是指一个自然人或者一个法人设立的有限公司。一个自然人只能投资设立一个一人有限责任公司。国有独资公司,指国家单独出资,由国资委或者国资局作为所有权代表履行出资人职责的有限责任公司。

4. 有限责任公司组织机构

在有限责任公司中,股东会是权力机构;董事会是执行机构;监事会是监督机构,各司其职。

5. 有限公司股权转让

(1)内部转让。有限责任公司的股东之间可以相互转让其全部或者部分股权。

(2)外部转让。股东向股东以外的人转让股权,应当经过半数其他股东同意。在同等条件下,其他股东有优先购买权。

(三)股份有限公司

股份有限公司,是指将全部资本分成等额股份,股东以其持有的股份为限对公司承担责任,公司以其全部资产对公司债务承担责任的法人。

1. 股份有限公司的设立

设立股份有限公司,应当具备下列条件:①发起人符合法定人数;②有符合公司章程规定的全体发起人认购的股本总额或者募集的实收股本总额;③股份发行、筹办事项符合法律规定;④发起人制订公司章程,采用募集方式设立的经创立大会通过;⑤有公司名称,建立符合股份有限公司要求的组织机构;⑥有公司住所。

设立股份有限公司,应当有二人以上二百人以下为发起人,其中须有半数以上的发起人在中国境内有住所。募集设立中要求发起人认购的股份不低于百分之三十五,其余向社会公开募集或者向特定对象募集而设立。对于股东要求二人以上二百人以下,半数以上的发起人在中国境内有住所。

2.股份有限公司股份发行和转让

(1)股份发行。按照法律规定股份有限公司的资本划分为股份,每一股的金额相等。公司的股份采取股票的形式。股票是公司签发的证明股东所持股份的凭证。股份的发行,实行公平、公正的原则,同种类的每一股份应当具有同等权利。同次发行的同种类股票,每股的发行条件和价格应当相同;任何单位或者个人所认购的股份,每股应当支付相同金额。

为了确保资本维持,股票发行价格可以按票面金额,也可以超过票面金额,但不得低于票面金额。公司发行的股票,可以为记名股票,也可以为无记名股票。公司向发起人、法人发行的股票,应当为记名股票,并应当记载该发起人、法人的名称或者姓名,不得另立户名或者以代表人姓名记名。

(2)股份转让。股东持有的股份可以依法转让。股东转让其股份,应当在依法设立的证券交易场所进行或者按照国务院规定的其他方式进行。

(四)公司的合并、分立、增资和减资

公司合并可以采取吸收合并或者新设合并的方式。一个公司吸收其他公司为吸收合并,被吸收的公司解散。两个以上公司合并设立一个新的公司为新设合并,合并各方解散。公司合并,应当由合并各方签订合并协议,并编制资产负债表及财产清单。公司合并时,合并各方的债权、债务,应当由合并后存续的公司或者新设的公司承继。

公司分立,其财产作相应的分割。公司分立前的债务由分立后的公司承担连带责任。但是,公司在分立前与债权人就债务清偿达成的书面协议另有约定的除外。

公司需要减少注册资本时,必须编制资产负债表及财产清单。公司应当自作出减少注册资本决议之日起十日内通知债权人,并于三十日内在报纸上公告。债权人自接到通知书之日起三十日内,未接到通知书的自公告之日起四十五日内,有权要求公司清偿债务或者提供相应的担保。

有限责任公司增加注册资本时,股东认缴新增资本的出资,依照《公司法》设立有限责任公司缴纳出资的有关规定执行。

公司合并或者分立,登记事项发生变更的,应当依法向公司登记机关办理变更登记;公司解散的,应当依法办理公司注销登记;设立新公司的,应当依法办理公司设立登记。公司增加或者减少注册资本,应当依法向公司登记机关办理变更登记。

二、合伙企业法

合伙企业,是指依法在中国境内设立的由各合伙人订立合伙协议,共同出资、合伙经营、共享收益、共担风险,并对合伙企业债务承担无限连带责任的营利性组织。

《合伙企业法》

(一)合伙的分类

我国合伙企业分为普通合伙企业和有限合伙企业。普通合伙企业由普通合伙人组成,合伙人对合伙企业债务承担无限连带责任。对普通合伙人承担责任的形式有特别规定的,从其规定。有限合伙企业由普通合伙人和有限合伙人组成,普通合伙人对合伙企业债务承担无限连带责任,有限合伙人以其认缴的出资额为限对合伙企业债务承担责任。

(二)合伙企业的设立

设立合伙企业,应当具备下列条件:

(1)有两个以上合伙人。合伙人的人数最少为两人;合伙人可以是自然人,也可以是组织。

(2)有书面合伙协议。如何写书面合伙协议呢?一般来说,合伙协议应当载明下列事项:①合伙企业的名称和主要经营场所的地点;②合伙目的和合伙经营范围;③合伙人的姓名或者名称、住所;④合伙人的出资方式、数额和缴付期限;⑤利润分配、亏损分担方式;⑥合伙事务的执行;⑦入伙与退伙;⑧争议解决办法;⑨合伙企业的解散与清算;⑩违约责任。

(3)合伙人认缴或者实际缴付的出资。合伙人可以用货币、实物、知识产权、土地使用权或者其他财产权利出资,也可以用劳务出资。合伙人以实物、知识产权、土地使用权或者其他财产权利出资,需要评估作价的,可以由全体合伙人协商确定,也可以由全体合伙人委托法定评估机构评估。合伙人以劳务出资的,其评估办法由全体合伙人协商确定,并在合伙协议中载明。

(4)有合伙企业的名称和生产经营场所。

(5)法律、行政法规规定的其他条件。

【想一想】

甲、乙、丙三人经协商后,决定成立一家普通合伙企业,共同经营服装加工生意,并签订了书面的合伙协议。甲、乙以现金的形式分别出资200 000元和100 000元,丙以劳务作价50 000元出资,全体合伙人一致推举丙执行合伙事务。合伙企业存续期间,丙在某次生产过程中,因一时疏忽,造成一批产品报废,使企业负债数万元。甲和乙一致认为因产品报废所欠债务应由丙偿还。丙认为自己并非故意,因此所欠债务应由全体合伙人共同承担。

请问:丙能否以劳务出资?合伙企业因产品报废的债务应由谁承担?试说明理由。

(三)合伙企业的设立程序

合伙企业的设立登记,应按如下程序进行:

1. 申请

设立合伙企业应当以全体合伙人为申请人。申请合伙企业登记的具体事务,应当由全体合伙人指定的代表或者共同委托的代理人负责办理。代表的指定或者代理人的委托,应当采用书面形式。

2. 登记机关

工商行政管理机关是合伙企业登记机关。国务院工商行政管理部门主管全国的合伙企业登记工作。市、县工商行政管理机关负责本辖区内的合伙企业登记。

3. 登记事项

合伙企业的登记事项包括:合伙企业的名称、经营场所、经营范围、经营方式和合伙人的姓名及住所、出资额及出资方式。合伙企业如果确定了执行事务的合伙人或者设立分支机构,登记事项中还应当包括执行事务的合伙人或者分支机构的情况。

4. 申请文件

申请设立合伙企业,应向企业登记机关提交以下文件:全体合伙人签署的合伙申请书;全体合伙人的身份证明;全体合伙人指定的代表或者共同委托的代理人的委托书;合伙协议;出资权属证明;经营场所证明;国务院工商行政管理部门规定提交的其他文件。法律、法规规定设立合伙企业须报经审批的,还应当提交有关批准文件。合伙协议约定或全体合伙人决定,委托一名或者数名合伙人执行合伙事务的,还应当提交全体合伙人的委托书。

5. 登记并颁发营业执照

企业登记机关自收到申请人提交的符合规定的全部申请文件之日起二十日内,作出核准登记或者不予登记的决定。符合《中华人民共和国合伙企业法》(以下称《合伙企业法》)规定条件的,予以登记,发给营业执照;对不符合规定条件的,不予登记,并应当给予书面答复,说明理由。合伙企业营业执照签发之日,为合伙企业的成立日期。在领取营业执照前,合伙人不得以合伙企业名义从事合伙事务。

(四)合伙企业财产

合伙人的出资、以合伙企业名义取得的收益和依法取得的其他财产,均为合伙企业的财产。

合伙企业财产可以转让,转让分为外部转让和内部转让。在外部转让中,法律规定除合伙协议另有约定外,合伙人向合伙人以外的人转让其在合伙企业中的全部或者部分财产份额时,须经其他合伙人一致同意。在内部转让中,合伙人之间转让在合伙企业中的全部或者部分财产份额时,应当通知其他合伙人。按照《合伙企业法》第二十三条的规定,合伙人向合伙人以外的人转让其在合伙企业中的财产份额的,在同等条件下,其他合伙人有优先购买权;但是,合伙协议另有约定的除外。

(五)合伙事务的执行

合伙人对执行合伙事务享有同等的权利。按照合伙协议的约定或者经全体合伙人决定,可以委托一个或者数个合伙人对外代表合伙企业,执行合伙事务。作为合伙人的法人、其他组织执行合伙事务的,由其委派的代表执行。

为了保护合伙人的权益,对执行也规定了一定的限制,但为了保护善意第三人的合法权益,《合伙企业法》规定合伙企业对合伙人执行合伙事务以及对外代表合伙企业权利的限制,不得对抗善意第三人。

【想一想】

注册会计师甲、乙、丙三人投资设立 A 会计师事务所,该会计师事务所的形式为特殊的普通合伙企业。后甲在对 B 上市公司的年度会计报告进行审计的过程中,因接受 B 上市公司的贿赂出具了虚假的审计报告,经人民法院判决,企业承担赔偿责任。

请问:根据《合伙企业法》的相关规定,合伙人应如何分担该债务责任?

(六)损益分配

合伙企业的利润分配、亏损分担,按照合伙协议的约定办理;合伙协议未约定或者约定不明确的,由合伙人协商决定;协商不成的,由合伙人按照实缴出资比例分配、分担;无法确定出资比例的,由合伙人平均分配、分担。合伙协议不得约定将全部利润分配给部分合伙人或者由部分合伙人承担全部亏损。

(七)责任承担

合伙人在执行合伙事务活动中非因故意或者重大过失造成的合伙企业债务以及合伙企业的其他债务,由全体合伙人承担无限连带责任。

一个合伙人或者数个合伙人在执行合伙事务活动中因故意或者重大过失造成合伙企业债务的,应当承担无限责任或者无限连带责任,其他合伙人以其在合伙企业中的财产份额为限承担责任。

（八）解散和清算

合伙企业有下列情形之一的,应当解散:①合伙期限届满,合伙人决定不再经营;②合伙协议约定的解散事由出现;③全体合伙人决定解散;④合伙人已不具备法定人数满三十天;⑤合伙协议约定的合伙目的已经实现或者无法实现;⑥依法被吊销营业执照、责令关闭或者被撤销;⑦法律、行政法规规定的其他原因。

合伙企业解散,应当由清算人进行清算。

三、个人独资企业的设立

个人独资企业,也称为独资企业,是指由一个自然人投资,财产为投资人个人所有,投资人以其个人财产对企业债务承担无限责任的营利性经济组织。

《个人独资企业法》及《个人独资企业登记管理办法》

1. 设立的条件

《中华人民共和国个人独资企业法》(以下称《个人独资企业法》)第八条对个人独资企业的设立条件规定如下:

(1) 投资人为一个自然人。个人独资企业的投资人只能是自然人不能是法人,且数量仅限为一个。

(2) 有合法的企业名称。名称是一企业与其他企业相区别的标志。企业必须有相应的名称,个人独资企业的名称应当与其责任形式及从事的营业相符合。如个人独资企业的名称中不得使用"有限""有限责任"或"公司"字样。

(3) 有投资人申报的出资。一定的资本是任何企业得以存在的物质基础,个人独资企业也不例外。但由于个人独资企业的出资人对独资企业债务承担的是无限责任,而并不是仅以出资额为限承担责任,因此《个人独资企业法》不要求个人独资企业有最低注册资本金,仅要求投资人有自己申报的出资即可。

(4) 有固定的生产经营场所和必要的生产经营条件。固定的生产经营场所和必要的生产经营条件是个人独资企业开展经营活动的物质基础。这一要求也是为了使个人独资企业与行商游贩相区别。

(5) 有必要的从业人员。这里的从业人员,既包括从事业务活动的投资人,也包括企业依法招用的员工。对于从业人员的具体数量,《个人独资企业法》并没有具体规定。

2. 设立的程序

根据《个人独资企业法》的规定,个人独资企业的设立程序如下:

(1) 提出申请。设立个人独资企业,应当由投资人或者其委托的代理人向个人独资企业所在地的登记机关申请设立登记。投资人申请设立登记,应当向登记机关提交下列文件:①投资人签署的个人独资企业设立申请书,设立申请书应当载明的事项有企业的名称和住所、投资人的姓名和居所、投资人的出资额和出资方式、经营范围;②投资人身份证明;③企业住所证明和生产经营场所使用证明,如土地使用证明、房屋产权证明或租赁合同等;④国家工商行政管理局规定提交的其他文件。

个人独资企业不得从事法律、行政法规禁止经营的业务;从事法律、行政法规规定须报经有关部门审批的业务的,申请设立登记时提交有关部门的批准文件。委托代理人申请设立登记时,应当出具投资人的委托书和代理人的合法证明。投资人以个人财产出资或者以其家庭共有财产作为个人出资的,应当在设立申请书中予以明确。

(2)工商登记。登记机关应当在收到上述文件之日起十五日内,对符合法律规定条件的,予以登记,发给营业执照;对不符合规定条件的,不予登记,并应当给予书面答复,说明理由。个人独资企业的营业执照的签发日期,为个人独资企业成立日期。在领取个人独资企业营业执照前,投资人不得以个人独资企业名义从事经营活动。

根据法律规定,个人独资企业设立分支机构,应当由投资人或者其委托的代理人向分支机构所在地的登记机关申请设立登记,领取营业执照。

3.个人独资企业的变更

个人独资企业的变更,是指个人独资企业存续期间登记事项发生的变更。如企业名称、住所、经营范围、经营期限等发生的改变。《个人独资企业法》第十五条规定:"个人独资企业存续期间登记事项发生变更的,应当在作出变更决定之日起的十五日内依法向登记机关申请办理变更登记。"

第二节　消费者的权利及维权

《消费者权益保护法》

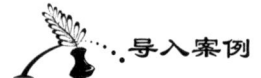

1999年,上海的一名女大学生在某公司一家超市连锁店购物后离开时,防盗铃骤响,商场女保安将她带入地下室进行搜身检查,女保安用手提电子探测器对女大学生进行全身检查后,探测器测出其胯部带有磁信号,当即要求女大学生脱裤检查,结果未检查出大学生身上带磁信号的商品,允许其离店。事后,女学生以侵犯人身权、名誉权提起诉讼,要求公开赔礼道歉和赔偿精神损害50万元。终审法院认为,商场的检查是单独秘密进行的,并未引起女学生的名誉贬损,不构成名誉侵权;但是,《宪法》规定公民的人格不受侵犯,由此,法院确认商场的行为侵犯了女学生的人格尊严权,判令被告:①被告向原告赔礼道歉;②赔偿原告人民币10 000元精神损失费;③被告负担两审诉讼费共计人民币820元。

请问:在逛超市的过程中,你也遇到过这种问题吗? 法院的判决是否合理? 消费者有哪些权利?

一、消费者的概念

消费者,是指为生活消费需要购买、使用商品或者接受服务的人。

首先,消费者是自然人,是为了生活消费需要而购买、使用商品或者接受服务的自然人。在一般的商品买卖中,法人也可以进行。比如机关单位购买办公用品。但是消费者权益保护法中保护的消费者仅仅是自然人。

其次,消费者是为了生活消费需要而购买、使用商品或者接受服务。生产消费和生活消费是不同的。生产消费和生活消费不在于购买的是什么,而在于购买了商品用于什么。另外还要思考一个关于"王海打假"的事件。王海打假案例中,王海明知道商品是假冒伪劣,而知假买假,然后找商家索赔,王海是否可以认定为消费者,请思考。

二、消费者的权利

市场经济是法治经济,在市场中,经营者与消费者之间形式上处于平等的地位,但是实际上两者不平等。比如消费者在选择商品时很有可能受到商家的欺诈,正如赵本山的小品《卖拐》中呈现出的一样,经营者可能会采取各种手段欺诈消费者。这种情况下,仅仅依靠平等主体之间的民事法律关系来调整,认定该法律关系有效,则不利于消费者权益的保护。因此,对于这种形式平等而实质不平等的关系就要进行纠偏性调整。消费者权益保护法就是通过规定消费者在市场经济活动中的诸多权利来维护市场买卖双方的实质平等,保障交易安全的法律。

(一)安全权

此处安全权包括两部分:人身安全和财产安全。根据《中华人民共和国消费者权益保护法》(以下称《消费者权益保护法》)第七条规定,消费者在购买、使用商品和接受服务时享有人身、财产安全不受损害的权利。这是消费者最为基本的权利。每一位消费者在购买、使用商品时,经营者都应当保证提供的商品和服务满足基本的安全权。否则,消费者可以拿起法律武器,积极地去维权。

【想一想】

2002年8月1日晚8时许,中央电视台《夕阳红》节目主持人沈旭华与朋友相约在位于安贞桥旁边的张生记餐厅吃饭,并订了二楼紧邻消防通道两米的12号包间。席间,沈旭华的手机响起,因包间嘈杂她边接电话边走出包间,来到了消防通道门旁,推门进去,不料尚未完工的消防通道不仅没有灯,而且没有栏杆,沈旭华从二楼直接摔到了一楼,经抢救无效于8月20日死亡。事发后,张生记酒店在该防火门上贴上了"消防通道"的标志。

请问:该饭店对于沈旭华的死亡是否应该承担责任?为什么?

(二)知情权

消费者享有知悉其购买、使用的商品或者接受的服务真实情况的权利。消费者有权根据商品或者服务的不同情况,要求经营者提供商品的价格、产地、生产者、用途、性能、规格、等级、主要成分、生产日期、有效期限、检验合格证明、使用方法说明书、售后服务或者服务的内容、规格、费用等有关情况。我们自己作为消费者,购买商品时,都会先了解商品相关的生产信息。这些规定赋予消费者详尽的知情权,要求经营者必须保障消费者的知情权。这样规定的原因还是在于两者地位形式平等而实质不平等的法律关系,在于两者的信息不对称,消费者处于弱势的地位。在这样的情况下,法律就要求经营者尽量地保证消费者的知情权。

(三)选择权

消费者享有自主选择商品或者服务的权利。消费者有权自主选择提供商品或者服务的经营者,自主选择商品品种或者服务方式,自主决定购买或者不购买任何一种商品、接受或者不接受任何一项服务。消费者在自主选择商品或者服务时,有权进行比较、鉴别和挑选。市场经济遵守的原则之一就是意识自治原则,完全遵守市场主体的意愿。因此,消费者在购买商品或者接受服务时都可以自主选择。

(四)公平交易权

消费者享有公平交易的权利。消费者在购买商品或者接受服务时,有权获得质量保障、价格合理、计量正确等公平交易条件,有权拒绝经营者的强制交易行为。

(五)求偿权

消费者因购买、使用商品或者接受服务受到人身、财产损害的,享有依法获得赔偿的权利。消费者最基本的权利是安全权。为了保证安全权的行使,规定了求偿权。求偿权实现的途径也很多,最为直接的方法就是诉讼,此外还有和解、仲裁和调解。

(六)结社权

消费者享有依法成立维护自身合法权益的社会团体的权利。消费者处于弱势地位,弱势地位的消费者通过集中结社、强大消费者群体,与处于强势主体的经营者对抗。这种结社权的结果就是成立消费者协会。

（七）知识获取权

消费者享有获得有关消费和消费者权益保护方面的知识的权利。消费者应当努力掌握与商品或服务密切联系的相关知识,包括正确选购、公平交易、合理使用和解决消费争议的途径等。

（八）人格尊严及民族风俗习惯受尊重权

消费者在购买、使用商品和接受服务时,享有其人格尊严、民族风俗习惯得到尊重的权利。人格尊严得到尊重主要指公民的姓名权、名誉权、荣誉权、肖像权不受侵犯,消费者的民族风俗习惯(包括少数民族的饮食、服饰等)应当得到尊重。

（九）监督权

消费者享有对商品和服务以及保护消费者权益工作进行监督的权利。

（十）后悔权

经营者采用网络、电视、电话、邮购等方式销售商品,消费者有权自收到商品之日起七日内退货,但根据商品性质不宜退货的除外,经营者应当自收到退回货物之日起七日内返还消费者支付的价款。

【法律小知识】

消费者权益的由来

世界上最早明确提出消费者权益的领导人是美国前总统肯尼迪。1962年3月15日,由于美国消费者利益不断受到损害,消费者运动再次兴起,肯尼迪向美国联邦议会提出了《关于保护消费者利益的总统特别国情咨文》。概括了消费者的四大权利:①使用商品的安全权;②了解商品的权利;③选择商品的权利;④向有关部门申诉的权利。1969年,尼克松总统又提出了求偿权,并将之列为第五项权利。此后,这几项权利逐渐为世界所公认,许多国家根据本国的文化及经济发展水平,进行了补充和发展。

三、经营者的义务

在《消费者权益保护法》中,法律赋予消费者享有的绝大部分权利,是需要通过经营者履行相应的义务来保证实现的。

根据《消费者权益保护法》规定,经营者主要应履行以下十项义务:

(一)履行法定或约定义务

法定义务是指国家立法机关制定的法律、法规中明确规定经营者所必须履行的义务,如保障产品质量。约定义务是经营者与消费者之间在购买商品或提供服务时就当事人之间的权利义务所作的约定,如送货上门。

(二)接受消费者监督的义务

经营者应当听取消费者对其提供的商品或服务的意见,接受消费者的监督。这项义务与消费者的监督权对应。

(三)保证商品和服务安全的义务

经营者应当保证其提供的商品或者服务符合保障人身、财产安全的要求。对可能危及人身、财产安全的商品和服务,应当向消费者作出真实的说明和明确的警示,并说明或者标明其正确的使用方法以及防止危害发生的方法。经营者发现其提供的商品或者服务存在严重缺陷,即使正确使用商品或者接受服务仍然可能对人身、财产安全造成危害的,应当立即向有关行政部门报告和告知消费者,并采取防止危害发生的措施。

(四)提供真实信息的义务

经营者应当向消费者提供有关商品或者服务的真实信息,不得进行引人误解的虚假宣传。经营者必须保证通过标签、说明、包装、广告以及口头等方式对其商品或者服务进行的一切宣传都与其商品或者服务的真实情况相符,并对消费者的相关询问作出真实、明确的答复。

(五)标明真实名称和标记的义务

经营者应当标明其真实名称和标记。所谓"名称",是指经营者依法确定的名称,包括企业名称、从事经营活动的事业单位和科技性社会团体的名称、个体工商户和个人合伙的名称(字号)等;没有字号的个体工商户和个人合伙在市场交易中使用的个人姓名,也视为经营者的名称。所谓"标记",是指一些经营者在经营活动中使用的除名称之外的特殊标识。

(六)出具购货凭证或者服务单据的义务

购货凭证或服务单据是消费者与经营者之间交易行为的依据。经营者提供商品或服务的,应依法向消费者出具购货凭证或单据,消费者索要购货凭证或单据的,经营者必须出具。单据包括:消费发票、收据、产品质量说明书、产品质量保修单等。

(七)保证商品或服务质量的义务

经营者应当保证在消费者正常使用商品或者接受服务的情况下其所提供的商品或服务应当具有的质量、性能、用途和有效期限,但消费者事先已知道存在瑕疵的除外。经营者以广告、产品说明、实物样品或者其他方式表明商品或者服务质量状况的,应当保证其提供的商品或者服务的实际质量与表明的质量状况相符。

(八)提供售后服务的义务

经营者提供商品或者服务,按照规定或者与消费者的约定,承担包修、包换、包退或者其他责任的,不得故意拖延或者无理拒绝。

(九)不得以不当方式免责的义务

经营者不得以格式合同、通知、声明、店堂告示等方式作出对消费者不公平、不合理的规定,或者减轻、免除其损害消费者合法权益应当承担的民事责任。

格式合同、通知、声明、店堂告示等含有前款所列内容的,其内容无效。

【想一想】

2015年2月,张女士在某百货商场购买一件纯羊毛大衣,售价1 280元。当时该商场虽然在促销现场标明了"换季商品,概不退换",但是张女士穿了三天后发现大衣有明显的起球现象,于是到市质量监督机构检验,鉴定结果证明羊毛大衣所用的原料为100%腈纶。张女士到百货商场要求退货并赔偿因此而造成的损失,商店营业员称,当时已经事先告知是"换季商品,概不退换",该柜台是出租给了个体户丁某,目前丁某还欠租赁柜台的费用尚未付清,人也找不到,只能等找到丁某后由她承担赔偿责任。

请问:该商场侵犯了消费者哪些权利?应如何赔偿?

(十)其他

不得侵犯消费者人格权的义务;经营者不得对消费者进行侮辱、诽谤;不得搜查消费者的身体及其携带的物品;不得侵犯消费者的人身自由。

四、消费者权利的实现途径

(一)纠纷的解决途径

在消费者权益保护法中,规定了消费者的权利,而更为重要的是保障权利的实现,也即是保证消费者充分完全地享受这些权利。在实现权利的过程中难免会产生纠纷。因此,《消费者权益保护法》明确规定了纠纷产生时消费者可以寻求的救济途径。

消费者与经营者发生消费权益争议时,可以通过下列途径解决:

(1)与经营者协商和解。协商和解是消费者与经营者在平等自愿的基础上,就有关争议进行协商,最终达成解决争议的方案。这是发生争议的初期最常用的方式,具有方便、快捷、及时的优点。当事人协商解决争议应遵循自愿、地位平等和依法协商的原则。

(2)请求消费者协会调解。调解是指在消费者与经营者之间,由消费者协会作为第三方,就有关争议进行协调,使双方消除纠纷,达成协议。当事人通过各地方的消费者协会解决争议时应遵循自愿、合法和公正的原则。

(3)向有关行政部门申诉。向有关行政部门申诉是指向工商、技术监督及各有关专业部门申诉。有关行政部门对消费者的申诉及其与经营者的争议,可依法进行调解,并依法行使职权,作出处理决定;对有违法行为的经营者,可依法作出行政处罚。

(4)根据与经营者达成的仲裁协议提请仲裁机构仲裁。发生争议的消费者和经营者可以在合同中订立仲裁条款,也可以在争议发生后,双方自愿达成书面仲裁协议,提交仲裁机构仲裁。与其他解决争议的方式相比,仲裁具有灵活便利的特点,施行"一裁终局"的制度。

(5)向人民法院提起诉讼。这是指国家司法机关在当事人及其他诉讼参与人参加的情况下,按照法律规定的程序和方式,解决消费者和经营者之间争议的活动。这是解决争议保护当事人自身合法权益行之有效的途径。与其他解决争议的方式相比,诉讼具有法定性、权威性和强制性的特点。

(二)损害赔偿

消费者在购买、使用商品时,其合法权益受到损害的,向销售者要求赔偿。销售者赔偿后,属于生产者的责任或者属于向销售者提供商品的其他销售者的责任的,销售者有权向生产者或者其他销售者追偿。消费者或者其他受害人因商品缺陷造成人身、财产损害的,可以向销售者要求赔偿,也可以向生产者要求赔偿。属于生产者责任的,销售者赔偿后,有权向生产者追偿。属于销售者责任的,生产者赔偿后,有权向销售者追偿。消费者在接受服务时,其合法权益受到损害的,可以向服务者要求赔偿。

消费者在合法权益受到损害时,可以直接向销售者要求赔偿。这是确定责任承担者的一般规则。这条规定可以保证消费者合法权益能够得到迅速有效的保护,而不用查明是哪一方的责任,体现了偏向于保护消费者的立法理念。

(三)三倍赔偿

《消费者权益保护法》第五十五条明确规定,经营者提供商品或者服务有欺诈行为的,应当按照消费者的要求增加赔偿其受到的损失,增加赔偿的金额为消费者购买商品的价款或者接受服务的费用的三倍;增加赔偿的金额不足五百元的,为五百元。法律另有规定的,依照其规定。

以上是《消费者权益保护法》对于三倍赔偿条款的规定。此处需要明确三倍赔偿条款的适用条件。首先,该三倍赔偿适用于消费关系中,也就是消费者在购买商品或服务的过程中。其次,要求经营者有欺诈行为。所谓欺诈是指故意告知虚假情况或故意隐瞒真实情况诱使对方作出错误的意思表示。满足了以上两点才可以适用三倍赔偿条款。

　　李某将受损车辆交至 A 修理厂修理,为此支付了两万余元。待修理厂修理完毕后,李某被懂车的好友告知,A 修理厂修车明细中记载的右后尾灯、后背门、左前大灯、右前大灯并未实际更换。然而根据 A 修理厂的价款明细表,李某实际已经为上述车辆部件支付了更换及修理费用共计 8 903 元。因此,李某要求 A 修理厂按照收件项目再行维修或将上述费用退还,修理厂不同意,声称上述项目已经进行过维修和更换,不予退款也不予重修。李某感觉自己受骗了,就将 A 修理厂诉至法院要求退还相关修理费用并支付三倍赔偿。

　　法院审理后认为,A 修理厂未实际提供服务却收取李某相关费用的行为已经构成了对原告的欺诈,因此 A 修理厂应当返还李某支付的该部分修理费用并赔偿李某三倍于该部分修理费用的损失。最终判决 A 修理厂返还李某右后尾灯、后背门、左前大灯、右前大灯的材料费及工时费等共计 8 903 元,赔偿李某 26 709 元。

　　需要注意的是:2018 年修正的《中华人民共和国食品安全法》规定,违反本法规定,造成人身、财产或者其他损害的,依法承担赔偿责任。生产不符合食品安全标准的食品或者销售明知是不符合食品安全标准的食品,消费者除要求赔偿损失外,还可以向生产者或者销售者要求支付价款十倍的赔偿金。

　　根据新法优于旧法原则,如果是购买食品受到损害,可以要求十倍赔偿金。其他的商品还是适用三倍赔偿。

第三节　大学生与知识产权

《专利法》

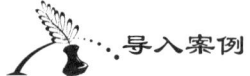

　　王某拥有一份治疗胃痛的配方,并就该配方申请了专利权。其

朋友张某窃取了王某的配方,进行批量生产,由于该药疗效显著,销路很好。王某发现张某窃取了自己的配方后,要求张某停止对该药品的生产,遭到拒绝。无奈,王某只能诉诸法律。

请问:王某的要求是否合理?有什么法律根据?

专利权简称专利,是国家专利机关依法授予发明创造的发明人、设计人或者其所在的单位在一定期限内对特定的发明创造依法享有的专有权。

一、大学生如何取得专利权

(一)取得专利需具备的条件

按照专利法规定,授予专利权的发明和实用新型,应当具备新颖性、创造性和实用性,称为专利三性,缺一不可。

简单地说,新颖性就是要求在申请日前该项发明是世界上没有的,即没有以出版物公开、使用公开、其他方式公开过。创造性就是要求比申请日前已有技术更先进。实用性就是要求能够工业化生产。专利法还规定授予专利权的外观设计,要求与申请日前世界上已有的设计不相同且不相近似。

(二)提交专利申请文件

申请发明或者实用新型专利的,应当提交请求书、说明书及其摘要和权利要求书等文件;申请外观设计专利的,应当提交请求书以及该外观设计的图片或者照片等文件,并且应当写明使用该外观设计的产品及其所属的类别。

(三)专利审查的原则

发明专利的审查原则。我国采用早期公开、延迟审查制度,自申请日起进行形式审查,十八个月即行公开,自申请日起三年之内提出实质审查请求。

实用新型和外观设计专利的审查原则。我国采用登记制形式,审查合格后即授权。

(四)专利授权的原则

1. 先申请原则

先申请原则是指以申请日作为判断申请先后的标准。《中华人民共和国专利法实施细则》规定:当两个以上的申请人同日(指申请日或者优先权日)分别就同样的发明创造申请专利的,应当在收到国务院专利行政部门的通知后自行协商确定申请人。

2. 优先权原则

通俗地讲,就是申请人已经在国外申请了某一专利,在特定时间内又就同一专利向中国再次申请专利,将以第一次在国外申请的时间为准。

(五)专利的审查和批准

根据《专利法》的规定,专利局收到实用新型和外观设计专利申请后,经初步审查没有发现驳回理由的,即授予实用新型专利权或者外观设计专利权,发给相应的专利证书,并予以登记和公告。

(六)专利权取得的授予程序

1. 授予专利权通知

发明专利申请经实质审查,实用新型和外观设计专利申请经初步审查,没有发现驳回理由的,专利局应当作出授予专利权决定,发给专利证书,并同时予以登记和公告。专利权自公告之日起生效。在授予专利权之前,专利局应当发出授予专利权的通知书。

2. 办理登记手续通知

专利局发出授予专利权通知书的同时,应当发出办理登记手续的通知书,申请人应当在收到该通知之日起两个月内办理登记手续。

3. 登记手续

申请人在办理登记手续时,应当在规定的期限内缴纳专利登记费、授权当年(办理登记手续通知书中指明的年度)的年费、公告印刷费,同时还应当缴纳专利证书印花税。发明专利申请还应当一并缴纳除授权当年之外的各年度的申请维持费。

4. 颁发专利证书、登记和公告授予专利权

申请人在规定期限之内办理登记手续的,专利局应当颁发专利证书,并同时予以登记和公告,专利权自公告之日起生效。

经典案例

杭州一大学生靠游戏知识产权获千万元贷款

"乐港科技"是由浙大毕业生创办的互联网互动娱乐公司,乐港科技创立于2008年,CEO是浙大计算机系的博士,最开始的员工5人,平均年龄25岁,经过一年多时间发展,公司已有300多人。公司开发出一款叫《热血三国》的网页游戏,不需要安装客户端,随时上网随时玩。两年不到,游戏的注册用户超过6 000万,并创造了70万玩家同时在线的纪录。2009年的游戏全球总"票房"达1.5亿元,税收近千万元,截至2011年,这款游戏的"票房"累计已经数亿元,无形资产估值达亿元,凭借一款游戏的版权质押就能拿到千万元贷

款,这是浙江文化创意行业的第一例。

二、商标的申请与保护

《商标法》

商标就是通常所说的"牌子"。商标是商品的生产者或经营者在其提供的商品上使用的,或服务的提供者在其提供的服务上采用的,用于区别商品或服务来源的显著标志。商标由文字、图形、字母、数字、三维标志和颜色组合,或者上述要素的组合构成。商标所有人对其商标拥有独占的、排他的权利。

【法律小知识】

注册商标符号

使用注册商标,可以在商品、商品包装、说明书或者其他附着物上标明"注册商标"或者注册标记。注册标记包括"注外加○"和"R外加○"。使用注册标记,应当标注在商标的右上角或者右下角。

（一）商标注册的条件

由于知识产权具有法律确认性,因此,商标的拥有者想要得到商标的专有权,必须经过相应的法律途径进行注册,核准授予后方能得到注册商标权,受到法律的保护。

1.申请人的资格

注册商标申请人是指申请商标的主体,可以是自然人、法人或者其他组织。申请人可以自行到商标局申请商标注册,也可以委托商标代理机构进行申请。

2.商标必须具备的条件

(1)根据《中华人民共和国商标法》(以下称《商标法》)规定:任何能够将自然人、法人或者其他组织的商品与他人的商品区别开的可视性标志,包括文字、图形、字母、数字、三维标志和颜色组合,以及上述要素的组合,均可以作为商标申请注册。

(2)商标必须具备显著特征,能使消费者对商品或服务的来源进行识别。

(3)下列标志不得作为商标使用:①同中华人民共和国的国家名称、国旗、国徽、军旗、勋章相同或者近似的,以及同中央国家机关所在地特定地点的名称或者标志性建筑物的名称、图形相同的;②同外国的国家名称、国旗、国徽、军旗相同或者近似的,但该国政府同意的除外;③同政府间国际组织的名称、旗帜、徽记相同或者近似的,但经该组织同意或者不易误导公众的除外;④与表明实施控制、予以保证的官方标志、检验印记相同或者近似的,但经授权的除外;⑤同"红十字""红新月"的名称、标志相同或者近似的;⑥带有民族歧视性的;⑦夸大宣传并带有欺骗性的;⑧有害于社会主义道德风尚或者有其他不良影响的。

县级以上行政区划的地名或者公众知晓的外国地名,不得作为商标。但是,地名具有其他含义或者作为集体商标、证明商标组成部分的除外;已经注册的使用地名的商标继续有效。

（二）商标注册程序

1. 提出申请

商标注册申请人向商标局提出申请商标注册,应当按照公布的商品和服务分类表按类申请。

2. 初审和公告

商标注册的申请,凡符合规定的,由商标局初步审定并予以公告;凡是不符合规定的,由商标局驳回申请,不予公告。

3. 异议和裁定、核准

通过初审并公告的商标,进入异议期,自公告之日起3个月内,任何人可以对公告的商标提出异议。当有人提出异议时,商标局应听取异议人和申请人陈述事实和理由,经调查核实后,作出裁定。经裁定异议成立的,不予以核准注册;经裁定,异议不能成立或者异议期满无异议的,予以核准注册商标,发给商标注册证,并予以公告。

（三）注册商标的期限和续展

注册商标的法律保护期限为十年,自核准注册之日起计算。如果商标保护期限届满,商标持有人仍需继续使用该商标的,可以通过申请续展来延长商标专有权的保护期限。续展一次,有效期为十年,自该商标上一次有效期届满次日开始计算。

【想一想】

2010年4月,红星纺织厂为自己生产的毛巾申请注册了"林山"商标,由于生产质量好,销路也很好。2011年3月,前进棉纺厂在自己生产的窗帘上也使用"林山"商标,华丽纺织厂在自己生产的地毯上也使用了"林山"商标。这两个厂使用"林山"商标都没有经过红星纺织厂的许可。

请问:

(1)前进棉纺厂和华丽纺织厂的行为是否构成侵权? 为什么?

(2)商标权人享有哪些权利?

(四)商标权人的权利和义务

1. 商标权人的权利

(1)续展权。

(2)许可使用权。商标权人可以通过签订商标使用许可合同许可他人使用其注册商标。被许可人未经商标权人同意,不得许可其他任何单位或个人使用该注册商标。

(3)转让权。商标权人依法享有的将其注册商标依照法定程序和条件转让给他人的权利,转让后,受让人得到该商标的专用权。

2. 商标权人的义务

商标权人在享有以上权利的同时,还应承担相应的义务,主要有以下几个方面:

(1)按规定使用注册商标。商标权人应当使用其注册商标,若连续三年停止使用注册商标,商标局可撤销其该注册商标。

(2)保证使用注册商标的商品质量。商标权人在生产商品或提供服务时,应当保证商品或服务的质量符合有关质量标准,不得粗制滥造,以次充好,欺骗消费者。

(3)按规定在申请商标注册和办理其他商标事宜时,缴纳相关费用。

(五)侵犯注册商标专用权的行为及救济途径

1. 侵犯注册商标专用权的行为

根据《商标法》第五十七条规定,有下列行为之一的,均属侵犯注册商标专用权:①未经商标注册人的许可,在同一种商品上使用与其注册商标相同的商标的;②未经商标注册人的许可,在同一种商品上使用与其注册商标近似的商标,或者在类似商品上使用与其注册商标相同或者近似的商标,容易导致混淆的;③销售侵犯注册商标专用权的商品的;④伪造、擅自制造他人注册商标标识或者销售伪造、擅自制造的注册商标标识的;⑤未经商标注册人同意,更换其注册商标并将该更换商标的商品又投入市场的;⑥故意为侵犯他人商标专用权行为提供便利条件,帮助他人实施侵犯商标专用权行为的;⑦给他人的注册商标专用权造成其他损害的。

2. 救济途径

因侵犯注册商标专用权的行为引起纠纷的,由当事人协商解决;不愿协商或者协商不成的,商标注册人或者利害关系人可以向人民法院起诉,也可以请求工商行政管理部门处理。对侵犯注册商标专用权的行为,工商行政管理部门有权依法查处;涉嫌犯罪的,应当及时移送司法机关依法处理。

三、如何保护著作权

著作权又称为版权,是指文学、艺术和科学作品的作者及其相关主体依法对其作品所享有的权利。

我国《中华人民共和国著作权法》(以下称《著作权法》)不止保护中国公民的著作权,同样根据知识产权的国际条约对外国人的著作权进行保护。

《著作权法》

【想一想】

2010年4月,歌唱演员李某去作曲家王某家做客,得知王某前天刚创作完成歌曲《兄弟》,便提出试唱一遍,王某欣然同意。李某领悟能力极强,试唱效果甚佳,两人皆满意。李某提出是否可专由他演唱此歌,王某答复先考虑一下,以后再说。李某于几天后,在一次赈灾义演上演唱此歌,并称是其新创作的歌曲。李某的演唱引起轰动,一曲成名。一个月后,某市电视台邀请李某在庆"台庆"文艺晚会上演唱《兄弟》,李某因此获得2 000元的酬劳。

请问:

(1)歌曲《兄弟》的著作权归谁?哪些人能成为著作权的主体?

(2)李某称歌曲《兄弟》是其新创作的歌曲的行为是否侵权?作者依法享有哪些人身权?

(3)李某在庆"台庆"文艺晚会上演唱《兄弟》的行为是否侵权?为什么?

(一)谁享有著作权

《著作权法》规定,著作权人包括:作者、其他依法享有著作权的公民、法人或其他组织。

1. 作者

作者是指进行文学、艺术或科学创作的人,即进行直接产生文学、艺术或科学作品的智力活动的人。一般来说,如无相反证明,在作品上署名的公民、法人或者其他组织为作者。

2. 其他著作权人

这是指除作者以外,其他依法享有著作权的公民、法人或其他组织。其他人成为著作权人的途径主要有以下几种:

(1)依照合同转让而取得著作权。因合同而取得著作权,主要是指通过著作权转让合同而取得著作权。

(2)依照继承关系取得著作权。依我国《民法典》规定,公民所享有的著作权中的财产权利可作为遗产,在公民死亡后由其继承人继承。

3. 外国著作权人

依据我国《著作权法》规定,外国人、无国籍人的作品首先在中国境内出版的,依法享有著作权。外国人、无国籍人的作品根据其作者所属国或者经常居住地国同中国签订的协议或者共同参加的国际条约享有的著作权,受《著作权法》的保护。

(二)著作权保护的对象

《著作权法》保护的对象,主要是作品。

1. 作品

根据我国《著作权法》第三条规定,作品主要包括以下列形式创作的文学、艺术和自然科学、社会科学、工程技术等作品:①文字作品;②口述作品;③音乐、戏剧、曲艺、舞蹈、杂技艺术作品;④美术、建筑作品;⑤摄影作品;⑥视听作品;⑦工程设计图、产品设计图、地图、示意图等图形作品和模型作品;⑧计算机软件;⑨符合作品特征的其他智力成果。

2. 不受《著作权法》保护的对象

并非所有的作品都受到著作权法的保护,不受《著作权法》保护的对象主要有以下几种类型:①法律、法规,国家机关的决议、决定、命令和其他具有立法、行政、司法性质的文件,及其官方正式译文;②单纯事实消息;③历法、通用数表、通用表格和公式。

(三)著作权的内容

著作权的内容,即著作权人依法对其作品所享有的权利和应承担的义务。著作权人的权利主要包括人身权和财产权。

1. 人身权

著作权人的人身权,是从作者创作出作品后才产生的,由作者终身享有,不可转让和剥夺。依据《著作权法》规定,著作权人享有以下人身权:

(1)发表权。这是指决定作品是否公之于众的权利。

(2)署名权。这是指表明作者身份,在作品上署名的权利。

(3)修改权。这是指修改或者授权他人修改作品的权利。

(4)保护作品完整权。这是指保护作品不受歪曲、篡改的权利。

2. 财产权

著作权人的财产权,是从著作权人发表、转让或者许可他人使用其创作的作品而产生的财产权,是可以转让的。

(四)著作权的限制

著作权保护的目的不仅在于保护作者的正当权益,鼓励他们进行创作,同时还在于促进作品的传播与使用。因此,法律在规定作者权利的同时,还相应地规定了作者对社会所承担的义务,这些义务主要通过对著作权的限制来体现。

1. 合理利用

合理利用是指非著作权人在法定情况下可以不经著作权人许可,不向其支付报酬而合理使用其作品,但应当指明作者姓名、作品名称,并且不得侵犯著作权人依照本法享有的其他权利。

《著作权法》第二十四条规定,以下情况属于对作品的合理利用:①为个人学习、研究或者欣赏,使用他人已经发表的作品;②为介绍、评论某一作品或者说明某一问题,在作品中适当引用他人已经发表的作品;③为报道新闻,在报纸、期刊、广播电台、电视台等媒体中不可避免地再现或者引用已经发表的作品;④报纸、期刊、广播电台、电视台等媒体刊登或者播放其他报纸、期刊、广播电台、电视台等媒体已经发表的关于政治、经济、宗教问题的时事性文章,但著作权人声明不许刊登、播放的除外;⑤报纸、期刊、广播电台、电视台等媒体刊登或者播放在公众集会上发表的讲话,但作者声明不许刊登、播放的除外;⑥为学校课堂教学或者科学研究,翻译、改编、汇编、播放或者少量复制已经发表的作品,供教学或者科研人员使用,但不得出版发行;⑦国家机关为执行公务在合理范围内使用已经发表的作品;⑧图书馆、档案馆、纪念馆、博物馆、美术馆、文化馆等为陈列或者保存版本的需要,复制本馆收藏的作品;⑨免费表演已经发表的作品,该表演未向公众收取费用,也未向表演者支付报酬,且不以营利为目的;⑩对设置或者陈列在公共场所的艺术作品进行临摹、绘画、摄影、录像;⑪将中国公民、法人或者非法人组织已经发表的以国家通用语言文字创作的作品翻译成少数民族语言文字作品在国内出版发行;⑫以阅读障碍者能够感知的无障碍方式向其提供已经发表的作品;⑬法律、行政法规规定的其他情形。

2. 法定许可

著作权的法定许可,是指非著作权人在法定情况下,可以不经著作权人许可而使用其作品,但应当支付报酬的一种制度。

根据《著作权法》规定,为实施九年制义务教育和国家教育规划而编写出版教科书,除作者事先声明不许使用的外,可以不经著作权人许可,在教科书中汇编已经发表的作品片段或者短小的文字作品、音乐作品或者单幅的美术作品、摄影作品,但应当按照规定支付报酬,指明作者姓名、作品名称,并且不得侵犯著作权人依照本法享有的其他权利。

(五)著作权的期限

著作权的期限是指著作权受法律保护的时间界限。一旦著作权的法定保护期届满,作品将自动地进入了公共领域,成为社会公共财富,公众可以自由地复制或者作其他的使用。

1. 人身权的期限

根据《著作权法》规定,作者的署名权、修改权、保护作品完整权的保护期不受限制。

2. 发表权和财产权的期限

根据《著作权法》规定,公民的作品,其发表权、财产权的保护期为作者终生及其死亡后五十年,截止于作者死亡后第五十年的12月31日;如果是合作作品,截止于最后死亡的作者死亡后第五十年的12月31日。

(六)著作权的法律保护

著作权人依法所享有的各项权利具有专属性,任何人不得侵犯。如果违反《著作权法》规定,侵害他人依法享有的著作权,则应承担相应的法律责任,若侵犯著作权的行为构成犯罪的,应依法追究其刑事责任。

第四节　如何维护自己的劳动权益?

17岁的在校生陈某家境贫寒,想利用假期打工积攒学费,于是放弃回家,利用暑假到学校附近的某公司勤工俭学。该公司业务繁忙经常加班。后来,陈某与该公司就加班工资发生争议。

请问:在校生陈某是否为我国《劳动法》中所指的劳动者?双方是否建立了劳动关系?

一、用人单位和劳动者

(一)用人单位

用人单位是指使用和管理劳动者并付给其劳动报酬的单位。用人单位必须具备一定的条件,具有相应的主体资格。对不具备合法经营资格的用人单位的违法犯罪行为,依法追究法律责任;给劳动者造成损害的,应当承担赔偿责任。

(二)劳动者

1. 劳动者主体资格

根据法律规定:凡年满十六周岁且具有劳动能力的公民是具有劳动权利能力和劳动行为能力的劳动者,即劳动者的法定最低就业年龄为十六周岁。

2. 劳动者的特殊类型

(1)童工。童工是指未满十六周岁的劳动者,国家法律法规和文件明确规定禁止使用童工。

(2)未成年工。未成年工是指年满十六周岁未满十八周岁的劳动者。国家对未成年工实行特殊劳动保护。

二、劳动合同的订立

劳动合同是劳动者与用人单位之间确立劳动关系,明确双方权利和义务的书面协议。

(一)合同形式

劳动合同应当采用书面形式。签订书面劳动合同是《中华人民共和国劳动合同法》(以下称《劳动合同法》)规定的用人单位应履行的强制性义务。如果不签订书面劳动合同,用人单位自用工之日起超过一个月不满一年未与劳动者订立书面劳动合同的,应当向劳动者每月支付两倍的工资。

(二)合同内容

合同内容是劳动者和用人单位双方通过平等协商所达成的关于劳动权利和劳动义务的具体条款。劳动合同的条款,一般分为必备条款和约定条款。必备条款不完善,会导致劳动合同不能成立。缺少约定条款,并不影响劳动合同的成立,但约定条款不得违反法律法规的强制性、禁止性规定。

1. 劳动合同必备条款

一般包括:①用人单位的名称、住所和法定代表人或者主要负责人;②劳动者的姓名、住址和居民身份证或者其他有效身份证件号码;③劳动合同期限;④工作内容和工作地点;⑤工作时间和休息休假;⑥劳动报酬;⑦社会保险;⑧劳动保护、劳动条件和职业危害防护;⑨法律法规规定应当纳入劳动合同的其他事项。

2. 约定条款

一般包括:①试用期条款;②服务期条款;③保守商业秘密和竞业限制条款;④违约金条款;⑤补充保险;⑥福利待遇等。

【试一试】

运用所学的劳动法知识,自己拟定一份劳动合同。该合同应具备劳动合同的所有必备条款。

三、劳动合同的效力、履行和变更

（一）劳动合同的效力

根据我国《劳动合同法》的规定，劳动合同由用人单位与劳动者协商一致，并经用人单位与劳动者在劳动合同文本上签字或者盖章生效。劳动合同依法成立，即具有法律效力，对双方当事人都产生约束力，双方必须履行劳动合同中规定的义务。双方当事人自愿约定须鉴证或公证方可生效的劳动合同，其生效时间始于劳动合同鉴证或公证之日。我国《劳动合同法》同时规定了劳动合同的无效情形：①以欺诈、胁迫的手段或者乘人之危，使对方在违背真实意思的情况下订立或者变更劳动合同的；②用人单位免除自己的法定责任、排除劳动者权利的；③违反法律、行政法规强制性规定的。

《劳动合同法》

【法律小知识】

大学生就业中的见习期与试用期

在大学生毕业求职中，经常遇到见习期与试用期的困惑。

见习期制度是我国针对应届毕业生进行业务适应及考核的一种制度。适用于用人单位招收应届毕业生的情况。见习期满如果合格，则对职工办理转正手续，为其评定专业职称。如果见习期满，达不到见习要求的，可延长见习期半年到一年，或者降低工资标准；表现特别不好的，用人单位可予以辞退。

试用期是用人单位和劳动者建立劳动关系后为相互了解、选择而约定的考察期，适用于初次就业或再次就业时改变劳动岗位或工种的劳动者。在试用期内，劳动者可随时通知用人单位解除劳动合同。

与此相关的还有"学徒期"。学徒期是对进入某些工作岗位的新招工人熟悉业务、提高工作技能的一种培训方式。在实行劳动合同制度后，这一培训方式仍应继续采用，并按照技术等级标准规定的期限执行。上述三种形式的区别在于：

第一，期限不同。学徒期是按照技术等级标准所要求的时间来确定；见习期有一年的时间；试用期则不超过6个月。

第二，依据不同。学徒期、见习期是来源于现有政策、法规的规定；而试用期则是双方当事人约定达成的，双方可以在6个月的时间内自行协商确定期限。

第三，适用范围不同。学徒期主要在某些特定岗位的新招工人中执行；见习期主要在新录取的大中专、技校毕业生中执行;而试用期则对包括上述人员在内的劳动者均可以适用。

(二)劳动合同的履行和变更

用人单位与劳动者应当按照劳动合同的约定,全面履行各自的义务。用人单位应当按照劳动合同约定和国家规定,向劳动者及时足额支付劳动报酬。用人单位拖欠或者未足额支付劳动报酬的,劳动者可以依法向当地人民法院申请支付令。用人单位应当严格执行劳动定额标准,不得强迫或者变相强迫劳动者加班。劳动者拒绝用人单位管理人员违章指挥、强令冒险作业的,不视为违反劳动合同。

用人单位与劳动者协商一致,可以变更劳动合同约定的内容;变更劳动合同,应采用书面形式;变更后的劳动合同文本由用人单位和劳动者各执一份;用人单位变更名称、法定代表人、主要负责人或者投资人等事项,不影响劳动合同的履行;用人单位发生合并或者分立等情况,原劳动合同继续有效,劳动合同由承继其权利和义务的用人单位继续履行。

四、劳动合同的解除和终止

(一)劳动合同的解除

劳动合同的解除可分为双方解除和单方解除两种。

1. 双方解除劳动合同

双方协商解除劳动合同,用人单位应向劳动者支付解除劳动合同的经济补偿。

2. 单方解除劳动合同

可分为用人单位单方解除劳动合同和劳动者单方解除劳动合同。

(1)用人单位单方解除劳动合同。即具备法定条件时,无须双方协商达成一致意见,用人单位享有单方解除权。用人单位单方解除劳动合同,应当事先将理由通知工会。用人单位单方解除劳动合同的三种情形:①过错性解除,即劳动者存在法定过错时,用人单位有权单方解除劳动合同;②非过错性解除,即劳动者本人无过错,但由于主客观原因致使劳动合同无法履行;③经济性裁员,即用人单位为降低劳动成本,改善经营管理,因经济或技术等原因依法解除劳动关系。

(2)劳动者单方解除劳动合同。有如下情形:

1)通知性解除。即劳动者提前通知用人单位后单方解除劳动合同。《劳动合同法》规定:劳动者提前三十日以书面形式通知用人单位,可以解除劳动合同。劳动者在试用期内提前三日通知用人单位,可以解除劳动合同。

2)违法解除。即用人单定有违法违约情形时,劳动者有权单方解除劳动合同。

3）立即性解除。即用人单位有危及劳动者人身自由和人身安全的情形时，劳动者有权单方立即解除劳动合同。《劳动合同法》规定：用人单位以暴力、威胁或者非法限制人身自由的手段强迫劳动者劳动的，或者用人单位违章指挥、强令冒险作业危及劳动者人身安全的，劳动者可以立即解除劳动合同，不需要事先告知用人单位。

（二）劳动合同的终止

有下列情形之一的，劳动合同终止：①劳动合同期满的；②劳动者开始依法享受基本养老保险待遇的；③劳动者死亡、④劳动者被人民法院宣告死亡或者宣告失踪的；⑤用人单位被依法宣告破产的，用人单位被吊销营业执照、责令关闭、撤销或者用人单位决定提前解散的；⑥法律、行政法规规定的其他情形。

（三）经济补偿

经济补偿是用人单位解除或终止劳动合同时，依法给予劳动者的一次性货币补偿金。法律规定经济补偿的意义在于：从经济方面制约用人单位解除劳动合同的行为，对失去工作的劳动者给予经济上的补偿，避免出现生活困难，并解决劳动合同短期化问题。《劳动合同法》规定，经济补偿按劳动者在本单位工作的年限，每满1年支付1个月工资的标准向劳动者支付。六个月以上不满一年的，按一年计算；不满六个月的，向劳动者支付半个月工资的经济补偿。经济补偿金应在劳动者离职办理工作交接时支付给劳动者。

五、劳动条件的最低标准

【想一想】

2011年3月，某公司取得了大量订单，为了在短期内完成交货任务，必须组织突击生产，于是该公司在没有与工会和劳动者协商的情况下，每天延长劳动者工作时间两小时。刘某两年前与公司签订了为期三年的劳动合同并未休过年假，刘某准备申请年休假十天。

请问：该公司延长劳动者工作时间是否符合法律规定？刘某能否享受带薪休年假？

（一）工作时间

工作时间又称劳动时间，包括：标准工作时间、缩短工作时间、延长工作时间、不定时工作时间和综合计算工作时间。标准工作时间是确定其他工作时间的基础，也是确定加班加点的基础。我国的标准工作时间为劳动者每日工作八小时，每周工作四十小时,在一周(七日)内工作五天。实行不定时工作时间和综合计算工作时间应与工会和劳动者协商,履行审批手续。

(二)休息休假

1. 公休假日

一般安排在周六和周日,一般为每周休息两日。不能实行国家标准工时制度的企业和事业组织,可根据实际情况灵活安排周休息日,用人单位应当保证劳动者每周至少休息一日。

2. 休假

(1)法定节假日。这是指法律统一规定的用以开展纪念、庆祝活动的休息时间。如五一、十一假期。

(2)探亲假。这是指劳动者享有的保留工作、带薪休息而同分居两地的父母或配偶团聚的假期。探亲假适用于在国家机关、人民团体、事业单位等工作满一年的固定职工。

(3)年休假。这是指劳动者工作满一定年限后,每年可享有的带薪连续休息的时间。国家实行带薪年休假制度。劳动者连续工作一年以上的,享受带薪年休假。《职工带薪年休假条例》规定:职工累计工作已满一年不满十年的,年休假五天;已满十年不满二十年的,年休假十天;已满二十年的,年休假十五天。国家法定休假日、休息日不计入年休假的假期。

(三)加班加点的主要法律规定

用人单位不得违反本法规定延长劳动者的工作时间。用人单位由于生产经营需要,经与工会和劳动者协商后可以延长工作时间,一般每日不得超过一小时;因特殊原因需要延长工作时间的,在保障劳动者身体健康的条件下延长工作时间每日不得超过三小时,每月不得超过三十六小时。

【法律小知识】

有下列情形之一的,用人单位应当按照下列标准支付高于劳动者正常工作时间工资的工资报酬:①安排劳动者延长工作时间的,支付不低于工资的150%的工资报酬;②休息日安排劳动者工作又不能安排补休的,支付不低于工资的200%的工资报酬;③法定休假日安排劳动者工作的,支付不低于工资的300%的工资报酬。

六、女职工和未成年人特殊法律保护

【议一议】

某厂规定,女工产假七十天。其中产前十天,产后六十天,产假期间发生活费一百元。2010年3月20日,该厂女职工李某生育一对双胞胎后在家休息。5月18日,厂方通知李某次日上班。但李某因身体恢复较慢,直到6月初才回厂上班。厂方以李某违反厂规为由,扣发了李某部分工资。

请问:该厂的做法是否符合法律规定?

职业安全卫生法律制度包括职业安全制度和职业卫生制度两类。我们主要介绍对女职工和未成年工的特殊劳动保护规定。

(1)女职工的特殊劳动保护规定。为保护女职工的身体健康,《中华人民共和国劳动法》(以下称《劳动法》)规定:禁止安排女职工从事矿山井下、国家规定的第四级体力劳动强度的劳动和其他禁忌从事的劳动;不得安排女职工在怀孕期间从事国家规定的第三级体力劳动强度的劳动和孕期禁忌从事的劳动。对怀孕七个月以上的女职工,不得安排其延长工作时间和夜班劳动;女职工生育享受不少于九十天的产假;不得安排女职工在哺乳未满一周岁的婴儿期间从事国家规定的第三级体力劳动强度的劳动和哺乳期禁忌从事的其他劳动,不得安排其延长工作时间和夜班劳动。

(2)未成年工的特殊劳动保护规定。《劳动法》规定:未成年工是指年满十六周岁未满十八周岁的劳动者。未成年工正处于成长发育时期,生理和心理尚不成熟,因此需要特别保护。对未成年工的特殊劳动保护措施主要有:未成年工上岗,用人单位应对其进行有关的职业安全卫生教育、培训;用人单位不得安排未成年工从事矿山井下、有毒有害、国家规定的第四级体力劳动强度的劳动和其他禁忌从事的劳动;用人单位应当对未成年工定期进行健康检查。

七、劳动争议处理法律制度

劳动争议的处理机构主要有劳动争议调解机构、劳动争议仲裁机构和劳动争议审判机构。

(一)劳动争议调解机构

《中华人民共和国劳动争议调解仲裁法》规定的劳动争议调解机构包括:企业劳动争议调解委员会、依法设立的基层人民调解组织、

《劳动争议调解仲裁法》

（二）劳动争议仲裁机构

劳动争议仲裁委员会是国家授权、依法独立地对劳动争议案件进行仲裁的专门机构。劳动争议仲裁不收费，劳动争议仲裁委员会的经费由财政予以保障。

（三）劳动争议审判机构

人民法院是审理劳动争议案件的司法机构。劳动争议案件由各级人民法院的民事审判庭审理。

劳动争议的解决方式包括：协商、调解、仲裁和诉讼。下面主要介绍劳动争议的调解和仲裁两种解决方式。

1. 调解

当事人申请劳动争议调解可以书面申请，也可以口头申请。经调解达成协议的，应当制作调解协议书。调解协议书由双方当事人签名或者盖章，经调解员签名并加盖调解组织印章后生效，对双方当事人具有约束力，当事人应当履行。

自劳动争议调解组织收到调解申请之日起十五日内未达成调解协议的，当事人可以依法申请仲裁。达成调解协议后，一方当事人在协议约定期限内不履行调解协议的，另一方当事人可以依法申请仲裁。

因支付拖欠劳动报酬、工伤医疗费、经济补偿或者赔偿金事项达成调解协议，用人单位在协议约定期限内不履行的，劳动者可以持调解协议书依法向人民法院申请支付令。人民法院应当依法发出支付令。

调解不是解决劳动争议的必经程序。

2. 仲裁

仲裁是解决劳动争议案件必经的法律程序，主要仲裁程序如下。

（1）申请和受理。劳动争议申请仲裁的时效期间为一年。仲裁时效期间从当事人知道或者应当知道其权利被侵害之日起计算。

（2）开庭和裁决。劳动争议仲裁委员会裁决劳动争议案件实行仲裁庭制。仲裁庭由三名仲裁员组成，设首席仲裁员。简单劳动争议案件可以由一名仲裁员独任仲裁。当事人申请劳动争议仲裁后，可以自行和解。

仲裁庭裁决劳动争议案件，应当自劳动争议仲裁委员会受理仲裁申请之日起四十五日内结束。案情复杂需要延期的，延长期限不得超过十五日。逾期未作出仲裁裁决的，当事人可以就该劳动争议事项向人民法院提起诉讼。

第五节　如何处理不正当竞争和垄断行为？

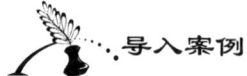
导入案例

浙江宁波的一家企业将驰名商标"苏泊尔"在香港注册了"苏泊尔集团(香港)有限公司"的企业名称，然后以"苏泊尔集团(香港)有限公司"的名义授权宁海一心金属电器有限公司使用其企业名称，收取企业名称使用费。宁海一心金属电器有限公司则在其生产的压力锅产品及包装、装潢上突出使用"苏泊尔集团(香港)有限公司"的企业名称，使消费者误认为是"浙江苏泊尔集团有限公司"在香港投资的公司生产的压力锅产品。

请问：

（1）如何看待浙江宁波这家企业和宁海一心金属电器有限公司的行为？

（2）对以上行为，两家公司是否应该承担法律责任？承担什么样的法律责任？

一、反不正当竞争法

市场经济是竞争经济，竞争使市场经济充满活力，但过度竞争又会加剧垄断，引发一系列社会矛盾。因此，为促进社会主义市场经济的健康发展，鼓励和保护公平竞争，制止不正当竞争，保护经营者和消费者的合法权益，需要以法律来规制生产经营者的行为。

《反不正当竞争法》

（一）不正当竞争行为概述

《中华人民共和国反不正当竞争法》(以下称《反不正当竞争法》)对不正当竞争行为的界定是：本法所称的不正当竞争，是指经营者在生产经营活动中，违反本法规定，扰乱市场竞争秩序，损害其他经营者或者消费者的合法权益的行为。

对于不正当竞争行为概念的把握包括以下三点：首先，不正当竞争行为的主体是经营者。即从事商品生产、经营或者提供服务的法人、其他经济组织和个人。其次，不正当竞争行为具有违法性。违反了《反不正当竞争法》的具体规定。最后，不正当竞争行为损害了其他经营者或消费者的合法权益。

（二）不正当竞争行为具体方式

1. 商品标识混淆行为

根据《反不正当竞争法》第六条的规定，商品标识混淆行为具体的表现形式包括如下几种行为：假冒他人的注册商标；擅自使用知名商品特有的名称、包装、装潢，或者使用与知名商品近似的名称、包装、装潢，以造成和他人的知名商品相混淆，使购买者误认为是该知名商品；擅自使用他人的企业名称或者姓名，引人误认为是他人的商品；在商品上伪造或者冒用认证标志、名优标志等质量标志，伪造产地，对商品质量作引人误解的虚假表示。

这类现象在日常生活中非常常见。一些著名品牌经常遭受仿冒，比如大家常见的奢侈品牌 LV 等。很多时候，外观上看不出什么差别，但是实际的材料和做工却相差很大。这样对品牌本身是一种侵害，对购买正版商品的消费者的合法权益是一种侵犯。法律应当严厉打击此种行为。

2. 商业贿赂

《反不正当竞争法》第七条规定，经营者不得采用财物或者其他手段进行贿赂以谋取交易机会或者竞争优势。在账外暗中给予对方单位或者个人回扣的，以行贿论处；对方单位或者个人在账外暗中收受回扣的，以受贿论处。

对于商业贿赂关键在于账外暗中的回扣。而这种秘密的行为侵犯了合法经营者的利益。明示的折扣、佣金是受法律保护的。

3. 引人误解的虚假宣传

《反不正当竞争法》第八条规定，经营者不得对商品的性能、功能、质量、销售状况、用户评价、曾获荣誉等作虚假或者引人误解的商业宣传，欺骗、误导消费者。

比如在宣传中使用国家级、最高级、最佳等用语；运用对比广告，贬低其他竞争对手的商品；广告语中选用祖传秘方、疗效食品等，这些都属于引人误解的虚假宣传。

4. 侵犯商业秘密

《反不正当竞争法》第九条规定，商业秘密是指不为公众所知悉、具有商业价值并经权利人采取保密措施的技术信息、经营信息等商业信息。

商业秘密分为技术秘密和经营秘密。技术秘密是指人们从经验中或者技艺中得来的，能在实践中特别是工业中应用的技术信息、技术数据或技术知识。经营秘密是指具有秘密性质的经营管理方法及与经营管理方法密切相关的信息和情报，如推销计划、客户名单、产品价格、销售网络、招投标底资料等。

商业秘密对于经营者来说具有重大的价值，侵犯商业秘密会给经营者造成巨大的损失，因此，法律对商业秘密作出了特别保护。

5. 不当有奖销售

《反不正当竞争法》第十条规定，经营者不得从事下列有奖销售：①所设奖的种类、兑奖条件、奖金金额或者奖品等有奖销售信息不明确，影响兑奖；②采用谎称有奖或者故意让内定人员中奖的欺骗方式进行有奖销售；③抽奖式的有奖销售，最高奖的金额超过五万元。

有奖销售是我们日常生活中常见的营销手段。比如去商场,每逢节假日,都会出现购满一定的金额,可以参与抽奖的情况。作为营销手段,合法的有奖销售是受法律保护的。但是不当的有奖销售因为其行为本身侵犯了合法经营者的利益和消费者的利益而受到法律的禁止。不当有奖销售包括欺骗性有奖销售、推销质次价高商品的有奖销售和高额抽奖式有奖销售。

6. 商业诽谤

《反不正当竞争法》第十一条规定,经营者不得编造、传播虚假信息或误导性信息,损害竞争对手的商业信誉、商品声誉。

商业诽谤表现形式多种多样,比如做对比广告、在公众中散布谣言、在推销自己产品时贬低竞争对手产品的质量等。这些行为都是违法的,要受到法律的严厉制裁。并且由于经营者的这种商业诽谤行为造成对方经济损失的,诽谤方要承担损害赔偿责任。

(三)不正当竞争行为的法律规制

1. 不正当竞争行为的监督

《反不正当竞争法》第四条明确规定,县级以上人民政府履行工商行政管理职责的部门对不正当竞争行为进行查处。

2. 不正当竞争者的相关法律责任

不正当竞争者的不正当竞争行为,侵犯了合法经营者的利益,侵犯了消费者的利益,也扰乱了良好的市场秩序。不正当竞争者应承担的责任包括民事责任、行政处罚责任和刑事责任。

(1)民事责任。经营者违反《反不正当竞争法》给他人造成损害的,应当依法承担民事责任。经营者的合法权益受到不正当竞争行为损害的,可以向人民法院提起诉讼。

(2)行政处罚责任。由于不正当竞争行为侵害了良好的市场秩序,因此需要承担相应的行政处罚责任。行政处罚责任包括的方式也很多,如罚款、没收违法所得、没收非法财物、责令停产停业、吊销营业执照、吊销相关许可证。

(3)刑事责任。经营者违反《反不正当竞争法》的规定,构成犯罪的,依法追究刑事责任。

二、反垄断法

【想一想】

2007年世界方便面协会中国分会宣布,从7月26日起,以华龙、白象等为首的中低价方便面将整体涨价,平均涨幅

《反垄断法》

20%,最高达40%。其中,市场覆盖率达95%以上的康师傅、统一、今麦郎、日清、农心等十多家知名企业都将参与此次调价。这是继2007年6月高档方便面提价后,该协会促成的第二次价格上调。有报道称,自2006年年底开始,由世界方便面协会中国分会牵头,国内方便面巨头召开了3次内部价格协调会议,最终达成统一提价的一致意见。

请问:对于2007年方便面涨价事件,如何用《中华人民共和国反垄断法》(以下称《反垄断法》)规制?

市场主体经过竞争,达到资源优化配置的最佳效果。伴随着优胜劣汰,好的资源越来越往一个经济主体聚集,从而遏制了其他经济主体的生存和发展,出现这种状态,则出现了垄断。垄断现象是由于市场主体竞争不足造成的,为了活跃市场经济,实现资源优化配置,必须反对垄断行为。

(一)法律禁止的垄断行为

从经济学的角度讲,垄断是少数企业凭借其雄厚的经济实力,对生产和市场进行控制,并在一定的市场领域内从实质上限制竞争的一种市场状态。从法律角度讲,以下行为属于法律禁止的垄断。

1. 垄断协议

根据《反垄断法》的规定,垄断协议是指排除、限制竞争的协议、决定或者其他协同行为。垄断协议的签订,导致市场竞争不足,严重侵犯了消费者的自由选择权,必须严厉禁止。我国《反垄断法》对垄断协议的相关规定为:禁止具有竞争关系的经营者达成垄断协议。相互处于竞争关系的经营者之间的横向协议,往往会排除、限制竞争,因此多数横向协议都属于《反垄断法》所规制的垄断协议。譬如:固定或者变更商品价格、限制商品的生产数量或者销售数量、联合抵制交易等。

2. 滥用市场支配地位

我国《反垄断法》禁止具有市场支配地位的经营者从事下列滥用市场支配地位限制竞争的行为。譬如:①以不公平的高价销售商品或者以不公平的低价购买商品;②没有正当理由,以低于成本的价格销售商品,如果以低于成本的价格销售商品具有正当理由,则不属于反垄断法规定的行为,比如销售鲜活商品、处理有效期限即将届至的商品或者其他积压商品、进行季节性降价等;③没有正当理由,拒绝与交易相对人进行交易;④没有正当理由,限定交易相对人只能与其进行交易或者只能与其指定的经营者进行交易;⑤没有正当理由搭售商品,或者在交易时附加其他不合理的交易条件;⑥没有正当理由,对条件相同的交易相对人在交易价格等交易条件上实行差别待遇。

3. 经营者集中

本来企业合并是市场最为正常的行为,也是受到法律保护的行为,但是如果是强强联合的话,会对中小企业的利益造成巨大的危害,进而影响社会秩序、损害消费者的利益。如果经营者集中有可能限制或者排除竞争的,国务院反垄断执法机构应当作出禁止的决定。同时对于当前外资并购内资的浪潮,我国《反垄断法》也进行了相关的规定。

我国《反垄断法》规定,经营者集中达到国务院规定的申报标准的,经营者应当事先向国务院反垄断执法机构申报。未申报的不得实施集中。

【议一议】

2009年可口可乐收购汇源公司一案,商务部否决的法律依据真是《反垄断法》吗?自己查找资料,分析商务部的决定运用了《反垄断法》的哪一条。当前我国存在的哪些类型的垄断现象最为严重?

4.滥用行政权力排除、限制竞争

我国《反垄断法》禁止的滥用行政权力排除、限制竞争行为包括如下方面:

(1)地区垄断。行政机关和法律、法规授权的具有管理公共事务职能的组织不得滥用行政权力,实施妨碍商品在地区之间的自由流通的行为。譬如:对外地商品设定歧视性收费项目、实行歧视性收费标准,或者规定歧视性价格;采取专门针对外地商品的行政许可,限制外地商品进入本地市场;设置关卡或者采取其他手段,阻碍外地商品进入或者本地商品运出等。

(2)具有管理公共事务职能的组织的垄断。我国《反垄断法》规定,行政机关和法律、法规授权的具有管理公共事务职能的组织不得滥用行政权力,采取与本地经营者不平等待遇等方式,排斥或者限制外地经营者在本地投资或者设立分支机构;不得强制经营者从事本法规定的垄断行为;不得制定含有排除、限制竞争内容的规定;不得限定或者变相限定单位或者个人经营、购买、使用其指定的经营者提供的商品。

(二)反垄断执法机构

我国《反垄断法》规定国务院成立反垄断委员会,负责组织、协调、指导反垄断工作。国务院反垄断执法机构根据工作需要,可以授权省、自治区、直辖市人民政府相应的机构,依照本法规定负责有关反垄断执法工作。

(三)垄断经营者应当承担的责任

1.民事责任

经营者实施垄断行为给他人造成损失的,依法承担民事责任。

2.行政处罚责任

因为对于垄断行为国家实行干预较多,所以行政处罚责任规定得较多。视情况可给予责令停止违法行为、罚款、没收违法所得、依法撤销登记等处罚。

课后活动建议

(1)创办公司——公司设立程序模拟:

首先,由教师组织若干学生分成各小组,分别模拟组成工商部门、个人独资公司、合伙公司或有限责任公司。

其次,各组学生分配成员扮演角色,协助公司拟定公司章程及相关申请文件。

再次,各组学生派一名代表到工商部门履行注册登记手续,工商部门对具备公司设立条件的予以核准注册,对不具备登记条件的提出改进建议。

最后,教师根据各组的设立情况给予综合点评。

(2)讨论并识别一些身边经常发生的侵害消费者权益的行为,并明确经营者应承担的法律责任,运用相关法律正确处理侵犯消费者权益的问题。

(3)查找、搜集有关近年中美贸易战的资料,在法律的层面讨论此事件给中美造成的影响及法律上的应对。

(4)运用所学分析解决生活中的劳动合同、社会保险和劳动争议纠纷案。

(5)运用所学的知识,分析自己日常生活中常见的不正当竞争现象。比如,商场的有奖销售环节是否符合法律的要求?什么是不正当竞争?参与了不正当竞争,作为经营者会承受什么法律的否定性评价呢?

相关推荐

(一)法律法规

查阅《中华人民共和国公司法》《中华人民共和国消费者权益保护法》《中华人民共和国专利法》《中华人民共和国著作权法》《中华人民共和国劳动法》《中华人民共和国劳动争议调解仲裁法》。

第七章习题

(二)网站

1. 北京大学法学院官网:https://www.law.pku.edu.cn/。
2. 中国人民大学法学院官网:http://law.ruc.edu.cn/。
3. 北京师范大学法学院官网:https://law.bnu.edu.cn/。
4. 吉林大学法学院官网:http://law.jlu.edu.cn/。
5. 武汉大学法学院官网:http://law.whu.edu.cn/。
6. 中国政法大学法学院官网:http://fxy.cupl.edu.cn/。

第八章

怎样避免犯罪

《刑法》

法律,在它支配着地球上所有人民的场合,就是人类的理性。
——[法国]孟德斯鸠

对于犯罪最强有力的约束力量不是刑罚的严酷性,而是刑罚的必定性……因为,即便是最小的恶果,一旦成了确定的,就总令人心悸。
——[意大利]贝卡里亚

刑为盛世所不能废,而亦为盛世所不尚。
——《四库全书·政法类·法令之属按语》

【本章概要】

刑法是规定什么行为是犯罪以及应处以何种刑罚的法律。本章主要讲述了刑法的概念、性质和任务,刑法的基本原则,刑法的效力范围,犯罪的概念和特征,犯罪构成,犯罪形态,刑罚的概念和种类,刑法规定的犯罪种类以及常见罪的定罪与处罚等。

【本章重点】

刑法的概念和任务　刑法的基本原则　犯罪的构成要件　正当防卫及其构成要件　共同犯罪人的种类　我国刑罚的种类

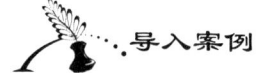
导入案例

2008年4月的一天,被告人王某在街上闲逛时认识了来该市找工作的农村青年妇女陆某。王某以介绍工作为名将陆某骗至一无人处将其强奸,后以3 000元价格将陆某卖给了韩某。韩某得手后觉得自己目前正因为盗窃罪被有关机关监督考察,心想还是规矩点儿好,但又不甘心人财两空,于是又将陆某偷偷送给邻村的单身汉高某做老婆,并向其索要了"酬金"4 000元。陆某坚决不愿做高某的老婆,高某便将其锁在一间阴暗潮湿的房间里,不给吃喝。一日,陆某伺机逃跑,被高某抓回来并当着村里一些乡邻的面强行扒光上衣,威胁说如果胆敢再逃,将剥光其下身衣服,让其无脸见人。事后高某觉得还不解气,又将陆某暴打一顿致其小腿骨折。某日晚,高某趁陆某熟睡之际,悄悄溜进屋,强奸了陆某。当地公安机关接到群众的举报,立即前往解救陆某。高某听到消息,马上叫来其堂兄堂弟和朋友高甲、高乙、高丙、高丁及赵某、陈某等八人各拿锄头等把持大门,阻挠前来解救的公安人员,在公安机关及周围群众的积极努力下,陆某终于获救。

请问:

(1)王某的行为属于犯罪吗?构成哪种犯罪?

(2)高某的行为构成哪种犯罪?

(3)王某、韩某、高某所犯之罪中法定最高刑是什么?对高某能否适用这一刑罚?为什么?

第一节 惩罚严重危害社会行为的法律——刑法

一、刑法的概念和性质

(一)刑法的概念

刑法是规定犯罪、刑事责任和刑罚的法律,是指一切由国家机关制定的关于规定哪些行为是犯罪并且应当负何种刑事责任,并给予犯罪嫌疑人何种刑事处罚的法律规范的总称。

刑法有广义与狭义之分。广义刑法是指一切规定犯罪、刑事责任和刑罚的法律规范的总称,包括刑法典、刑法修正案、单行刑法和附属刑法。狭义刑法仅指系统规定犯罪、刑事责任及刑罚的刑法典,在我国即《中华人民共和国刑法》(以下称《刑法》)。

刑法修正案是指由立法机关通过的法案,主要是对刑法典进行部分的修正和补充。因此,刑法修正案生效后,刑法典的部分内容会随之发生变化,刑法修正案的内容被刑法典所包含,因此,狭义刑法也包括刑法修正案的内容。2015年8月29日,十二届全国人大常委会十六次会议表决通过刑法修正案(九)。修改后的《刑法》自2015年11月1日开始施行。这也是继1997年全面修订《刑法》后通过的第九个刑法修正案。单行刑法是指立法机关通过的内容属于刑法规范的法律规定。附属刑法是指非刑事法律中关于犯罪及其处罚的法律规范。

我国现行的《中华人民共和国刑法》共分为总则、分则、附则三部分,其中总则部分共有五章,内容是从第一条至一百零一条;分则部分共有十章,内容是从第一百零二条至四百五十一条;附则部分只有第四百五十二条一个条文。

(二)刑法的性质

刑法的性质体现在两个方面:

1. 刑法的阶级性

刑法是一个历史的范畴,和其他法律一样,不是自古以来就有的。在原始社会末期,随着私有制和阶级的出现,刑法才作为阶级矛盾不可调和的产物应运而生。刑法是统治阶级根据自己的意志和利益制定的,是统治阶级对被统治阶级实行专政的工具。刑法规定的基本内容是犯罪、刑事责任和刑罚,也就是通过对犯罪人追究刑事责任和适用刑罚来为统治阶级服务。所以说,刑法的阶级本质是由国家的阶级本质决定的。

我国的刑法是建立在社会主义经济基础之上的,它反映了工人阶级和广大人民群众的意志,保卫社会主义政治制度和经济制度,保护广大人民当前及长远的利益。

2. 刑法的法律性质

刑法的法律性质,是刑法作为法律体系中的一部分所具有的特征。在我国社会主义法律体系中,宪法是根本大法,宪法之下有刑法、民法、行政法、经济法等基本的部门法律。刑法与其他部门法比较起来,有两个显著的特点:

(1)刑法所保护的社会关系的范围更为广泛。民法、行政法等部门法律都是调整一定范围内的社会关系的。例如民法是调整一定范围内的财产关系和人身关系的法律规范的总和。而刑法并不以特定的社会关系为调整对象,它以特定的调整方法使自身与其他部门法律区别开来。刑法的调整对象不限于某一类社会关系,而是调整各个领域的社会关系。所以,任何一种社会关系只要受到犯罪行为的侵犯,刑法就规定对这种行为予以一定的刑罚处罚,从而使这种社会关系进入刑法调整范围。可见,与其他部门法律相比,刑法所保护的社会关系范围更为广泛。

(2)刑法的强制性最为严厉。刑法对犯罪分子处以相应的刑罚处罚。刑罚不仅可以剥夺犯罪分子的财产,限制或剥夺犯罪分子的人身自由,剥夺犯罪分子的政治权利,而且在最严重的情况下还可以剥夺犯罪分子的生命。从这一点就不难看出,任何其他部门法律的强制性都不及刑法的强制性严厉。

二、刑法的主要任务

根据我国《刑法》第二条的规定,我国刑法的任务是,用刑罚同一切犯罪行为作斗争,以保卫国家安全,保卫人民民主专政的政权和社会主义制度,保护国有财产和劳动群众集体所有的财产,保护公民私人所有的财产,保护公民的人身权利、民主权利和其他权利,维护社会秩序、经济秩序,保障社会主义建设事业的顺利进行。

三、刑法的基本原则

刑法的基本原则,是指刑法明文规定的、在全部刑事立法和司法活动中应当遵循的,具有全局性和根本性的准则。我国刑法明确规定了三大基本原则:罪刑法定原则、刑法适用平等原则、罪责刑相适应原则。

(一)罪刑法定原则

罪刑法定原则,是现今世界各国刑法普遍规定和遵循的基本原则,也是联合国的刑事司法准则。简单来说,罪刑法定原则就是什么行为是犯罪,有哪些犯罪,各种犯罪的构成条件,什么是刑罚,有哪些刑种,各种刑种如何适用,各种具体的犯罪如何量刑等,都必须有刑法的明文规定,否则不得定罪处罚。

罪刑法定原则起源于法国大革命,德国学者将该原则概括为"法无明文规定不为罪,法无明文规定不处罚"。我国《刑法》第三条规定:"法律明文规定为犯罪行为的,依照法律定罪处罚;法律没有明文规定为犯罪行为的,不得定罪处罚。"罪刑法定原则的精神实质在于限制国家刑罚权,保障人权,这也是我国刑法正义性的集中体现,是世界各国刑法中最重要、最基本的刑法原则。

(二)刑法适用平等原则

刑法适用平等即刑法面前人人平等,也就是对任何人犯罪,在适用法律上一律平等。不允许任何人有超越法律的特权。对于一切人的合法权益都要平等地加以保护,任何人犯罪都应该追究刑事责任,一律平等适用刑法,依法定罪、量刑、行刑。

我国《刑法》第四条规定:"对任何人犯罪,在适用法律上一律平等。不允许任何人有超越法律的特权。"这一规定集中体现了我国刑法的平等性。具体来说,就是:①任何组织和公民都应该平等地享有宪法法律规定的权利;②每个人的权利都应该受到宪法法律的平等保护,即每个公民的权利受到宪法法律保护的程度都应该是相同的,不应该区别对待;③同样的违法行为应受到相同的法律惩罚,法律不仅平等地保护合法权益,也平等地追究违法行为。

(三)罪责刑相适应原则

罪责刑相适应就是刑罚的轻重应当与犯罪的轻重相适应。行为人犯什么样的罪,就应该承担相应的刑事责任,法院应该判处其相应轻重的刑罚,即重罪重罚、轻罪轻罚,一罪一罚,数罪并罚,罚当其罪。

我国《刑法》第五条规定:"刑罚的轻重,应当与犯罪分子所犯罪行和承担的刑事责任相适应。"这一规定集中体现了我国刑法的公正性。依据这一原则,任何犯罪分子所受到的刑罚惩罚都应当与其犯罪的事实、性质、情节、社会危害性大小及其所应承担的刑事责任相适应。

四、刑法的效力范围

刑法的效力范围是指刑法的适用范围,也就是刑法在什么地方、对什么人和在什么时间内具有效力,分为刑法的空间效力范围和刑法的时间效力范围。我国《刑法》第六条至第十二条对刑法的效力范围作出了明确的规定。

(一)刑法的空间效力范围

1. 刑法的地域效力

地域效力就是以地域为标准,凡是在本国领域内犯罪,无论是本国人还是外国人,都适用本法;反之,在本国领域外犯罪的,都不适用本法。

我国《刑法》第六条第一款规定:"凡在中华人民共和国领域内犯罪的,除法律有特别规定的以外,都适用本法。"对于什么是在中国领域内犯罪,我国《刑法》第六条第三款作出了规定:"犯罪的行为或者结果有一项发生在中华人民共和国领域内的,就认为是在中华人民共和国领域内犯罪。"中华人民共和国的领域,包括中国的领陆、领水、领空。领陆,即国境线以内的陆地及其地下层。领水,即内水、领海及其地下层。内水包括内河、内湖、内海以及同外国之间界水的一部分(通常以河流中心线为界,如果是可通航的河道,则以主航道中心线为界)。领海,根据我国政府1958年8月4日的声明,我国领海宽度为12海里。领空,即领陆和领水的上空。

我国《刑法》第六条第二款规定:"凡在中华人民共和国船舶或者航空器内犯罪的,也适用本法。"这里所说的船舶或者航空器,既可以是民用的,也可以是军用的;既包括在公海或者公海上空的,也包括在其他国领域内的;既可以是在航行状态中,也可以是停泊状态。另外,根据1961年4月18日《维也纳外交关系公约》的规定,各国大使馆、领事馆及其外交人员不受驻在国的司法管辖而受本国的司法管辖。所以,凡是在我国驻外大使馆、领事馆内犯罪的,也同样适用我国刑法。

我国《刑法》中规定的"除法律有特别规定的以外",这里的法律有特别规定,不适用我国刑法的情况,指的是以下四个方面:

(1)我国《刑法》第十一条关于"享有外交特权和豁免权的外国人的刑事责任,通过外交途径解决"的规定。

(2)我国《刑法》第九十条关于"民族自治地方不能全部适用本法规定的,可以由自治区或者省的人民代表大会根据当地民族的政治、经济、文化的特点和本法规定的基本原则,制定变通或者补充的规定,报请全国人民代表大会常务委员会批准施行"的规定。

(3)修订的《刑法》施行后国家立法机关所制定的特别刑法的规定。

(4)由于历史的原因,并且依据香港特别行政区、澳门特别行政区基本法的例外规定,我国《刑法》的效力不及于港澳台地区。

我国全国性的《刑法》对香港、澳门和台湾地区没有适用效力。

2.刑法的属人效力

属人效力就是以人的国籍为标准,凡是本国人犯罪,不论是在本国领域内还是在本国领域外,都适用本法。

我国《刑法》第七条第一款规定:"中华人民共和国公民在中华人民共和国领域外犯本法规定之罪的,适用本法,但是按本法规定的最高刑为三年以下有期徒刑的,可以不予追究。"第七条第二款规定:"中华人民共和国国家工作人员和军人在中华人民共和国领域外犯本法规定之罪的,适用本法。"凡是中华人民共和国的公民,即使身在国外,也仍然受我国法律的保护。但我国公民在我国领域外犯我国刑法规定之罪的,不论按照犯罪地法律是否认为是犯罪,也不论其所犯罪行为侵犯的是何国或何国公民的利益,原则上都适用我国刑法。只是按照我国刑法的规定,该中国公民所犯之罪的法定最高刑为三年以下有期徒刑的,才可以不予追究。我国的国家工作人员和军人在我国领域外犯罪的,不论其所犯的是什么罪,都适用我国刑法。

我国《刑法》第十条规定:"凡在中华人民共和国领域外犯罪,依照本法应当负刑事责任的,虽然经过外国审判,仍然可以依照本法追究,但是在外国已经受过刑罚处罚的,可以免除或者减轻处罚。"

3.刑法的保护管辖权

即以保护本国利益为标准,凡侵害本国国家或者公民利益的,不论犯罪人是本国人还是外国人,也不论犯罪地在本国领域内还是本国领域外,都适用本法。

我国《刑法》第八条规定:"外国人在中华人民共和国领域外对中华人民共和国国家或者公民犯罪,而按本法规定的最低刑为三年以上有期徒刑的,可以适用本法,但是按照犯罪地的法律不受处罚的除外。"根据这一规定,外国人在我国领域外对我国或者我国公民犯罪,我国司法机关可以按照我国刑法的规定进行管辖,但是这种管辖还要受到两个条件限制:①此种犯罪法定刑的最低刑,按照我国《刑法》的规定必须是三年以上有期徒刑;②行为人的行为按照犯罪地的法律规定,也应受到刑罚处罚。

4. 刑法的普遍管辖权

是指以保护国际社会的共同利益为标准,凡发生国际条约所规定的侵害国际社会共同利益的犯罪,不论犯罪人是本国人还是外国人,也不论犯罪地在本国领域内还是在本国领域外,都适用本国刑法。

我国《刑法》第九条规定:"对于中华人民共和国缔结或者参加的国际条约所规定的罪行,中华人民共和国在所承担条约义务的范围内行使刑事管辖权的,适用本法。"根据这一规定,凡是我国缔结或者参加的国际条约所规定的罪行,不论犯罪分子是中国人还是外国人,不论犯罪行为是发生在外国领域内还是我国领域内,只要犯罪分子在我国境内被发现,我国就应当在承担条约义务的范围内,行使刑事管辖权,并依法对其定罪量刑。

【议一议】

韩国公民金某曾在印度、缅甸、泰国等国多次进行国际贩毒犯罪活动,并曾被其所属国韩国通缉。某日,金某到我国境内旅游被拘捕,金某即以非中华人民共和国公民,也未在中华人民共和国境内犯罪为由提出抗议。

请同学们讨论我国可以依法对金某采取哪些措施?

(二)刑法的时间效力范围

刑法的时间效力,是指刑法的生效时间、失效时间以及对刑法生效前所发生的行为是否具有溯及力的问题。

1. 刑法的生效时间

关于刑法的生效时间,一般有两种规定方式。一是公布之日起生效,这通常是一些单行刑法的做法。二是公布之后经过一段时间再实施。例如我国《刑法》1979年7月1日通过,7月6日公布,自1980年1月1日起生效。1997年3月14日修订通过的新《刑法》的生效日期规定在《刑法》第四百五十二条,即1997年10月1日起施行。

2. 刑法的失效时间

刑法的失效时间,基本上也是两种规定方式。一是由国家立法机关明确宣布某些法律失效。二是自然失效,即新法施行后代替了同类内容的旧法,或者由于原来特殊的立法条件消失,旧法自行失效。

3. 刑法的溯及力

刑法的溯及力，是指刑法生效后，对于其生效以前未经审判或者判决尚未确定的行为是否适用的问题。

刑法的溯及力一般采用以下四个原则：

(1) 从旧原则。即按照行为时的旧法处理，新法没有溯及力。

(2) 从新原则。即按照新法处理，新法有溯及力。

(3) 从新兼从轻原则。即新法原则上有溯及力，但旧法不认为犯罪或者处刑较轻的，则要按照旧法处理。

(4) 从旧兼从轻原则。即新法原则上没有溯及力，但新法不认为犯罪或者处刑较轻的，则要按照新法处理。

刑法的时间效力问题，归根结底是解决对于新、旧刑法如何选择使用的问题，这个问题的核心是对行为人是否有利。从旧兼从轻原则的价值取向是有利于行为人，这与罪刑法定原则的保障人权精神是一致的。因此，在刑法的溯及力问题上，很多国家采取的是从旧兼从轻原则，我国也是一样。我国修订后的《刑法》第十二条第一款规定："中华人民共和国成立以后本法施行以前的行为，如果当时的法律不认为是犯罪的，适用当时的法律；如果当时的法律认为是犯罪的，依照本法总则第四章第八节的规定应当追诉的，按照当时的法律追究刑事责任，但是如果本法不认为是犯罪或者处刑较轻的，适用本法。"第二款又规定："本法施行以前，依照当时的法律已经作出的生效判决，继续有效。"按照这一规定，具体可以理解为：①对于在新刑法实施以前的行为，如果当时的法律不认为是犯罪的，应适用当时的法律；②如果当时的法律认为是犯罪的，依照新刑法的规定应当追诉的，按照当时的法律追究刑事责任，但是如果新刑法不认为是犯罪或者处刑较轻的，适用新刑法。

【想一想】

1994年5月17日，甲潜入邻居丁某家中行窃，盗得1400元钱，在翻墙逃跑过程中失落了刻有甲名字的手表，但由于此时刚好丁某返回家中，甲未敢再度翻墙取回手表，仓皇离家出走。丁某发现被盗后立刻报案，报案时将拾得的手表交与警方，并把在两家墙上发现翻越痕迹的情况也告诉了警方。甲父为案发地A市市委副书记兼政法委书记，A市警方立案后并未展开调查。2004年4月底，甲返回家中。

请问：甲回来后是否仍然应当受到追诉？为什么？

第二节　如何确定某一行为是否属于犯罪？

一、犯罪的概念和特征

（一）犯罪的概念

我国《刑法》第十三条规定："一切危害国家主权、领土完整和安全，分裂国家、颠覆人民民主专政的政权和推翻社会主义制度，破坏社会秩序和经济秩序，侵犯国有财产或者劳动群众集体所有的财产，侵犯公民私人所有的财产，侵犯公民的人身权利、民主权利和其他权利，以及其他危害社会的行为，依照法律应当受刑罚处罚的，都是犯罪，但是情节显著轻微危害不大的，不认为是犯罪。"这就是我国《刑法》对犯罪作出的定义规定。概括来说，犯罪就是指危害社会的依法应当受到刑罚惩罚的行为。

（二）犯罪的基本特征

根据《刑法》第十三条的规定，犯罪行为具有以下三个基本特征。

1. 犯罪具有社会危害性

行为具有一定的社会危害性，是犯罪最本质最基本的特征。一个行为是否构成犯罪，首先要取决于该行为是否对法律所保护的利益造成危害。不具有社会危害性的行为，不构成犯罪。某种行为虽然有一点危害性，但是情节显著轻微，危害不大，也不认为是犯罪。例如某人与邻居发生争执，情绪激动之下动手打了对方，但并没有打伤，或者伤得很轻，这种行为就不能当作故意伤害罪来处罚，而是应当批评教育。可见，一个行为的社会危害性没有达到相当的程度，也不构成犯罪。我国是社会主义社会，是人民当家作主，国家和人民的利益是完全一致的，所以犯罪的社会危害性，也就是指对国家和人民利益的危害性。

2. 犯罪具有刑事违法性

违法行为有各种各样的情况，有的是违反民事法律、法规，是民事违法行为；有的是违反行政法律、法规，是行政违法行为。犯罪与一般违法行为不同，它是违反刑法、触犯刑律的行为，是严重违法，是刑事违法行为。刑事违法性是犯罪的法律特征，在罪刑法定原则下，没有刑事违法性，也就没有犯罪。需要注意的是，并不是所有的违法行为都是犯罪，只有违反刑法的行为才构成犯罪。例如一般的假冒注册商标，是属于违反《商标法》的行为，但是假冒注册商标情节严重的，就构成刑法中的假冒注册商标罪。

3.犯罪具有应受刑罚惩罚性

任何违法行为,都要承担相应的法律后果。对于违反刑法的犯罪行为来说,则需要承担刑罚处罚的法律后果。刑罚是国家最严厉的法律制裁方法,它可以剥夺一个人的财产、自由,甚至还能剥夺一个人的生命。犯罪是适用刑罚的前提,刑罚是犯罪的法律后果,应受刑罚惩罚性是犯罪行为的结果性特征。需要注意的是,应受刑罚惩罚与是否实际受到刑罚惩罚,是两个不同的概念。一个行为如果缺乏应受刑罚惩罚性,就不构成犯罪。但犯罪不一定都在实际上受到刑罚惩罚。我国《刑法》第三十七条规定"对于犯罪情节轻微不需要判处刑罚的,可以免予刑事处罚",这种免予刑事处罚是以行为构成犯罪为前提的。这种情节轻微的犯罪行为虽然具有应受惩罚性,但因其不需要判处刑罚而免予刑事处罚。

犯罪的以上三个基本特征是紧密结合、有机统一、缺一不可的。这三个基本特征是任何犯罪都必然具有的,它把罪与非罪、犯罪与其他违法行为区别开来。一个行为只有同时具有以上三个特征,才构成犯罪。

二、犯罪的构成

(一)犯罪构成的概念和特征

犯罪构成是指依照我国《刑法》规定,决定某一具体行为的社会危害性及其程度,为该行为构成犯罪所必需的一切客观和主观要件的有机统一,是使行为人承担刑事责任的依据。犯罪的概念解决的是什么行为是犯罪,犯罪有哪些基本属性的问题,而犯罪构成则解决的是犯罪的具体标准和规格问题,即犯罪是如何成立的,犯罪的成立需要具备哪些法定条件。

从犯罪构成的概念可以看出,我国《刑法》中的犯罪构成是指《刑法》所规定的构成犯罪所必需的一切主观、客观要件的总和。这一概念表明犯罪构成有以下三个特征。

1.犯罪构成是犯罪的一系列要件的总和

任何一个具体犯罪的构成,都包含着许多要件,既有《刑法》总则规定的普遍适用的一些要件,也有分则具体条文对具体犯罪规定的一些要件。犯罪构成指的不是其中个别的要件,也不是这些要件的简单相加,而是这些要件密不可分的有机统一的整体。

2.犯罪构成要件是指决定行为构成犯罪所必需的事实特征

任何一个具体犯罪,都可以有大量的事实来表现。但并不是一切事实都能成为犯罪构成要件,只有决定行为构成犯罪所必需的事实特征才能成为犯罪构成要件。而决定某一特征是否为犯罪构成要件的标准,是看其对决定行为的性质和社会危害程度的意义。

3. 构成犯罪所必需的诸要件均由《刑法》加以规定

哪些事实特征可以作为犯罪构成要件,是由立法者选择,通过《刑法》加以规定的。这反映了罪刑法定的要求,说明刑事违法性也是犯罪构成的基本属性之一。所以,行为是否具备犯罪构成要件与行为是否违反刑法是一致的。

(二)犯罪构成的要件

任何一种犯罪的成立都必须具备四个方面的构成要件,即犯罪主体、犯罪主观方面、犯罪客体和犯罪客观方面。

1. 犯罪客体

犯罪客体是指我国《刑法》所保护而为犯罪行为所侵犯的社会主义社会关系。我国《刑法》所保护的社会关系是指国家主权、领土完整和安全,人民民主专政的政权,社会主义制度,社会秩序和经济秩序,国有财产或者劳动群众集体所有的财产权,公民私人的财产所有权,公民的人身权利、民主权利和其他权利等。任何一种犯罪都侵害了犯罪客体,犯罪客体是犯罪构成的必要要件。没有一个犯罪是没有犯罪客体的。犯罪之所以具有社会危害性,首先是由其所侵犯的犯罪客体决定的。

犯罪客体和犯罪对象是不同的,犯罪对象是指《刑法》分则条文规定的犯罪行为所直接作用的客观存在的具体人或者具体物。例如杀人罪的犯罪对象就是具体的被害人,而其犯罪客体则是为我国《刑法》所保护的公民人身权利不受非法侵害的这种社会关系。另外,有一些犯罪是很难明确说有什么犯罪对象的。

犯罪客体可分为一般客体、同类客体、直接客体。这三者是按照犯罪所侵犯的社会关系的范围所作的划分,是一般与特殊、整体与部分的关系。犯罪的一般客体,也称为犯罪的共同客体,是指一切犯罪行为所共同侵犯的客体,即我国《刑法》所保护的整个社会主义社会关系;犯罪的同类客体,是指某一类犯罪所共同侵犯的客体,即我国《刑法》所保护的社会主义社会关系的某一部分或者某一方面;犯罪的直接客体,是指某一种犯罪所直接侵犯的具体的社会主义社会关系,即我国《刑法》所保护的社会主义社会关系的某个具体部分。一般来说,犯罪直接客体只能是一个,理论上称为单一客体,这是指一种犯罪行为只直接侵犯到一种具体的社会关系。但也有犯罪行为直接侵犯到两种以上具体社会关系,如抢劫罪,不仅侵犯公、私财产关系,而且直接侵犯他人的人身权利。犯罪行为侵犯两种客体的,理论上称之为复杂客体。

2. 犯罪客观方面

犯罪的客观方面是指犯罪行为的具体表现。犯罪客观方面主要包括危害行为、危害结果,以及行为的时间、地点、方法、对象。

(1)危害行为。我国《刑法》中的危害行为,是指在行为人的意识、意志支配下实施的违反《刑法》规定,危害社会的身体动静。

《刑法》规定的危害社会的犯罪行为分为作为与不作为两种基本形式:①作为

是指行为人用积极的身体动作实施刑法所禁止的危害社会行为,也就是不当为而为之;②不作为是指行为人负有实施某种行为的义务且可能实施某种积极的行为而未实施的行为,也就是当为而不为。

构成《刑法》中的不作为,必须具备三个条件:一是行为人负有实施某种积极行为的特定义务。这是成立不作为的前提条件。特定义务是法律上的义务,是法律明文规定的特定义务、职务上或业务上要求履行的义务和先行行为产生的义务。二是行为人有履行特定义务的实际可能性。行为人虽然具有实施某种积极行为的义务,但由于某种客观原因而不具备履行该项义务的实际可能性,则不构成《刑法》中的不作为。三是行为人未履行特定义务,并且对社会关系构成严重威胁或者已经造成实际损害。

(2)危害结果。危害结果是指危害行为对刑法所保护的社会主义社会关系所造成的实际损害。危害结果有广义与狭义之分。广义的危害结果,是指由行为人的危害行为所引起的一切对社会的损害事实,它包括危害行为的直接结果和间接结果,属于犯罪构成要件的结果和不属于犯罪构成要件的结果。狭义的危害结果,是指作为犯罪构成要件的结果,通常也就是对直接客体所造成的损害事实。狭义的危害结果是定罪的主要根据之一。

危害结果具有重要的意义,它是区分罪与非罪的标准之一,也是区分犯罪形态的标准之一,更是影响量刑轻重的重要因素之一。

3. 犯罪主体

(1)犯罪主体的概念。犯罪主体是指实施危害社会的行为、依法应当负刑事责任的自然人和单位。自然人主体是指达到刑事责任能力的自然人。单位主体是指实施危害社会行为并依法应负刑事责任的公司、企业、事业单位、机关、团体。

根据我国刑法和有关的理论,我国刑法中的犯罪主体,是指实施危害社会的行为并且依法应当承担刑事责任的自然人和单位。从主体的法律性质上分,犯罪主体包括自然人犯罪主体和单位犯罪主体。自然人犯罪主体是我国刑法中最基本的、具有普遍意义的犯罪主体。单位主体在我国《刑法》中不具有普遍意义。根据《刑法》第三十条的规定,单位成为犯罪主体应以刑法分则有明文规定者为限。

(2)犯罪主体的分类。自然人主体是指达到刑事责任年龄,具备刑事责任能力,实施危害社会的行为并且依法应当承担刑事责任的自然人。自然人主体可以再分为一般主体与特殊主体。对于具体的犯罪而言,只要求达到刑事责任年龄和具备刑事责任能力的自然人即可构成的犯罪主体是一般主体。除了具备上述两个条件外,还要求具有特定的身份的人才能构成的犯罪主体是特殊主体。当自然人作为犯罪主体时,必须同时具备两个条件:一是犯罪主体必须是自然人。这里的自然人是指有生命的人类独立个体。二是作为自然人的犯罪主体必须具备刑事责任能力。刑事责任能力是人辨认和控制自己行为的能力。只有达到刑事责任年龄、精神正常的人,才具备刑事责任能力,才能成为犯罪主体。

单位主体是指实施危害社会行为并依法应负刑事责任的公司、企业、事业单位、机关、团体。单位这个概念比法人更为广泛,除法人以外还包括非法人团体。根据我国《刑法》第三十条之规定,单位犯罪这一概念中的单位,是指公司、企业、事业单位、机关、团体,这也就是单位犯罪的主体。

(3)刑事责任能力。刑事责任能力是指行为人具备的刑法意义上的对自己行为的辨认能力与控制能力。辨认能力,是指行为人认识自己特定行为的性质、结果与意义的能力;控制能力,是指行为人支配自己实施或者不实施特定行为的能力。刑事责任能力包括辨认能力和控制能力两个方面,辨认能力是控制能力的基础和前提,没有辨认能力就没有控制能力。控制能力则是辨认能力的反映,有控制能力就表明行为人具有辨认能力。但在某些情况下,有辨认能力的人可能由于某种原因而丧失控制能力。具有刑事责任能力是指同时具有辨认能力与控制能力,缺少其中任何一种能力,都属于没有刑事责任能力。

刑事责任能力可以划分为完全刑事责任能力、完全无刑事责任能力、相对刑事责任能力、减轻刑事责任能力四种。根据年龄、精神状态、生理缺陷等影响因素进行划分。醉酒因素在我国《刑法》中有规定,但是对刑事责任能力没有实质影响,只是一种强调。我国《刑法》第十八条第四款规定:醉酒的人犯罪,应当负刑事责任。

完全刑事责任能力,也可称为完全有刑事责任能力,简称刑事责任能力或责任能力。凡不属刑法规定的无责任能力人、相对刑事责任能力及限定责任能力的人,皆属完全刑事责任能力人。根据我国《刑法》,凡年满十六周岁、精神和生理功能健全而智力与知识发展正常的人,都是完全刑事责任能力人。我国《刑法》第十七条第一款规定:已满十六周岁的人犯罪,应当负刑事责任。

完全无刑事责任能力,简称无责任能力,指行为人没有刑法意义上的辨认或者控制自己行为的能力。根据现代刑事立法的规定,完全无刑事责任能力人一般指两类人,一是未达责任年龄的幼年人;二是因为精神疾病而没有刑法所要求的辨认或控制自己行为能力的人。按照我国《刑法》第十七条、第十八条的规定,完全无责任能力人,为不满十二周岁的人和行为时因精神疾病而不能辨认或者不能控制自己行为的人。我国《刑法》第十八条第一款、第二款规定:精神病人在不能辨认或者不能控制自己行为的时候造成危害结果,经法定程序鉴定确认的,不负刑事责任,但是应当责令他的家属或者监护人严加看管和医疗;在必要的时候,由政府强制医疗;间歇性的精神病人在精神正常的时候犯罪,应当负刑事责任。

相对刑事责任能力,也可称为相对有或者相对无刑事责任能力。是指行为人仅限于对刑法所明确限定的某些严重犯罪具有刑事责任能力的情况。从设立这一责任能力层次的立法例看,这种相对无责任能力人都是已超过完全无责任能力的年龄但又未达到成年的一定年龄段的未成年人。我国《刑法》第十七条第二款规定:已满十四周岁不满十六周岁的人,犯故意杀人、故意伤害致人重伤或者死亡、强奸、抢劫、贩卖毒品、放火、爆炸、投放危险物质罪的,应当负刑事责任。我国《刑法》第十七条第三款规定:已满十二周岁不满十四周岁的人,犯故意杀人、故意伤害罪,致人死亡或者以特别残忍手段致人重伤造成严重残疾,情节恶劣,经最高人民检察院核准追诉的,应当负刑事责任。

减轻刑事责任能力,又称限定刑事责任能力、限制刑事责任能力、部分刑事责任能力。是完全刑事责任能力和完全无刑事责任能力的中间状态,指因年龄、精神状况、生理功能缺陷等原因,而使行为人实施刑法所禁止的危害行为时,虽然具有责任能力,但其辨认或者控制自己行为的能力较完全责任能力有一定程度的减弱、降低的情况。我国刑法明文规定的减轻刑事责任能力人有四种情况:已满十二周岁不满十八周岁的未成年人或者已满七十五周岁的老年人;又聋又哑的人;盲人;尚未完全丧失辨认或者控制自己行为能力的精神病人。我国《刑法》第十七条第四款规定:对依照前三款规定追究刑事责任的不满十八周岁的人,应当从轻或者减轻处罚。第十七条之一规定:已满七十五周岁的人故意犯罪的,可以从轻或者减轻处罚;过失犯罪的,应当从轻或者减轻处罚。第十八条第三款规定:尚未完全丧失辨认或者控制自己行为能力的精神病人犯罪的,应当负刑事责任,但是可以从轻或者减轻处罚。第十九条规定:又聋又哑的人或者盲人犯罪,可以从轻、减轻或者免除处罚。

4.犯罪主观方面

犯罪的主观方面是指犯罪主体对自己实施的犯罪行为及其结果所抱有的心理态度。它包括罪过(即犯罪的故意或者过失)、犯罪目的、犯罪动机这几种因素。行为人的罪过是一切犯罪构成都必须具备的主观要素。犯罪目的和犯罪动机只是少数犯罪必须具备的主观要素。

犯罪主观方面的心理状态有两种:犯罪故意和犯罪的过失。

(1)犯罪故意。犯罪故意是我国刑法确定的罪过形式之一,根据《刑法》第十四条规定,犯罪故意是指行为人明知自己的行为会发生危害社会的结果,并且希望或者放任这种结果发生的一种心理态度。从罪过内容上看,犯罪故意具有两方面特征:一是在意识因素上,行为人明知自己的行为会发生危害社会的结果;二是在意志因素上,行为人对危害结果的发生抱着希望或放任的态度。其中,行为人明知自己的行为会发生危害社会的结果,并且希望这种结果发生的心理态度是直接故意;行为人明知自己的行为可能发生危害社会的结果,并且放任这种结果发生的心理态度属于犯罪的间接故意。

(2)过失犯罪。过失犯罪,是指行为人应当预见自己的行为可能发生危害社会的结果,因为疏忽大意而没有预见或者已经预见而轻信能够避免的一种心理态度。我国《刑法》第十五条第二款规定:"过失犯罪,法律有规定的才负刑事责任。"我国刑法分则规定的过失犯罪,都要求造成严重的危害结果。没有法定的严重危害结果的发生,就谈不上犯罪过失的存在。从罪过内容上看,犯罪过失具有两方面特征:①在意识因素上,行为人应当预见自己的行为可能发生危害社会的结果,但是因疏忽大意而没有预见,或者已经预见但是轻信能够避免;②在意志因素上,行为人对危害结果的发生是持根本否定态度的。

根据罪过内容方面特点,犯罪过失分为疏忽大意的过失和过于自信的过失。疏忽大意的过失,是指行为人应当预见自己的行为可能发生危害社会的结果,因为疏忽大意而没有预见,以致发生这种结果的主观心理态度。过于自信的过失,是指行为人已经预见到自己的行为可能发生危害结果,但是轻信能够避免,以致发生这种结果的主观心理态度。

(3)犯罪目的和犯罪动机。犯罪目的是指犯罪人希望通过实施犯罪行为达到某种危害社会结果的心理态度,即犯罪人通过实施犯罪行为所希望达到的结果。犯罪目的对犯罪目标的直接指向性,说明了具有犯罪目的的罪过必须具有直接追求性。很明显,间接故意只具有伴随性,犯罪过失对危害结果具有否定性,都不可能具有犯罪目的,只有直接故意,才能具有犯罪目的。

犯罪动机是指刺激犯罪人实施犯罪行为以达到犯罪目的的内心冲动或者内心起因。犯罪动机产生于犯罪目的之前,犯罪的目的形成于犯罪的动机之后。同一种犯罪的目的相同,而犯罪动机则可能有所不同。同一种犯罪动机可以导致几种不同的犯罪目的。犯罪目的是少数犯罪的主观构成要件,而犯罪动机则主要影响量刑。

【想一想】

2015年5月30日晚,某工厂工人李某下班回家后,看到自己读小学的儿子小宇(10岁)数学考试不及格,就劈头盖脸地把小宇骂了一通,小宇很委屈,就顶撞了父亲,李某当时非常生气,朝小宇头部猛打了一拳,刚好打在颅枕部位置,小宇当即痛哭流涕,抱着头大叫头痛。在连续头痛三日后,小宇死亡。经法医解剖鉴定,小宇是由于受外力打击而死亡。

请根据犯罪构成的相关知识,说明李某的行为应该属于何种性质。

三、排除犯罪性的行为

排除犯罪性的行为是指那些在形式上似乎符合某种犯罪构成,但实际上并不具有社会危害性,也不具备刑事违法性,因而不构成犯罪的行为。我国《刑法》规定了正当防卫和紧急避险两种排除犯罪性的行为。

【议一议】

一日深夜,一男子闯入某校女大学生宿舍,以暴力相威胁意欲强奸独居的某女大学生。该女生假装答应,趁该男子不注意,随即从床边抄起一根木棒,朝该男子头部猛击两下,致其死亡。

请问:该女大学生的行为属于犯罪吗?

(一)正当防卫

1. 正当防卫的概念

我国《刑法》第二十条规定:"为了使国家、公共利益、本人或者他人的人身、财产和其他权利免受正在进行的不法侵害,而采取的制止不法侵害的行为,对不法侵害人造成损害的,属于正当防卫,不负刑事责任。"

2. 成立正当防卫应具备的条件

(1)必须是对不法侵害实行防卫。只有对不法侵害才能实施正当防卫,没有不法侵害的发生,就不存在正当防卫。不法侵害必须是危害社会的行为。对于没有社会危害性的行为,即使从当事人的立场上看具有侵害性,也不能实施正当防卫。

(2)必须是对正在进行的不法侵害实行防卫。只有是对正在发生的不法侵害,才能实施正当防卫。如果不法侵害尚未开始或者已经结束,这种情况下的防卫也不能构成正当防卫,只能构成事先防卫或者事后防卫。

(3)防卫行为必须是针对不法侵害者本人实施。必须是对实施不法侵害者本人才能实行防卫,不允许对没有参加侵害行为的第三者造成损害。

(4)防卫的目的必须是保护合法权利免受不法侵害。防卫目的的正当性是正当防卫不负刑事责任的重要根据。为保护非法利益而实施的防卫行为因其行为明显缺乏防卫意图的正当性,所以不构成正当防卫。不具有正当防卫目的的防卫挑拨、相互的非法侵害也不构成正当防卫。防卫挑拨是指为了侵害对方,有意挑逗对方首先实施侵害行为,然后借口遭到不法侵害,实施加害对方的行为。相互的非法侵害行为,是指双方均出于侵害对方的非法意图而发生的相互侵害行为。

(5)防卫不能过当。防卫过当是指防卫行为明显超过必要限度并且对不法侵害人造成重大损害。正当防卫的必要限度是指足以制止正在进行的不法侵害所必需的限度。明显可以用比较缓和的手段制止的不法侵害,不允许采取激烈手段,更不允许为了保护微小的利益而采用显然不是有效制止不法侵害所必需的激烈防卫手段。

防卫过当应当负刑事责任,但是应当减轻或者免除处罚。我国《刑法》第二十条第三款规定:"对正在进行行凶、杀人、抢劫、强奸、绑架以及其他严重危及人身安全的暴力犯罪,采取防卫行为,造成不法侵害人伤亡的,不属于防卫过当,不负刑事责任。"这一规定通常被称为特殊防卫权,其目的是维护防卫人的合法权益,鼓励公民同严重的犯罪行为作斗争。

 案例分析

2004年8月1日22时40分,被告人黄中权驾驶一辆浅绿色湘AT4758的捷达出租车,在长沙市远大路军凯宾馆附近搭载姜伟和另一青年男子。两人上车后要求黄中权驾车到南湖市场,当车行至南湖市场的旺德府建材超市旁时,坐在副驾驶员位置的姜伟要求黄中权将车停靠在旺德府超市后面的铁门边,当车尚未停稳时,姜伟持一把长约20厘米的水果刀与同伙对黄中权实施抢劫,从其身上搜走现金200元和一台TCL2188手机。两人拔下车钥匙下车后,姜伟将车钥匙丢在汽车左前轮旁的地上,与同伙朝车尾方向逃跑。黄中权拾回钥匙上车将车左前门反锁并发动汽车,准备追赶姜伟与其同伙,因两人已不知去向,黄中权便沿着其停车处左侧房子绕了一圈寻找两人。当车行至市场好百年家居建材区D1-40号门前的三角坪时,黄中权发现姜伟与同伙正搭乘一辆从事营运的摩托车欲离开,便驾车朝摩托车车前轮撞去,摩托车倒地后姜伟与同伙下车往市场的布艺城方向逃跑。黄中权又继续驾车追赶,姜伟拿出刀边跑边持刀回头朝黄挥舞。当车追至与两人并排时,姜伟的同伙朝另一方向逃跑,姜伟则跑到旺德府超市西北方向转角处由矮铁柱围成的空坪内,黄中权追至距离姜伟2米处围栏外停车与其相持,大约十秒钟后,姜伟又向距围栏几米处的布艺城西头楼梯台阶方向跑,黄中权迅速驾车从后撞击姜伟将其撞倒在楼梯台阶处,姜伟倒地死亡。随后,黄中权拨打"110"报警,并向公安机关交代了案发经过。经法医鉴定,姜伟系因巨大钝性外力作用导致肝、脾、肺等多器官裂伤引起失血性休克死亡。

请问:本案中黄中权的行为是否属于正当防卫?请说明理由。

(二)紧急避险

1. 紧急避险的概念

我国《刑法》第二十一条第一款规定:"为了使国家、公共利益、本人或者他人的人身、财产和其他权利免受正在发生的危险,不得已采取的紧急避险行为,造成损害的,不负刑事责任。"

2. 成立紧急避险应具备的条件

（1）必须有威胁合法利益的危险发生。危险通常是指某种有可能立即对合法权益造成危害的紧迫事实状态。危险的来源主要有自然的力量、动物的侵袭、非法侵害行为以及人的生理、病理过程等。依据我国《刑法》的规定，紧急避险行为必须是为了避免国家、公共利益、本人或者他人的人身、财产和其他权利遭受危险而采取的。

（2）必须是正在发生危险的情况下采取的行为。正在发生的危险是指危险已经发生尚未结束或者迫在眉睫，对合法权益形成了紧迫的、直接的危险。紧急避险必须是在危险正在发生这一时间条件下进行。

（3）避险行为必须是在不得已的情况下实施。由于紧急避险不可避免地要给无辜的第三者造成合法权益的损害，因此，我国《刑法》对其进行了严格的条件限制，规定只能在迫不得已的情况下实施避险行为。

（4）紧急避险损害的对象必须是无辜的第三者的合法权益。紧急避险行为本身就是为了保全一个较大的合法权益，不得已而将其面临的危险转嫁给另一个较小的合法权益。所以，紧急避险的对象并非危险的来源，而是第三者的合法权益。

（5）紧急避险不能过当。避险过当是指避险行为损害的合法权益等于或者大于所要保护的合法权益。为了保护一个较大的合法权益而损害另一个较小合法权益，是紧急避险的本质特征，所以，紧急避险行为造成的损害必须小于所避免的损害。

我国《刑法》第二十一条第二款规定："紧急避险超过必要限度造成不应有的损害的，应当负刑事责任，但是应当减轻或者免除处罚。"

（6）在职务上、业务上负有特定责任的人，不得借口"紧急避险"而拒绝履行职务行为。我国《刑法》第二十一条第三款规定："第一款中关于避免本人危险的规定，不适用于职务、业务上负有特定责任的人。"依据这一规定，职务上、业务上负有特定责任的人，在排险过程中可以采取一定的避险措施，但是不得借口"紧急避险"而拒绝履行其应当履行的职务行为。

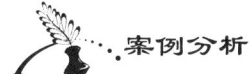

案例分析

李某在郊区的小树林里游逛，看到女青年张某骑自行车穿过树林，于是心生歹意，随后几天他都来到树林里潜伏窥探，发现张某每天早晨和傍晚都要骑车路过这里。有一天傍晚，李某随身携带一把刺刀，躲在路旁的大树后面，等着张某从这里路过，伺机强奸。当看到张某骑车进到这里时，李某突然窜出，挡住张某的去路，张某奋力与李某搏斗，并拼命逃跑，李某在后面穷追不舍。张某逃跑途中看到一户人家房屋的灯亮着，赶紧跑过去想进屋躲避，但是推不开门，张某情急之下破窗而入,李某看到张某逃进屋里,就转身逃跑了。张某破窗而入时把窗户弄坏了,而且把躺在床上睡觉的8岁小孩的左腿踩伤,造成粉碎性骨折。

请问:张某对踩伤小孩的行为是否应该负刑事责任?为什么?

四、犯罪形态

我国《刑法》所规定的犯罪形态,除必要的共同犯罪外,都是一个人单独犯罪的既遂形态。但在现实生活中,还存在犯罪的未完成形态和多人共同实施一个犯罪的情况。

故意犯罪按照其停止下来时犯罪是否已经完成为标准,可以分为犯罪的完成形态和犯罪的未完成形态两种。前者即犯罪的既遂形态,后者根据犯罪停止下来的原因和其距离犯罪的完成等情况的不同,又可以进一步分为犯罪的预备形态、未遂形态、中止形态。由于过失犯罪和间接故意犯罪只有发生了实际危害结果时才构成犯罪,因此,这两种情况的犯罪不存在犯罪的未完成形态。

(一)犯罪既遂形态

犯罪既遂形态,是指行为人所故意实施的行为已经具备了某种犯罪构成的全部要件。犯罪既遂具有以下三方面特征:①行为人主观方面必须是直接故意;②行为人必须已经着手实行犯罪;③行为人的行为齐备了某种犯罪的基本构成的全部要件。

根据我国刑法分则对各种直接故意犯罪构成要件的具体规定和刑法的一般理论,犯罪既遂有以下三种类型:

(1)行为犯,是指以法定行为的完成作为既遂标志的犯罪。这类犯罪的既遂并不要求造成物质性的、有形的犯罪结果,而是以完成法定行为为标志。举动犯也是行为犯的一种。这类犯罪是指按照法律规定,行为人一着手犯罪实行行为即告完成和完全符合构成要件,从而构成犯罪既遂的犯罪。

(2)结果犯,是指以法定的犯罪结果的发生与否作为犯罪既遂与未遂区别标志的犯罪。即行为人所实施的犯罪行为,必须发生了法定的结果,才构成既遂的犯罪。这里的犯罪结果,专指可以具体测量的、有形的损害结果。

(3)危险犯,是指以行为人实施的危害行为造成法律规定的发生某种结果的危险状态作为既遂标志的犯罪。即行为人实施的犯罪行为,足以造成某种危害结果的特别危险状态。

我国《刑法》分则的法定刑就是为犯罪既遂设置的,因此,对于既遂犯的刑事责任,根据刑法分则对所触犯法条规定的法定刑直接处罚即可。

(二)犯罪预备形态

我国《刑法》第二十二条第一款规定:"为了犯罪,准备工具,制造条件的,是犯罪预备。"犯罪预备形态,是指行为人为实施犯罪而开始创造条件的行为,由于行为人意志以外的原因而未能着手实行犯罪行为的犯罪停止形态。

犯罪预备具有下列特征:在客观方面,行为人已经开始实施犯罪的预备行为,但尚未着手实行犯罪行为;在主观方面,行为人进行预备活动的意图和目的是顺利实施和完成犯罪,行为人尚未着手实行犯罪行为而停止下来,是由于行为人意志以外的原因导致的。

(三)犯罪未遂形态

我国《刑法》第二十三条第一款规定:"已经着手实行犯罪,由于犯罪分子意志以外的原因而未得逞的,是犯罪未遂。"

犯罪未遂具有以下三个特征:

(1)行为人已经着手实行犯罪。这是区分犯罪未遂形态与犯罪预备形态的主要标志。

(2)犯罪未完成而停止下来。这是区别犯罪未遂形态与犯罪既遂形态的主要标志。犯罪没有完成,主要表现为三个方面:一是以法定的犯罪结果没有发生作为犯罪未完成的标志;二是以法定的犯罪行为未完成作为犯罪未完成的标志;三是以法定的危险状态尚未具备作为犯罪未完成的标志。

(3)犯罪停止在未完成状态是由于行为人意志以外的原因所致。因为行为人意志以外的原因未完成犯罪,是区分犯罪既遂形态与着手实行犯罪行为后的犯罪中止形态的关键标志。这里的行为人意志以外的原因,是指行为人没有预料到或不能控制的主客观原因。

我国《刑法》第二十三条第二款规定:"对于未遂犯,可以比照既遂犯从轻或者减轻处罚。"

(四)犯罪中止形态

犯罪中止是指在犯罪过程中,行为人自动放弃犯罪或者自动有效地防止犯罪结果发生而未完成犯罪的一种犯罪停止形态。根据此概念,犯罪中止有两种类型:自动放弃犯罪的犯罪中止和自动有效地防止犯罪结果发生的犯罪中止。

自动放弃犯罪的犯罪中止,必须同时具备以下三个特征:

(1)时间性。必须是在犯罪处于运动过程中而尚未形成任何停止形态的情况下停止犯罪。

(2)自动性。行为人是出于自己的意志而放弃了自认为当时本可以继续实施和完成的犯罪。即行为人主观上放弃了犯罪的意图,客观上停止了犯罪的继续实施和完成。这是犯罪中止形态的本质特征。

(3)彻底性。行为人在主观上彻底打消了原来的犯罪意图,在客观上彻底放弃了自认为本可能继续进行的犯罪行为。

自动有效地防止犯罪结果发生的犯罪中止,除了必须同时具备以上的三个特征外,还要具备"有效性"特征,即行为人还必须有效地防止了已实施犯罪的法定犯罪结果的发生,使犯罪未达既遂状态而停止下来。

我国《刑法》第二十四条第二款规定:"对于中止犯,没有造成损害的,应当免除处罚;造成损害的,应当减轻处罚。"

【想一想】

张某从邻居男孩小伟手中骗得房门钥匙一把,即做了模压并仿制,后还了钥匙。一日张某拿着仿制的钥匙去小伟家企图开门行窃,因钥匙仿制不准,未能得逞,准备回家加工后继续作案,此时被人抓获。

请大家想一想:张某的行为属于哪种犯罪形态?

五、共同犯罪

我国《刑法》第二十五条规定:"共同犯罪是指二人以上共同故意犯罪。二人以上共同过失犯罪,不以共同犯罪论处;应当负刑事责任的,按照他们所犯的罪分别处罚。"

(一)共同犯罪的成立条件

共同犯罪必须具备以下三个条件:

1. 行为人为二人以上

共同犯罪的犯罪主体必须是两个以上达到刑事责任年龄、具有行事责任能力的人或者单位。

2. 有共同的犯罪故意

共同的犯罪故意是指各共同犯罪人认识到他们的共同犯罪行为和行为会发生的危害结果,并希望或者放任这种结果发生的心理态度。从共同犯罪的主观方面看,构成共同犯罪必须是二人以上具有共同的犯罪故意。

3. 有共同的犯罪行为

共同的犯罪行为是指各行为人的行为都指向同一犯罪,相互联系、相互配合,形成一个统一的犯罪活动整体。从客观方面看,构成共同犯罪必须是二人以上具有共同的犯罪行为。

我国《刑法》第二十六条第二款规定:"三人以上为共同实施犯罪而组成的较为固定的犯罪组织,是犯罪集团。"根据此条款,构成犯罪集团必须具备以下三个条件:①由三人以上组成;②为共同实施犯罪而组成;③是较为固定的犯罪组织。

(二)共同犯罪人的分类及其刑事责任

我国《刑法》按照行为人在共同犯罪中所起的作用大小和分工,将共同犯罪人分为主犯、从犯、胁从犯和教唆犯,并对不同的共同犯罪人规定了不同的刑事责任。

1. 主犯

主犯指组织、领导犯罪集团进行犯罪活动的或者在共同犯罪中起主要作用的犯罪分子。主犯应包括以下两种犯罪分子:①组织、领导犯罪集团进行犯罪活动的犯罪分子,即犯罪集团的首要分子;②在共同犯罪中起主要作用的犯罪分子。

根据《刑法》第二十六条规定,对组织、领导犯罪集团的首要分子,按照集团所犯的全部罪行处罚;对于其他主犯,应当按照其所参与的或者组织、指挥的全部犯罪处罚。这里的其他主犯,具体包括除首要分子外,在犯罪集团中起主要作用的犯罪分子。

2. 从犯

从犯是指在共同犯罪中起次要或者辅助作用的犯罪分子。从犯包括两种情况的犯罪分子:一是在共同犯罪中起次要作用的犯罪分子;二是在共同犯罪中起辅助作用的犯罪分子。

《刑法》第二十七条第二款规定:"对于从犯,应当从轻、减轻处罚或者免除处罚。"

3. 胁从犯

胁从犯是指被胁迫参加犯罪的犯罪分子。即犯罪人是在他人的暴力强制或者精神威逼之下被迫参加犯罪的。犯罪人虽有一定程度选择的余地,但并非自愿。应该注意的是,被诱骗参加犯罪的人,不是胁从犯。

我国《刑法》第二十八条规定:"对于被胁迫参加犯罪的,应当按照他的犯罪情节减轻处罚或者免除处罚。"

从犯与胁从犯的共同点是都只是起到了较小的作用;不同点是从犯是自愿、主动参加犯罪的,而胁从犯是不自愿或不完全自愿参加犯罪的,具有一定的被动性。

4. 教唆犯

教唆犯是指故意教唆他人实行犯罪的人。教唆犯的成立条件有以下两个:主观上具有教唆他人犯罪的故意;客观上实施了教唆他人犯罪的行为。

对于教唆犯的刑事责任,我国《刑法》第二十九条规定了三种情况:

(1)教唆他人犯罪的,按照他在共同犯罪中所起的作用处罚。教唆犯在共同犯罪中起主要作用的,按主犯处罚;如果仅起到次要作用的按从犯处罚。

(2)教唆不满十八岁的人犯罪,应当从重处罚。需要注意的是,如果被教唆人没有达到刑事责任年龄的,应当属于间接实行犯,不成立教唆犯。

(3)如果被教唆人没有被教唆的罪,对于教唆犯可以从轻或者减轻处罚。

第三节 刑罚的种类及其适用

一、刑罚概述

(一)刑罚的含义

刑罚是统治阶级惩罚犯罪的一种制裁方法,是最严厉的强制方法。我国的刑罚就是刑法规定的由国家审判机关依法对犯罪分子所适用的限制或者剥夺其某种权益的强制性制裁方法。刑罚的依据是刑法的明文规定;刑罚的主体只能是国家各级审判机关;刑罚的对象只能是犯罪分子;刑罚的内容是对犯罪分子某种权益的限制或剥夺。

(二)刑罚的功能

刑罚的主要功能是通过惩罚和教育,使犯罪分子能够认识到犯罪的危害性以及自己犯罪的社会根源和思想根源,把他们改造成为悔罪自新、遵守法纪、自食其力的新人,预防犯罪分子本人再犯罪,从而对社会产生积极作用。同时,通过对犯罪分子适用刑罚,可以安抚被害人及其亲属,还可以使广大人民群众增强法制观念,提高警惕性。

(三)刑罚的目的

刑罚是对犯罪分子某种权益的剥夺,如剥夺其自由,剥夺其政治权利,剥夺其财产等。我们国家审判机关对犯罪分子适用刑罚的目的是预防犯罪,发挥刑罚的惩罚、惩治和威慑的作用。这里的预防犯罪,包括特殊预防和一般预防。特殊预防,是指预防那些已经犯罪的人重新犯罪;一般预防,是指预防尚未犯罪的人实施犯罪行为。

二、我国刑罚的体系和种类

刑罚的体系是指国家以有利于发挥刑罚的功能、实现刑罚的目的为指导原则,通过刑法的规定而形成的、由一定刑罚种类按其轻重程度而组成的刑罚序列。

我国的刑罚体系由主刑和附加刑组成。主刑是只能独立适用,不能附加于其他刑种适用的刑罚。我国《刑法》规定的主刑包括:管制、拘役、有期徒刑、无期徒刑和死刑。附加刑是作为主刑的补充而附加适用,但也可以独立适用的刑罚。我国刑法规定的附加刑包括:罚金、剥夺政治权利、没收财产和对犯罪的外国人独立适用或者附加适用的驱逐出境。我国刑罚就是通过主从配合、轻重结合、互相衔接的设计方式,形成了严整的体系。在这个体系中,每个刑种都有它特定的内容和作用。

(一)主刑

主刑,是对犯罪分子适用的主要刑罚方法。主刑只能独立适用,不能附加适用;一个罪行只能适用一种主刑,不能同时适用两种或两种以上的主刑,也不能在附加刑独立适用时再适用主刑。

1. 管制

管制,是指对犯罪分子不予以关押,但限制其一定自由,实行社区矫正的刑罚方法。管制是我国特有的一种轻刑,它不剥夺犯罪人的人身自由,仅限制其人身自由。管制的期限为三个月以上二年以下,数罪并罚时最高不能超过三年。管制的刑期是从判决之日起计算的,判决执行前先行羁押的,羁押一日折抵刑期二日。之所以规定羁押一日折抵刑期二日,是因为判决执行以前先行羁押的属于剥夺自由,而管制只是限制自由。

根据我国《刑法》第三十九条的规定,管制限制犯罪人自由的具体内容为:遵守法律、行政法规、服从监督;未经执行机关批准,不得行使言论、出版、集会、结社、游行、示威自由的权利;按照执行机关规定报告自己的活动情况;遵守执行机关关于会客的规定;离开所居住的市、县或者迁居,应当报经执行机关批准。对于被判处管制刑罚的犯罪分子,在劳动中应当同工同酬。

根据我国《刑法》第三十八条相关的规定,判处管制,可以根据犯罪情况,同时禁止犯罪分子在执行期间从事特定活动,进入特定区域、场所,接触特定的人。违反前述禁止令的,由公安机关依照《中华人民共和国治安管理处罚法》的规定处罚。

被判处管制的犯罪分子,管制期满,执行机关应即向本人和其所在单位或居住地的群众宣布解除管制,并且发给本人解除管制通知书。附加剥夺政治权利的,同时宣布恢复政治权利。被判处管制的犯罪分子在管制执行期间实施违反法律、行政法规和有关监督管理规定的行为,尚未构成犯罪的,或者违反禁制令的,应当依法予以治安处罚;依法给予治安处罚时,应当在治安拘留执行期满后继续执行管制;构成犯罪的,应当依法定罪量刑。

2. 拘役

拘役是剥夺犯罪人短期人身自由,就近实行强制劳动改造的刑罚方法。根据我国《刑法》第四十二条和第六十九条的有关规定,拘役的期限为一个月以上六个月以下。数罪并罚时,最高不得超过一年。可见,拘役的上限刑期与有期徒刑的下限刑期(六个月)相衔接。这一规定较好地体现了拘役的特点,使刑罚体系更为连贯和严密。拘役的刑期从判决之日起计算。判决以前先行羁押的,羁押一日折抵刑期一日。

被判处拘役的犯罪分子,由公安机关就近执行。被判处拘役的犯罪分子在执行期间每月可以回家一至二天,参加劳动的可以酌量发给报酬。

3. 有期徒刑

有期徒刑是剥夺犯罪分子一定期限的人身自由,实行强制劳动改造的刑罚方法。我国《刑法》第四十五条规定,有期徒刑的期限为六个月以上十五年以下。所以,一般情况下对犯罪分子所犯的一种罪一次判处的有期徒刑最高不能超过十五年,最低不能低于六个月。但有两种情况例外:第一,根据刑法第五十条的规定,判处死刑缓期执行的,在死刑缓期执行期间,如果确有重大立功表现,二年期满以后可减为二十五年有期徒刑。第二,根据《刑法》第六十九条的规定,数罪并罚时有期徒刑总和刑期不满三十五年的,最高不超过二十年;总和刑期在三十五年以上的,最高不能超过二十五年。

有期徒刑的刑期,从判决执行之日起计算;判决执行以前先行羁押的,羁押一日折抵刑期一日。有期徒刑在监狱或者未成年犯管教所、看守所执行,凡有劳动能力的实行强制劳动改造。

4. 无期徒刑

无期徒刑是剥夺犯罪分子终身自由,实行强制劳动改造的刑罚方法。无期徒刑的法律特征主要表现在三个方面:一是对犯罪分子进行关押。二是剥夺犯罪分子终身自由。剥夺罪犯的终身自由是无期徒刑的最突出特征。三是对犯罪分子进行强制劳动改造。

依据我国《刑法》的规定,对已满十四周岁不满十六周岁的人犯罪,一般不判处无期徒刑。被判无期徒刑的犯罪分子,在监狱或者其他场所执行刑罚;凡是有劳动能力的,都应当参加劳动,接受教育和改造。根据刑法有关减刑和假释的规定,被判处无期徒刑的犯罪分子在执行期间,认罪伏法,接受教育、改造,确有悔改立功表现的,可获得减刑,由无期徒刑减为有期徒刑;如果实际执行十年以上,还可以获得假释。但累犯以及因杀人、爆炸、抢劫、强奸、绑架等暴力犯罪被判处无期徒刑的犯罪分子除外。无期徒刑减为有期徒刑的,刑期从人民法院裁定减刑之日起计算。

5. 死刑

死刑是剥夺犯罪分子生命的刑罚方法,包括立即执行与缓期执行两种情况。死刑是刑罚体系中最严厉的惩罚手段。我国对犯罪分子执行死刑,主要采用枪决或者注射方法。

对于死刑的适用,我国《刑法》有严格的规定。《刑法》第四十八条规定,死刑只适用于罪行极其严重的犯罪分子。罪行极其严重就是通常所说的罪大恶极。罪大是指犯罪性质和后果极其严重,给社会造成的损失特别巨大,是犯罪的客观危害的体现;恶极是指犯罪分子的主观恶性和人身危险性特别大,是罪犯的一种主观心理,通常表现为犯罪分子蓄意实施严重罪行,极端蔑视法制,仇视社会。

《刑法》第四十九条规定,犯罪的时候不满十八周岁的人和审判的时候怀孕的妇女,不适用死刑。审判的时候已满七十五周岁的人,不适用死刑,但以特别残忍手段致人死亡的除外。对审判的时候已满七十五周岁的人,以特别残忍手段致人死亡的,可以适用死刑。这里的"以特别残忍手段致人死亡"通常是指以暴力方法实施的故意杀人、故意伤害致人死亡。

根据《刑法》和《刑事诉讼法》的有关规定,判处死刑立即执行的案件,除依法由最高人民法院判决的以外,都应当报请最高人民法院核准;判处死刑缓期执行的案件,可以由高级人民法院判决或者核准。

《刑法》第四十八条第一款规定,对于应当判处死刑的犯罪分子,如果不是必须立即执行的,可以判处死刑,同时宣告缓期二年执行,实行强制劳动改造,以观后效。

根据《刑法》第四十八条规定,适用死缓必须同时具备两个条件:其一,罪该处死。这是适用死缓的前提条件,它表明适用死缓的对象和适用死刑的对象均是罪行极其严重的犯罪分子。其二,不是必须立即执行。这是区分死刑缓期执行与死刑立即执行的原则界限,是适用死缓的本质条件。

根据《刑法》第五十条的规定,对被判处死刑缓期二年执行的犯罪分子,在死缓期满后,有三种处理办法:一是在死刑缓期执行期间如果没有故意犯罪,两年期满以后,减为无期徒刑。这里的故意犯罪是指我国刑法规定的主观上在故意的罪过心理支配下所实施的犯罪行为。二是在死刑缓期执行期间如果确有重大立功表现,二年期满后,减为二十五年有期徒刑。这里的"重大立功表现"是指在接受教育、改造过程中,检举、揭发其他罪犯的罪行,从而破获重大案件,或者钻研重大技术,有重大发明创造等。三是在死刑缓期执行期间,如果故意犯罪,查证属实的,由最高人民法院核准,执行死刑。这是死缓变更为死刑立即执行的规定。

根据《刑法》第五十条第二款的规定,对被判处死刑缓期执行的累犯以及因故意杀人、强奸、抢劫、绑架、放火、爆炸、投放危险物质或者有组织的暴力性犯罪被判处死刑缓期执行的犯罪分子,人民法院根据犯罪情节等情况可以同时决定对其限制减刑。根据《刑法》第五十一条的规定,死刑缓期执行期间,从判决确定之日起计算。死刑缓期执行减为有期徒刑的刑期,从死刑缓期执行期满之日起计算。被判处死刑缓期二年执行的罪犯,在监狱内执行刑罚。

【想一想】

吴某被判处死刑缓期二年执行,于 2018 年 7 月 27 日考验期满,其所在服刑的监狱于当日上报了将死缓减为无期徒刑的材料。两天后即 7 月 29 日,吴某因同监舍的郑某无故辱骂他而将郑某打聋了一只耳朵。

请问:对吴某应当如何处理?

(二) 附加刑

附加刑,也称为从刑、辅刑,是补充主刑适用的刑罚方法。附加刑既可以附加于主刑适用,又可以独立适用。在附加适用时,可以同时适用两个以上的附加刑。在独立适用时,主要是针对较轻的犯罪。附加刑包括罚金、剥夺政治权利、没收财产、驱逐出境四种。

1. 罚金

罚金是人民法院判处犯罪人向国家缴纳一定数额金钱的刑罚方法。罚金具有广泛的适用性。它既可适用于处刑较轻的犯罪;也可适用于处刑较重的犯罪。我国刑法规定了选处罚金、单处罚金、并处罚金及并处或者单处罚金四种适用罚金的方式。

根据《刑法》第五十三条的规定,罚金的缴纳分为五种情况:

(1) 限期一次缴纳。主要适用于罚金数额不多或者数额虽然较多,但缴纳并不困难的情况,罪犯应在指定的期限内将罚金一次缴纳完毕。

(2) 限期分期缴纳。主要适用于罚金数额较多,罪犯无力一次缴纳的情况。这样在时间上有一定伸缩余地,在金额支付上可化整为零,有利于罚金刑的执行。

(3) 强制缴纳。判决缴纳罚金,指定的期限届满,罪犯有缴纳能力而拒不缴纳,人民法院强制其缴纳,强制措施包括查封、扣压、冻结等。

(4) 随时追缴。对于不能全部缴纳罚金的,人民法院在任何时候,发现被执行人有可以执行的财产的,应当随时追缴。

(5) 延期、减少或者免除缴纳。如果罪犯遭受不能抗拒的灾祸,如地震、水灾、火灾、车祸、家庭成员死亡等,缴纳确实有困难的,可以酌情延期缴纳、减少罚金数额或者免除罚金。

2. 剥夺政治权利

剥夺政治权利是剥夺犯罪人参加国家管理和政治活动权利的刑罚方法。剥夺政治权利既可以附加适用,也可以独立适用。根据我国《刑法》第五十四条的规定,剥夺政治权利是剥夺犯罪分子以下四项权利:一是选举权和被选举权;二是言论、出版、集会、结社、游行、示威自由的权利;三是担任国家机关职务的权利;四是担任国有公司、企业、事业单位和人民团体领导职务的权利。

剥夺政治权利的适用对象比较广泛,既包括严重的刑事犯罪,也包括一些较轻的犯罪。

(1) 剥夺政治权利附加适用的对象。附加适用剥夺政治权利,是作为一种比较严厉的刑罚方法适用于重罪犯。根据《刑法》第五十六条和第五十七条的规定,附加适用剥夺政治权利的对象,主要是以下三种犯罪分子:一是危害国家安全的犯罪分子。二是故意杀人、强奸、放火、爆炸、投毒、抢劫等严重破坏社会秩序的犯罪分子。最高人民法院 1997 年 12 月 23 日的批复指出:对故意伤害、盗窃等其他严重破坏社会秩序的犯罪,犯罪分子主观恶性较深、犯罪情节恶劣、后果严重的,也可以依法附加剥夺政治权利。三是被判处死刑和无期徒刑的犯罪分子。

(2)剥夺政治权利独立适用的对象。独立适用剥夺政治权利,是作为一种不剥夺罪犯人身自由的轻刑,适用于那些罪行较轻、不需要判处主刑的罪犯。

剥夺政治权利的期限,除独立适用的以外,依所附加的主刑不同而有所不同。根据《刑法》第五十五条至第五十八条的规定,剥夺政治权利的期限有定期与终身之分,具体包括四种情况:①判处管制附加剥夺政治权利的,剥夺政治权利的期限与管制的期限相等,同时执行,即三个月以上二年以下;②判处拘役、有期徒刑附加剥夺政治权利或者单处剥夺政治权利的期限,为一年以上五年以下;③判处死刑、无期徒刑的犯罪分子,应当剥夺政治权利终身;④死刑缓期执行减为有期徒刑或者无期徒刑减为有期徒刑的,附加剥夺政治权利的期限改为三年以上十年以下。

剥夺政治权利刑期的计算有以下四种情况:①独立适用剥夺政治权利的,其刑期从判决确定之日起计算并执行;②判处管制附加剥夺政治权利的,剥夺政治权利的期限与管制的期限相等,同时起算,同时执行,管制期满解除管制,政治权利也同时恢复;③判处有期徒刑、拘役附加剥夺政治权利的,剥夺政治权利的刑期从有期徒刑、拘役执行完毕之日或者从假释之日起计算,但是,剥夺政治权利的效力当然施用于主刑执行期间,也就是说,主刑的执行期间虽然不计入剥夺政治权利的刑期,但犯罪分子不享有政治权利;④判处死刑(包括死缓)、无期徒刑附加剥夺政治权利终身的,刑期从判决发生法律效力之日起计算。

3. 没收财产

没收财产是将犯罪分子个人所有财产的一部或者全部强制无偿地收归国有的刑罚方法。没收财产主要适用于危害国家安全罪、严重的经济犯罪、严重的财产犯罪、其他严重的刑事犯罪等。

我国《刑法》第五十九条对没收财产的范围进行了以下三方面的规定:一是没收财产是没收犯罪分子个人所有财产的一部或者全部。犯罪分子个人所有财产,是指属于犯罪分子本人实际所有的财产及与他人共有财产中依法应得的份额。应当严格区分犯罪分子个人所有财产与其家属或者他人财产的界限,只有依法确定为犯罪分子个人所有的财产,才能予以没收。二是没收全部财产的,应当对犯罪分子个人及其抚养的家属保留必需的生活费用,以维持犯罪分子个人和所抚养的家属的生活。三是在判处没收财产的时候,不得没收属于犯罪分子家属所有或者应有的财产。犯罪分子家属所有的财产,是指纯属犯罪分子家属个人所有的财产,如家属自己穿用的衣物、个人劳动所得财产。家属应有的财产,是指犯罪分子与家属共同所有的财产中应当属于家属的那一份财产。对于犯罪分子与他人共有的财产,属于他人所有的部分,也不得没收。

关于需要以没收的财产偿还债务的问题,《刑法》第六十条规定,没收财产以前犯罪分子所负的正当债务,需要以没收的财产偿还的,经债权人请求,应当偿还。根据这一规定,只有同时具备了以下三个条件,才能以没收的财产偿还债务:一是必须是没收财产以前犯罪分子所欠债务。这里的债务包括所负国家、集体和个人的债务。二是必须是正当的债务。非正当的债务,如赌债、高利贷超出合法利息部分的债务不在此列。三是必须经债权人提出请求。偿还犯罪分子所负债务,仅限于没收财产的范围内并按我国民事诉讼法规定的清偿顺序偿还。

4.驱逐出境

驱逐出境,是强迫犯罪的外国人离开中国国(边)境的刑罚方法。对于犯罪的外国人,可以独立适用或者附加适用驱逐出境。独立适用驱逐出境的,从判决确定之日起执行;附加适用驱逐出境的,从主刑执行完毕之日起执行。

第四节 犯罪的种类及我国常见的几种犯罪

导入案例

1996年8月1日深夜,被告人王某、何某、杨某伙同应某(另案处理)携带两把刀具,乘出租车至上海市某区原滨海乡副业公司三号塘,先后闯入在此承包种西瓜的汤某、黄某、潘某、卢某、张某、陈某、汪某等人的望棚内,采用持刀威胁、搜查、搜身等手段劫得人民币共计1.6万余元及手表两块后逃逸。2009年5月20日,被告人杨某被浙江省台州市公安机关抓获后,协助公安机关于同月24日将同案犯王某、何某抓获。

请问:

(1)杨某、王某、何某分别犯了什么罪?

(2)应该如何对杨某、王某、何某执行刑罚?

一、我国《刑法》规定的犯罪种类

我国《刑法》依据犯罪行为所侵犯的同类客体,同时结合犯罪的主体特点,将犯罪划分为十类。这十类犯罪分别是:危害国家安全罪,危害公共安全罪,破坏社会主义市场经济秩序罪,侵犯公民人身权利、民主权利罪,侵犯财产罪,妨害社会管理秩序罪,危害国防利益罪,贪污贿赂罪,渎职罪,军人违反职责罪。

【想一想】

唐某为防止自家葡萄园的葡萄被人偷盗或被牲畜破坏,在葡萄园周围架设一条距地面 50 厘米高的裸体铝线,然后将铝线与胶皮线相连,又将胶皮线的另一端插在房内装有触电保安器的电盘插座上,电压等级为 220 伏。如果人、畜接触电网,触电保安器就会立即切断电源,避免人、畜伤亡。邻村的两名男童,一起到被告人家的葡萄园偷摘葡萄。其中一名男童抓着葡萄园北侧的裸体铝线,准备举起来从下边钻进葡萄园时触电倒地,唐某发现后立即切断电源,并对男童进行人工呼吸,将其送往医院,后来该男童经抢救无效死亡。

请问:唐某的行为应当如何认定?

(一) 危害国家安全罪

危害国家安全罪是指故意危害中华人民共和国国家主权、领土完整和安全,分裂国家、颠覆人民民主专政的政权和推翻社会主义制度的行为。危害国家安全罪是一个概括性罪名,是对各种危害国家安全的犯罪行为共同特征的概括。它具体包括背叛国家罪,叛逃罪,间谍罪,投敌叛变罪,为境外窃取、刺探、收买、非法提供国家秘密、情报罪等。

(二) 危害公共安全罪

危害公共安全罪是指故意或者过失地实施危害不特定多数人的生命、健康或者重大公私财产安全的行为。危害公共安全罪也是一个概括性的罪名,这类犯罪侵犯的客体是公共安全,客观表现为实施了某种危害公共安全的行为。如放火罪、交通肇事罪、劫持航空器罪、危险驾驶罪、强令违章冒险作业罪、违规制造销售枪支罪等。危害公共安全罪包含着造成不特定的多数人伤亡或者使公私财产遭受重大损失的危险,其伤亡、损失的范围和程度往往难以预料。

(三) 破坏社会主义市场经济秩序罪

破坏社会主义市场经济秩序罪,是指违反国家市场经济管理法规,干扰国家对市场经济的管理活动,破坏社会主义市场经济秩序,使国民经济发展遭受严重损害的行为。如生产、销售伪劣商品罪,走私罪,破坏金融管理秩序罪等。

(四) 侵犯公民人身权利、民主权利罪

侵犯公民人身权利、民主权利罪,是指非法侵犯公民的人身权利、与人身直接有关的其他权利及民主权利,依法应受刑罚处罚的行为。如故意杀人罪、故意伤害罪、强奸罪、绑架罪等。这类犯罪侵犯的客体,是公民的人身权利和民主权利,具体表现为公民的生命、健康、人身自由、名誉、人格以及选举权、被选举权等。

(五) 侵犯财产罪

侵犯财产罪是指故意非法占有公私财物,或者故意毁坏公私财物的行为。如

盗窃罪、抢劫罪、敲诈勒索罪、职务侵占罪等。

(六) 妨害社会管理秩序罪

妨害社会管理秩序罪，是指妨害国家机关对社会的管理活动，破坏社会公共秩序、公共卫生、历史文化遗产、环境自然资源以及危害公共健康和社会风化等的犯罪行为。如扰乱公共秩序罪、妨害司法罪、危害公共卫生罪等。

(七) 危害国防利益罪

危害国防利益罪是指危害作战和军事行动，危害国防建设，危害国防管理秩序，拒绝或者逃避履行国防义务的犯罪行为。如阻碍军人执行职务罪，冒充军人招摇撞骗罪，非法生产、买卖武装部队制式服装罪等。

(八) 贪污贿赂罪

贪污贿赂罪是指国家工作人员利用职务上的便利贪污、受贿，或者不能说明与合法收入差额巨大的财产或者支出的合法来源，或者私分国有资产或罚没财物，以及其他人员行贿、介绍贿赂的行为。如贪污罪、受贿罪、巨额财产来源不明罪等。2016年4月18日，我国最高人民法院、最高人民检察院联合发布《最高人民法院、最高人民检察院关于办理贪污贿赂刑事案件适用法律若干问题的解释》，明确贪污罪、受贿罪的定罪量刑标准以及贪污罪、受贿罪死刑、死缓及终身监禁的适用原则等，强调依法从严惩治贪污贿赂犯罪。

(九) 渎职罪

渎职罪是指国家机关工作人员利用职务上的便利或者徇私舞弊、滥用职权、玩忽职守，妨害国家机关的正常活动，致使公共财产或者国家和人民利益遭受重大损失的行为。如玩忽职守罪、滥用职权罪、故意泄露国家秘密罪等。《刑法》规定渎职罪是为了保护国家机关的正常活动以及公众对国家机关工作人员职务活动客观公正性的信赖。

(十) 军人违反职责罪

军人违反职责罪是指中国人民解放军的现役军人、执行军事任务的预备役人员及执行军事任务的其他人员违反职责，危害国家军事利益，依照法律应当受刑罚处罚的行为。如军人叛逃罪、投降罪、非法获取军事秘密罪、战时临阵脱逃罪等。

【议一议】

某公安派出所所长甲某，乘中国民航飞机外出执行任务，将一支"六四"式手枪和50发子弹及警用匕首两把放入公文包中，委托熟人避开机场安全检查带上飞机。在飞行中，甲某与邻座的乙某在闲聊中因观点不合发生激烈争吵，继而互相扭打，甲某恼羞成怒，掏出包中手枪，顶住乙某脑门说："信不信我一枪打死你!"乙某回答说:"别拿玩具枪吓我!"甲某随手一枪将飞机舷窗击碎。舷窗被击碎以后,机舱内气压剧降,所幸驾驶员经验丰富,迫降成功,才未发生空难惨剧。

请问:甲某的行为构成何种犯罪?

二、常见罪的认定与处罚

在司法实践中,故意杀人罪、故意伤害罪、抢劫罪、盗窃罪、交通肇事罪等犯罪行为都是比较常见的。

(一)故意杀人罪

故意杀人罪,是指故意非法剥夺他人生命的行为。故意杀人罪属于侵犯公民人身民主权利罪的一种,是中国刑法中少数性质最恶劣的犯罪行为之一。故意杀人罪是行为犯,只要行为人实施了故意杀人的行为,就构成故意杀人罪。生命权利是公民人身权利中最基本、最重要的权利,是公民行使其他一切权利的前提和基础,任何公民的生命都受法律的保护,因此,不管被害人是否实际被杀,不管杀人行为处于故意犯罪的预备、未遂、中止等哪个阶段,都构成犯罪。

1. 犯罪客体

故意杀人罪侵犯的客体是他人的生命权。法律上的生命是指能够独立呼吸并能进行新陈代谢的活的有机体,是人赖以存在之前提。

2. 犯罪客观方面

首先,必须有剥夺他人生命的行为,剥夺他人生命的方式可以是作为,也可以是不作为。杀人行为发生死亡结果的,成立故意杀人既遂;没有发生死亡结果的,成立故意杀人未遂、中止或者预备。其次,剥夺他人生命的行为必须是非法的,即违反了国家的法律。依法执行命令枪决罪犯、符合法定条件的正当防卫杀人等行为均不构成故意杀人罪。另外,故意杀人罪中的"人",是刑法理论上的"他人",因此,狭义自杀行为不构成本罪。

3. 犯罪主体

故意杀人罪的主体是一般主体,即我国刑法分则规定的达到法定刑事责任年龄、具备刑事责任能力的一般身份的犯罪主体。需要注意的是,《刑法》第十七条第二款规定,已满十四周岁不满十六周岁的人,犯故意杀人罪的,应当负刑事责任。因此故意杀人罪的行为主体是年满十四周岁、具备刑事责任能力的人。

4. 犯罪主观方面

故意杀人罪在主观上须有非法剥夺他人生命的故意,包括直接故意和间接故意。即明知自己的行为会发生他人死亡的危害后果,并且希望或者放任这种结果的发生。我国《刑法》第二百三十二条规定,故意杀人的,处死刑、无期徒刑或者十年以上有期徒刑;情节较轻的,处三年以上十年以下有期徒刑。情节较轻的故意杀人行为主要有:当场基于义愤的杀人、因受被害人长期迫害的杀人、基于被害人请求的杀人以及"大义灭亲"的杀人等。

(二)故意伤害罪

故意伤害罪,是指故意非法伤害他人身体并达到一定的严重程度、应受刑法处罚的犯罪行为。

1. 犯罪客体

故意杀人罪侵犯的客体是他人的身体健康权,即人的生理机能的健全。

2. 犯罪客观方面

故意杀人罪的客观方面表现为实施了非法损害他人身体的行为。

(1)行为对象是他人身体。故意伤害罪的行为对象必须是他人的身体,伤害自己身体的,不构成本罪。需要注意的是,他人的身体不包括假肢、假牙、假发等(已经成为身体组成部分的除外)。毁坏尸体的行为不构成本罪。损害他人身体的行为方式,既可以表现为积极的作为,亦可以表现为消极的不作为。

(2)行为内容是伤害他人身体。只有侵害了他人生理机能的行为,才是伤害。损害他人身体的行为必须已造成了他人人身一定程度的损害,才能构成故意伤害罪。按照人体伤害鉴定标准,造成轻伤以上伤害结果的,构成本罪。

(3)损害他人身体的行为必须具有非法性。如果某种致伤行为为法律所允许,就不能构成故意伤害罪,如正当防卫、紧急避险而伤害他人,医生对病人截肢治病等。

3. 犯罪主体

故意伤害罪的主体为一般主体。凡达到刑事责任年龄并具备刑事责任能力的自然人均能构成故意伤害罪,其中,已满十四周岁未满十六周岁的自然人有故意伤害致人重伤或死亡行为的,应当负刑事责任;致人轻伤的,则须已满十六周岁才能构成故意伤害罪。

4. 犯罪主观方面

故意伤害罪在主观方面表现为故意。即行为人明知自己的行为会造成损害他人身体健康的结果,而希望或放任这种结果的发生。如果仅仅有殴打的意图,目的是造成被害人暂时的肉体疼痛或者轻微的精神刺激,则不能认定为有伤害的故意。所以,仅出于一般殴打的意图而无伤害故意的情况下造成他人伤害的,不应该认定为故意伤害罪。

在一般情况下,行为人事先对于自己的伤害行为能给被害人造成何种程度的伤害,不一定有明确的认识。因此,实际造成轻伤结果的,按轻伤害处理;实际造成重伤结果的,按重伤害处理。但是,无论是造成轻伤还是重伤,都必须包括在行为人的故意内容之内。在故意伤害致死情况下,行为人主观上存在混合罪过形式,即同时具有伤害故意和致人死亡的过失,这是区别故意伤害致死同故意杀人、故意伤害致死同过失致人死亡的主要标志。

根据我国《刑法》第二百三十四条的规定,犯故意伤害罪的,处三年以下有期徒刑、拘役或者管制;致人重伤的,处三年以上十年以下有期徒刑;致人死亡或者以特别残忍手段致人重伤造成严重残疾的,处十年以上有期徒刑、无期徒刑或者死刑。

(三)抢劫罪

抢劫罪是以非法占有为目的,以暴力、胁迫或其他方法,强行将公私财物抢走的行为。所谓暴力,是指行为人对被害人的身体实行打击或者强制。抢劫罪的暴力,是指对被害人的身体施以打击或强制,借以排除被害人的反抗,从而劫取他人财物的行为。抢劫罪不仅侵犯了他人财产,而且侵犯了他人的人身权利。这是抢劫罪区别于其他财产犯罪的重要标志。

1. 犯罪客体

本罪侵犯的客体是公私财物的所有权和公民的人身权利。对于抢劫犯来说,最根本的目的是要抢劫财物,侵犯人身权利,只是其使用的一种手段。因此,无论犯罪嫌疑人是否取得财物,也不论被抢财物价值的大小,只要是以非法占有为目的并当场采取暴力或暴力相威胁手段,就构成抢劫罪。

2. 犯罪客观方面

本罪在客观方面表现为行为人对公私财物的所有者、保管者或者守护者当场使用暴力、胁迫或者其他对人身实施强制的方法,强行劫取公私财物的行为。这种当场对被害人身体实施强制的犯罪手段,是抢劫罪的本质特征,也是它区别于盗窃罪、诈骗罪、抢夺罪和敲诈勒索罪的最显著特点。

暴力方法,是指对财物的所有人、管理人、占有人的人身实施不法的打击或强制,致使被害人不能的行为。如殴打、捆绑、伤害、禁闭等。胁迫方法,是指对被害人以当场实施暴力相威胁,进行精神强制,从而使其产生恐惧而不敢反抗,任其抢走财物或者被迫交出财物的行为,胁迫的内容是当场对被害人施以暴力。胁迫方式可以是使用语言、动作、手势等,有的还可能是利用特定的危险环境进行胁迫。其他方法,是指使用暴力、胁迫以外的方法使得被害人不知反抗或无法反抗,而当场劫取财物的行为。如用酒灌醉、用药物麻醉、利用催眠术催眠等。行为人如果没有使他人处于不知反抗或无法反抗的状态,而是借用了被害人自己因患病、醉酒、熟睡或他人致使其死亡、昏迷等而不知反抗或无法反抗的状态拿走或夺取财物的,不构成本罪。

3. 犯罪主体

本罪的主体为一般主体。根据《刑法》第十七条规定,年满十四周岁并具有刑事责任能力的自然人,均能构成该罪的主体。

4. 犯罪主观方面

本罪在主观方面表现为直接故意,并具有将公私财物非法占有的目的。抢劫的故意,是指行为人明知道自己的抢劫行为会发生侵犯他人人身与财产的结果,并且希望或者放任这种结果的发生。如果行为人只抢回自己被偷走、骗走或者赌博输的财物,不具有非法占有他人财物的目的,不构成抢劫罪。

根据我国《刑法》第二百六十三条的规定,犯抢劫罪的,处三年以上十年以下有期徒刑,并处罚金。犯抢劫罪有下列情形之一的,处十年以上有期徒刑、无期徒刑或者死刑,并处罚金或者没收财产:①入户抢劫的;②在公共交通工具上抢劫的;③抢劫银行或者其他金融机构的;④多次抢劫或者抢劫数额巨大的;⑤抢劫致人重伤、死亡的;⑥冒充军警人员抢劫的;⑦持枪抢劫的;⑧抢劫军用物资或者抢险、救灾、救济物资的。

【议一议】

被告人孙某、刘某于某日到集市上闲逛,在一旧自行车交易处,孙某发现一外地人的小手提包内装有大量现金,便起了邪念,与刘某商量把那人的钱"弄过来",刘表示同意。二被告人便尾随其后,伺机行动,当该外地人走到一人少处时,孙某急步上前,从背后将其撞倒,并致外地人的手提包掉在地上,刘某将小手提包抓到手后,二被告人迅速逃离现场(包内装有 8 000 元现金)。但刚走出该市场,他们就发现背后有三名警察闻讯追来。二被告人慌不择路,飞速逃跑,很快跑进乡间小道。警察紧追不舍,二被告人万般无奈,只得将提包扔入路旁杂草丛中。正在树丛中小便的胡某目睹了这一切,捡起钱包就跑,试图将其据为己有,后被警察抓获。

请讨论:
(1)孙某、刘某的行为构成何罪?
(2)胡某的行为是否构成犯罪?

(四)盗窃罪

盗窃罪是指以非法占有为目的,盗窃公私财物数额较大或者多次盗窃、入户盗窃、携带凶器盗窃、扒窃公私财物的行为。盗窃罪在任何国家都是发案率最高的犯罪,当今世界上的很多国家的刑法都将盗窃罪定为财产犯罪之首。

1. 犯罪客体

盗窃罪侵犯的客体是公私财物的所有权。本罪侵犯的对象是国家、集体或个人的财物,一般是指动产,但不动产上之附着物,可与不动产分离的也可成为本罪的对象。这里的所有权包括占有、使用、收益、处分等权能,一般指合法的所有权,但有时也有例外情况。根据《最高人民法院关于审理盗窃案件具体应用法律若干问题的解释》(以下称《解释》)的规定,"盗窃违禁品,按盗窃罪处理的,不计数额,根据情节轻重量刑。盗窃违禁品或犯罪分子不法占有的财物也构成盗窃罪"。

2.犯罪客观方面

本罪在客观方面表现为行为人具有窃取数额较大的公私财物或者多次窃取公私财物的行为。

(1)行为对象是财物。这里的财物,包括有体物和无体物。根据我国《刑法》第一百九十六条、第二百一十条和第二百六十五条的规定,盗窃信用卡并使用的,盗窃增值税专用发票或者可以用于骗取出口退税、抵扣税款的其他发票的,以牟利为目的,盗接他人通信线路、复制他人电信号码或者明知是盗接、复制的电信设备、设施而使用的,以盗窃罪论处。将电信卡非法充值后使用,造成电信资费损失数额较大的,以盗窃罪定罪处罚。盗窃枪支、弹药、公文、印章等物的,不以盗窃罪论处。但是,以盗窃财物的故意窃取了枪支、弹药、公文、印章等物的,依然可能成立盗窃罪。

(2)行为是窃取他人占有的财物。盗窃是指秘密窃取公私财物。这里的"秘密"是相对于被害人而说的,实际上并非是指被害人真的不知道,只要行为人自认为被害人没有发觉而取得的,就视为秘密窃取。

(3)盗取公私财物数额较大,或者多次盗窃、入户盗窃、携带凶器盗窃、扒窃公私财物。根据2013年4月2日最高人民法院、最高人民检察院《关于办理盗窃刑事案件适用法律若干问题的解释》(自2013年4月4日起实施),盗窃公私财物价值一千元至三千元以上的,为"数额较大",各省、自治区、直辖市高级人民法院、人民检察院可以根据本地区经济发展状况,并考虑社会治安状况,在这一规定的数额幅度内,确定本地区执行的具体数额标准,报最高人民法院、人民检察院批准。该司法解释第二条规定:"盗窃公私财物,具有下列情形之一的,'数额较大'的标准可以按照前条规定标准的百分之五十确定:(一)曾因盗窃受过刑事处罚的;(二)一年内曾因盗窃受过行政处分的;(三)组织、控制未成年人盗窃的;(四)自然灾害、事故灾害、社会安全事件等突发事件期间,在事件发生地盗窃的;(五)盗窃残疾人、孤寡老人、丧失劳动能力人的财物的;(六)在医院盗窃病人或者其亲友财物的;(七)盗窃救灾、抢险、防汛、优抚、移民、救济款物的;(八)因盗窃造成严重后果的。"

根据上述司法解释,"多次盗窃"是指二年内盗窃三次以上。"入户盗窃"是指进入他人生活的与外界相对隔离的住所(包括封闭的院落、牧民的帐篷、渔民作为家庭生活场所的渔船、为生活租用的房屋等)进行盗窃的行为。"携带凶器盗窃"是指行为人携带凶器实施盗窃,这里不要求行为人显示、暗示凶器。"扒窃"是指在公共场所窃取他人随身携带的财物。

3.犯罪主体

盗窃罪的犯罪主体是一般主体,凡达到刑事责任年龄(十六周岁)且具备刑事责任能力的人均能构成本罪主体。

4. 犯罪主观方面

盗窃罪在主观方面表现为故意,且具有非法占有的目的。行为人明确地意识到其盗窃行为的对象是他人所有或占有的财物。行为人只要依据一般的认识能力和社会常识,推知该物为他人所有或占有即可。如果行为人过失地将他人的财物误认为是自己的财物取走,在发现之后予以返还的,不成立盗窃罪。但是,即使是自己所有的财产,行为人明知道处于他人合法占有的状态而窃取的,也成立盗窃罪。行为人所具有的非法占有目的,可以是使自己非法占有财物,也可以是使第三人(包括单位)非法占有财物。

根据我国《刑法》第二百六十四条的规定,犯盗窃罪的,处三年以下有期徒刑、拘役或者管制,并处或者单处罚金;数额巨大或者有其他严重情节的,处三年以上十年以下有期徒刑,并处罚金;数额特别巨大或者有其他特别严重情节的,处十年以上有期徒刑或者无期徒刑,并处罚金或者没收财产。

(五)交通肇事罪

交通肇事罪,是指违反道路交通管理法规,发生重大交通事故,致人重伤、死亡或者使公私财产遭受重大损失,依法被追究刑事责任的犯罪行为。本罪是一种过失危害公共安全的犯罪。

1. 犯罪客体

交通肇事罪侵犯的客体是交通运输安全。交通运输,是指与一定的交通工具和交通设备相联系的铁路、公路、水上及空中交通运输,这类交通运输的特点是与广大人民群众的生命财产安全紧紧相连,一旦发生事故,就会危害到不特定多数人的生命安全。

2. 犯罪客观方面

交通肇事罪是在交通运输活动中违反交通运输管理法规,因而发生重大事故,致人重伤、死亡或者使公私财产遭受重大损失的行为。

(1)必须有违反交通运输管理法规的行为。这里的交通运输法规,是指保证交通运输正常进行和交通运输安全的规章制度,包括水上、海上、空中、公路、铁路等各个交通运输系统的安全规则、章程以及从事交通运输工作必须遵守的纪律、制度等。在实践中,违反交通运输管理法规的行为主要表现为违反劳动纪律或操作规程,玩忽职守或擅离职守、违章指挥、违章作业,或者违章行驶等。

(2)必须发生重大交通事故,致人重伤、死亡或者使公私财产遭受重大损失。这是构成交通肇事罪的必要条件之一。行为人虽然违反了交通运输管理法规,但并没有造成重大交通事故的,不构成本罪。

根据2000年11月10日最高人民法院《关于审理交通肇事刑事案件具体应用法律若干问题的解释》(自2000年11月21日起施行),违反交通运输管理法规,发生重大交通事故,在分清事故责任的基础上定罪处罚,交通肇事具有下列情形之一的,以交通肇事罪论处:①死亡一人以上或者重伤三人以上,负事故全部或者主要责任的;②死亡三人以上,负事故同等责任的;③造成公共财产或者他人财产直接损失,负事故全部或者主要责任,无能力赔偿数额在三十万元以上的。交通肇事致一人以上重伤,负事故全部或者主要责任,并具有下列情形之一的,以交通肇事罪定罪处罚:①酒后、吸食毒品后驾驶机动车辆的;②无驾驶资格驾驶机动车辆的;③明知是安全装置不全或者安全机件失灵的机动车辆而驾驶的;④明知是无牌证或者已报废的机动车辆而驾驶的;⑤严重超载驾驶的;⑥为逃避法律追究逃离事故现场的。

(3)违反规章制度,致人重伤、死亡或者使公私财产遭受重大损失的行为,必须发生在从始发车站、码头、机场准备载人装货至终点车站、码头、机场旅客离去、货物卸完的整个交通运输活动过程中。也就是说,重大交通事故必须发生在交通过程中及与交通有直接关系的活动中。

(4)交通肇事的结果必须由违章行为引起,两者之间存在因果关系。虽然行为人有违章行为,但未造成严重后果,而且在时间上不存在先行后续关系,则不构成本罪。

3. 犯罪主体

交通肇事罪的犯罪主体是一般主体,即凡年满十六周岁、具有刑事责任能力的自然人均可构成本罪主体。

4. 犯罪主观方面

交通肇事罪的犯罪主观方面表现为过失,包括疏忽大意的过失和过于自信的过失。这种过失是对行为人对自己的违章行为可能造成的严重后果的心理态度而言。行为人在违反规章制度上可能是明知故犯,如酒后驾车、强行超车、超速行驶等,但对自己的违章行为可能造成的严重后果,应当预见而因疏忽大意,没有预见,或者虽已预见,但轻信能够避免,以致造成了严重后果。

根据我国《刑法》第一百三十三条的规定,犯交通肇事罪的,处三年以下有期徒刑或者拘役;交通运输肇事后逃逸或者有其他特别恶劣情节的,处三年以上七年以下有期徒刑;因逃逸致人死亡的,处七年以上有期徒刑。

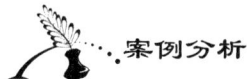

王某系某公安局的一名警察,一日,王某下班回家后,将自己的配枪放在自家的抽屉里,并且上了锁。然后,王某陪其妻子上街买东西。在街上,王某遇到一个以前的同学,两人交谈了很长时间。晚上王某和妻子回家后发现家里被盗。家中一片狼藉,很多贵重物品被盗。同时,王某发现自己放置配枪的抽屉也被撬,公安局配给他的"五四"式手枪也不见了。王某当时就吓出了一身冷汗。现场留有一定的犯罪痕迹,作案分子携带的作案工具和一顶帽子遗留在现场。

由于害怕受纪律处分,同时怀着一种侥幸心理,王某暂时没有报告枪支丢失,想自己查。后来盗窃王某枪支的犯罪分子在与他人争执过程中掏枪射死了对方,闹了人命。

请问:

(1)王某的行为应当如何认定?

(2)王某在本案中主观上是一种什么样的心态?

(3)如果盗窃犯罪分子盗窃枪支后没有闹出人命,而是被王某找回,王某的行为又该如何认定?

(4)如果王某不是警察,而是某地质勘探队的队长,其行为应当如何认定?

活动建议

1. 请同学们查找、搜集马加爵案的相关资料,利用所学刑法知识对该案件进行剖析,并思考大学生应该从马加爵案中吸取什么教训,如何成长为一名合格的高素质公民。

2. 组织同学们在班级开展模拟法庭活动,将所学的理论知识转化为实践技能,了解法庭具体审判的操作过程。

相关推荐

(一)书籍

1. 吕鹤云:《法学概论》,高等教育出版社 2001 年版。

2. 陈光中:《法学概论》,中国政法大学出版社 2002 年版。

3. 高铭暄,马克昌:《刑法学》,北京大学出版社 2014 年版。

(二)电视栏目

定期收看央视社会与法频道(CCTV-12)《一线》《天网》等。

第八章习题

第九章

定诉止争——纠纷解决之道

法官判决之前,一个人是不能被称为罪犯的。

——[意大利]切萨雷·贝卡利亚

审判应当公开,犯罪的证据应当公开,以便使或许是社会唯一制约手段的舆论能够约束强力和欲望;这样,人民就会说:我们不是奴隶,我们受到保护。

——[意大利]切萨雷·贝卡利亚

一次不公正的判决比多次不平的举动为祸尤烈,因为这些不平的举动不过弄脏了水流,而不公正的判决则把水源败坏了。 ——[英国]弗朗西斯·培根

任何人都不能充当自己案件的法官。

——英国法谚

【本章概要】

纠纷解决之道有协商、调解、仲裁、诉讼,由于协商和调解是建立在当事人自愿基础上,仲裁是以仲裁协议为前提或只适用于劳动争议,故本章主要介绍最具国家权威性的第三方居中裁决纠纷,且普遍适用于各种纠纷的纠纷解决方式——诉讼。

诉讼是国家司法机关在当事人和其他诉讼参与人的参加下,按照法定程序解决各种案件的专门活动。由于诉讼所解决的案件的性质不同,诉讼分为民事诉讼、行政诉讼和刑事诉讼。与此相对应,目前,我国共有三部诉讼法,分别是《中华人民共和国民事诉讼法》《中华人民共和国刑事诉讼法》《中华人民共和国行政诉讼法》。诉讼法属于程序法,和实体法相比,它所规定的主要是法律关系主体的权利义务得以实现的程序或方式。实体法和程序法不是截然分开的,实体法是基础,程序法是保障。

通过学习本章内容,学生应该能够了解我国诉讼法的基本内容,树立正确的法律观念,能够行使诉讼权利,保护自己的合法权益。

【本章重点】

民事诉讼管辖　民事诉讼中的当事人　民事诉讼证据的举证责任　刑事诉讼基本原则　辩护制度基本内容　刑事诉讼程序　行政诉讼的受案范围与管辖

导入案例

张老汉有二子一女,分别是张山、张水、张燕。2008年3月张老汉在其住所(某市和平区)死亡,他在该市顺安区遗有房屋六间。张山与其父亲同住一个城市,张水与张燕在外地工作。张老汉去世后,丧葬费用均由张山承担。张山为其父办完丧事后,便将其父遗留的房屋卖给了李海,得价款60 000元。张水回来后,向法院提起诉讼,要求继承遗产。在诉讼过程中,张水因病死亡,张水之子张明和女儿张红要求参加诉讼。在诉讼过程中,张燕也从外地赶来,在该法院尚未开始审理时向该法院递交诉状,并附有其父遗嘱(遗嘱中说,其遗产房屋全部由张燕继承),请求该法院将房屋判给自己。

请问:

(1)张水应向哪个法院起诉?

(2)张山、张水、张燕、李海、张明、张红在诉讼中各处于什么样的诉讼地位?

(3)如果张老汉没有上述遗嘱,张燕要求同其兄长一起继承遗产,张燕的诉讼地位是什么?

(4)如果张老汉没有上述遗嘱,而张燕不知其父已死,法院应当如何处理?张燕对待实体权利的态度对程序进行有何影响?

第一节 民事诉讼法

《民事诉讼法》

一、民事纠纷与民事诉讼法

(一)民事法律纠纷与民事诉讼

民事法律纠纷,是指平等主体之间因财产关系、人身关系而产生的权利义务争议①。民事法律纠纷可分为两大类:一类是财产关系的民事纠纷,另一类是人身关系的民事纠纷,如因侵害生命权、健康权、姓名权、肖像权、名誉权、隐私权等而发生的纠纷。

民事法律纠纷发生以后,当事人可以选择自决、和解等,也可以选择诉讼。解决民事法律纠纷的诉讼是民事诉讼,即运用国家司法权解决民事法律纠纷的纠纷解决方式。这是我国最重要的一种民事纠纷解决机制。

(二)民事诉讼与民事诉讼法

民事诉讼即老百姓所讲的"打民事官司"。相对于人民调解、当事人和解、部门、社区调解和仲裁机制而言,民事诉讼是典型的公力救济形式。这种公力救济的最大特点是具有特殊的法律强制性。因此,国家往往要对诉讼的主体、程序、制度等作出严格的规定。

民事诉讼法既是人民法院处理、解决民事案件的法律依据和法律规范,又是当事人起诉、应诉,进行诉讼和申请执行的法律依据和法律规范,也是其他诉讼参与人必须遵循的法律规范。人民法院在民事诉讼法律关系中处于支配地位。②

我国民事诉讼法的主要表现形式是《中华人民共和国民事诉讼法》(以下称《民事诉讼法》)。该法规定了进行民事诉讼应遵循的基本原则,如诚信原则、诉讼权利平等原则、辩论原则与处分原则;规定了民事诉讼的若干基本制度,如回避、证据、财产保全等制度;规定了民事诉讼的各种审判程序与执行程序。

此外,民事诉讼法律制度还包括最高人民法院关于民事诉讼的若干司法解释,以及其他法律法规中涉及民事诉讼的程序性规定。

---

① 江伟:《民事诉讼法》,高等教育出版社2016年版,第1页。
② 江伟:《民事诉讼法学》,北京大学出版社2014年版,第33页。

二、民事诉讼的管辖

(一)管辖的含义

【想一想】

张某与甲、乙、丙是朋友关系。甲、乙、丙三人合伙做生意,共同向张某借款10 000元,言明半年之后还,并写了借条,由甲、乙、丙三人共同签名(借款人)。半年之后,甲、乙、丙未按约还钱,张某向甲、乙、丙索要,三人互相推诿,张某准备向法院起诉。张某家住郑州市金水区,甲住郑州市二七区,乙住郑州市中原区,丙住郑州市惠济区。

请问:张某应到哪个法院去起诉?

这个案例提出一个问题,在发生民事纠纷时,当事人向哪一级的哪一个法院提起诉讼,或者说案件管辖如何解决?对此,法律应予以明确规定,以避免当事人投诉无门或者滥诉,也避免法院之间相互推诿。因此,民事案件的管辖,就是指法院之间受理民事案件的分工和权限。人民法院设置四个审级,基层、中级、高级和最高,每一审级又根据地域的划分设置若干法院,当一个案件诉到法院,就需要在这些法院之间进行权限分工。民事案件管辖的种类可分为:级别管辖、地域管辖、移送管辖和指定管辖。

(二)级别管辖

级别管辖是指各级人民法院之间受理第一审民事案件的分工和权限。确定级别管辖的标准主要是案件的性质和案件的影响大小。据此,各级人民法院管辖的第一审民事案件分工是:

(1)基层人民法院管辖第一审民事案件,但民事诉讼法另有规定的除外。

(2)中级人民法院管辖的第一审民事案件有重大涉外案件;在本辖区有重大影响的案件;最高人民法院确定由中级人民法院管辖的案件。

(3)高级人民法院管辖在本辖区有重大影响的第一审民事案件。

(4)最高人民法院管辖在全国有重大影响的案件和它认为应当由本院审理的第一审民事案件。

(三)地域管辖

地域管辖是指同级人民法院之间各自受理第一审民事案件的分工和权限。地域管辖分为一般地域管辖、特殊地域管辖、协议管辖、专属管辖、共同管辖等。

1. 一般地域管辖

这是指民事案件一般由被告住所地人民法院管辖。被告住所地与经常居住地不一致的,由经常居住地人民法院管辖。这就是通常所说的"原告就被告"原则。如上例中张某诉甲、乙、丙借款纠纷一案,按照一般地域管辖,张某可以向甲、乙、丙三被告的住所地,即郑州市的二七区、中原区、惠济区法院提起诉讼。

"原告就被告"是一般的地域管辖原则,但我国民事诉讼法也作了例外规定:对不在中华人民共和国领域内居住的人提起的有关身份关系的诉讼,对下落不明或者宣告失踪的人提起的有关身份关系的诉讼,对被采取强制性教育措施的人提起的诉讼,对被监禁的人提起的诉讼,由原告住所地人民法院管辖;原告住所地与经常居住地不一致的,由原告经常居住地人民法院管辖。

2. 特殊地域管辖

特殊地域管辖是以诉讼标的所在地或者引起民事法律关系发生、变更、消灭的法律事实所在地为标准确定的管辖。我国《民事诉讼法》规定:

(1)因合同纠纷提起诉讼,由被告住所地或者合同履行地决定人民法院管辖。其中对于合同履行地具体要看合同是否实际履行:

1)如果合同没有实际履行,但一方当事人的住所地在约定的履行地,被告住所地和约定履行地法院均有权管辖;若合同没有实际履行,且约定履行地不在一方当事人住所地的,约定履行地法院无管辖权,案件由被告所在地法院管辖。

2)如果合同已经实际履行,此时合同约定履行地点的,以约定的履行地点为合同履行地。没有约定或者约定不明则按照以下规则确定:给付货币的,接受货币一方所在地为合同履行地;交付不动产的,不动产所在地为合同履行地;交付其他标的,履行义务一方所在地为合同履行地;即时结清的合同,交易行为地为合同履行地;财产租赁合同、融资租赁合同以租赁物使用地为合同履行地;以信息网络方式订立的买卖合同,通过信息网络交付标的的,以买受人住所地为合同履行地;通过其他方式交付标的的,收货地为合同履行地。

(2)因侵权纠纷提起诉讼,由侵权行为地或者被告住所地法院管辖。但是涉及特殊侵权的情况要具体分析:①产品、服务侵权,由产品制造地、产品销售地、服务提供地、侵权行为地、被告住所地法院管辖;②信息网络侵权,由信息网络侵权行为实施地包括实施被诉侵权行为的计算机等信息设备所在地,侵权结果发生地包括被侵权人住所地;

(3)其他特殊管辖:

1)保险合同纠纷,由被告住所地、保险标的物所在地法院管辖。但是涉及财产保险合同纠纷与人身保险合同纠纷要具体分析其管辖法院:因财产保险合同纠纷提起诉讼,如果保险标的物为运输工具或运输中的货物,可以由运输工具登记注册地、运输目的地、保险事故发生地法院管辖。

因人身保险合同纠纷提起的诉讼,可以由被保险人住所地法院管辖。

2)票据纠纷,由被告住所地、票据支付地法院管辖。

3)运输合同纠纷,由运输始发地、目的地或者被告住所地人民法院管辖。

4)因铁路、公路、水上和航空事故请求损害赔偿提起的诉讼,由被告住所地、事故发生地或者车辆、船舶最先到达地、航空器最先降落地人民法院管辖。

5)因船舶碰撞或者其他海事损害事故请求损害赔偿提起的诉讼,由碰撞发生地、碰撞船舶最先到达地、加害船舶被扣留地或者被告住所地人民法院管辖。

6)因公司设立、确认股东资格、分配利润、解散等纠纷提起的诉讼,由公司住所地法院管辖。

7)因海难救助费用提起的诉讼,由救助地或者被救助船舶最先到达地人民法院管辖。

8)因共同海损提起的诉讼,由船舶最先到达地、共同海损理算地或者航程终止地的人民法院管辖。

3. 专属管辖

专属管辖是指法律规定某些特殊类型的民事案件只能由特定的人民法院管辖。专属管辖具有排他性,它既排除一般地域管辖和特殊地域管辖的适用,也排除协议管辖的适用。《民事诉讼法》规定了以下三种专属管辖:①因不动产纠纷提起的诉讼,由不动产所在地人民法院管辖;②因港口作业中发生纠纷提起的诉讼,由港口所在地人民法院管辖;③因继承遗产纠纷提起的诉讼,由被继承人死亡时住所地或者主要遗产所在地人民法院管辖。

4. 其他管辖

由于民事诉讼的复杂性,为方便公民参与诉讼,及时化解矛盾,《民事诉讼法》还规定了以下管辖:

(1)协议管辖。合同或者其他财产权益纠纷的当事人可以书面协议选择被告住所地、合同履行地、合同签订地、原告住所地、标的物所在地等与争议有密切联系的地点的人民法院管辖,但不得违反级别管辖和专属管辖的规定。

(2)选择管辖。两个以上的人民法院都有管辖权的诉讼,原告可以向其中一个人民法院起诉;原告向两个以上有管辖权的人民法院起诉的,由最先立案的人民法院管辖。

(3)移送管辖。人民法院发现受理的案件不属于本院管辖的,应当移送有管辖权的人民法院,受移送的人民法院应当受理。受移送的人民法院认为受移送的案件依照规定不属于本院管辖的,应当报请上级人民法院指定管辖,不得再自行移送。

(4)指定管辖。有管辖权的人民法院由于特殊原因,不能行使管辖权的,由上级人民法院指定管辖。人民法院之间因管辖权发生争议,由争议双方协商触碰民;协商解决不了的,报请它们的共同上级人民法院指定管辖。

(5)管辖权转移:上级人民法院有权审理下级人民法院管辖的第一审民事案件,也可以把本院管辖的第一审民事案件交下级人民法院审理;下级人民法院对其管辖的第一审民事案件,认为需要由上级人民法院审理的,可报请上级人民法院审理。

【议一议】

甲县林某从邻县幸福商场买了一台燃气热水器,热水器上标明是广东顺德某热水器厂生产。林某买回半年后,某日在使用热水器时突然发生爆炸,炸伤自己及儿子。经有关部门检验,该热水器质量不合格。林某欲提起损害赔偿诉讼,该向哪个法院起诉呢?

分析:该案属于侵权纠纷,按照民事诉讼法规定,因侵权行为提起诉讼,由侵权行为地或者被告所在地法院管辖。《消费者权益保护法》规定,消费者或者其他受害人因商品缺陷造成人身、财产损害的,可以向销售者或生产者要求赔偿。因此,林某可以向侵权发生地甲县人民法院起诉,也可以向被告广东顺德某热水器厂所在地的人民法院起诉,还可以向另一被告幸福商场所在地的邻县人民法院起诉。

三、民事诉讼当事人与诉讼代理人

民事诉讼当事人包括原告、被告、共同诉讼人、诉讼代表人、第三人。诉讼代理人的诉讼地位类似当事人。此外,在民事诉讼中还有诉讼参与人,包括证人、鉴定人、翻译人员等。

(一)当事人

这是指因民事权利义务关系发生纠纷,以自己的名义进行诉讼,案件审理结果与其有法律上的利害关系,并受人民法院裁判约束的人。公民、法人或其他组织都可以成为民事诉讼的当事人。但在不同程序中,其称谓有所不同。在第一审程序中称其为原告、被告;在第二审程序中称其为上诉人、被上诉人;在执行程序中称其为申请执行人、被执行人。

1. 原告和被告

原告是认为自己的民事权益受到侵害,或者与他人发生争议,向人民法院提起诉讼,引起诉讼程序发生的人。被告是指被诉称侵犯原告民事权益或与原告发生民事权益争议,被人民法院通知应诉的人。在民事诉讼中,原告与被告享有平等的诉讼权利,都有权委托代理人,提出回避申请,收集、提供证据,进行辩论,请求调解,提出上诉,申请执行,查阅复制与本案有关的材料和法律文书,自行和解等。原告可以放弃或者变更诉讼请求,被告可以承认或者反驳诉讼请求,有权提起反诉。

2. 共同诉讼人

当事人一方或双方各为两人以上,其诉讼标的是共同的,或者是同一种类,人民法院认为可以合并审理并经当事人同意的民事诉讼为共同诉讼。共同诉讼中的当事人,统称为共同诉讼人。如果诉讼标的是共同的,就是必要共同诉讼,如父亲起诉要求儿子支付赡养费,虽然母亲没有起诉,但母亲应作为共同原告,因为父母子女关系决定了母亲与父亲一样有被赡养的权利。如果诉讼标的是同一种类,称为普通共同诉讼。

3. 诉讼代表人

当事人众多的一方,推选出代表,由其为维护本方当事人利益而进行诉讼活动的人,为诉讼代表人。当事人一方人数众多,一般是指十人以上。对于一般性诉讼权利,诉讼代表人可以根据自己的意志行使,并且对被代表的当事人有效;但是对于特殊性的诉讼权利,如变更、放弃诉讼请求或者承认对方当事人的诉讼请求,必须经被代表的当事人同意。

4. 第三人

民事诉讼中的第三人,是指对原告和被告之间争议的诉讼标的,认为自己具有独立的请求权,或者虽然不具有独立请求权,但案件的处理结果与其有法律上的利害关系,而参加到正在进行的诉讼中来的人。公民、法人和其他组织都可以成为民事诉讼第三人。根据《民事诉讼法》第五十六条的规定,以第三人与本诉讼标的的关系为标准,可以将第三人分为两类:一类是有独立请求权的第三人,例如甲乙之间争议房屋的使用权,而丙主张房屋的合法使用权人应当是自己,也就是说,丙认为不管是甲胜诉还是乙胜诉,都侵犯了自己作为案件第三方当事人的合法使用权利,丙就成为该诉讼案件的有独立请求权的第三人。另一类是无独立请求权的第三人。这种第三人虽无独立请求权,但案件的处理结果与其有法律上的利害关系。如甲公司和乙公司签订电子产品购销合同,合同约定,如果发生争议,卖方乙公司应承担最终的民事责任。后来甲公司将该批电子产品卖给丙公司,丙公司认为产品存在质量问题,以甲公司为被告提起民事诉讼。此时,乙公司可作为无独立请求权的第三人申请参加诉讼。

(二)诉讼代理人

诉讼代理人是指为了一方当事人的利益,以该当事人的名义,在法定的或者委托的权限范围内,代替或协助当事人进行诉讼活动的人。诉讼代理人分为法定诉讼代理人和委托诉讼代理人。[①]

[①] 熊进光,易有禄:《法学通论》,复旦大学出版社2012年版,第383页。

四、民事诉讼证据与举证责任

（一）民事诉讼证据的概念与特征

俗话说,打官司就是打证据,可见证据在民事诉讼中的重要地位。民事诉讼证据是指民事诉讼中,当事人向法院提供的或者法院依职权收集的证明案件事实的各种材料。民事诉讼证据的特征有：

（1）客观性。民事诉讼证据本身是客观的、真实的,而不是想象的、虚构的、捏造的。

（2）关联性。民事诉讼证据与民事案件的待证事实之间具有某种内在、必然的联系。

（3）合法性。民事诉讼证据必须符合法律的要求,不为法律禁止。

老人被宠物狗吓到摔伤致残　狗主人是否该赔

六旬老太许秀芬经过商业步行街时,一条趴在台阶上休息的泰迪宠物犬见有人靠近,站起来朝老太走了两步便停了下来,没有任何的追赶、扑倒、撕咬、吠叫等情形。可是,老太因害怕小狗,又见小狗没拴绳,过度惊慌,下意识向旁边闪躲,一下没站稳,摔倒在地致残。后老太以养狗者对饲养的狗看管不严进而导致自己受伤为由,向养狗者徐琳提出索赔。而养狗者则提出,宠物小狗没有任何攻击、恐吓、接触行为,老太存在因其他原因摔倒的可能,不同意赔偿。由于双方的要求差距太大,无法调和,官司打到了法院。

此案一出,在当地引起极大关注。那么,宠物小狗起身躲让行人,老太因怕狗惊慌摔残索赔能否获得支持？广东省江门市两级法院通过审理给出了两种不同的态度,也给广大的宠物饲养者敲响一记警钟。

在案件审理过程中,许秀芬于 2017 年 11 月 15 日对其损伤进行了伤残及后续治疗的司法鉴定。11 月 16 日,《司法鉴定意见书》给出的损伤鉴定意见为:许秀芬的损伤评定为 9 级伤残;后续治疗费约需 1.2 万元。产生的鉴定费为 3 000 元。根据司法鉴定结果,许秀芬将诉讼请求变更为要求赔偿 250 000 元。

台山市法院经审理认为,监控录像清晰显示,徐琳饲养的狗是体形较小、性情温顺的棕色"泰迪犬",本案徐琳未采取安全防范措施,致使饲养的"泰迪犬"肆意在公共场所活动,并在靠近许秀芬时令许秀芬受惊吓倒地受伤,徐琳作为动物饲养人及管理人应承担相应责任;同时,该"泰迪犬"见许秀芬靠近时,在没有吠叫、没有向许秀芬攻击、仅向许秀芬移动约50厘米且与许秀芬仍相距约3米的前提下,许秀芬由于过度惊慌,采取避让措施不当摔倒致自己受伤,其本身存在重大过失。考虑到许秀芬的重大过失,结合本案实际情况,酌情以徐琳承担30%责任为宜。根据许秀芬的诉讼请求,经法院核准,事故导致许秀芬各项经济损失共计20余万元。考虑到事故致许秀芬伤残,其遭受较大精神痛苦,结合其在事故中的伤残等级及本地生活水平等因素,精神损害抚慰金酌情确定为6 000元。据此,判决徐琳赔偿许秀芬62 932.50元;一审案件受理费5 064元,由许秀芬负担3 794元,徐琳负担1 270元。

　　一审判决后,许秀芬与徐琳均向广东省江门市中级人民法院提出了上诉。江门中院经审理认为:首先,徐琳没有证据证明其所饲养的"泰迪犬"取得了犬类准养证,其饲养涉案动物违反了《广东省犬类管理规定》第4条"县以上城市(含县城镇、近郊)、工矿、港口、机场、游览区及其3千米以内的地区,经济开发区、各类有对外经济合作的乡镇政府所在地,均列为犬类禁养区。上述地区的机关单位、外国驻粤机构、外籍人士等,因特殊情况需要养犬者,须经当地公安部门批准,领取犬类准养证并对犬只进行免疫注射后方可圈(拴)养"的规定。其次,徐琳并未对所饲养的"泰迪犬"拴上狗绳,亦未提供证据证明其对所饲养的动物采取了其他的安全措施,且本案所涉地点为步行街,时间为19时左右,作为饲养人徐琳应对其所饲养的动物有更高的注意义务。当许秀芬经过该泰迪犬所处的位置时,泰迪犬虽未出现追赶、扑倒、撕咬、吠叫等情形,但因泰迪犬突然起立以及走近的动作,导致许秀芬心理恐惧进而摔倒,该摔倒虽非泰迪犬直接接触所致,但因为动物自身具有危险性,其所诱发的损害亦应属于"饲养的动物造成他人损害"范畴。再次,徐琳主张许秀芬的摔倒可能系石头绊倒,或者被其他动物、昆虫的攻击所致,但其并未提供相应证据证实其主张,亦未有证据证明许秀芬在受伤害过程中存有主动挑逗、投打、追赶等故意或者重大过失等情形。据此,许秀芬的损失系徐琳未规范饲养动物导致并诱发,无证据证明徐琳存有能减轻其责任的情形,故徐琳应对许秀芬的涉案损失承担全部赔偿责任。一审法院认定许秀芬由于过度惊慌导致摔倒受伤,本身存在重大过失,并认定许秀芬自身承担70%的责任,法律适用有误,本院予以纠正。故判决撤销台山市法院的一审民事判决,改判徐琳赔偿209 775.03元。

（注：文中当事人均为化名）

【法律小知识】

民事诉讼证据的种类

民事诉讼证据的种类,是指民事诉讼法依据一定标准而确定的各种民事诉讼证据的表现形式。根据民事诉讼法律规定,我国民事诉讼证据的表现形式可以分为书证、物证、视听资料、证人证言、当事人的陈述、电子数据、鉴定意见、勘验笔录八种。

(二)举证责任

1.举证责任的含义

举证责任是证据的核心问题,指当事人对自己所主张的事实,应当提供证据加以证明,否则将承担主张不能成立的危险。

2.举证责任的负担原则

(1)一般原则。实行"谁主张,谁举证"。即"当事人对自己提出的主张,有责任提供证据"。只有法律规定无须证明的事实,当事人方可不负举证责任。《民事诉讼法》规定下列事实,当事人无须举证：一方当事人对另一方当事人陈述的案件事实和提出的诉讼请求明确表示承认的；众所周知的事实和自然规律及定理；根据法律规定或已知事实,能推定出另一事实；已为人民法院发生法律效力的裁判所确定的事实；已为有效公证书证明的事实。

(2)举证责任分配的例外——举证责任的倒置。虽然确立了"谁主张,谁举证"的原则,但是在有些特殊情况下,按照举证责任的一般原则会导致诉讼的不公平。如甲与同事丙路过一居民楼时,三楼乙家阳台上的花盆坠落,砸在甲的头上,致其脑震荡,甲以乙为被告诉至法院要求赔偿,而乙否认甲受伤系自家花盆坠落所致。如果按照"谁主张,谁举证"的一般原则,甲要举证证明砸伤他的花盆是乙家,否则甲就无法得到赔偿,这显然会导致诉讼的不公平。因此,作为"谁主张,谁举证"原则的例外,民事诉讼法又确立举证责任的倒置,即在某些特殊情况下,原告主张侵权事实,被告否认的,由被告就其否认负举证责任。

【法律小知识】

举证责任倒置适用于以下情形:①因产品制造方法、发明专利引起的专利侵权诉讼;②高度危险作业致人损害的侵权诉讼;③因环境污染引起的损害赔偿诉讼;④建筑物或者其他设施以及建筑物上的搁置物、悬挂物发生倒塌、脱落、坠落致人损害的侵权诉讼;⑤饲养动物致人损害的侵权诉讼;⑥有关法律规定由被告承担举证责任的情形,如因产品质量引起的侵权诉讼、医疗事故纠纷案件等。

五、民事诉讼程序

民事诉讼程序,是法律规定的进行民事诉讼活动必须遵守的操作规程。包括第一审普通程序、简易程序、第二审程序、再审程序。

(一)第一审普通程序

这是人民法院审理第一审民事案件所适用的最基本的程序。它具体包括以下几个阶段:起诉和受理,审理前的准备,开庭审理。

【法律小知识】

2006年9月,退休工人宋某在中秋之夜看花灯时被人挤倒摔伤,为此花了3 000多元的医疗费和营养费。宋某向人民法院起诉,要求人民法院为他寻找被告,赔偿经济损失,但宋某不知是谁挤倒他的。

问题一:法院是否受理宋某的起诉?

答:不应当受理,因为被告不明确。

问题二:如果经过仔细寻找,宋某终于查找到撞倒自己的人李某,2006年10月,宋某再次向法院起诉,法院是否应当受理?

答:这时法院应该受理此案。

问题三:假设宋某为文盲,书写起诉状确有困难,宋某能否口头起诉?

答:可以,法院应该将宋某的口头起诉记录在案。

问题四:宋某起诉后,尚未审理即自行撤诉。过几天,宋某还可以再行起诉吗?

答:可以。撤诉只是对其诉讼权利的处分,并不影响其实体权利(要求赔偿损失)。

问题五:在案件开庭审理过程中,被告李某突然提出要求审判员回避的申请。法院应当如何处理呢?

答:应该作出延期审理的决定。

问题六:假设开庭审理过程中,原告突然脑溢血昏倒,在送医院途中死亡。经法院查明,原告有一个儿子在外地工作。对此,法院应当如何处理?

答:法院应中止案件的审理,等待宋某的儿子表明是否继续诉讼。原告宋某的儿子赶回后,如果愿意继续诉讼,法院应当继续审理;否则,法院应当终结诉讼。①

(二)简易程序

这是基层人民法院及其派出法庭审理简单民事案件所适用的一种简便易行的诉讼程序。对简单的民事案件,原告可以口头起诉。当事人双方可以同时到基层人民法院或者它派出的法庭请求解决纠纷,受诉法院或法庭可以当即审理,也可以另定日期审理。审理时,由审判员一人独任审理,可以用简便方式随时传唤当事人、证人,并应当在立案之日起三个月内审结。有特殊情况需要延长的,经本院院长批准,可以延长一个月。

(三)第二审程序

人民法院按照普通程序或者简易程序对争议案件审理并作出裁判后,如果当事人不服即可行使上诉权提起上诉,要求上级法院对案件进行二审,因此,二审法院审理上诉案件所适用的程序就是二审程序。

根据民事诉讼法的规定,当事人提起上诉应在法定期限(对判决不服的上诉期为十五天,对裁定不服的上诉期为十天),并且要符合法律规定的书面形式。

【法律小知识】

如甲与乙告丙,要求丙赔偿因损害甲、乙的共同财产造成的损失 10 000 元。法院对案件审理后作出判决,丙应当赔偿甲、乙的经济损失 8 000 元。法院审判人员在送达判决的时候,甲表示不服并当时口头表示上诉,但在上诉期内甲没有采取任何具体行为;乙当时表示算了吧,但是在上诉期内乙却递交了上诉状;丙当时未对一审判决作出任何表态,但是在上诉期满前一天将上诉状送到了邮局,到达法院时上诉期已经超过。

我们来分析哪些是有效上诉:此案中甲的上诉无效,因为甲虽然口头表示上诉,但未向法院提交上诉状;乙的上诉为有效上诉,因为他在法定上诉期内递交了上诉状;丙的上诉也有效,因为丙采取邮寄方式上诉,以邮局的邮戳日期为准。

经当事人同意,民事诉讼活动可以通过信息网络平台在线进行。民事诉

---

① 熊进光,易有禄:《法学通论》,复旦大学出版社 2012 年版,第 386—387 页。

讼活动通过信息网络平台在线进行的,与线下诉讼活动具有同等法律效力。

人民法院审理第二审民事案件,由审判员组成合议庭。合议庭的成员人数,必须是单数。中级人民法院对第一审适用简易程序审结或者不服裁定提起上诉的第二审民事案件,事实清楚、权利义务关系明确的,经双方当事人同意,可以由审判员一人独任审理。第二审人民法院对上诉请求的有关事实和适用法律进行审查,分别依照法律规定作出驳回上诉、依法改判、撤销原判并发回重审等裁判。

我国实行的是两审终审制,第二审法院对上诉案件作出判决或者裁定后,该裁判即产生相应的法律效力,包括:当事人不得再行上诉;不得就同一诉讼标的,以同一事实与理由再行起诉;裁判具有强制执行的法律效力。

(四)再审程序

再审程序指为了纠正已经发生法律效力的裁判错误而对案件再次进行审理的程序。再审程序并不是每一个民事案件必经的程序,而是对于已经发生法律效力,并且符合再审条件的判决、裁定、调解协议才能适用的一种特殊审判程序。再审是民事诉讼程序制度中的一项补救制度。

(五)民事案件的非讼程序

民事案件的非讼程序包括特别程序、督促程序、公示催告程序。

特别程序是指与普通诉讼程序相对应的法院审理某些非民事权益争议案件所适用的特殊审判程序,包括:宣告公民失踪或者宣告公民死亡案件、认定公民无民事行为能力或者限制民事行为能力案件、认定财产无主案件、选民资格案件、确认调解协议案件和实现担保物权案件。按照特别程序审理的案件实行一审终审。

督促程序是指法院根据债权人提出的给付金钱或有价证券的申请,向债务人发出附条件的支付命令,催促债务人在法定期限内向债权人清偿债务的程序。[①]

公示催告程序是指法院根据丧失票据持票人的申请,以公示的方法,催告票据利害关系人在一定期限内向法院申报权利,如在一定期限内无人申报权利的,则产生失权法律后果的程序。主要解决票据的被盗、遗失与灭失。

(六)民事诉讼的执行程序

执行程序是指人民法院依照法律规定或权利人的申请,对不履行已经发生法律效力的判决、裁定、调解协议以及其他法律文书所确定义务的当事人,实施强制履行的诉讼程序。

(1)申请执行的条件。①据以申请执行的法律文书已经发生法律效力;②法

[①] 汤维建:《民事诉讼法学》,北京大学出版社2014年版,第356页。

律文书规定的履行义务期限已届满,义务人仍未履行义务;③权利人必须在法律规定的申请执行期限内提出执行申请,申请执行的期限为二年;④必须向有管辖权的人民法院提出申请。

(2)执行措施。人民法院在民事执行中,对金钱债权的执行,可以采取的措施主要有:查询被执行人的存款、债券、股票、基金份额等财产情况;扣押、冻结、划拨、变价、查封、拍卖、变卖被执行人的财产;发出搜查令;扣留、提取被执行人的收入;强制迁出房屋或退出土地;强制执行行为或委托他人代为完成行为;限制出境;在征信系统、媒体等记录、公布不履行义务信息;罚款、拘留等。

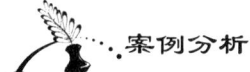

长城厂不履行购销合同,给东方厂造成了经济损失,东方厂起诉至甲市东城区人民法院,东城区人民法院经过开庭审理,判决长城厂赔偿东方厂经济损失及支付违约金共12万元。长城厂不服,向甲市中级人民法院提出上诉。甲市中级人民法院认为一审判决认定的基本事实清楚,适用法律正确,但判决赔偿损失过多,改判长城厂赔偿东方厂经济损失9万元。

判决确定的履行期间届满后,长城厂拒不履行赔偿义务。东方厂向甲市中级人民法院申请执行,甲市中级人民法院告知东方厂应向东城区人民法院提出申请。东城区人民法院接到申请后,又告诉东方厂向被申请人(长城厂)住所地乙市人民法院申请执行。

请问:案判决应由哪个法院执行?

分析:根据《民事诉讼法》第二百二十四条的规定,发生法律效力的民事判决、裁定,以及刑事判决、裁定中的财产部分,由第一审人民法院或者与第一审人民法院同级的被执行的财产所在地人民法院执行。本案判决应由乙市人民法院执行。虽然本案中一审法院是甲市东城区人民法院,但是被申请人(长城厂)住所地是乙市,被执行的财产显然是在乙市,为了方便执行,应由乙市人民法院执行,才能更好地维护申请人的利益。

第二节　刑事诉讼法

《刑事诉讼法》

一、刑事诉讼概述

(一)刑事诉讼的概念和特征

刑事诉讼是指国家专门机关在当事人及其他诉讼参与人的参加下,依照法律规定的程序,追诉犯罪,解决被追诉者刑事责任问题的活动。

刑事诉讼具有如下特征:

(1)刑事诉讼由国家专门机关主持进行,是属于国家的司法活动。我国主持刑事诉讼的国家专门机关主要指人民法院、人民检察院和公安机关。

它们在刑事诉讼中分别行使一定的专门职权,其中,对刑事案件的侦查、拘留、执行逮捕、预审,由公安机关负责;检察、批准逮捕、检察机关直接受理的案件的侦查、提起公诉,由人民检察院负责;审判由人民法院负责。此外,刑事诉讼法相关条文还规定:国家安全机关办理危害国家安全的刑事案件;军队保卫部门对军队内部发生的刑事案件行使侦查权;对罪犯在监狱内犯罪的案件由监狱进行侦查。侦查权、检察权、审判权由专门机关依法行使,除了上述法定专门机关,其他任何机关、团体和个人都无权行使这些权力。

(2)刑事诉讼是公安、司法机关行使国家刑罚权的活动。刑罚权即对实施了犯罪行为的人加以刑事处罚的权力。刑罚权专属于国家,刑事诉讼的中心内容是解决被追诉者刑事责任问题,旨在实现国家刑罚权。

(3)刑事诉讼是严格依照法律规定的程序进行的活动。刑事诉讼的过程和结果深刻地影响着相关个人的生活,直接关系到包括人身自由、财产甚至生命等各项公民基本权利的予夺。为防止权力滥用,侵犯人权,国家追诉犯罪的活动应由法律规定的程序和规则严格加以规范和制约。

(4)刑事诉讼是在当事人和其他诉讼参与人的参加下进行的活动。现代刑事诉讼遵循惩罚犯罪与保障人权相结合、程序公正与实体公正并重的基本理念,构建公开、公正、民主的诉讼程序,嫌疑人、被告人不再是单纯的被追诉对象,而是享有广泛权利的诉讼主体,当事人和其他诉讼参与人的诉讼权利应得到充分的尊重和行使。①

---

① 陈光中:《刑事诉讼法》,北京大学出版社2016年版,第1—2页。

（二）刑事诉讼法

刑事诉讼法是调整刑事诉讼活动的法律规范的总称。在我国以《中华人民共和国刑事诉讼法》为刑事诉讼的基本法典。

此外，我国《宪法》《人民法院组织法》《人民检察院组织法》等法律中有关刑事诉讼的规范，也属于刑事诉讼法律制度的范畴。

二、刑事诉讼基本原则

（一）刑事诉讼基本原则体系

刑事诉讼的基本原则是由刑事诉讼法规定的，贯穿于刑事诉讼的全过程或主要诉讼阶段，公安机关、人民检察院、人民法院和诉讼参与人进行刑事诉讼活动时所必须遵循的基本准则。《中华人民共和国刑事诉讼法》（以下称《刑事诉讼法》）自第三条至第十七条，规定了我国刑事诉讼中的十三项基本原则，具体包括：①侦查权、检察权、审判权由专门机关依法行使；②人民法院、人民检察院依法独立行使职权；③依靠群众；④以事实为根据，以法律为准绳；⑤对一切公民适用法律上一律平等；⑥分工负责，互相配合，互相制约；⑦人民检察院依法对刑事诉讼实行法律监督；⑧各民族公民有权使用本民族语言文字进行诉讼；⑨犯罪嫌疑人、被告人有权获得辩护；⑩未经人民法院依法审判，不得确定有罪；⑪保障诉讼参与人的诉讼权利；⑫具有法定情形不予追究刑事责任；⑬追究外国人刑事责任适用我国《刑事诉讼法》。

（二）关于侦查权及司法权行使的两个原则

1. 侦查权、检察权、审判权由专门机关依法行使原则

该原则规定于《刑事诉讼法》第三条：对刑事案件的侦查、拘留、执行逮捕预审，由公安机关负责；检察、批准逮捕、检察机关直接受理案件的侦查、提起公诉，由人民检察院负责；审判由人民法院负责。除法律特别规定的以外，其他任何机关、团体和个人都无权行使这些权力。"法律特别规定"是指，国家安全机关对危害国家安全的案件，监狱对监狱内发生的刑事案件，军队保卫部门对军队内部发生的刑事案件行使侦查权。

2. 人民法院、人民检察院依法独立行使职权原则

（1）人民法院、人民检察院依法独立行使审判权、检察权，不受行政机关、社会团体和个人的干涉。人民法院独立行使审判权的含义是每个法院独立，不是法官个人和合议庭独立，这与西方国家司法独立的基点在于法官独立是不同的。人民检察院独立行使检察权的含义是全国检察机关作为一个整体的独立，因为上下级检察院之间是领导与被领导的关系。

（2）人民法院、人民检察院行使职权必须依法进行，不得违反实体法和程

序法。

（3）人民法院、人民检察院依法独立行使职权，但必须接受人大的监督并向其报告工作。

（三）分工负责、互相配合、互相制约原则

《刑事诉讼法》第七条规定："人民法院、人民检察院和公安机关进行刑事诉讼，应当分工负责，互相配合，互相制约，以保证准确有效地执行法律。"

刑事诉讼中三机关分工、配合、制约关系具体表现在：公安机关在需要逮捕犯罪嫌疑人时，应报请检察院批准；检察院发现公安机关在侦查活动中有违法情况，应通知公安机关予以纠正；公安机关应将纠正的情况通知检察院；公安机关对检察院不批准逮捕的决定，认为有错误时，可要求复议；如果意见不被接受，可报请上一级检察院复核；公安机关侦查的案件，在侦查终结后，认为需要提起公诉或不起诉的，应报请同级检察院审查决定；人民检察院对案件审查后如认为事实不清、证据不足的，可自行补充侦查，也可退回公安机关补充侦查；如认为犯罪嫌疑人不构成犯罪，或者依法不应追究刑事责任的，可以作出不起诉的决定；公安机关认为不起诉决定错误时，可要求复议，如意见不被接受，可向上一级检察院提请复核。

人民法院对检察院提起公诉的案件，应进行程序性审查，对符合《刑事诉讼法》所规定的应予开庭审理条件的，应决定开庭审理；对提起公诉的案件，检察院应出庭支持公诉，同时对审判活动实行监督，对审判活动中的违法情况，有权提出纠正意见；对人民法院的判决、裁定，如认为确有错误，有权依法提出抗诉。

分工负责、互相配合、互相制约原则体现的是三机关之间的平行关系，由此决定了我国刑事诉讼的基本构造，即法院不具有高于公安机关和检察院的地位和权威，因而区别于西方法治国家中在司法独立原则指导下法院居于至高权威的"审判中心主义"程序结构。①

（四）人民检察院依法对刑事诉讼实施法律监督的原则

检察监督贯穿刑事诉讼全过程，包括立案监督、侦查监督、审判监督和执行监督。

1. 立案监督

《刑事诉讼法》第一百一十三条规定：人民检察院认为公安机关对应当立案侦查的案件而不立案侦查的，或者被害人认为公安机关对应当立案侦查的案件而不立案侦查，向人民检察院提出的，人民检察院应当要求公安机关说明不立案的理由。人民检察院认为公安机关不立案理由不能成立的，应当通知公安机关立案，公安机关接到通知后应当立案。

---

① 陈光中：《刑事诉讼法》，北京大学出版社 2016 年版，第 96—101 页。

2. 侦查监督

检察机关对侦查活动的监督表现在审查批捕、监督逮捕的执行、审查起诉方面。

3. 审判监督

检察机关对法院审判活动的监督主要包括两个方面：一是对人民法院的判决、裁定进行监督，即对一审未生效判决裁定提起抗诉，或对认为存在错误的已生效判决、裁定提起再审抗诉；二是对人民法院的审判活动本身进行监督。

4. 执行监督

《刑事诉讼法》第二百七十六条规定："人民检察院对执行机关执行刑罚的活动是否合法实行监督。如果发现有违法的情况，应当通知执行机关纠正。""执行刑罚的活动"包括两个方面：一是把刑事判决、裁定所确定的内容付诸实施；二是解决刑罚执行过程中的刑罚变更问题，如暂予监外执行、减刑、假释等。对这两方面检察机关都有监督权。人民检察院认为暂予监外执行不当的，应当自接到通知之日起一个月以内将书面意见送交决定或者批准暂予监外执行的机关；人民检察院认为人民法院减刑、假释的裁定不当，应当在收到裁定书副本后二十日以内，向人民法院提出书面纠正意见。

（五）未经人民法院依法判决，不得确定有罪原则

《刑事诉讼法》第十二条规定："未经人民法院依法判决，对任何人都不得确定有罪。"其基本含义包括：①人民法院是唯一有定罪权与量刑权的机关；②人民法院确定任何人有罪，必须依法判决，并正式宣判；③吸收了无罪推定原则的合理内核。

无罪推定是现代刑事诉讼制度的基础性原则之一，核心内容为"被告不等于罪犯"。我国刑事诉讼法吸收了无罪推定原则的合理内核，在立法上体现为：其一，区分犯罪嫌疑人与刑事被告人，受到刑事追诉的人在侦查和审查起诉阶段，一律称为"犯罪嫌疑人"，而从检察机关提起公诉之后，则称为"被告人"；其二，除法律有特别规定以外，追诉机关对被告人有罪承担证明责任，并应使这一证明达到确实充分的程度，而被追诉者则没有证明自己无罪的责任；其三，确立了疑罪从无的原则。对于二次补充侦查的案件，人民检察院仍然认为证据不足，不符合起诉条件的，应当作出不起诉的决定；合议庭经过开庭审理，认为案件事实不清、证据不足，不能认定被告人有罪的，应当作出证据不足、指控的犯罪不能成立的无罪判决。

【议一议】

1994年橄榄球明星辛普森（O. J. Simpson）杀妻一案成为当时美国最为轰动的事件。在该案中，辛普森被指控于1994年犯下谋杀罪。该案被称为是美国历史上最受公众关注的刑事审判案件。此案当时的审理很具有戏剧性，在

经历了创加州审判史纪录的长达九个月的马拉松式审判后,由于警方的几个重大失误导致有力证据的失效,从而使辛普森逃脱了法律制裁,在用刀杀前妻及其男友两项一级谋杀罪的指控中以无罪获释,仅被民事判定为对两人的死亡负有责任。本案也成为美国历史上无罪推定的最著名案件。

请同学们搜集本案资料,讨论民事审判与刑事审判的原则区别,以及无罪推定原则对保障人权的意义。

(六)具有法定情形不予追究刑事责任原则

《刑事诉讼法》第十六条确立了具有法定情形不予追究刑事责任原则。根据该条规定,有下列情形之一的,不追究刑事责任:①情节显著轻微、危害不大,不认为是犯罪的;②犯罪已过追诉时效期限的;③经特赦令免除刑罚的;④依照刑法告诉才处理的犯罪,没有告诉或者撤回告诉的;⑤犯罪嫌疑人、被告人死亡的;⑥其他法律规定免予追究刑事责任的。

贯彻具有法定情形不予追究刑事责任原则,应根据案件的不同情况和诉讼的不同阶段作出不同的处理。具体而言,对于公诉案件,在立案阶段,如果认定具有上述六种情形之一时,公安、检察机关应作出不立案决定,法院决定不予受理;在侦查阶段,侦查机关应当作出撤销案件的决定;在审查起诉阶段,应由检察机关作出不起诉的决定;在审判阶段,对于上述第一种情形,人民法院应当判决宣告无罪,对于其余五种情形一般应裁定终止审理,但是根据已经查明的案件事实和认定的证据材料,能够确认已经死亡的被告人无罪的,人民法院应当判决宣告被告人无罪,还被告人以清白。

三、刑事案件的管辖

这是指人民法院、人民检察院、公安机关对直接受理刑事案件职权范围的分工,以及人民法院组织系统内部对受理第一审刑事案件的权限分工。简单讲,就是"谁来管"的问题。我国刑事案件的管辖包括立案管辖和审判管辖。

【想一想】

被告人王某,女,28岁,农民。王某与丈夫钱某长期不和,钱某经常对王某进行打骂。2006年6月5日晚上,钱某又无故对王某打骂。王某感到走投无路,夜里趁钱某熟睡之际用斧头将钱某杀死。公安局立即展开侦查,很快抓获了王某。某县人民法院经过一审依法以故意杀人罪判处王某死刑,缓期两年执行。此案在上诉期内被告人没有上诉,检察院也没有抗诉。上诉、抗诉期满,县人民法院将此案报送市中级人民法院,市中级人民法院对本案裁定予以核准。

请问:根据《刑事诉讼法》的规定,此案在诉讼程序上存在哪些错误? 正确的做法是怎样的?

(一)立案管辖

立案管辖是指公安机关、人民检察院和人民法院在直接受理刑事案件职权范围上的分工。《刑事诉讼法》对立案管辖的规定如下:

(1)公安机关的受案范围。公安机关直接受理除法律另有规定以外的所有刑事案件。所谓"法律另有规定的",是指法律规定人民检察院、国家安全机关、军队保卫部门、监狱机关立案管辖的刑事案件,以及人民法院直接受理的自诉案件。

(2)人民检察院的受案范围。国家机关工作人员利用职权实施的侵犯公民人身权利的犯罪案件,如非法拘禁案、刑讯逼供案、报复陷害案、非法搜查案等。

(3)人民法院的受案范围。人民法院直接受理自诉案件。自诉案件分为三类:①告诉才处理的案件,包括侮辱罪、诽谤罪、暴力干涉婚姻自由罪、虐待罪、侵占罪五种;②被害人有证据证明的轻微刑事案件;③被害人有证据证明对被告人侵犯自己人身、财产权利的行为应当依法追究刑事责任,而公安机关或者人民检察院不予追究被告人刑事责任的案件。

(二)审判管辖

审判管辖是指人民法院之间受理第一审刑事案件的分工和权限。它分为级别管辖、地域管辖、指定管辖和专门管辖。

1. 级别管辖

这是指各级人民法院审判第一审刑事案件的权限划分。

(1)基层人民法院管辖第一审普通刑事案件,但是依照刑事诉讼法由上级人民法院管辖的除外。

(2)中级人民法院管辖下列第一审刑事案件:①危害国家安全、恐怖活动案件;②可能判处无期徒刑、死刑的普通刑事案件。

(3)高级人民法院管辖的第一审刑事案件,是全省(自治区、直辖市)性的重大刑事案件。

(4)最高人民法院管辖的第一审刑事案件,是全国性的重大刑事案件。

2. 地域管辖

这是指同级人民法院之间审判第一审刑事案件的权限划分。刑事案件由犯罪地的人民法院管辖,如果由被告人居住地的人民法院审判更为适宜的,可以由被告人居住地的人民法院管辖。几个同级人民法院都有管辖权的案件,由最初受理的人民法院审判。在必要的时候可以移送主要犯罪地的人民法院审判。

四、辩护与代理

(一)辩护制度

1. 辩护人的范围和职责

辩护人,是指接受犯罪嫌疑人、被告人的委托或人民法院的指定,帮助犯罪嫌疑人、被告人行使辩护权,以维护其合法权益的人。根据《刑事诉讼法》第三十三条,下列人员可以被委托为辩护人:①律师;②人民团体或者犯罪嫌疑人、被告人所在单位推荐的人;③犯罪嫌疑人、被告人的监护人、亲友。

辩护人的责任是根据事实和法律,提出证明犯罪嫌疑人、被告人无罪、罪轻或者减轻、免除其刑事责任的材料和意见,维护犯罪嫌疑人、被告人的诉讼权利和其他合法权益。

2. 辩护的种类

(1)自行辩护。自行辩护是指犯罪嫌疑人、被告人自己针对指控进行反驳、申辩和辩解的行为。犯罪嫌疑人、被告人在刑事诉讼的任一阶段都有权自行辩护。

(2)委托辩护。委托辩护是指犯罪嫌疑人或者被告人为维护其合法权益,依法委托律师或者其他公民协助其进行辩护。犯罪嫌疑人自被侦查机关第一次讯问或者采取强制措施之日起,有权委托辩护人。侦查机关、人民检察院、人民法院均应当告知被告人有权委托辩护人。

(3)指定辩护。指国家为因经济困难或者其他原因而无力聘请辩护人的被告人指定承担法律援助义务的律师进行辩护。下列犯罪嫌疑人、被告人没有委托辩护人的,人民法院、人民检察院和公安机关应当通知法律援助机构指派律师为其提供辩护:①犯罪嫌疑人、被告人是盲、聋、哑人;②尚未完全丧失辨认或者控制自己行为能力的精神病人;③未成年人;④可能被判处无期徒刑、死刑的案件。犯罪嫌疑人、被告人因经济困难或者其他原因没有委托辩护人的,本人及其近亲属可以向法律援助机构提出申请。对符合法律援助条件的,法律援助机构应当指派律师为其提供辩护。[①]

3. 辩护人的权利和义务

(1)辩护人的权利:

1)独立辩护权。辩护人是具有独立地位的诉讼参与人,依自己意志依法进行辩护活动,独立于犯罪嫌疑人、被告人的意志之外,不受犯罪嫌疑人、被告人意志的左右。

2)会见、通信权。辩护律师可以同在押的犯罪嫌疑人、被告人会见和通信。

[①] 熊进光,易有禄:《法学通论》,复旦大学出版社2012年版,第390页。

其他辩护人经人民法院、人民检察院许可,也可以同在押的犯罪嫌疑人、被告人会见和通信。

辩护律师持律师执业证书、律师事务所证明和委托书或者法律援助公函要求会见在押的犯罪嫌疑人、被告人的,看守所应当及时安排会见,至迟不得超过四十八小时。危害国家安全犯罪、恐怖活动犯罪、特别重大贿赂犯罪案件,在侦查期间辩护律师会见在押的犯罪嫌疑人,应当经侦查机关许可。上述案件,侦查机关应当事先通知看守所。辩护律师会见在押的犯罪嫌疑人、被告人,可以了解案件有关情况,提供法律咨询等;自案件移送审查起诉之日起,可以向犯罪嫌疑人、被告人核实有关证据。辩护律师会见犯罪嫌疑人、被告人时不被监听。

3)阅卷权。辩护律师自人民检察院对案件审查起诉之日起,可以查阅、摘抄、复制本案的案卷材料。其他辩护人经人民法院、人民检察院许可,也可以查阅、摘抄、复制上述材料。

4)调查取证权。辩护律师经证人或者其他有关单位和个人同意,可以向他们收集与本案有关的材料,也可以申请人民检察院、人民法院收集、调取证据,或者申请人民法院通知证人出庭作证。辩护律师经人民检察院或者人民法院许可,并且经被害人或者其近亲属、被害人提供的证人同意,可以向他们收集与本案有关的材料。

5)参加法庭调查和法庭辩论权、经被告人或者其法定代理人同意后的上诉权及一定条件下的拒绝辩护权等权利。

(2)辩护人的主要义务:

1)不得帮助犯罪嫌疑人、被告人隐匿、毁灭、伪造证据或者串供,不得威胁、引诱证人作伪证以及进行其他干扰司法机关诉讼活动的行为。

2)辩护律师对在执业活动中知悉的委托人的有关情况和信息,应予以保密。但是,辩护律师在执业活动中知悉委托人或者其他人准备或者正在实施危害国家安全、公共安全以及严重危害他人人身安全的犯罪的,应当及时告知司法机关。

3)辩护人收集的有关犯罪嫌疑人不在犯罪现场、未达到刑事责任年龄、属于依法不负刑事责任的精神病人的证据,应当及时告知公安机关、人民检察院。

4)参加法庭审判时遵守法庭规则、无正当理由不得拒绝辩护等义务。

(二)刑事诉讼代理

刑事诉讼代理,是指诉讼代理人接受公诉案件的被害人及其法定代理人或者近亲属、附带民事诉讼的当事人及其法定代理人、自诉案件的自诉人及其法定代理人的委托,以被代理人的名义,在被代理人授权的范围内,为维护其合法权益所进行的诉讼活动。刑事诉讼代理有三种:

1. 公诉案件中的代理

公诉案件的被害人及其法定代理人或近亲属自案件移送审查起诉之日起,有权委托诉讼代理人。人民检察院自收到移送审查起诉的案件材料之日起三日内应当告知这项权利。

2. 自诉案件中的代理

自诉案件的自诉人及其法定代理人,有权随时委托诉讼代理人。人民法院自受理自诉案件之日起三日以内,应当告知这项权利。

3. 附带民事诉讼中的代理

公诉案件附带民事诉讼当事人及其法定代理人,自案件移送审查起诉之日起,有权委托诉讼代理人;自诉案件附带民事诉讼的当事人及其法定代理人有权随时委托诉讼代理人。人民检察院自收到移送审查起诉的案件材料之日起三日内或者人民法院自受理自诉案件之日起三日以内,应当告知附带民事诉讼的当事人及其法定代理人有权委托诉讼代理人。

五、刑事诉讼强制措施

(一)强制措施的概念和特点

我国刑事诉讼中的强制措施,是指公安机关、人民检察院和人民法院为了保证刑事诉讼活动的顺利进行,依法对犯罪嫌疑人、被告人等采取的强制性限制或者剥夺其人身自由的各种方法,又称为人身强制措施。[1]

(二)强制措施的体系

我国刑事强制措施按照强制力度从轻到重的顺序排列依次为:拘传、取保候审、监视居住、拘留、逮捕。

1. 拘传

这是指公安机关、人民法院、人民检察院强制未被羁押的犯罪嫌疑人、被告人到指定地点接受讯问的一种强制方法。《刑事诉讼法》第一百一十九条规定,传唤、拘传持续的时间不得超过十二小时;案情特别重大、复杂,需要采取拘留、逮捕措施的,传唤、拘传持续的时间不得超过二十四小时。不得以连续传唤、拘传的形式变相拘禁犯罪嫌疑人;传唤、拘传犯罪嫌疑人,应当保证犯罪嫌疑人的饮食和必要的休息时间。

2. 取保候审

这是指在刑事诉讼过程中,公安机关、人民检察院、人民法院责令犯罪嫌疑人、被告人提出保证人或者交纳保证金,保证犯罪嫌疑人、被告人不逃避或妨碍侦查、起诉和审判,并随传随到的一种强制方法。

有下列情形之一的犯罪嫌疑人、被告人,可以取保候审:①可能判处管制、拘役或者独立适用附加刑的;②可能判处有期徒刑以上刑罚,采取取保候审不致发生社

---

[1] 樊崇义:《刑事诉讼法学》,中国政法大学出版社2009年版,第209页。

会危险性的;③患有严重疾病、生活不能自理,怀孕或者正在哺乳自己婴儿的妇女,采取取保候审不致发生社会危险性的;④羁押期限届满,案件尚未办结,需要采取取保候审的。公、检、法三机关均可作出取保候审的决定,但是必须由公安机关执行。取保候审保证方式有二,即保证人保证和保证金保证,两种保证方式不能同时并用,只能择一用之。

3. 监视居住

这是指人民法院、人民检察院、公安机关在刑事诉讼过程中对犯罪嫌疑人、被告人采用的,命令其不得擅自离开住处或指定的居所并对其活动予以监视和控制的一种强制方法。

有下列情形之一的犯罪嫌疑人、被告人,可以监视居住:①患有严重疾病、生活不能自理的;②怀孕或者正在哺乳自己婴儿的妇女;③系生活不能自理的人的唯一扶养人;④因为案件的特殊情况或者办理案件的需要,采取监视居住措施更为适宜的;⑤羁押期限届满,案件尚未办结,需要采取监视居住措施的。另外,对符合取保候审条件,但犯罪嫌疑人、被告人不能提出保证人,也不交纳保证金的,可以监视居住。

被监视居住的犯罪嫌疑人、被告人应当遵守以下规定:①未经执行机关批准不得离开执行监视居住的处所;②未经执行机关批准不得会见他人或者通信;③在传讯的时候及时到案;④不得以任何形式干扰证人作证;⑤不得毁灭、伪造证据或者串供;⑥将护照等出入境证件、身份证件、驾驶证件交执行机关保存。监视居住由公安机关执行,最长不得超过六个月。

4. 拘留

这是指公安机关、人民检察院在侦查过程中遇到法定的紧急状况,对现行犯或重大嫌疑分子所采取的临时剥夺人身自由的强制措施。公安机关对于现行犯或者重大嫌疑分子,如果有下列情形之一的,可以先行拘留:①正在预备犯罪、实行犯罪或者在犯罪后即时被发觉的;②被害人或者在场亲眼看见的人指认他犯罪的;③在身边或者住处发现有犯罪证据的;④犯罪后企图自杀、逃跑或者在逃的;⑤有毁灭、伪造证据或者串供可能的;⑥不讲真实姓名、住址,身份不明的;⑦有流窜作案、多次作案、结伙作案重大嫌疑的。拘留后,应当立即将被拘留人送看守所羁押,至迟不得超过二十四小时。

除无法通知或者涉嫌危害国家安全犯罪、恐怖活动犯罪,通知可能有碍侦查的情形以外,应当在拘留后二十四小时以内,通知被拘留人的家属。有碍侦查的情形消失以后,应当立即通知被拘留人的家属。公安机关对被拘留的人,应当在拘留后的二十四小时以内进行讯问。在发现不应当拘留的时候,必须立即释放,发给释放证明。

5. 逮捕

这是指公安机关、人民检察院和人民法院为防止犯罪嫌疑人或者被告人逃避侦查、起诉和审判,进行妨碍刑事诉讼的行为,或者防止发生社会危险性,而依法剥夺其人身自由,将其羁押起来的一种强制措施。逮捕适用于下列情形:

(1) 被取保候审、监视居住的犯罪嫌疑人、被告人违反取保候审、监视居住规定,情节严重的,可以予以逮捕。

(2) 对有证据证明有犯罪事实,可能判处十年有期徒刑以上刑罚的,或者有证据证明有犯罪事实,可能判处徒刑以上刑罚,曾经故意犯罪或者身份不明的,应当予以逮捕。

(3) 对有证据证明有犯罪事实,可能判处有期徒刑以上刑罚的犯罪嫌疑人、被告人,采取取保候审尚不足以防止发生下列社会危险性的,应当予以逮捕:①可能实施新的犯罪的;②有危害国家安全、公共安全或者社会秩序的现实危险的;③可能毁灭、伪造证据,干扰证人作证或者串供的;④可能对被害人、举报人、控告人实施打击报复的;⑤企图自杀或者逃跑的。

逮捕犯罪嫌疑人、被告人,必须经过人民检察院批准或者人民法院决定,由公安机关执行。公安机关逮捕人的时候,必须出示逮捕证。逮捕后,应当立即将被逮捕人送看守所羁押。除无法通知的以外,应当在逮捕后二十四小时以内,通知被逮捕人的家属。逮捕犯罪嫌疑人、被告人后,提请批准逮捕的公安机关、决定逮捕的人民检察院或者人民法院,应当在逮捕后二十四小时进行讯问。在发现不应当逮捕时,必须立即释放,发给释放证明。

六、刑事诉讼程序

(一) 立案与侦查

立案是刑事诉讼活动的开始,必须具备两个条件:第一,有犯罪事实发生;第二,依法需要追究刑事责任。

侦查是指公安机关、检察院在办理案件过程中,依照法律进行的专门调查工作和有关的强制性措施,分为侦查和预审两个阶段。

侦查措施主要有:讯问犯罪嫌疑人;询问证人;勘验、检查;搜查;扣押物证、书证;鉴定;技术侦查措施;通缉。侦查机关认为案件事实清楚,证据确实充分的,可以结束侦查,并对案件作出结论和处理。对于需要人民检察院审查起诉的案件,写出起诉意见书,连同案卷材料、证据一并移送同级人民检察院审查决定。

(二) 起诉

刑事诉讼中的起诉是指法定的机关或者个人,依照法律规定向有管辖权的法院提出控告,要求该法院对被指控的被告人进行审判并予以刑事制裁的一种诉讼活动。以起诉的主体为标准,它分为公诉和自诉两种,我国采行公诉为主、自诉为辅的模式。

人民检察院对于公安机关移送起诉的案件,认为犯罪嫌疑人的犯罪事实已经查清,证据确实、充分,依法应当追究刑事责任的,应当作出起诉决定,按照审判管辖的规定,向人民法院提起公诉,并将案卷材料、证据移送人民法院。犯罪嫌疑人没有犯罪事实,或者有《刑事诉讼法》第十六条规定的不予追究刑事责任情形之一的,人民检察院应当作出不起诉决定。对于犯罪情节轻微,依照刑法规定不需要判处刑罚或者免除刑罚的,人民检察院可以作出不起诉决定。对于二次补充侦查的案件,人民检察院仍然认为证据不足,不符合起诉条件的,应当作出不起诉的决定。

提起自诉必须具备以下条件:①自诉人是本案的被害人或者其法定代理人、近亲属;②属于《刑事诉讼法》所确定的自诉案件范围;③属于受诉人民法院管辖;④有明确的被告、具体的诉讼请求和能证明被告人犯罪事实的证据。

在刑事诉讼过程中,为解决因被告人的犯罪行为所造成的物质损失的赔偿问题,被害人等有权提起附带民事诉讼。提起附带民事诉讼必须满足以下条件:①有提起附带民事诉讼的原告人;②有明确的被告人;③有具体的诉讼请求和事实根据;④被害人的物质损失是由被告人的犯罪行为造成的;⑤附带民事诉讼应当在刑事案件立案以后,第一审判决宣告以前提起。

(三)审判

1. 第一审程序

第一审程序是指人民法院对人民检察院提起公诉或者自诉人提起自诉的刑事案件进行初次审判的程序。第一审程序可以划分为第一审普通程序和简易程序两大类。普通程序法庭审判可划分为开庭、法庭调查、法庭辩论、被告人最后陈述、评议和宣判五个阶段。

2. 第二审程序

第二审程序也称上诉审程序,是指上一级人民法院根据上诉或者抗诉,对下一级人民法院所作的尚未生效的第一审判决、裁定进行重新审判的诉讼程序。

启动第二审程序的方式包括上诉和抗诉两种。上诉,是指法定的诉讼参与人不服地方各级人民法院第一审判决、裁定,依照法定程序要求上一级法院重新审判的诉讼行为。譬如:张三被郑州市金水区人民法院以盗窃罪判处有期徒刑三年,张三认为判得太重了,在接到判决书后的第十日,向郑州市中级人民法院上诉,请求从轻量刑。抗诉,是指地方各级人民检察院认为同级人民法院尚未生效的判决、裁定确有错误,依照法定程序提请上一级人民法院重新审判的诉讼活动。

第二审人民法院审理被告人或者他的法定代理人、辩护人、近亲属上诉的案件,不得加重被告人的刑罚。即"上诉不加刑"原则。但人民检察院提出抗诉或者自诉人提出上诉的,不受前述规定的限制。

3. 死刑复核程序

死刑复核程序是指最高人民法院或高级人民法院（含中国人民解放军军事法院）对判处被告人死刑的案件进行审查核准的一种特别审判程序。死刑复核程序适用的范围包括判处死刑立即执行和判处死刑缓期两年执行的案件。中级人民法院判处死刑缓期两年执行的案件，由高级人民法院核准。死刑立即执行的案件由最高人民法院核准，最高人民法院复核死刑案件，应当作出核准或者不核准死刑的裁定。对于不核准死刑的，最高人民法院可以发回重新审判或者予以改判。

4. 审判监督程序

审判监督程序又称再审程序，是指人民法院、人民检察院对已经发生法律效力的判决和裁定，发现在认定事实或适用法律上确有错误，依法提起并对案件进行重新审判的一项特别审判程序。它是我国刑事诉讼制度的重要组成部分，但不是每个案件必经的程序。

当事人及其法定代理人、近亲属，对已经发生法律效力的判决、裁定，可以向人民法院、人民检察院提出申诉。申诉不必然启动再审程序，不能停止判决、裁定的执行。各级人民法院院长对本院已经发生法律效力的判决和裁定，如果发现在认定事实上或者在适用法律上确有错误，必须提交审判委员会处理。最高人民法院对各级人民法院已经发生法律效力的判决和裁定，上级人民法院对下级人民法院已经发生法律效力的判决和裁定，如果发现确有错误，有权提审或者指令下级人民法院再审。最高人民检察院对各级人民法院已经发生法律效力的判决和裁定，上级人民检察院对下级人民法院已经发生法律效力的判决和裁定，如果发现确有错误，有权按照审判监督程序向同级人民法院提出抗诉。①

人民法院按照审判监督程序重新审判的案件，由原审人民法院审理的，应当另行组成合议庭进行。如果原来是第一审案件，应当依照第一审程序进行审判，所作的判决、裁定，可以上诉、抗诉；如果原来是第二审案件，或者是上级人民法院提审的案件，应当依照第二审程序进行审判，所作的判决、裁定，是终审的判决、裁定。

案例分析

赵作海案

1997年，河南省商丘市柘城县老王集乡赵楼村村民赵作海与赵振晌因琐事打架后，赵振晌失踪。1999年5月8日，赵楼村在挖井时发现一具高度腐烂的无头、膝关节以下缺失的无名尸体。公安机关经侦查，认为就是赵振晌，并把赵作海作为重大嫌疑人于5月9日

---

① 陈光中：《刑事诉讼法》，北京大学出版社2016年版，第398—399页。

刑拘。刑讯逼供下,赵作海做了9次有罪供述。2002年10月22日,商丘市人民检察院以被告人赵作海犯故意杀人罪向商丘市中级人民法院提起公诉。同年12月,商丘市中级人民法院作出一审判决,以故意杀人罪判处被告人赵作海死刑,缓期两年执行,剥夺政治权利终身。河南省高级法院经复核,于2003年2月13日作出裁定,核准商丘市中级人民法院上述判决。

2010年4月30日,赵振晌回到赵楼村,引发社会震惊。2010年5月5日下午,河南省高级人民法院决定启动再审程序,认为赵作海故意杀人一案是一起明显的错案,审委会决定撤销省法院(2003)豫法刑一复字第13号刑事裁定和商丘市中级人民法院(2002)商刑初字第84号刑事判决,宣告赵作海无罪。2010年5月13日上午,河南省高院召开新闻发布会宣布:给予赵作海国家赔偿及生活困难补助共计65万元。

(四)执行

由于刑罚的种类不同,执行的机关和方法也有所不同:人民法院负责对无罪、免除刑事处罚、罚金、没收财产和死刑立即执行判决的执行;监狱负责对死缓、无期徒刑和有期徒刑判决的执行;公安机关负责对被判处拘役、剥夺政治权利的罪犯的执行;对被判处管制、宣告缓刑、假释或者暂予监外执行的罪犯,依法实行社区矫正,由社区矫正机构负责执行。

第三节 行政诉讼法

《行政诉讼法》

一、行政诉讼概说

(一)什么是行政诉讼

行政诉讼是指法院解决行政争议的法律制度。简单地说,行政诉讼就是我们俗称的"民告官"。[①]

我们通常所说的行政诉讼法,指的是1990年10月1日起施行的、2017年6月

---

① 应松年:《行政法与行政诉讼法学》,法律出版社2009年版,第439页。

27日修订的《中华人民共和国行政诉讼法》（以下称《行政诉讼法》）。

（二）行政诉讼应遵循的基本原则

1. 合法性审查原则

这是指人民法院通过审理行政案件，对被诉的具体行政行为是否合法进行审理并作出裁判。该原则指明了法院审理行政案件的基本任务，概括了法院审理行政案件的基本特点。但下列两种情况下，法院可以审查行政决定的合理性：①被诉行为属于行政处罚；②被诉行政决定不合理，并具有主要证据不足，适用法律、法规错误，超越职权，滥用职权和违反法定程序情形的，在这种情况下，法院可以通过合法性审查达到解决合理性问题的目的。

【法律小知识】

最高法院公布的陈煜章诉上海市工商局企业名称驳回通知案中，原告（上诉人）向被告（被上诉人）提出企业名称预登记申请，要求将"上海资本家竞争力顾问有限公司"作为开办公司的名称。被告（被上诉人）根据《企业名称登记管理规定》第九条第一、二项关于企业名称不得含有有损于国家、社会公共利益、可能对公众造成欺骗或者误解的内容和文字的规定，予以驳回。二审法院就认为："行政诉讼中，司法对行政裁量行政行为的合法性审查只有一个标准，即自由裁量权是否被滥用并达到令正常人无法容忍的程度。如果达到了令正常人无法容忍的程度，则可构成滥用职权，法院可以判决撤销裁量性行政决定。"

合法性审查的标准分为两类：①合法的具体行政行为标准有三个，即证据确凿，适用法律、法规正确，符合法定程序；②违法的具体行政行为的标准有主要证据不足，适用法律、法规错误，违反法定程序，超越职权，滥用职权，不履行法定职责或拖延履行法定职责。

2. 具体行政行为不因诉讼而停止执行原则

行政行为一旦作出即应推定为合法，即具有先定力。合法的具体行政行为相应地也就有拘束力、确定力及执行力。但《行政诉讼法》同时也考虑到在某些特殊情况下，具体行政行为应当停止执行，否则将可能造成难以弥补的损失。以下三种情况下，可以停止具体行政行为的执行：①被告认为需要停止执行的；②原告申请停止执行，人民法院认为该具体行政行为的执行会造成难以弥补的损失，并且停止执行不损害社会公共利益，裁定停止执行的；③法律、法规规定停止执行的。

3. 不适用调解原则

法院审理行政案件不能把调解作为行政诉讼过程中的一个必经阶段，也不能把调解作为结案的一种方式。但行政赔偿案件是例外。

4. 司法变更权有限原则

司法变更权,即法院对被诉具体行政行为经过审理后,改变该具体行政行为的权力。法院变更具体行政行为实际上就是代替行政机关行使行政权,会影响行政管理政策的统一性、连续性。《行政诉讼法》既考虑到最大限度地保护当事人合法权益的需要及保障司法权行使的有效性,又考虑到法定的权力分配关系,规定:"行政处罚显失公正的,可以判决变更。"①

二、提起行政诉讼的条件和步骤

(一)向法院提起行政诉讼的条件

根据《行政诉讼法》第二十五条、四十九条的规定,提起行政诉讼应当符合下列条件:

(1)原告是行政行为的相对人及其他与行政行为有利害关系的公民、法人或者其他组织。有权提起诉讼的公民死亡的,其近亲属可以提起诉讼。有权提起诉讼的法人或者其他组织终止的,承受其权利的法人或其他组织可以提起诉讼。

(2)有明确的被告。被告只能是作出被诉行政行为的行政机关和法律法规授权的组织,而不是企业、团体或者别的法人,更不是个人。

(3)有具体的诉讼请求和事实根据。即原告的诉讼请求,应当具体指出行政机关处理决定存在的问题,还应当提出事实和法律依据,来证明自己主张的正确。

(4)属于人民法院的受案范围和受诉人民法院的管辖。

(5)在诉讼有效期内:对复议决定不服的,自收到复议决定之日十五日内起诉;直接起诉的,自知道或应当知道作出行政行为之日起六个月内起诉。因不动产提起诉讼的案件自行政行为作出之日起超过二十年,其他案件自行政行为作出之日起超过五年提起诉讼的,人民法院不予受理。

(二)原告怎样提起行政诉讼

根据《行政诉讼法》第四十九条的规定,提出行政诉讼要符合必备的条件。起诉时,原告应向有管辖权的人民法院递交起诉状,说明起诉理由、事实和根据等。人民法院接到起诉状后,根据《行政诉讼法》第五十一条的规定,对符合本法规定的起诉条件的,应当登记立案。对当场不能判定是否符合本法规定的起诉条件的,应当接收起诉状,出具注明收到日期的书面凭证,并在七日内决定是否立案。不符合起诉条件的,作出不予立案的裁定。裁定书应当载明不予立案的理由。原告对裁定不服的,可以提起上诉。起诉状内容欠缺或者有其他错误的,应当给予指导和释明,并一次性告知当事人需要补正的内容。不得未经指导和释明即以起诉不符

---

① 熊进光,易有禄:《法学通论》,复旦大学出版社 2012 年版,第 402—403 页。

合条件为由不接收起诉状。对于不接收起诉状、接收起诉状后不出具书面凭证,以及不一次性告知当事人需要补正的起诉状内容的,当事人可以向上级人民法院投诉,上级人民法院应当责令改正,并对直接负责的主管人员和其他直接责任人员依法给予处分。

三、行政诉讼的受案范围

行政诉讼的受案范围也称法院的主管范围,是指人民法院受理行政案件、解决行政争议的范围。受案范围对于法院来说,意味着法院的审判权限范围;对于公民、法人或者其他组织而言,意味着行使行政起诉权的范围;对于行政主体而言,意味着哪些行政行为要受人民法院的司法审查和监督。

(一)法院受理的行政案件

根据《行政诉讼法》第十二条,属于法院受案范围的案件有:①对行政拘留、暂扣或者吊销许可证和执照、责令停产停业、没收违法所得、没收非法财物、罚款、警告等行政处罚不服的;②对限制人身自由或者对财产的查封、扣押、冻结等行政强制措施和行政强制执行不服的;③申请行政许可,行政机关拒绝或者在法定期限内不予答复,或者对行政机关作出的有关行政许可的其他决定不服的;④对行政机关作出的关于确认土地、矿藏、水流、森林、山岭、草原、荒地、滩涂、海域等自然资源的所有权或者使用权的决定不服的;⑤对征收、征用决定及其补偿决定不服的;⑥申请行政机关履行保护人身权、财产权等合法权益的法定职责,行政机关拒绝履行或者不予答复的;⑦认为行政机关侵犯其经营自主权或者农村土地承包经营权、农村土地经营权的;⑧认为行政机关滥用行政权力排除或者限制竞争的;⑨认为行政机关违法集资、摊派费用或者违法要求履行其他义务的;⑩认为行政机关没有依法支付抚恤金、最低生活保障待遇或者社会保险待遇的;⑪认为行政机关不依法履行,未按照约定履行或者违法变更、解除政府特许经营协议、土地房屋征收补偿协议等协议的;⑫认为行政机关侵犯其他人身权、财产权等合法权益的。除前款规定外,人民法院受理法律、法规规定可以提起诉讼的其他行政案件。

(二)对国家机关的哪些行为不能提起行政诉讼

根据《行政诉讼法》第十三条的规定,人民法院不受理公民、法人或者其他组织对下列事项提起的诉讼:①国防、外交等国家行为;②行政法规、规章或者行政机关制定、发布的具有普遍约束力的决定、命令;③行政机关对行政机关工作人员的奖惩、任免等决定;④法律规定由行政机关最终裁决的行政行为。

四、行政诉讼的管辖

这是指人民法院之间受理第一审行政案件的职权分工。

(一) 级别管辖

级别管辖是划分上下级人民法院之间受理第一审行政案件的分工。根据《行政诉讼法》的规定，基层人民法院管辖第一审行政案件；中级人民法院管辖海关处理的案件，对国务院各部门或者县级以上地方人民政府所作的行政行为提起诉讼的案件，本辖区内重大、复杂的案件，以及其他法律规定由中级人民法院管辖的案件；高级人民法院管辖本辖区内重大、复杂的第一审行政案件；最高人民法院管辖全国范围内重大、复杂的第一审行政案件。

(二) 地域管辖

地域管辖是同级人民法院之间受理第一审行政案件的权限分工。

(1) 一般地域管辖。根据《行政诉讼法》第十八条的规定，行政案件一般由最初作出行政行为(具体行政行为)的行政主体所在地人民法院管辖。经复议的案件，也可以由复议机关所在地人民法院管辖。

两个以上的法院都有管辖权的，原告可以选择其中一个法院起诉；原告向两个以上有管辖权的法院起诉的，由最先立案的法院管辖。

【想一想】

原告刘某和邻居李某因琐事争吵，继而互相厮打，二人都有轻伤，但李某受伤稍重。县公安局接到李某报案后，即对刘某处以行政拘留十五天的处罚。刘某不服，依法向市公安局申请复议。经复议，市公安局作出了将十五天拘留改为拘留五天的复议裁定。

请问：在这种情况下，刘某对市公安局的复议裁决不服，可以向哪个法院提起诉讼？

(2) 特殊地域管辖。《行政诉讼法》第十九、二十条规定了下列两种情形：①对限制人身自由的行政强制措施不服提起的诉讼，由被告所在地或者原告所在地人民法院管辖；②因不动产提起的行政诉讼，由不动产所在地人民法院管辖。

(三) 裁定管辖

裁定管辖是指根据人民法院的裁定而不是法律的直接规定而确定的管辖。

(1) 移送管辖。指人民法院对已经受理的案件经审查发现不属于本法院管辖时，将案件移送给有管辖权的人民法院管辖的制度。

(2) 指定管辖。有管辖权的人民法院由于特殊原因不能行使管辖权的，由上级法院指定管辖；法院之间对管辖权发生争议的，由争议双方协商解决。协商不成的，报双方共同的上级法院指定管辖。

上级法院有权审理下级法院管辖的第一审行政案件。

五、行政诉讼参加人

行政诉讼参加人是指因起诉或者应诉参加行政诉讼活动的人,包括原告、被告和第三人,以及他们的诉讼代理人。行政诉讼参加人与行政诉讼参与人不同。行政诉讼参与人的范围更为广泛,不仅包括行政诉讼参加人,还包括证人、勘验人、鉴定人、翻译人员。

(一)原告

行政诉讼原告是指对具体行政行为不服,依照行政诉讼法的规定向法院起诉的利害关系人。作为原告应当具备以下条件:一是起诉人必须是自己的合法权益受到侵害的人(有权起诉的公民死亡的,由其近亲属起诉;法人终止的,由承受其权利的法人或组织起诉;涉及国家利益、公共利益的,由检察院起诉)。二是起诉人与具体行政行为之间具备法律上的利害关系。这是确认公民、法人或者其他组织是否能够成为行政诉讼原告或者第三人的一个必要条件。如某城建部门批准公民甲使用土地,而批准的用地面积和位置却与公民乙的合法用地部分重合。从形式上看,行政机关的批准行为针对的是公民甲,并未涉及公民乙,但是实质上或者说具体行政行为的内容对公民乙已经产生了实际影响。在这种情况下,公民乙可作为原告提起诉讼。

【想一想】

郭某系精神病患者,其夫张某持离婚协议书在农场计划生育办公室(受县民政局委托办理婚姻登记)办理了离婚登记。郭某的父亲以郭某是无民事行为能力人,协议离婚不是其真实意思表示,农场为其登记离婚是不合法的为由,将农场作为被告向县法院提起行政诉讼,要求撤销离婚登记。

请问:该如何看待原告的诉讼行为?该行为是否有错误?

(二)被告

行政诉讼被告指原告认为侵犯其合法权益并向法院提起诉讼,而由法院通知应诉的行政机关或者法律、法规授权的组织。确定被告的原则和标准主要有:

(1)原告依法直接向法院起诉的,作出具体行政行为的行政机关是被告。

(2)经复议的案件,复议机关决定维持原具体行政行为的,作出原具体行政行为的行政机关和复议机关是共同被告;复议机关改变原具体行政行为的,复议机关是被告。

(3)两个以上行政机关作出同一具体行政行为的,共同作出具体行政行为的行政机关是共同被告。

（4）由法律、法规授权的组织作出的具体行政行为，该组织是被告；由行政机关委托的组织作出的具体行政行为，委托的行政机关是被告。

（5）行政机关被撤销的，继续行使其职权的行政机关是被告。

（三）第三人

行政诉讼第三人这是指同提起诉讼的具体行政行为有利害关系，为了维护自己的合法权益而参加诉讼的个人或组织。包括两种情形：

（1）公民、法人或者其他组织同被诉行政行为有利害关系但没有提起诉讼，可作为第三人参加诉讼。比如行政机关对实施同一违法行为的两个以上相对人给予行政处罚，其中一部分人对行政处罚不服，向人民法院提起行政诉讼，另一部分人不起诉。法院应通知没有起诉的其他被处罚人作为第三人参加诉讼。

（2）公民、法人或者其他组织同案件的处理结果有利害关系的，可以作为第三人申请参加诉讼或由法院通知参加诉讼。

六、行政诉讼证据与举证责任

（一）行政诉讼的证据

根据《行政诉讼法》第三十三条的规定，证据有以下几种：书证、物证、视听资料、电子数据、证人证言、当事人的陈述、鉴定意见、勘验笔录、现场笔录。

（二）谁来负举证责任

在案件真实情况难以确定的情况下，一方当事人如果不能提供证据予以证明自己的主张，就要承担败诉风险及不利后果。

1. 被告负主要举证责任

《行政诉讼法》第三十四条规定："被告对作出的行政行为负有举证责任，应当提供作出该行政行为的证据和所依据的规范性文件。"由被告负举证责任，有利于保护原告一方的诉权，充分发挥行政主体的举证优势，促进行政主体依法行政。

被告的举证责任在于证明行政行为的合法性，即证明行政行为所认定的基本事实清楚，适用行政法规范正确，符合法定程序，没有超越职权或者滥用职权，或没有不履行、拖延履行法定职责。如果被告不能证明或者拒绝证明行政行为的合法性，则将承担败诉的风险或不利后果。

此外，根据《行政诉讼法》第三十五条的规定，诉讼过程中被告及其诉讼代理人不得自行向原告和证人收集证据。

2. 原告的举证责任

被告对行政行为负有举证责任，并不意味着被告对行政诉讼中的所有事实都负有举证责任。原告对下列事项承担举证责任：①在起诉被告不履行法定职责的案件中,原告应当提供其向被告提出申请的证据,但被告应当依职权主动履行法定职责的、原告因正当理由不能提供证据的除外;②在行政补偿、赔偿案件中,原告应对行政行为造成的损害提供证据,因被告原因导致原告无法举证的,由被告承担举证责任。

七、行政诉讼程序

(一)起诉和受理

《行政诉讼法》第四十九条规定起诉必须具备以下条件:①原告是适格主体,即符合《行政诉讼法》第二十五条规定的主体;②有明确的被告;③有具体的诉讼请求和事实根据;④属于法院的受案范围和受诉法院管辖。

《行政诉讼法》第五十一条规定:"人民法院在接到起诉状时对符合本法规定的起诉条件的,应当登记立案。对当场不能判定是否符合本法规定的起诉条件的,应当接收起诉状,出具注明收到日期的书面凭证,并在七日内决定是否立案。不符合起诉条件的,作出不予立案的裁定。裁定书应当载明不予立案的理由。原告对裁定不服的,可以提起上诉。起诉状内容欠缺或者有其他错误的,应当给予指导和释明,并一次性告知当事人需要补正的内容。不得未经指导和释明即以起诉不符合条件为由不接收起诉状。对于不接收起诉状、接收起诉状后不出具书面凭证,以及不一次性告知当事人需要补正的起诉状内容的,当事人可以向上级人民法院投诉,上级人民法院应当责令改正,并对直接负责的主管人员和其他直接责任人员依法给予处分。"

《行政诉讼法》第五十二条规定:"人民法院既不立案,又不作出不予立案裁定的,当事人可以向上一级人民法院起诉。上一级人民法院认为符合起诉条件的,应当立案、审理,也可以指定其他下级人民法院立案、审理。"

(二)行政诉讼案件审理程序的特点

我国行政诉讼与民事诉讼的审理程序基本相同,包括第一审程序、第二审程序及审判监督程序。但行政诉讼与民事诉讼相比,在审理程序上也有自己的一些特点:

(1)法院审理行政案件没有特别程序。

(2)法院审理行政案件不适用调解。法院在审理行政案件时,不得调解为必经审理程序及结案方式。但是,行政赔偿、补偿以及行政机关行使法律、法规规定的自由裁量权的案件可以适用调解。

(3)法院有权裁定停止被诉具体行政行为的执行。在一般情况下,被诉具体行政行为不因诉讼而停止执行,但法院在当事人提出申请而经过审查认为有必要停止时,有权停止被诉具体行政行为的执行。

(4)在诉讼过程中,被告及其代理人不得自行向原告和证人收集证据,否则,不承认其效力。

(5)法院对被诉具体行政行为审理后在一般情况下不得改变而只能撤销,仅行政处罚显失公正时才可以改变。

(三)行政诉讼的判决

这里仅介绍一审判决的几种情况。

(1)驳回诉请判决。维持原具体行政行为的判决有两种情况:一是具体行政行为证据确凿,适用法律、法规正确,符合法定程序;二是原告申请被告履行法定职责或者给付义务理由不成立。

(2)撤销判决。适用条件:主要证据不足;适用法律、法规错误;违反法定程序;超越职权;滥用职权;明显不当。有其中之一情形的,法院判决撤销或部分撤销,并可以判决被告重新作出行政行为。

(3)限期履行判决。适用条件:被告不履行给付义务或法定职责。

(4)变更判决。适用条件:行政处罚显失公正或者其他行政行为涉及对款额的确定、认定确有误。

(5)确认无效判决。行政行为有实施主体不具有行政主体资格或没有依据等重大且明显违法情形,原告申请确认无效的。

(6)确认行政行为违法但不撤销判决。适用于:行政行为违法,但不具有可撤销内容的;被告改变原违法行政行为,原告仍要求确认原行政行为违法的;程序轻微违法对原告权利不产生实际影响的;被告不履行或拖延履行法定职责,判决责令其履行法定职责已无意义;被诉具体行政行为违法,但不具有可撤销内容的;被诉具体行政行为依法应当撤销,但撤销该具体行政行为将会给国家利益或者公共利益造成重大损害等。

(四)执行程序

行政诉讼裁判的执行机关是第一审人民法院。根据《行政诉讼法》第九十五条的规定,公民、法人或者其他组织拒绝履行判决、裁定、调解书的,行政机关或者第三人可以向第一审人民法院申请强制执行,也可以由行政机关依法强制执行。也就是说基于生效裁判,对公民、法人或者其他组织的强制执行有两种,即司法强制执行和行政强制执行。

执行法院根据《行政诉讼法》第九十六条的规定,对拒不履行法院裁决的行政机关可以采取以下措施:①对应当归还的罚款或者应当给付的款额,通知银行从该行政主体的账户内划拨;②在规定期限内不履行的,从期满之日起,对该行政机关负责人按日处五十元至一百元的罚款;③将行政机关拒绝履行的情况予以公告;④向监察机关或该行政机关的上一级机关提出司法建议,接受司法建议的机关,根据有关规定进行处理,并将处理情况告知人民法院;⑤拒不履行判决、裁定、调解书,社会影响恶劣的,可以对该行政机关直接负责的主管人员和其他直接责任人员予以拘留,情节严重,构成犯罪的,依法追究主管人员和直接责任人员的刑事责任。

课后活动建议

1. 请同学们观看2016年伊斯拉·埃德尔曼(Ezra Edelman)导演的纪录片《辛普森:美国制造》,(*O. J. :Made in America*),并搜集该案的其他资料,展开对该案件的讨论。可以组成正方和反方阵营,分别就自己主张的观点进行充分阐释。

2. 组织同学们去法院旁听民事诉讼、行政诉讼和刑事诉讼审判活动,或观摩模拟法庭,了解三种诉讼的差异。

相关推荐

(一)法律法规

查阅《中华人民共和国民事诉讼法》《中华人民共和国刑事诉讼法》《中华人民共和国行政诉讼法》。

(二)网站

1. 最高人民法院官网:http://www.court.gov.cn。
2. 最高人民检察院官网:http://www.spp.gov.cn。

第九章习题

第十章

依法治国——社会主义法治与法治理念

> 法治应该包含两重含义：已制定的法律获得普遍服从，而大家所服从的法律也应该是制定得良好的法律。
> ——[古希腊]亚里士多德：《政治学》
>
> 所有社会价值——自由和机会、收入和财富、自尊和基础——都是平等地分配，除非对其中一种价值或所有价值的一种不平等分配合乎每一个人的利益。
> ——[美国]约翰·罗尔斯：《正义论》

【本章概要】

依法治国是我们党在总结长期的执政治国经验教训的基础上制定的基本治国方略。只有全面依法治国，充分发挥法律的引领和规范作用，才能更好地实现经济发展、政治清明、文化昌盛、社会公正、生态良好，才能推动中国经济社会持续健康发展，使中国社会在深刻变革中既生机勃勃又井然有序，增进人民福祉。

在法治国家建设过程中，法治理念是法治发展的内在动力。法治理念的正确与否，直接影响着一国法治事业的兴衰成败。社会主义法治理念是中国特色社会主义法治建设的思想基础，它反映和指引着社会主义法治的性质、功能、目标方向、价值取向和实现途径，是社会主义法治的精髓和灵魂，也是立法、执法、司法、守法和法律监督的指导思想。

通过学习本章内容，学生应当正确理解依法治国、社会主义法治理念等概念的基本内涵，能够深刻理解依法治国这一基本治国方略。同时，作为非法律专业大学生，也应当对我国法律职业资格考试有初步的了解。

【本章重点】

法治的内涵　依法治国"新十六字方针"　社会主义法治理念的内涵　法律职业资格考试

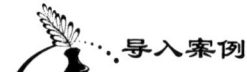导入案例

周永康曾任十七届中共中央政治局委员、常委、中央政法委书记。2015年6月11日,天津市第一中级人民法院依法对周永康受贿、滥用职权、故意泄露国家秘密案进行了一审宣判,认定周永康犯受贿罪,判处无期徒刑,剥夺政治权利终身,并处没收个人财产;犯滥用职权罪,判处有期徒刑七年;犯故意泄露国家秘密罪,判处有期徒刑四年,三罪并罚,决定执行无期徒刑,剥夺政治权利终身,并处没收个人财产。周永康当庭表示,服从法庭判决,不上诉。

该案进入司法调查以来,办案机关依法办案,文明执法,讲事实、讲道理,充分体现了我国司法的进步,使周永康认识到自己的违法犯罪给党的事业造成的损失,给社会造成的严重影响。对该案的依纪依法处理,体现了中国共产党全面从严治党、全面依法治国的决心。

请问:
(1)周永康案的顺利审判是法治还是人治的胜利?
(2)周永康案体现了我国依法治国的哪些精神和方针?

第一节　依法治国

依法治国是党领导人民治理国家的基本方略。党的十五大明确提出"依法治国,建设社会主义法治国家",党的十六大把坚持党的领导、人民当家作主和依法治国有机统一起来,党的十八大以来更是把全面依法治国提升到协调推进"四个全面"战略布局的新高度,开启了加快建设法治中国的新征程。

一、法治和人治

法治和依法治国是根本一致的。亚里士多德曾经将法治定义为:"已制定的

法律获得普遍服从,而大家所服从的法律也应该是制定得良好的法律。"这个定义在形式意义上对法治进行了经典性的表述。如果从实质意义上来看,法治即"法的统治",它是以民主为前提,以严格依法办事为核心,以确保权力正当运行为重点的社会管理机制、社会活动方式和社会秩序。作为与法治相对的概念,人治就是一种依靠领导人或者统治者的意志和能力来管理国家和社会、处理社会公共事务的治国方式。

放眼世界,法治是人类文明的重要成果之一,法治的精髓和要旨对于各国的国家治理和社会治理具有普遍意义。综观世界近现代史,凡是顺利实现现代化的国家,没有一个不是较好解决了法治和人治问题的。相反,一些国家虽然也一度实现快速发展,但并没有顺利迈进现代化的门槛,而是陷入这样或那样的"陷阱",出现经济社会发展停滞甚至倒退的局面。后一种情况很大程度上与法治不彰有关。

二、依法治国的基本原则

全面推进依法治国战略,必须坚持以下基本原则。

(一)坚持中国共产党的领导

党的领导是中国特色社会主义最本质的特征,是社会主义法治最根本的保证。把党的领导贯彻到依法治国全过程和各方面,是我国社会主义法治建设的一条基本经验。我国宪法确立了中国共产党的领导地位。坚持党的领导,是社会主义法治的根本要求,是党和国家的根本所在、命脉所在,是全国各族人民的利益所系、幸福所系,是全面推进依法治国的题中应有之义。党的领导和社会主义法治是一致的,社会主义法治必须坚持党的领导,党的领导必须依靠社会主义法治。

(二)坚持人民主体地位

人民是依法治国的主体和力量源泉,人民代表大会制度是保证人民当家作主的根本政治制度。必须以保障人民根本权益为出发点和落脚点,保证人民依法享有广泛的权利和自由、维护社会公平正义,促进共同富裕。必须保证人民在党的领导下,依照法律规定,通过各种途径和形式管理国家事务,管理经济文化事业,管理社会事务。必须使人民认识到法律既是保障自身权利的有力武器,也是必须遵守的行为规范,增强全社会学法遵法守法用法意识,使法律为人民所掌握、遵守、运用。

(三)坚持法律面前人人平等

平等是社会主义法律的基本属性。任何组织和个人都必须尊重宪法,维护法律权威,都必须在宪法法律范围内活动,都必须依照宪法法律行使权力或权利、履行职责或义务,都不得有超越宪法法律的特权。必须维护国家法制统一、尊严、权威,切实保证宪法法律有效实施,绝不允许任何人以任何借口任何形式以言代法、以权压法、徇私枉法。必须以规范和约束公权力为重点,加大监督力度,做到有权必有责,用权受监督,违法必追究,坚决纠正有法不依、执法不严、违法不究的乱象。

(四)坚持依法治国和以德治国相结合

国家和社会的治理需要法律和道德共同发挥作用。必须坚持一手抓法治,一手抓德治,大力弘扬社会主义核心价值观,弘扬中华传统美德,培育社会公德、职业道德、家庭美德、个人品德,既重视发挥法律的规范作用,又重视发挥道德的教化作用,以法治体现道德理念、强化法律对道德建设的促进作用,以道德滋养法治精神、强化道德对法治文化的支撑作用,实现法律和道德相辅相成,法治和德治相得益彰。

(五)坚持从中国实际出发

中国特色社会主义道路、理论体系、制度构建是全面推进依法治国的根本依循。必须从我国基本国情出发,同改革开放的进程相适应,总结和运用党领导人民实行法治的成功经验,围绕社会主义法治建设重大理论和实践问题,推进法治理论创新,发展符合中国实际、具有中国特色、体现社会发展规律的社会主义法治理论,为依法治国提供理论指导和学理支撑。汲取中华法律文化精华,借鉴国外法治有益经验,加快和推进中国法治建设进程。

三、依法治国的十六字方针

党的十一届三中全会提出"有法可依、有法必依、执法必严、违法必究"的社会主义法制建设十六字方针。党的十八大报告中提出"科学立法、严格执法、公正司法、全民守法"新的十六字方针,表明我国社会主义法治建设进入了新阶段,开启了依法治国新时代。

(一)科学立法——法治中国的前提

科学立法,首先要求继续立法。我国立法恪守以民为本、立法为民的理念,将公正、公平、公开原则贯穿立法全过程。虽然我国于2010年宣布中国特色社会主义法律体系已经形成,但是这并不意味着中国的立法任务已全部完成。有许多重点领域还须加强立法,个别领域尚有"立法真空"。科学立法对于提高立法质量,完善中国特色社会主义法律体系,保障法治中国建设顺利进行,具有十分重要的意义。

(二)严格执法——法治中国的关键

法令行则国治,法令弛则国乱。全面建成小康社会进入决胜阶段,全面深化改革进入攻坚期,人民群众对法治政府的要求越来越高。法治政府的核心内涵是依法行政,确保权力行使不恣意任性。各级政府必须坚持在党的领导下,在法治轨道上开展工作,加快建设职能科学、权责法定、执法严明、公开公正、廉洁高效、守法诚信的法治政府。对于公民的权利,要做到尊重、保护、规范并举。近几年,"权力清单"频频进入公众视野,成为社会热词。所谓权力清单,就好比政府对外发布的"菜单"。政府有多少权力,菜单上写得一清二楚,除此之外,政府不得行使其他权力。推行权力清单制度,实质上是通过梳理行政权力,解决政府能做什么、不能做什么的问题。这对推动各级政府依法全面履行职能具有重要意义。

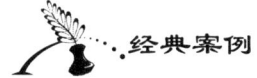

淘宝与国家工商总局"叫板"

2015年1月23日,国家工商总局抽检购物网站:淘宝网正品率最低,仅为37.25%;1月27日晚间国家工商总局新闻发言人表示,依法行政,开展网络市场监管执法;1月28日上午国家工商总局发布白皮书:阿里系网络交易平台存在五大问题。1月28日下午淘宝回应国家工商总局:正式起诉市场规范管理司司长。随后,阿里自己也认可国家工商总局的白皮书,并提出了整改计划。淘宝网即时成立由300人组成的"打假特战营",专职配合与政府部门、知识产权权利人以及普通消费者在线下的合作与联动,以图利用大数据打假的契机,联动全社会力量,更为彻底有效地解决全社会困扰多年的假货问题。

淘宝与国家工商总局"叫板"只持续了几天的时间,但其间双方争执经过了几个回合,高潮迭起,不仅成为当时的网络热点,而且也在媒体的推波助澜下成为2015年全国最受关注的公共事件之一。由于淘宝的"爸爸"阿里在美国组交所上市并成为史上最大IPO的公司,这场争执自然也引起了全球的关注,美国律师踊跃起诉阿里和华尔街巨头遥相呼应,让阿里股价蒸发了几百亿美元。国家工商总局及相关官员的威信也在一定程度上受损。因此,双方都为带有某种"任性"成分的"掐架"付出了不小的代价。但是,从法治发展的角度来说,这个事件也不是坏事,相反,其中涉及或者反映出的问题引起了广泛的关注和反思,带来了积极的效果。市场经济首先是法治经济,中国的经济发展离不开依法治国的全面推进。只有打破垄断经济、权贵经济,强调独立、平等、自由等法治经济的价值,才能真正创造一个可持续发展的环境。

(三)公正司法——法治中国的防线

就法律实施而言,司法是保障法律公正的最后一道关口,也是保障社会正义的最重要和最有实效的一种手段。可以毫不夸张地说,公正司法是法律公正的集中体现。从依法治国的意义上讲,如果一个社会中没有了公正司法,那么这个社会也就根本没有公平正义可言了。实现公正司法,归根结底还要靠制度保障,让执法、司法权在制度的笼子里运行,需要进一步深化司法体制改革,确保司法机关依法独立公正行使审判权、检察权,需要建立起社会监督机制,还要维护司法权威,不让一份判决成为无法兑现的空头支票。

(四)全民守法——法治中国的基础

法国思想家卢梭曾说,一切法律中最重要的法律,既不是刻在大理石上,也不是刻在铜表上,而是铭刻在公民的内心里。小到文明行走,大到依法治国,法治的根基在于公民发自内心的拥护,法治的伟力源于公民出自真诚的信仰。全民守法,就是要规范公民自身行为,引导公民学会在享受自己的权利和自由时,尊重别人的权利和自由,使社会主义法治精神深入人心,成为人们的自觉行为,使每一个普通群众都真正学法尊法守法用法,依法维护合法权益,自觉履行法定义务。而更为关键的是,各级党政机关领导干部要切实尊崇宪法和法律,带头遵守宪法和法律,自觉在宪法和法律范围内活动,维护国家法律的尊严与权威,由此才能带动全民守法,才能为构筑法治中国奠定坚实的社会基础。

依法治国"新十六字方针"确立了我国依法治国新阶段的四大目标。目前,中国特色社会主义法律体系已经形成,但是依法治国的目标并未全部达成,实现政治文明的征程仍在路上,建设法治中国的征程刚刚开启。

【法律小知识】

"奉法者强则国强",无论从我国实行人治的教训还是从世界法治文明的经验来看,要实现国家治理现代化和"两个百年"奋斗目标,必须坚持和实行依法治国,坚定不移走中国特色法治之路。实践证明,在中国共产党领导的社会主义国家,如果以人治方式治国理政,必然会造成双重损害:既损害党的集体领导,削弱党的政治权威和执政能力,又践踏人民民主、破坏社会主义法治,给党、国家、人民和社会带来深重灾难。习近平总书记强调指出:"党和法治的关系是法治建设的核心问题。""党和法的关系是一个根本问题,处理得好,则法治兴、党兴、国家兴;处理得不好,则法治衰、党衰、国家衰。"这些论断,言简意赅地道出了全面从严治党与全面依法治国之间的辩证关系。

第二节　社会主义法治理念

要实现依法治国,必须弘扬社会主义法治精神,树立社会主义法治理念,增强全社会学法尊法守法用法意识。

一、社会主义法治理念是什么

社会主义法治理念是指导我国建设社会主义法治国家的思想观念体系,它反映了社会主义法治的性质、功能、价值取向和实现途径,是社会主义法治体系的精髓和灵魂,是立法、执法、司法、守法和法律监督的指导思想。

社会主义法治理念具有如下鲜明特征:

(1)鲜明的政治性。社会主义法治理念与社会主义民主政治密不可分。

(2)彻底的人民性。社会主义法治理念反映和坚持了人民民主专政的国体,以社会主义国家全体公民为主体。

(3)系统的科学性。社会主义法治理念以马克思主义法律思想为指导,坚持从现阶段国情出发,系统地回答了什么是社会主义法治,如何建设社会主义法治国家等一系列问题。

(4)充分的开放性。社会主义法治理念与时俱进,为社会主义法治实践提供了符合法治精神和时代特点的指引。

二、社会主义法治理念的基本内涵

社会主义法治理念的内涵博大精深,主要包括依法治国、执法为民、公平正义、服务大局、党的领导五个方面。

(一)依法治国是社会主义法治的核心内容

树立和坚持依法治国理念,保障国家长治久安。依法治国,是我们党在总结长期的治国理政经验教训基础上提出的治国基本方略,是我们党治国理政方式的重大变革。树立依法治国理念,就是要严格依照宪法和法律的规定,管理国家事务,管理经济文化和社会事务,保障国家各项工作都依法进行。依法治国与依人治国、依政策治国最大的区别就在于靠法来治理国家。由于法律具有稳定性,法律所确认的社会关系和社会秩序就会在一定时期内处于相对稳定的状态;而靠政策、靠个人意志甚至靠运动来治理国家,政令就会朝令夕改,就会因个人的看法、注意力甚至兴趣的改变而经常处于变动之中,社会关系和社会秩序的稳定性就会失去保障。因此,只有实行依法治国,才能保障国家长治久安。我们必须牢固树立依法治国的理念,坚定不移地走法治的道路。

践行依法治国理念,必须做好以下几个方面的工作:一是要树立法律面前人人平等的意识。包括公民在法律面前一律平等,任何组织和个人都没有超越宪法和法律的特权,任何组织和个人的违法行为都必须依法受到追究。二是要树立和维护法律权威。要不畏权势,对各种违法行为要敢于与之斗争。没有法律权威就没有秩序,必须确立法律是人们生活基本行为准则的观念,人人都自觉把法律作为指导和规范自身社会活动的基本准则。三是要严格依法办事。这是依法治国的基本要求,要坚持职权法定和权责统一,贯彻和完善监督制度和责任追究制度。这样才能真正践行依法治国理念。

(二)执法为民是社会主义法治的本质要求

执法为民是我们党一切权力属于人民、全心全意为人民服务、代表最广大人民根本利益、立党为公和执政为民等执政理念在政法工作上的具体体现。树立执法为民的理念,说到底就是要真正为人民利益着想,做人民利益的维护者。

执法为民,必须坚持一切为了人民。人民是国家的主人,国家一切权力都来源于人民,国家工作人员必须运用人民赋予的权力为人民服务,不能用手中的权力来谋取个人或小团体的私利,不能只考虑自身工作的方便而漠视群众的利益。执法为民不是一句空话,要落实到行动中去。政法人员要把手中的权力行使好,把职责履行好,妥善处理好人民群众最关心、最直接、最现实的利益问题,杜绝乱作为,防止不作为。要相信群众,依靠群众,尊重群众,切实增强公仆意识,在管理中体现服务,在服务中强化管理,始终要带着清正廉洁的作风和文明规范的追求去执法。

(三)公平正义是社会主义法治的价值追求

树立和坚持公平正义理念,捍卫法的正义精神。公平正义是法的精神实质所在,是人类永恒的追求,自然也是社会主义法治的价值追求和社会主义和谐社会的重要特征。没有公正,就不是法治;没有公正,就没有社会和谐。公正包括实体公正和程序公正。实体公正是程序公正的目标和追求,程序公正是实体公正的重要保障。在执法过程中,一方面要防止"重实体,轻程序"的错误倾向,另一方面也要防止"重程序,轻实体"的做法。不能为了实现实体公正而破坏法定程序,更不能只讲程序公正而不顾及实体公正,程序是手段,实体是目的,不能为了手段而牺牲目的。

在执法和司法中树立公平正义理念,必须坚持以下几条:一是坚持合法合理原则。由于法具有稳定性,而社会生活具有灵活易变性,因而法律赋予了执法者一些自由裁量权。执法和司法活动中的自由裁量并不是执法权、司法权不受限制,自由裁量权的行使必须符合法律的目的,要求符合"同样情况同样处理、不同情况不同处理"的自然公正原则,使处理结果与实际情况相符合,而不得随意滥用自由裁量权。二是坚持及时高效原则。一个旷日持久的官司,可以把一个家庭、一个企业拖垮,即使最终赢了官司,也与公平正义精神相违背,因为"迟到的正义不是正义"。三是要坚持程序公正原则。程序公正就是要让当事人以看得见的方式实现公正,要让裁判或决定的过程变为当事人感受民主、客观、公平的过程,以程序公正保障实体公正,增强裁判或决定的认可度和公信力。

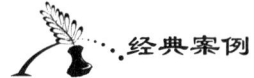

"北雁云依"落户登记案

本案原告"北雁云依",女,2009年1月25日出生。其父母欲为其起名"北雁云依",既不随父姓,也不随母姓。派出所拒绝以"北雁云依"为名办理落户手续。"北雁云依"法定代理人便提起诉讼。

法院审理认为,公民选取"第三姓"应有不违反公序良俗的正当理由。随意选取姓氏甚至恣意创造姓氏,会增加社会管理的风险性和不确定性,极易造成社会管理混乱,无利于社会和他人,有违公序。姓氏主要来源于客观上的承袭,承载了对血缘的传承、对先祖的敬重、对家庭的热爱,重视和尊崇姓氏的传承是我国优秀的文化传统,符合主流价值观念,是中华民族向心力、凝聚力的载体和象征。随意选取姓氏甚至自创姓氏,会冲击文化传统和伦理观念,违背社会善良风俗和一般道德要求,有违良俗。法院判决驳回了原告的诉讼请求,当事人未上诉。

本案系全国首例姓名权行政诉讼案件。本案的审理,直接推动了全国人大常委会对相关问题进行立法解释,意义重大。人民法院支持依法行政,通过司法审判保护中国传统文化的传承与发展,对维护社会主义核心价值观,促进中华民族优良文化传统的传承与发展具有重大意义。但无论结果如何,公民勇于拿起法律武器来维护自身权利,都是值得肯定的。

(四)服务大局是社会主义法治的重要使命

树立和坚持服务大局理念,促进社会和谐发展。服务大局是社会主义法治的重要使命,是司法机关和行政机关充分发挥职能作用、有效履行职责的必然要求。党和国家的工作大局具有统领性、目标性、引导性,法治作为国家的治理方式,归根到底要符合党和国家的工作大局。司法、行政工作做得好不好,最终要看服务党和国家工作大局的成效。因此,广大司法、行政工作者一定要强化大局意识,始终把工作融入党和国家工作大局之中,在服务大局中推进法治建设。

服务大局必须处理好以下几个方面的关系：一是服务大局与立足本职的关系；二是服务大局与严格依法履行职责的关系；三是全局利益与局部利益的关系；四是法律效果与社会效果的关系，追求法律效果和社会效果的统一。在处理涉及群众切身利益、关系到社会稳定的重大问题时，要充分考虑到各种复杂因素，既要依法办事，又要确保社会稳定。

（五）党的领导是社会主义法治的根本保证

树立和坚持党的领导理念，巩固和改善党的执政地位和执政方式。党的领导和社会主义法治在根本上是一致的。一方面，党的领导是建设社会主义法治国家的根本保证；另一方面，依法治国是党领导人民制定宪法和法律，也领导人民实施宪法和法律。坚持党的领导，根本的一点是要坚决贯彻执行党的基本理论、基本路线、基本纲领、基本经验，不断增强贯彻执行党的路线方针政策的自觉性和坚定性。在执法和司法实践工作中，要把坚持党的领导、巩固党的执政地位和维护社会主义法治统一起来，把贯彻落实党的路线方针政策和严格执法统一起来，把加强和改进党对政法工作的领导与保障司法机关依法独立行使职权统一起来。

在树立和坚持党的领导的同时，还要注意改善党的领导。党对政法工作的领导主要是政治领导、思想领导和组织领导，其主要任务是领导和推动政法机关贯彻落实党中央的大政方针，对政法工作作出全面部署，依法协调各种关系，改善政法机关的执法环境和条件。党的领导要坚持谋大局、把方向、抓大事，不断改进领导方式，支持政法机关独立负责地开展工作，不插手、不干预司法机关的正常司法活动，更不能代替司法机关对案件进行定性处理，不指派政法机关处理决定法定职责之外的事务。

社会主义法治理念这五个方面的内涵，有机统一，相辅相成。

三、社会主义法治理念的本质属性

（一）坚持党的领导、人民当家作主、依法治国有机统一

坚持党的领导、人民当家作主、依法治国三者有机统一，是社会主义法治理念的本质属性。坚持党的领导，才能保证社会主义法治的正确方向，依法治国和人民当家作主才会有可靠的政治保证。坚持人民当家作主，党的领导和依法治国才会有坚实的群众基础，才能真正落实执政为民、执法为民的要求。坚持依法治国，党的领导和人民当家作主才具有鲜明的时代内涵，党的领导和人民当家作主的实现也才能有可靠的法律保障。"三者有机统一"贯穿于社会主义法治理念之中，是社会主义法治理念的核心与灵魂。

（二）坚持"三个至上"

三个至上是坚持党的领导、人民当家作主、依法治国三者有机统一的必然

要求。

坚持党的事业至上，就是要在法治的具体实践中，坚持党的基本理论、基本路线、基本纲领、基本经验，自觉贯彻党的路线方针政策，加强和维护党的领导，巩固党的执政地位。

坚持人民利益至上，就是要在法治的具体实践中，坚持以人为本，执法为民，全面维护、实现和发展广大人民群众的根本利益，把广大人民群众的满意度作为检验法治实践成效的重要标准。我国社会主义制度保证了人民当家作主的主体地位，也保证了人民在全面推进依法治国中的主体地位，这是我们的制度优势，也是中国特色社会主义法治区别于资本主义法治的根本所在。

坚持宪法法律至上，就是要把严格遵守宪法法律作为法治实践的基本要求，党要在宪法和法律范围内活动，执法和司法必须严格以宪法和法律为依据，任何组织和个人都不允许有超越宪法和法律规定的特权，在全社会树立宪法和法律的权威，树立执法与司法的公信力，维护社会主义法制的统一和尊严。

四、社会主义法治理念的作用

社会主义法治理念的作用包括：①社会主义法治理念是我国一切立法活动的思想先导；②社会主义法治理念是确保我国行政机关及其公职人员严格、公正、文明执法，实现法律效果与社会效果的有机统一的思想基础；③社会主义法治理念是确保我国司法坚持正确方向，实现司法公正的思想保障；④社会主义法治理念是建设社会主义法治文化，增强全社会法律意识的价值指引；⑤社会主义法治理念是推动法学研究繁荣和发展的重要保障。

五、社会主义法治理念共同体的构建

随着建设中国特色社会主义法治国家目标的确立，我们迫切需要培育与法治中国建设目标相适应的具有中国特色的法律职业共同体，包括职业的立法者、职业的执法者、职业的法官、检察官、职业律师、职业的法学教育与研究工作者，等等。

建设好这个共同体，需要确立"法治一体化"的理念与制度，比如一体化的法学教育，一体化的法律职业资格考试，一体化的职业培训，一体化的价值追求，等等。而法律职业共同体构建的关键就是社会主义法治理念价值观的培育，法律职业共同体的建设主要以法律职业资格考试为主要途径和方法。

（一）我国的法律职业资格考试

【法律小知识】

法律职业资格考试的前身是司法考试，2002年首次司法考试以来，司法部共组织16次司法考试,619万余人次报名,513万余人参考,96万余人通过考试取得法律职业资格。2017年9月,十二届全国人大常委会第二十九次会议审议通过《关于修改〈中华人民共和国法官法〉等八部法律的决定》,明确自2018年起实施国家统一法律职业资格考试制度。

2018年4月,司法部公布了《国家统一法律职业资格考试实施办法》(以下称《实施办法》),自发布之日起正式实施。《实施办法》是我国法律职业资格制度的第一部规章,明确了法律职业资格考试的报名条件、组织实施、违纪处理、资格授予管理等内容,对于规范法律职业资格考试的组织实施等工作具有重要作用。

《实施办法》

（二）哪些人应当取得法律职业资格

《实施办法》明确了应当参加国家统一法律职业资格考试取得法律职业资格的人员范围,在司法考试制度确定的法官、检察官、律师、公证员四类法律职业人员基础上,将初次担任法律类仲裁员,以及行政机关中初次从事行政处罚决定审核、行政复议、行政裁决、法律顾问的公务员,纳入法律职业资格准入范围。

（三）法律职业资格考试报名的专业学历要求

在《实施办法》第九条对报名参加法律职业资格考试的专业学历条件作了一般性规定,即"具备全日制普通高等学校法学类本科学历并获得学士及以上学位;全日制普通高等学校非法学类本科及以上学历,并获得法律硕士、法学硕士及以上学位;全日制普通高等学校非法学类本科及以上学历并获得相应学位且从事法律工作满三年"。

（四）考试内容、方式方法和报名时间

在考试方式上,《实施办法》将一次性考试分为客观题考试和主观题考试两阶段,只有通过客观题考试的考生才可以参加当年的第二阶段的主观题考试,客观题的合格成绩在本年度和下一个考试年度内有效。同时,明确了法律职业资格考试实行纸笔考试或者计算机化考试的方式。在考试内容上,明确考试内容和命题范围以司法部当年公布的《国家统一法律职业资格考试大纲》为准。

客观题考试将在全国各考区全面推行计算机化考试,考试公告发布后,司法部网站等平台将发布计算机化考试答题演示、操作指南、模拟答题操作练习系统视频资料等材料,广大考生到时可以登录司法部网站来熟悉、了解和模拟练习计算机化考试答题系统。

国家统一法律职业资格考试的具体考试时间和相关安排在举行考试三个月前向社会公布。

课后活动建议

1. 查找、搜集习近平关于依法治国问题的文章和论述。

2. 在网上或图书馆查找佘祥林案、赵作海案、聂树斌案、呼格案等影响巨大的案件,深刻理解依法治国的内在要求。

3. 课下讨论:如果你作为一名非法学专业大学生,想要报考法律职业资格考试,如何取得报名资格?

相关推荐

1. 马克思主义理论研究和建设工程重点教材法理学编写组:《法理学》,人民出版社、高等教育出版社 2010 年版。

2. 中共中央政法委员会:《社会主义法治理念教育读本》,中国长安出版社 2006 年版。

第十章习题